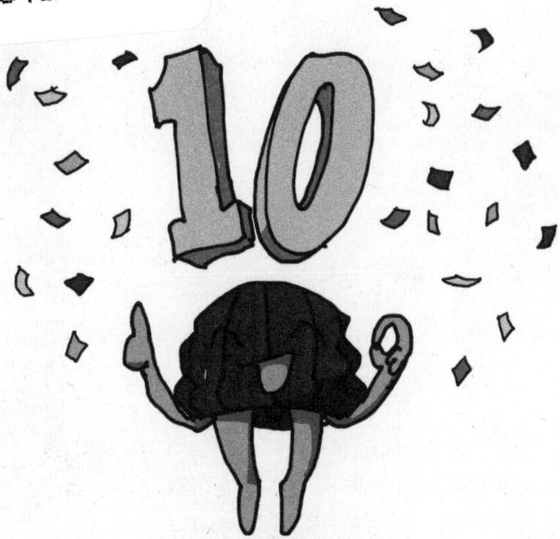

戸塚慶文
Yoshifumi Tozuka

Band 10! Ein Traum im zweistelligen Bereich wird wahr! Seit dem Tag, an dem ich um den Erfolg meiner ersten Serie gebangt habe, sind schon zwei Jahre vergangen. Ich möchte allen danken, die das Magazin und auch meinen Manga unterstützt haben. Herzlichen Dank! Bitte feuert Andy, Fuko und ihre Gefährten auch weiterhin an!! Aber jetzt erst mal rein in Band 10! Auf geht's!

Wir produzieren nachhaltig

- Klimaneutrales Produkt
- Papiere aus nachhaltigen und kontrollierten Quellen
- Hergestellt in Europa

MIX
Papier aus verantwortungsvollen Quellen
FSC® C083411
FSC www.fsc.org

CARLSEN MANGA

Aus dem Japanischen von Martin Gericke

First published in Japan in 2020 by SHUEISHA Inc., Tokyo.
German translation rights in Germany, Austria, Luxembourg and German-speaking Switzerland arranged by SHUEISHA Inc. through VME PLB SAS, France.

Redaktion: Anne Berling
Textbearbeitung: Karen Eifler
Herstellung: Björn Liebchen

ISBN: 978-3-551-71093-2

UNDEAD UNLUCK

10

Mein Herz soll dies bezeugen

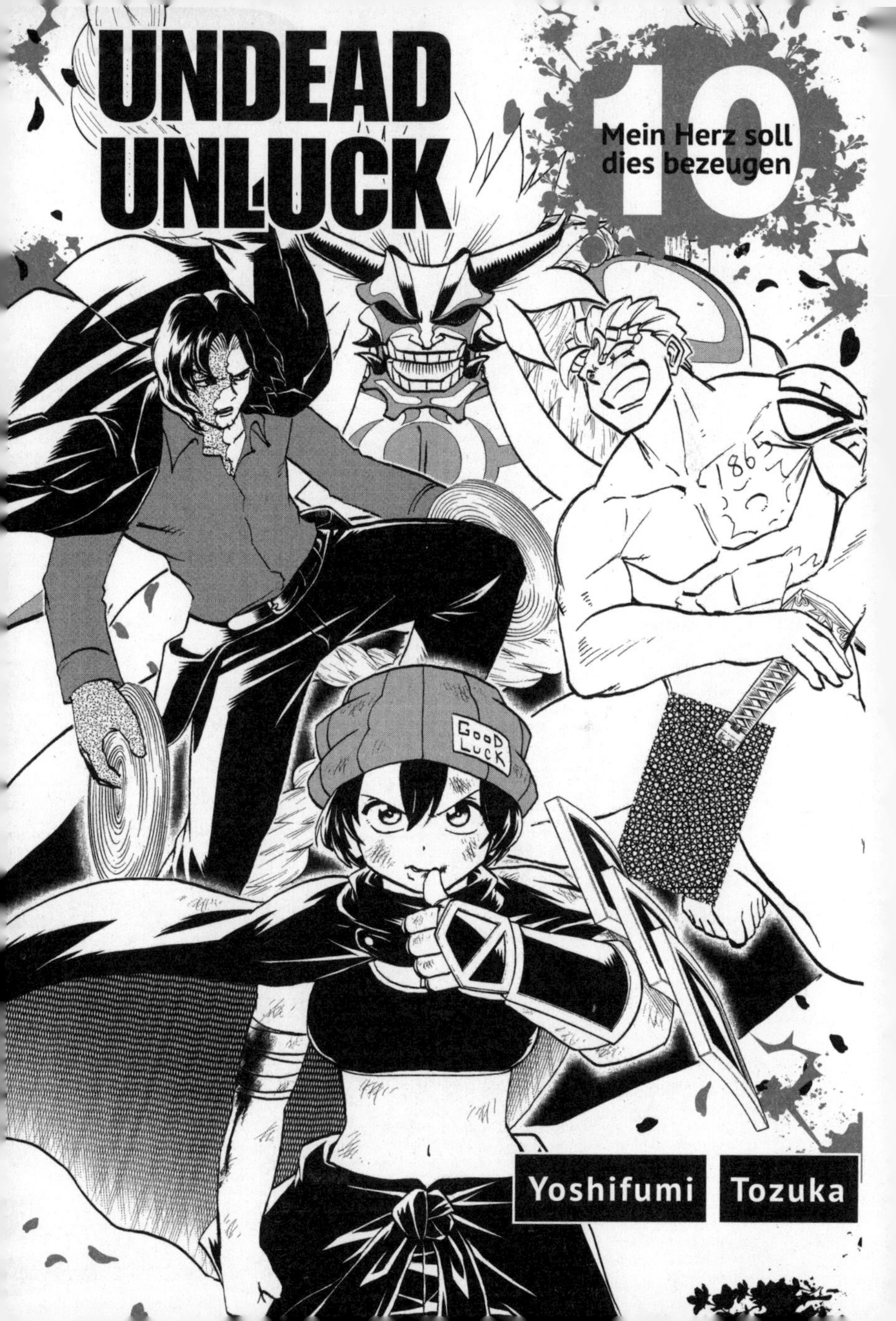

Yoshifumi Tozuka

CHARAKTERE

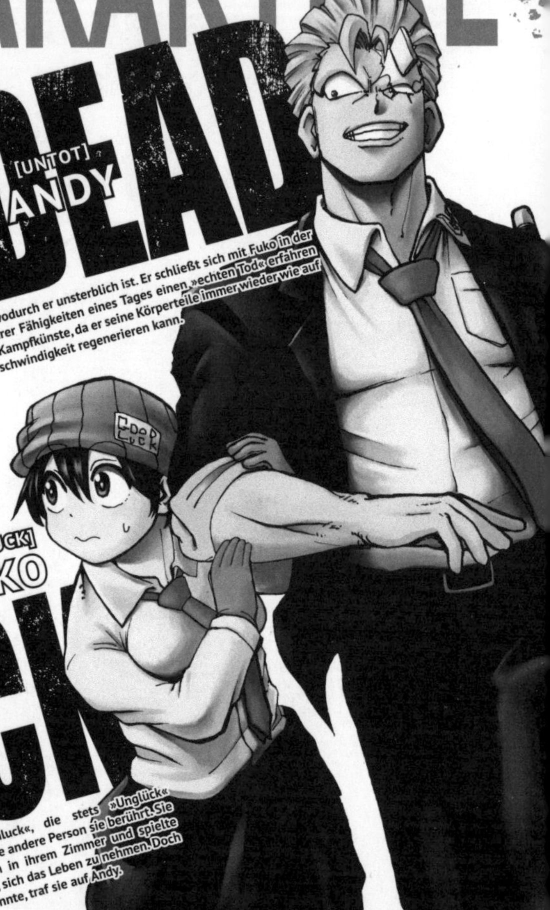

UNDEAD

[UNTOT]
ANDY

Besitzt die Fähigkeit »Undead«, wodurch er unsterblich ist. Er schließt sich mit Fuko in der Hoffnung zusammen, mithilfe ihrer Fähigkeiten eines Tages einen »echten Tod« erfahren zu können. Besitzt erstaunliche Kampfkünste, da er seine Körperteile immer wieder wie auf Knopfdruck und in rasender Geschwindigkeit regenerieren kann.

UN LUCK

[UNGLÜCK]
FUKO

Besitzt die Fähigkeit »Unluck«, die stets »Unglück« heraufbeschwört, sobald eine andere Person sie berührt. Sie lebte lange zurückgezogen in ihrem Zimmer und spielte bereits mit dem Gedanken, sich das Leben zu nehmen. Doch bevor es dazu kommen konnte, traf sie auf Andy.

STORY

Da sie anderen Menschen mit ihrem »Unglück« ungewollt Pech beschert, hatte sich Fuko eigentlich vorgenommen, ihrem Leben ein Ende zu setzen. Doch nach der kuriosen Begegnung mit Andy, einem mysteriösen Kerl mit einem unsterblichen Körper, gewinnt sie ihren Lebenswillen zurück und schöpft neuen Mut. In der Zwischenzeit erfahren die beiden von der Existenz einer Organisation, der Union, welche sogenannte UMA (unidentifizierte, mysteriöse Arten) und andere unbekannte Phänomene aufspürt und in Gewahrsam nimmt. In der Union gibt es einen runden Tisch, der auf zehn Mitglieder begrenzt ist und an dem sich die Negatoren versammeln. Andy und Fuko beschließen, der Union beizutreten, und besiegen dafür zwei der bisherigen Mitglieder, um sich einen Platz am besagten Tisch zu sichern. Dort erfahren sie auch den Grund für die Existenz der Union: Es gilt, die vom Schöpfer auferlegten Quests zu lösen und gegen ihn zu rebellieren. Andy und sein Team machen sich auf den Weg, Fuko, die kurzzeitig zu Under gewechselt ist, zurückzuholen und UMA Spring zu besiegen. Mitten im Kampf gelingt es Andy und seinen Freunden tatsächlich, Under zu konfrontieren und Fuko zurückzugewinnen. Doch so schnell gibt Spring sich nicht geschlagen: Kurzerhand fordert er Fuko zu einem tödlichen Wettkampf heraus.

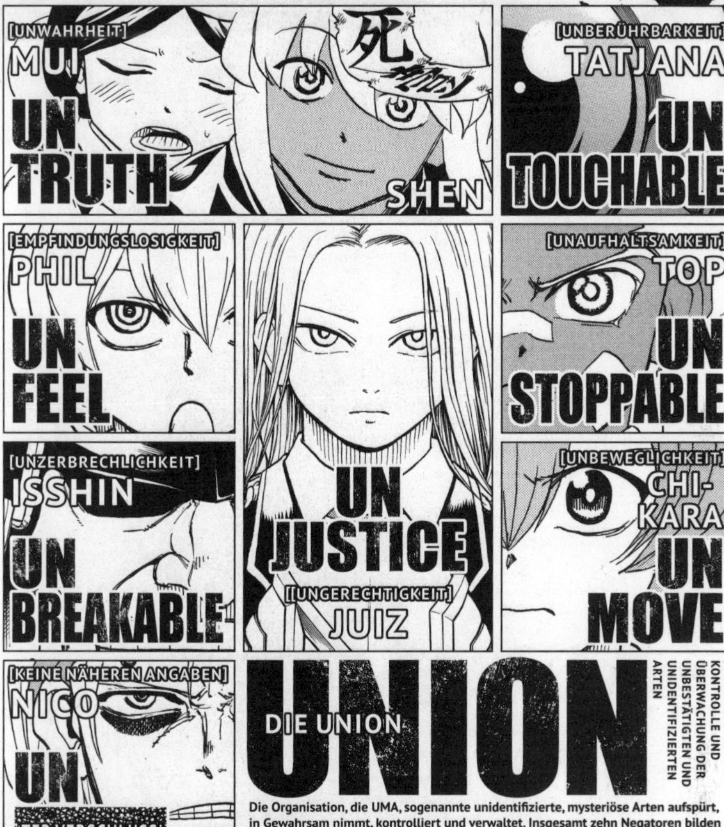

Die Organisation, die UMA, sogenannte unidentifizierte, mysteriöse Arten aufspürt, in Gewahrsam nimmt, kontrolliert und verwaltet. Insgesamt zehn Negatoren bilden die Union. Andy und Fuko schlossen sich einem speziellen Einsatzteam an, das aus den folgenden Personen besteht. Ihr Ziel ist es, Gott, den Erschaffer der Regeln, zu vernichten.

UNDER

Eine Organisation, in der jedes Mitglied seine ganz eigenen Interessen verfolgt und die dennoch durch ein gemeinsames Ziel zusammengehalten wird. Sie vereinen sowohl Negatoren als auch Artefakte unter sich.

UN TERSUCHUNG LÄUFT

[KEINE NÄHEREN ANGABEN]

BILLY

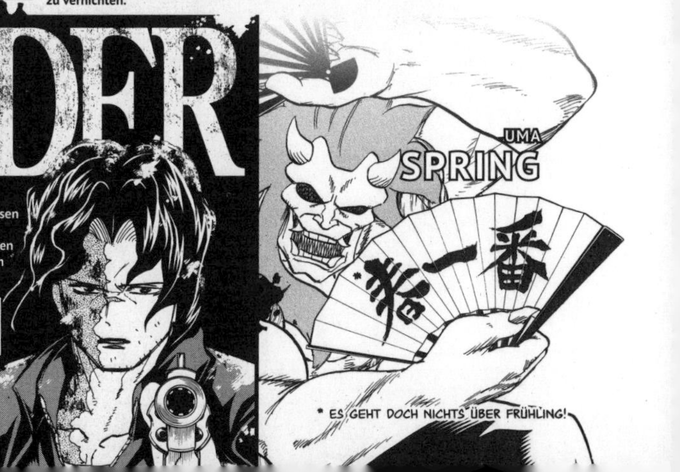

UNDEAD UNLUCK

アンデッドアンラック

10

Mein Herz soll dies bezeugen

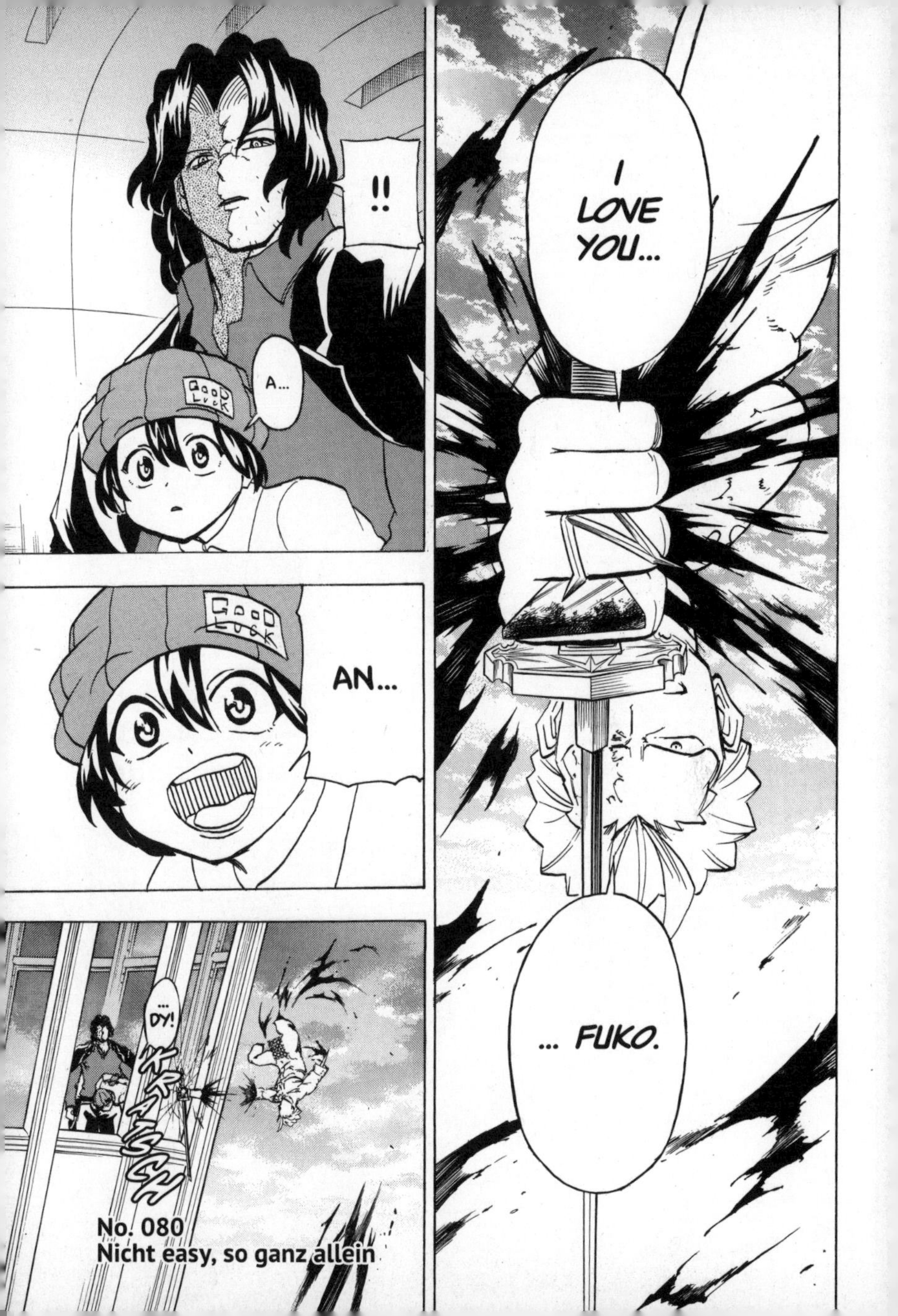
I LOVE YOU...
... FUKO.
!!
A...
AN...
...DY!
KRATSCH
No. 080
Nicht easy, so ganz allein

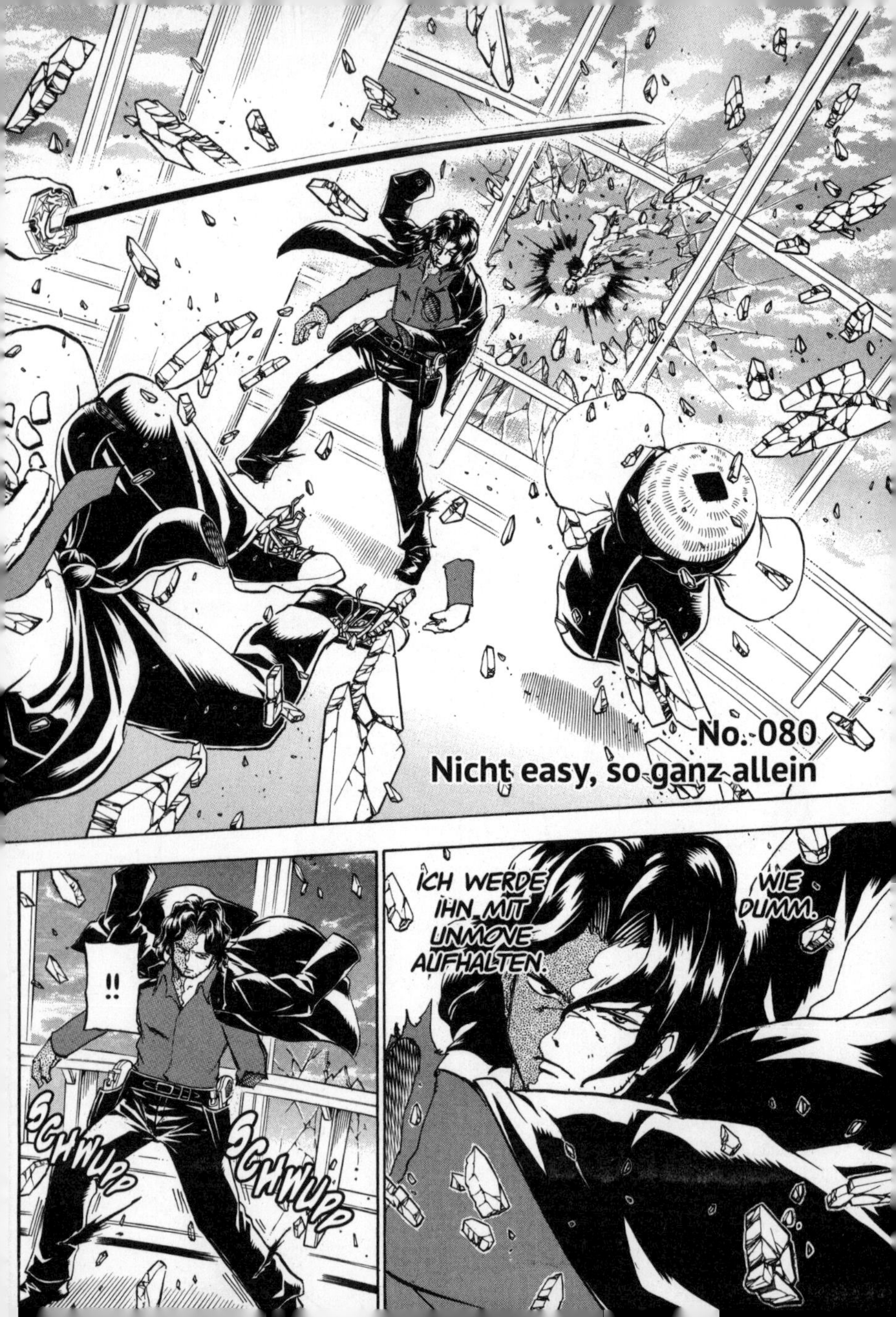
No. 080
Nicht easy, so ganz allein
!!
SCHWUPP
SCHWUPP
ICH WERDE IHN MIT UNMOVE AUFHALTEN.
WIE DUMM.

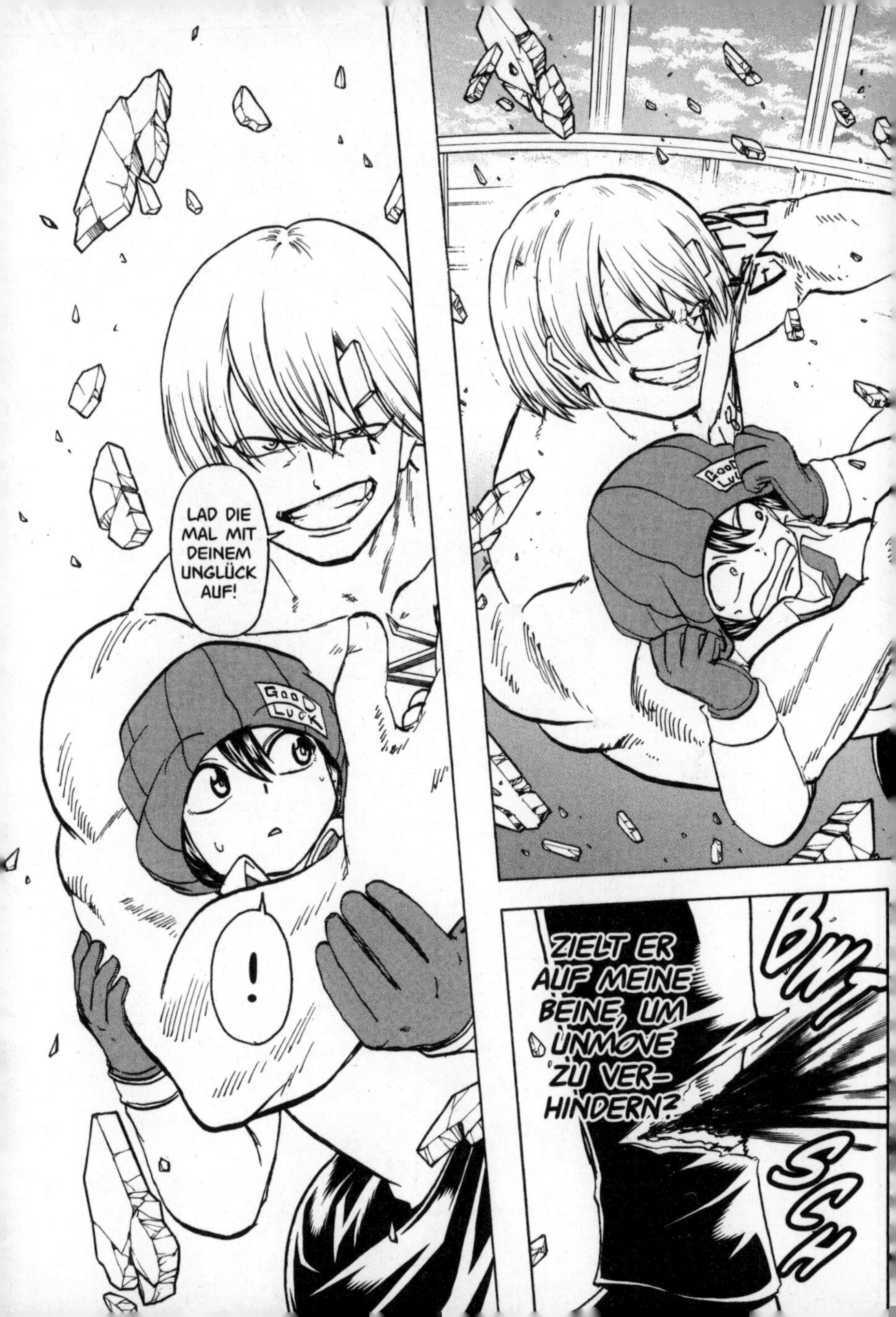
ZIELT ER AUF MEINE BEINE, UM UNMOVE ZU VERHINDERN?
BWH
SCH
LAD DIE MAL MIT DEINEM UNGLÜCK AUF!
!
GOOD LUCK

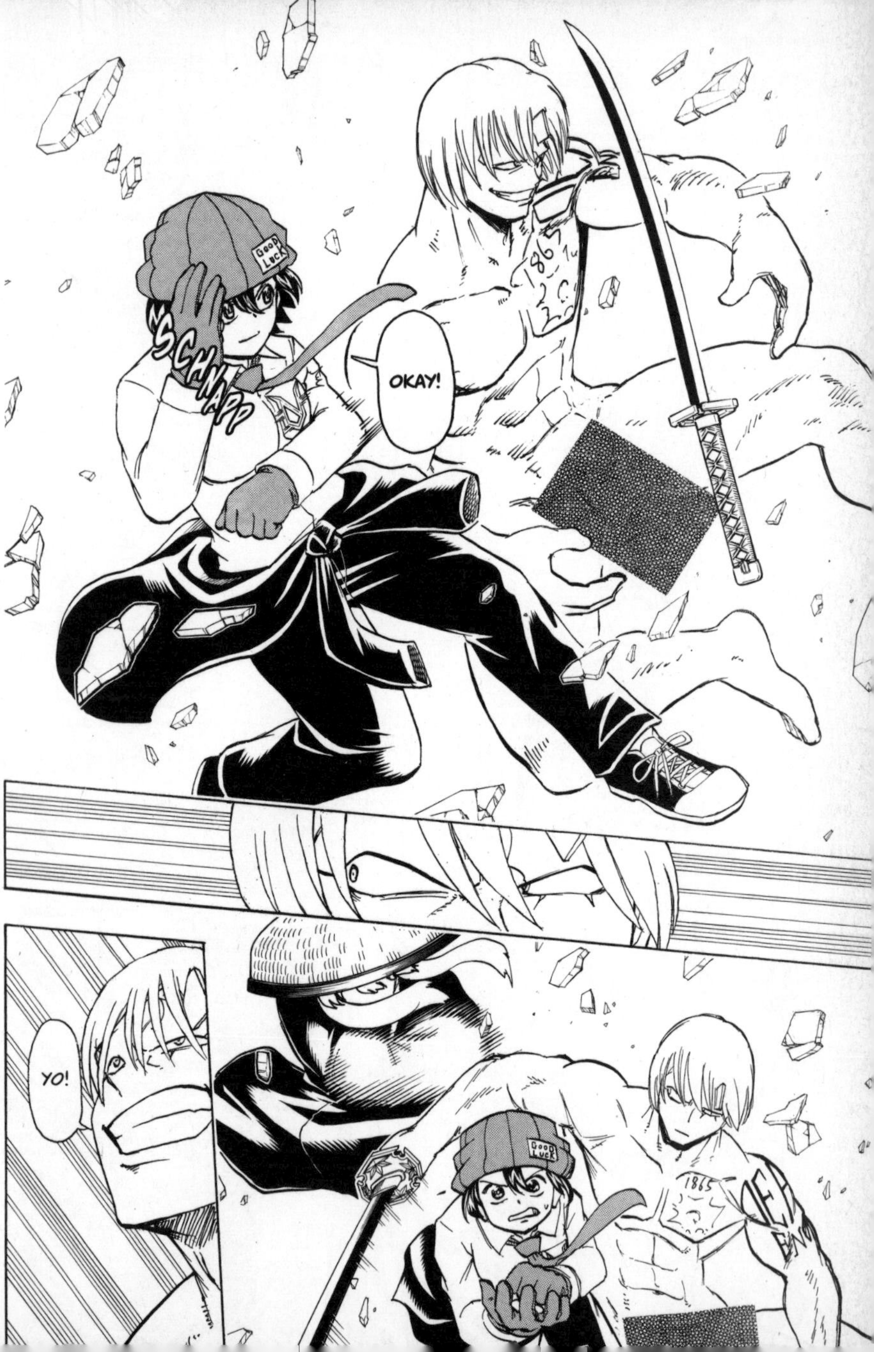

SCHNAPP
OKAY!
YO!

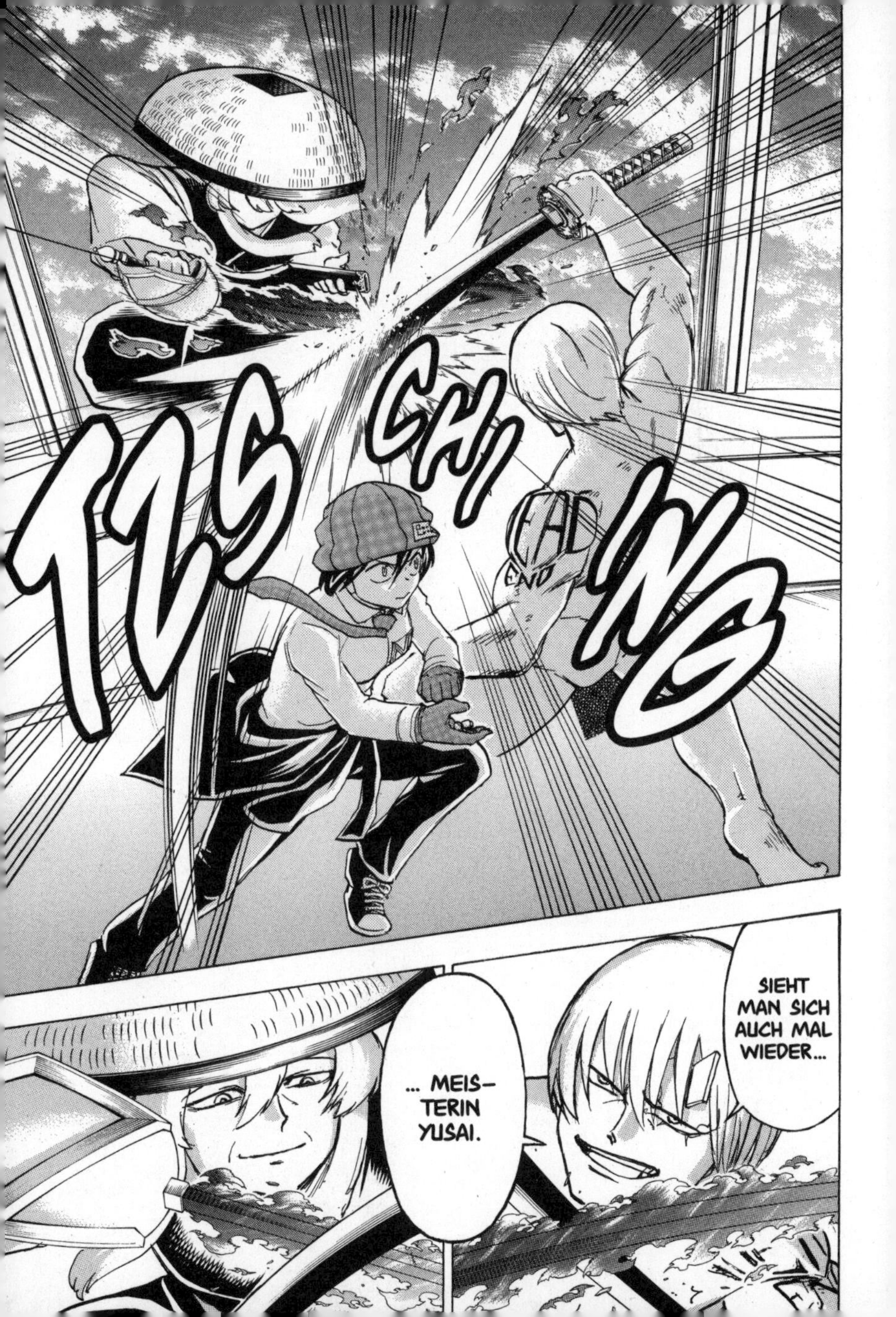
TZSCHIING
SIEHT MAN SICH AUCH MAL WIEDER...
... MEIS-TERIN YUSAI.

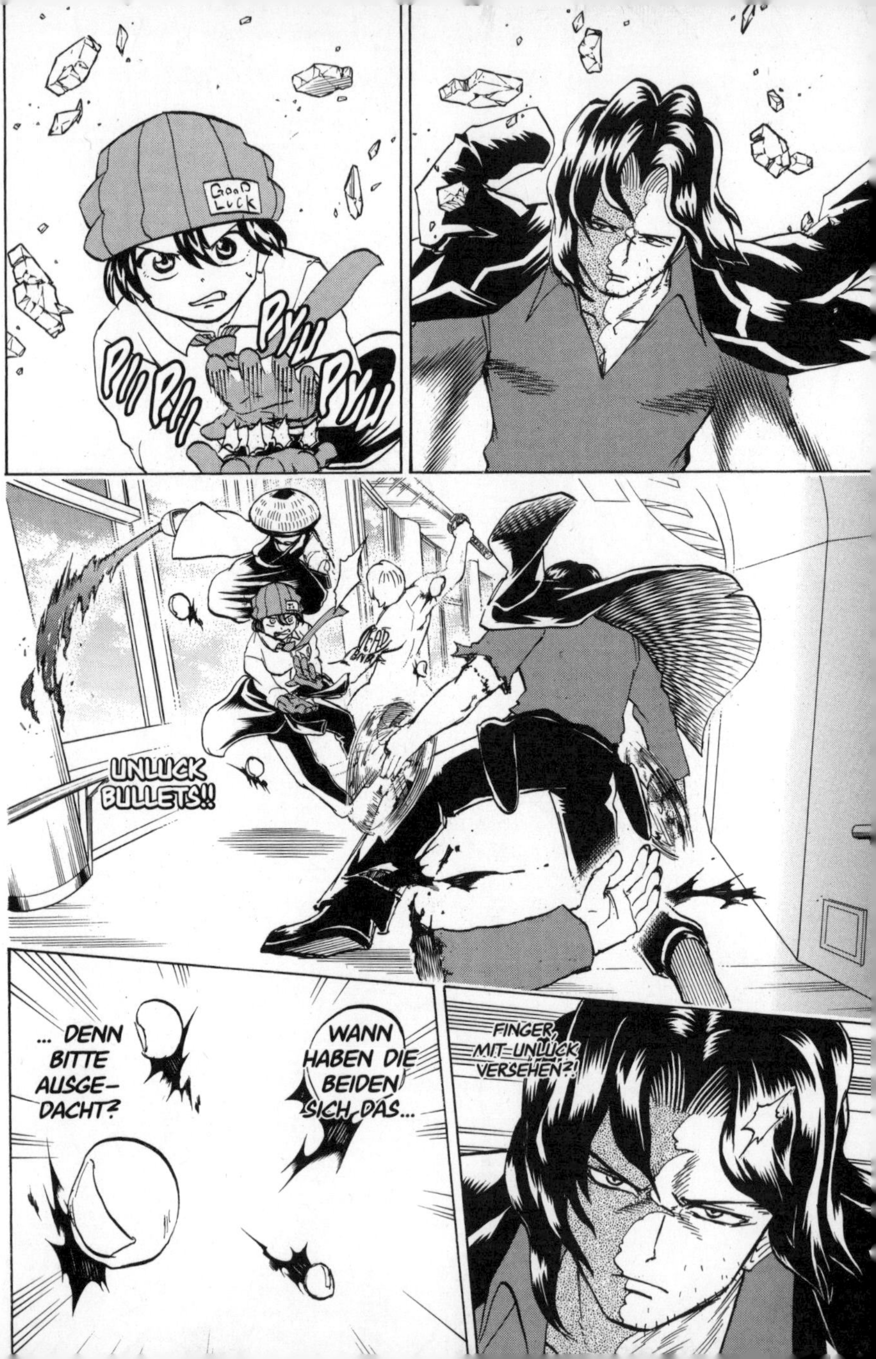

GOOD LUCK
PYU
PYU
PII PII
UNLUCK BULLETS!!
FINGER, MIT UNLUCK VERSEHEN?!
WANN HABEN DIE BEIDEN SICH DAS...
... DENN BITTE AUSGE-DACHT?

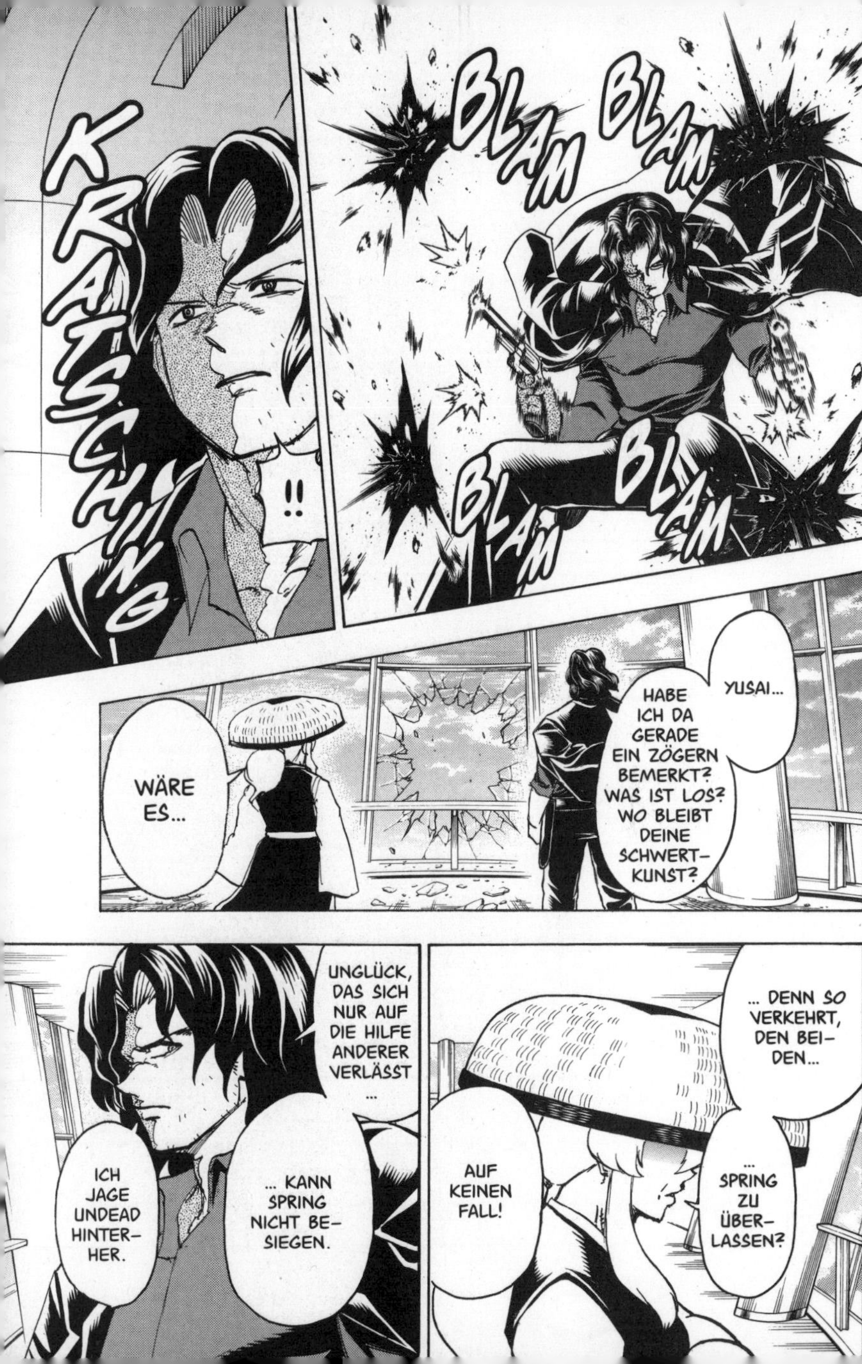
BLAM BLAM
BLAM BLAM
KRATSCHING
!!
YUSAI...
HABE ICH DA GERADE EIN ZÖGERN BEMERKT? WAS IST LOS? WO BLEIBT DEINE SCHWERT-KUNST?
WÄRE ES...
... DENN SO VERKEHRT, DEN BEI-DEN...
... SPRING ZU ÜBER-LASSEN?
AUF KEINEN FALL!
UNGLÜCK, DAS SICH NUR AUF DIE HILFE ANDERER VERLÄSST ...
... KANN SPRING NICHT BE-SIEGEN.
ICH JAGE UNDEAD HINTER-HER.

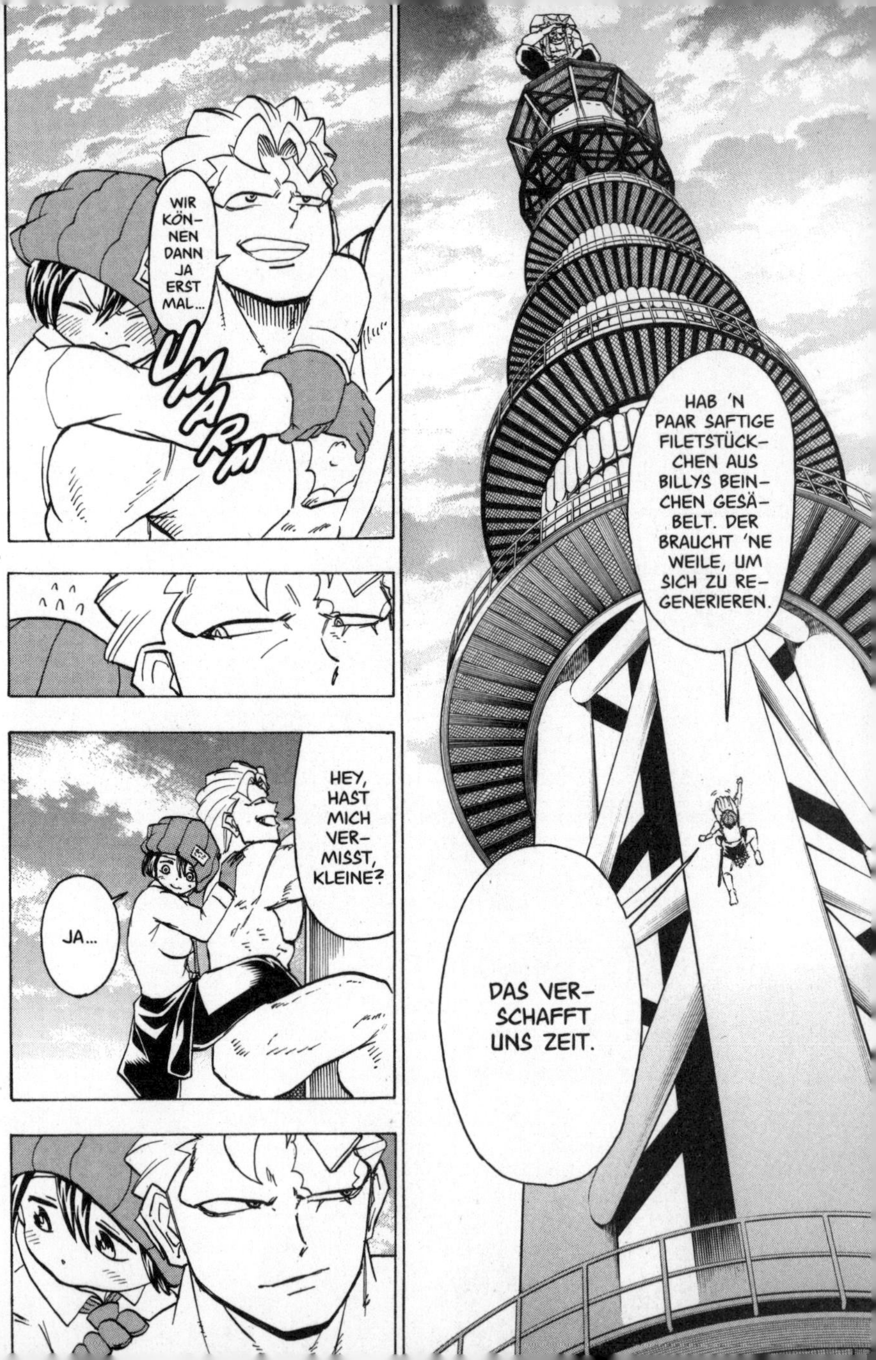
HAB 'N PAAR SAFTIGE FILETSTÜCKCHEN AUS BILLYS BEINCHEN GESÄBELT. DER BRAUCHT 'NE WEILE, UM SICH ZU REGENERIEREN.
DAS VERSCHAFFT UNS ZEIT.
WIR KÖNNEN DANN JA ERST MAL...
UMARM
HEY, HAST MICH VERMISST, KLEINE?
JA...

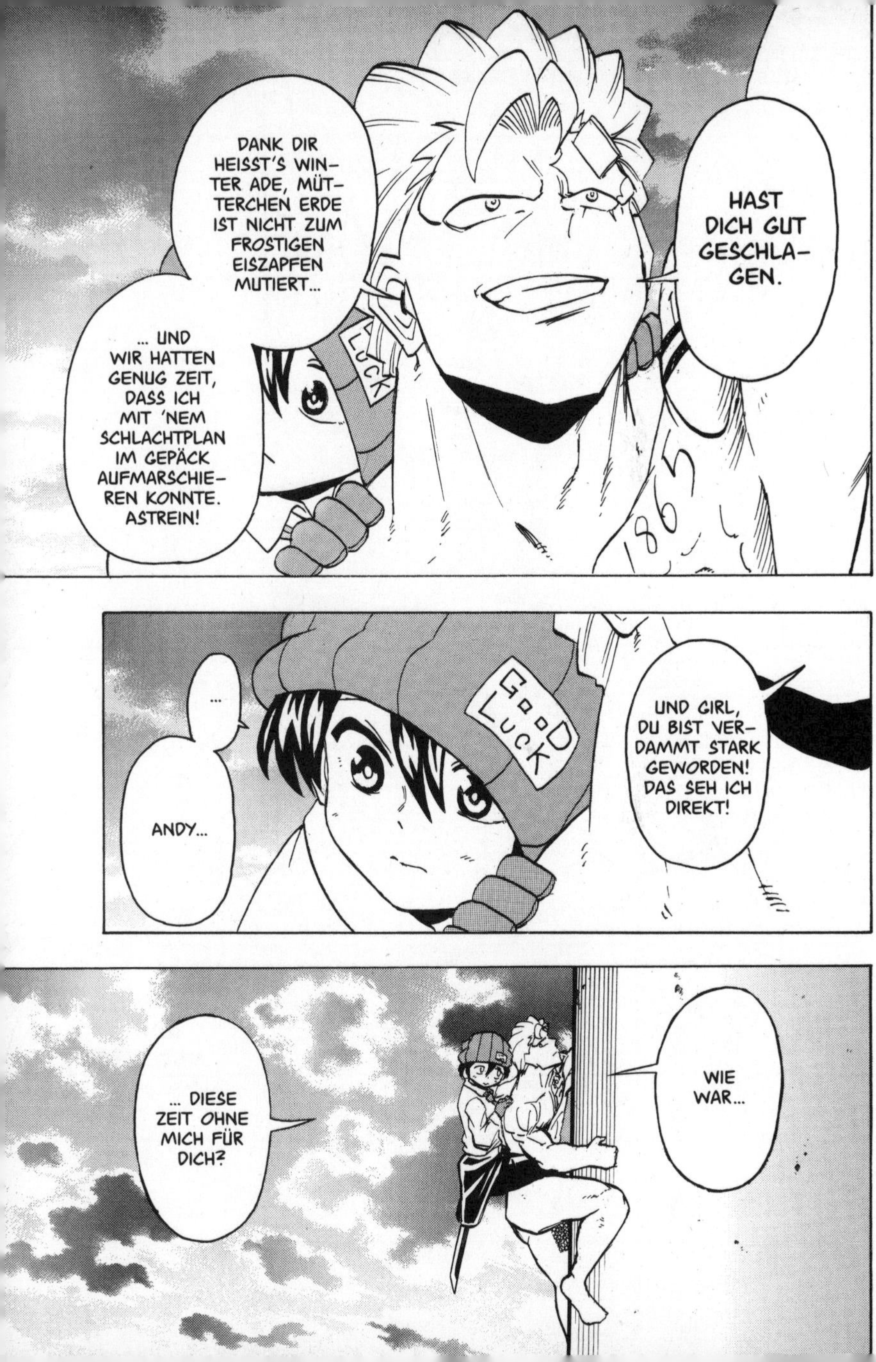
HAST DICH GUT GESCHLAGEN.
DANK DIR HEISST'S WINTER ADE, MÜTTERCHEN ERDE IST NICHT ZUM FROSTIGEN EISZAPFEN MUTIERT...
... UND WIR HATTEN GENUG ZEIT, DASS ICH MIT 'NEM SCHLACHTPLAN IM GEPÄCK AUFMARSCHIEREN KONNTE. ASTREIN!
GOOD LUCK
UND GIRL, DU BIST VERDAMMT STARK GEWORDEN! DAS SEH ICH DIREKT!
...
ANDY...
WIE WAR...
... DIESE ZEIT OHNE MICH FÜR DICH?

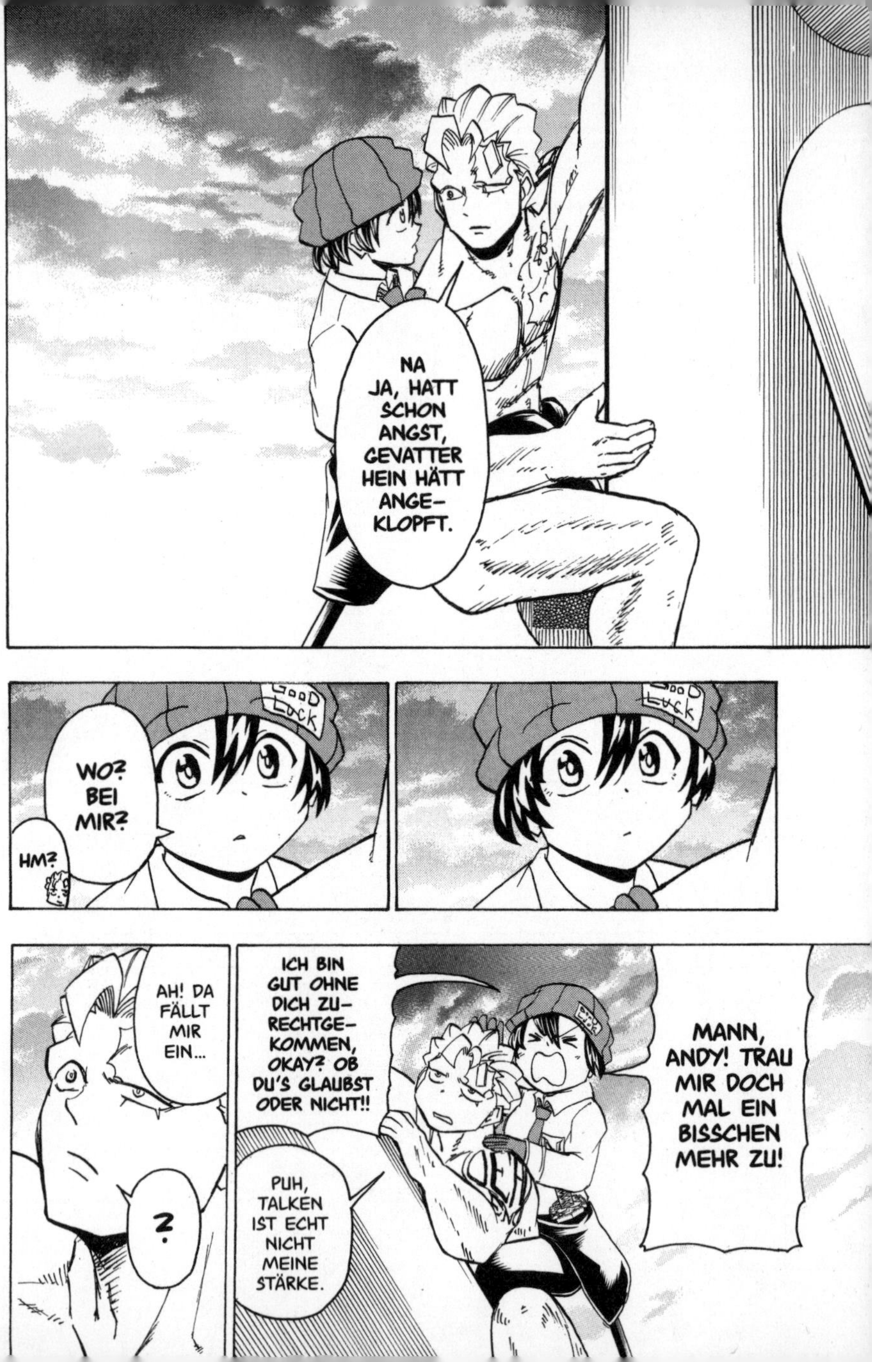
NA JA, HATT SCHON ANGST, GEVATTER HEIN HÄTT ANGEKLOPFT.
WO? BEI MIR?
HM?
MANN, ANDY! TRAU MIR DOCH MAL EIN BISSCHEN MEHR ZU!
ICH BIN GUT OHNE DICH ZURECHTGEKOMMEN, OKAY? OB DU'S GLAUBST ODER NICHT!!
PUH, TALKEN IST ECHT NICHT MEINE STÄRKE.
AH! DA FÄLLT MIR EIN...
?

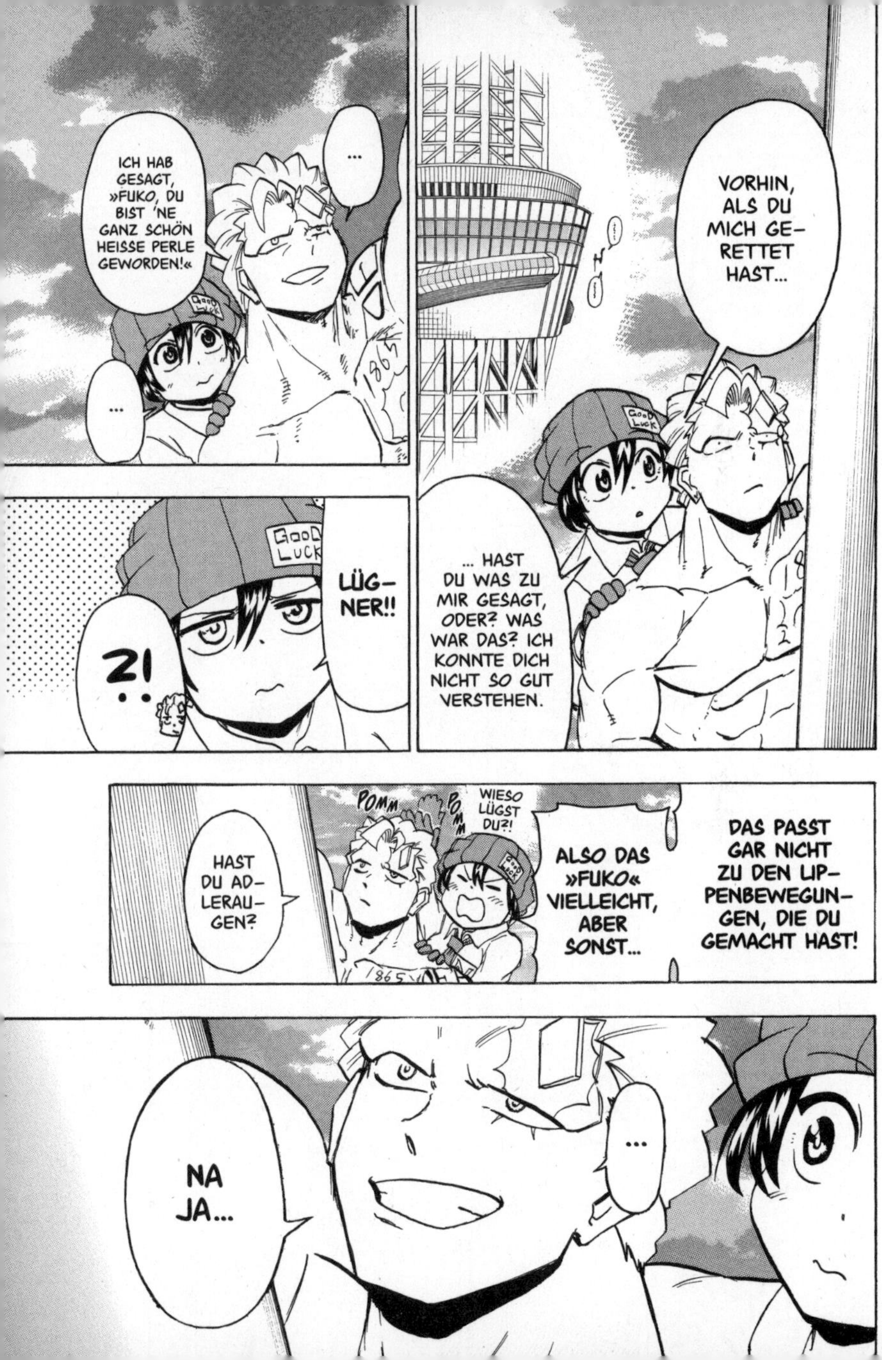
VORHIN, ALS DU MICH GERETTET HAST...
... HAST DU WAS ZU MIR GESAGT, ODER? WAS WAR DAS? ICH KONNTE DICH NICHT SO GUT VERSTEHEN.
...
ICH HAB GESAGT, »FUKO, DU BIST 'NE GANZ SCHÖN HEISSE PERLE GEWORDEN!«
...
LÜGNER!!
?!
DAS PASST GAR NICHT ZU DEN LIPPENBEWEGUNGEN, DIE DU GEMACHT HAST!
ALSO DAS »FUKO« VIELLEICHT, ABER SONST...
WIESO LÜGST DU?!
POMM
POMM
HAST DU ADLERAUGEN?
...
NA JA...

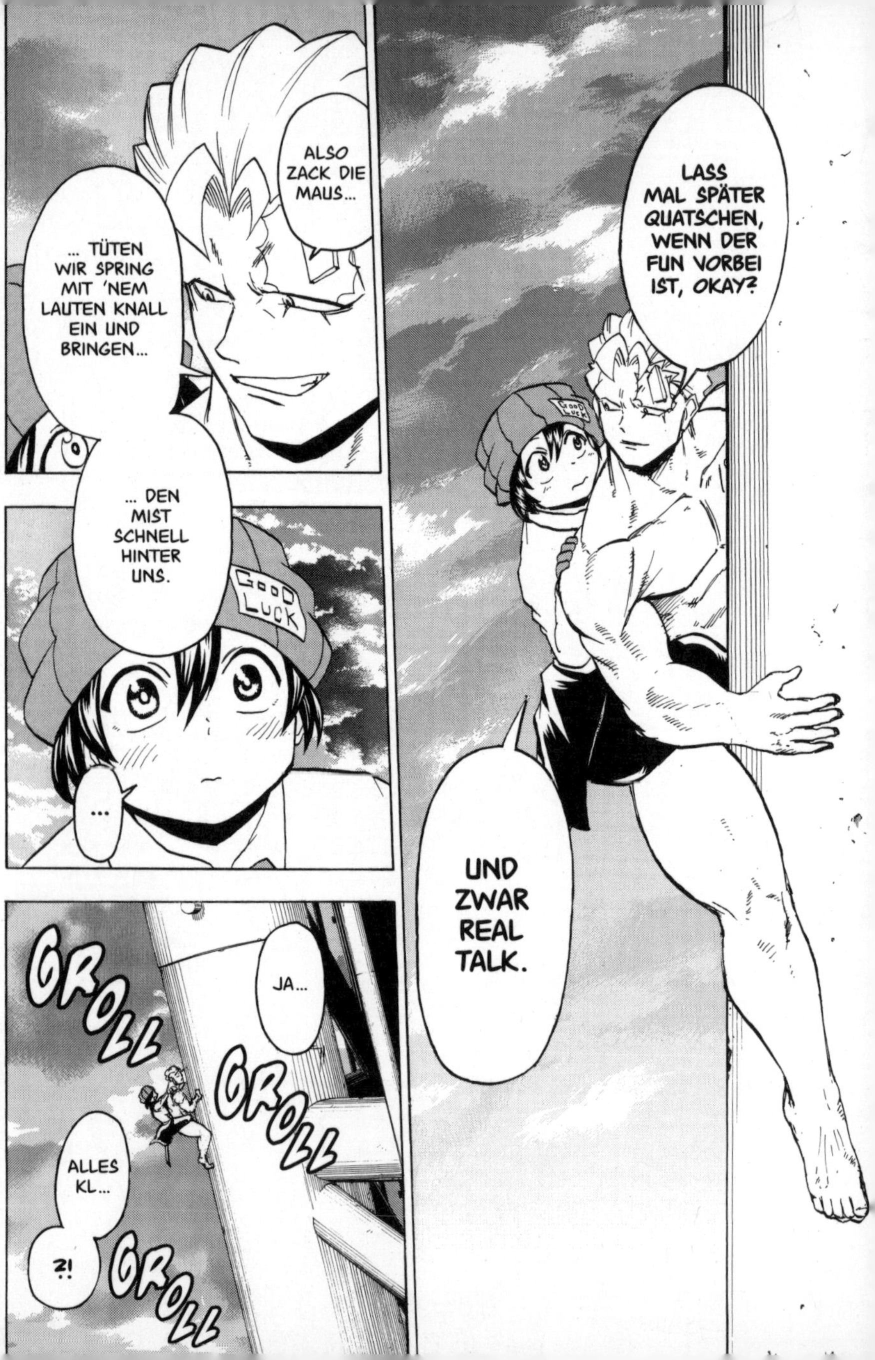
LASS MAL SPÄTER QUATSCHEN, WENN DER FUN VORBEI IST, OKAY?
UND ZWAR REAL TALK.
ALSO ZACK DIE MAUS...
... TÜTEN WIR SPRING MIT 'NEM LAUTEN KNALL EIN UND BRINGEN...
... DEN MIST SCHNELL HINTER UNS.
...
JA...
GROLL GROLL GROLL
ALLES KL...
?!

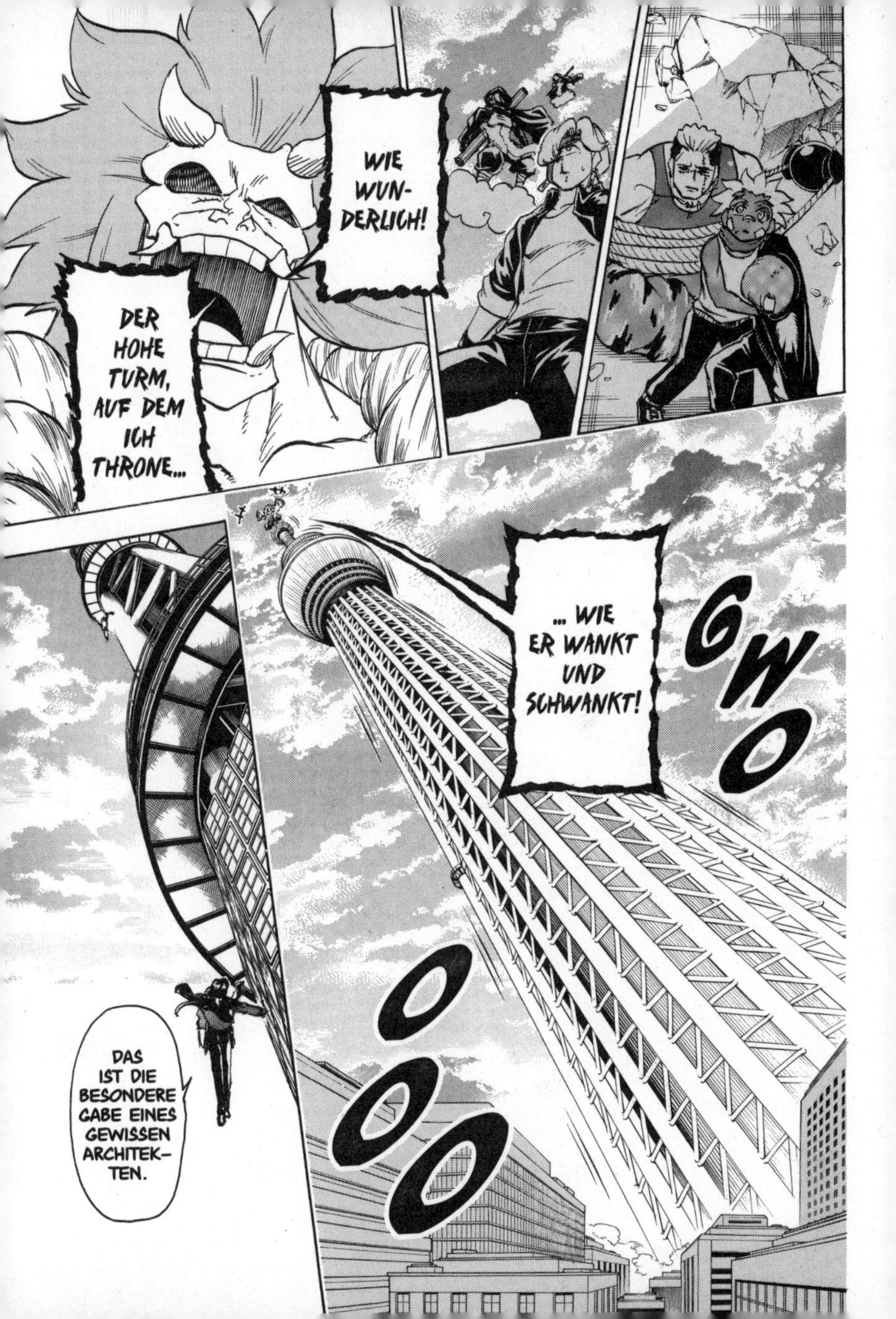
WIE WUN-DERLICH!
DER HOHE TURM, AUF DEM ICH THRONE...
... WIE ER WANKT UND SCHWANKT!
GWOOOO
DAS IST DIE BESONDERE GABE EINES GEWISSEN ARCHITEK-TEN.

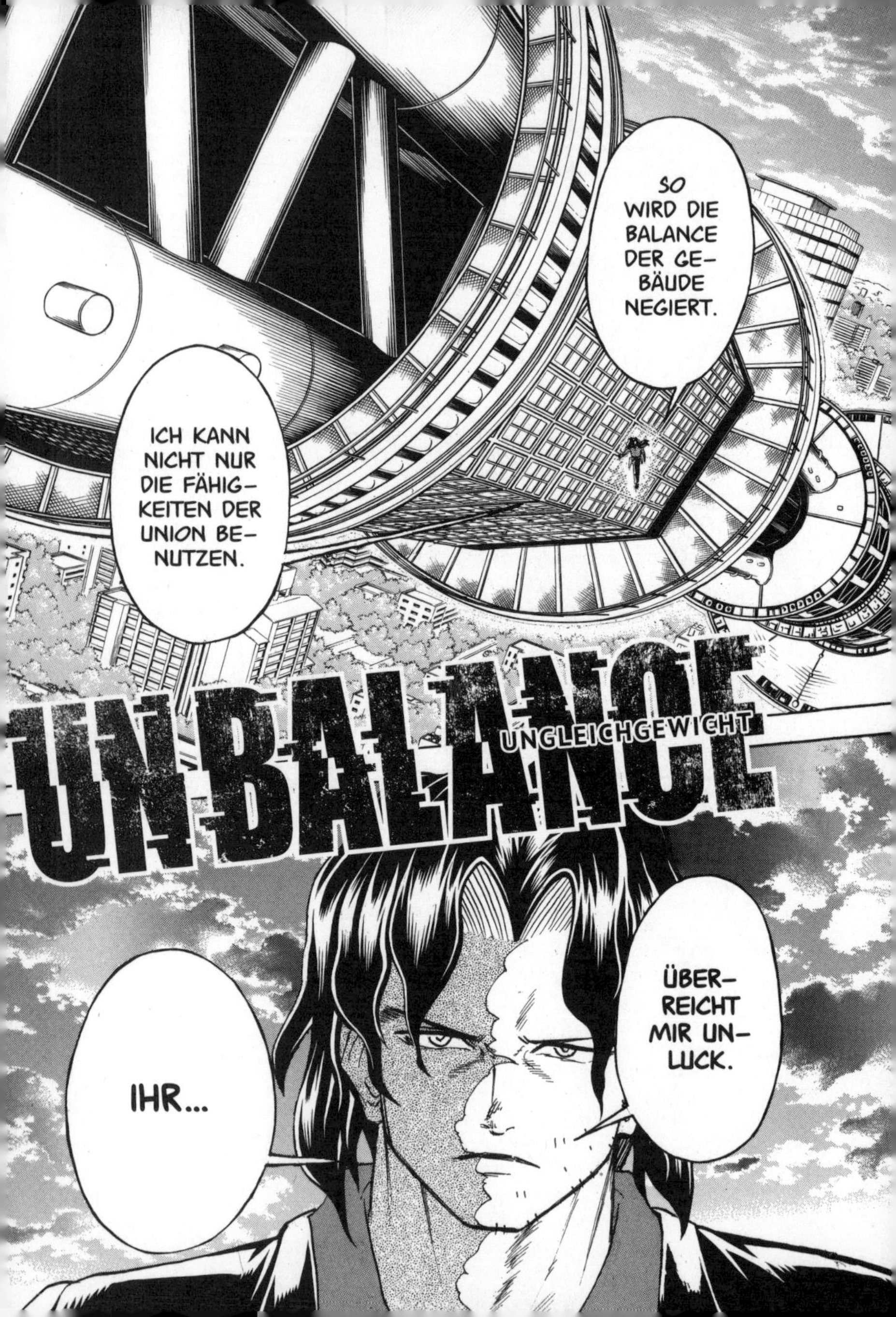
SO WIRD DIE BALANCE DER GE-BÄUDE NEGIERT.
ICH KANN NICHT NUR DIE FÄHIG-KEITEN DER UNION BE-NUTZEN.
UNBALANCE
UNGLEICHGEWICHT
ÜBER-REICHT MIR UN-LUCK.
IHR...

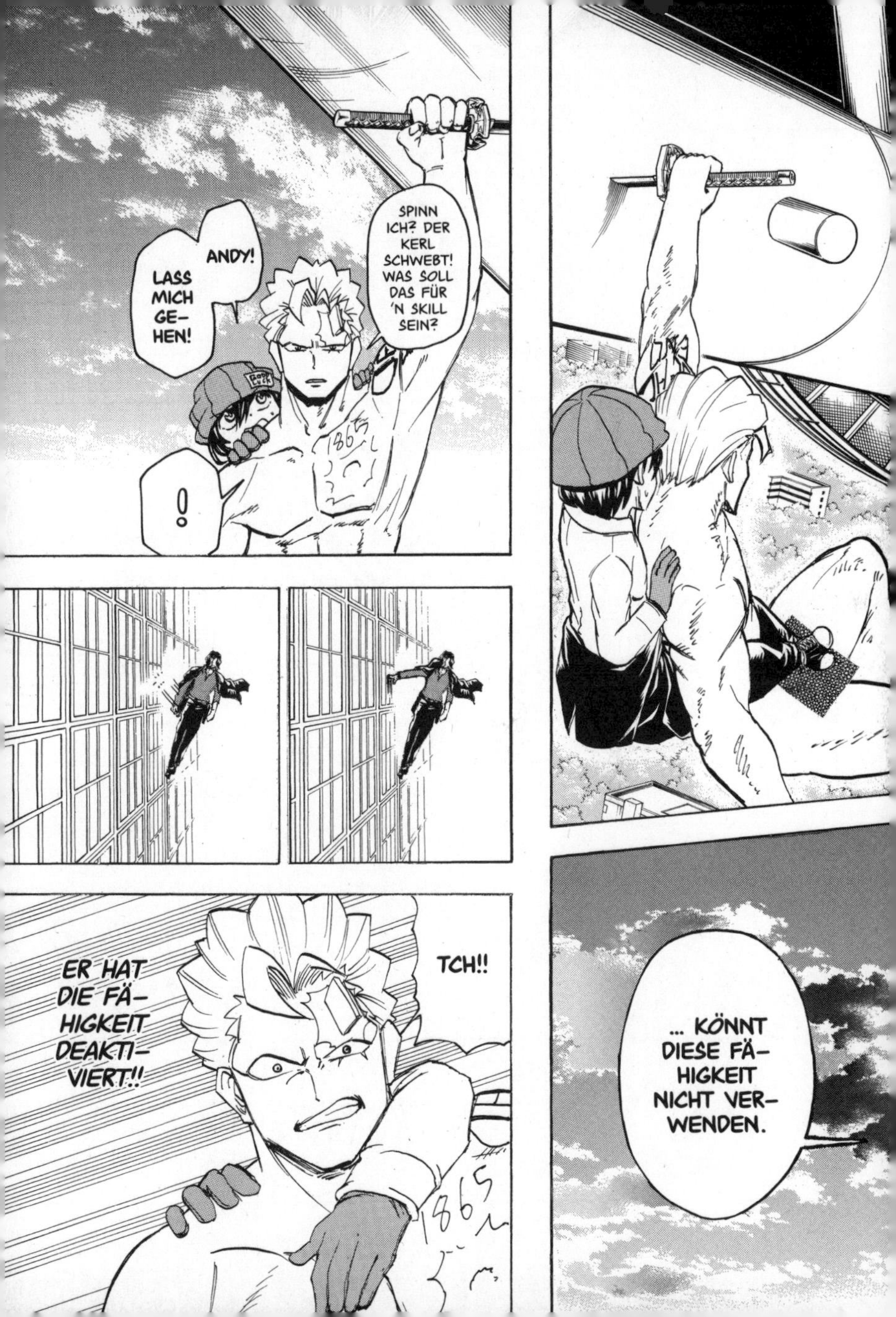

SPINN ICH? DER KERL SCHWEBT! WAS SOLL DAS FÜR 'N SKILL SEIN?
ANDY!
LASS MICH GE-HEN!
!
TCH!!
ER HAT DIE FÄ-HIGKEIT DEAKTI-VIERT!!
... KÖNNT DIESE FÄ-HIGKEIT NICHT VER-WENDEN.

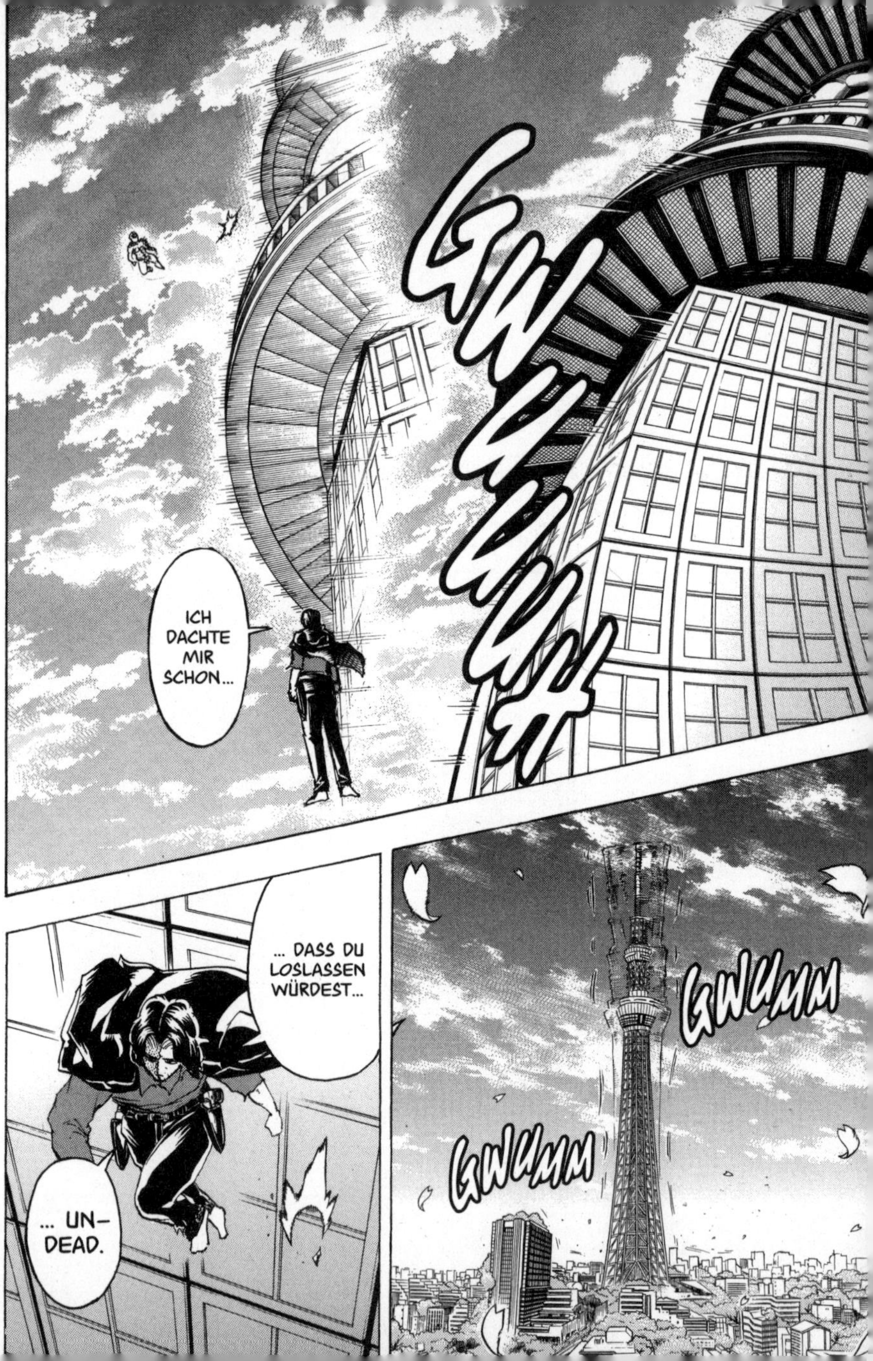
GWUUUUUH
ICH DACHTE MIR SCHON...
GWUMM
GWUMM
... DASS DU LOSLASSEN WÜRDEST...
... UN-DEAD.

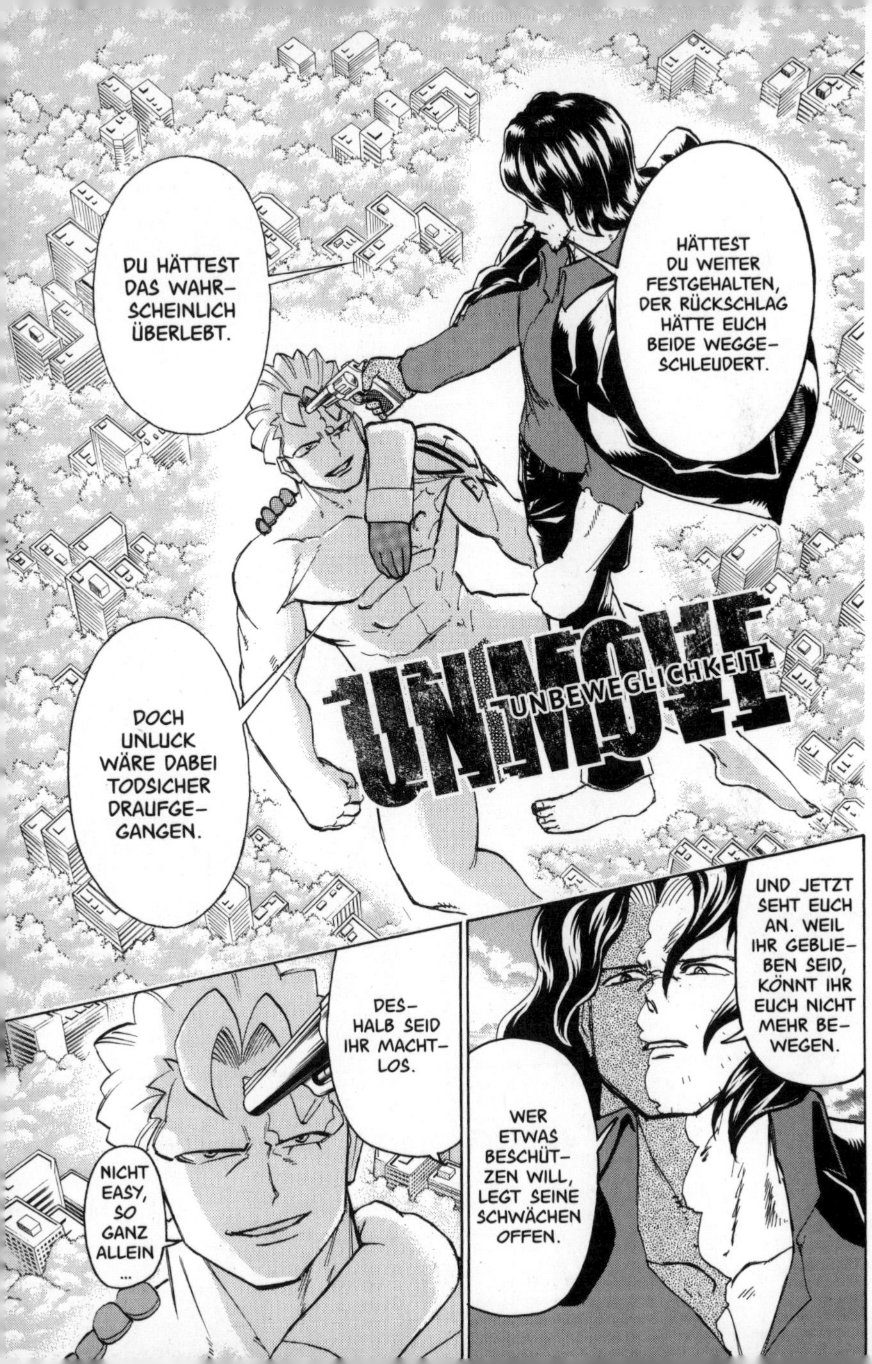
HÄTTEST DU WEITER FESTGEHALTEN, DER RÜCKSCHLAG HÄTTE EUCH BEIDE WEGGE-SCHLEUDERT.
DU HÄTTEST DAS WAHR-SCHEINLICH ÜBERLEBT.
DOCH UNLUCK WÄRE DABEI TODSICHER DRAUFGE-GANGEN.
UNMOVE
UNBEWEGLICHKEIT
UND JETZT SEHT EUCH AN. WEIL IHR GEBLIE-BEN SEID, KÖNNT IHR EUCH NICHT MEHR BE-WEGEN.
WER ETWAS BESCHÜT-ZEN WILL, LEGT SEINE SCHWÄCHEN OFFEN.
DES-HALB SEID IHR MACHT-LOS.
NICHT EASY, SO GANZ ALLEIN ...

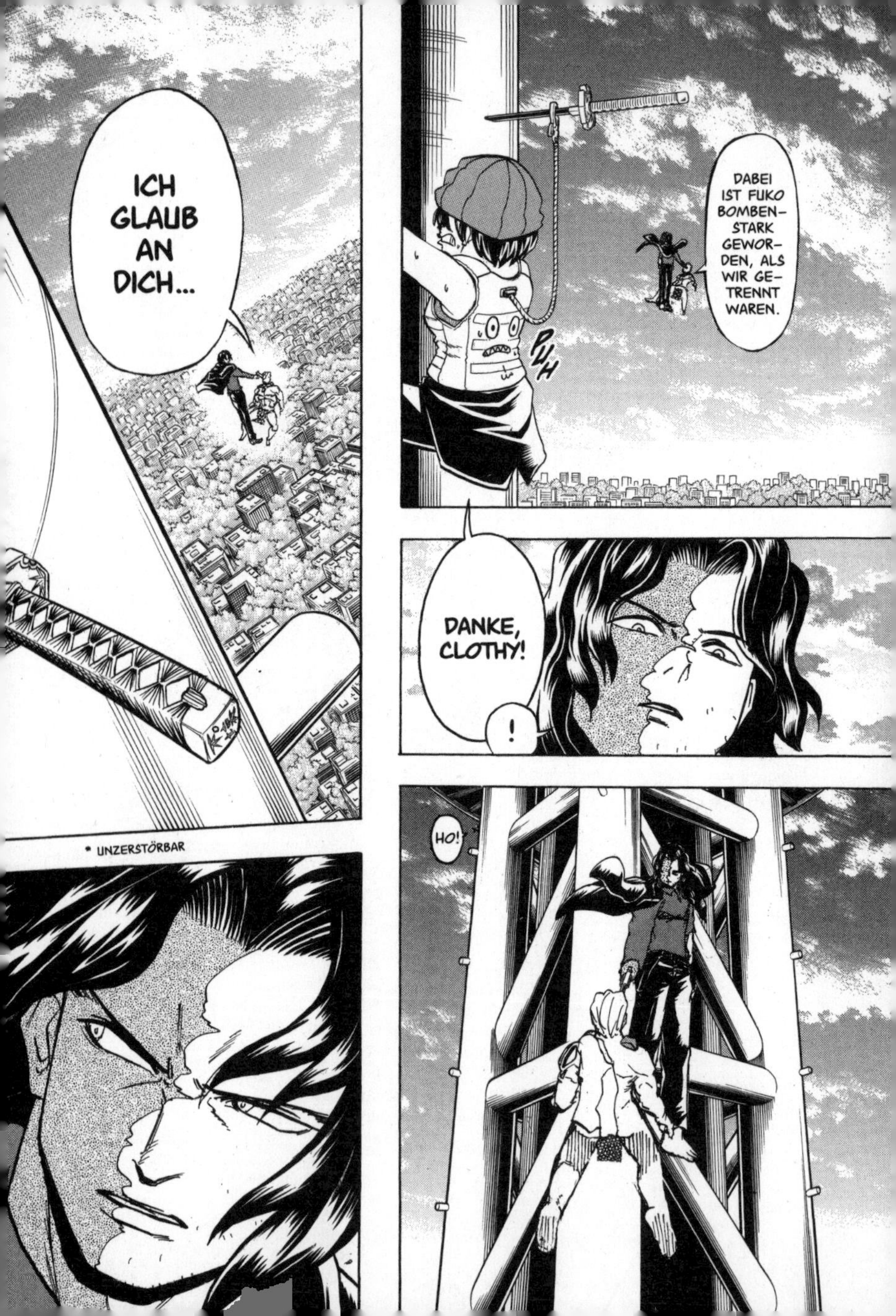
DABEI IST FUKO BOMBEN-STARK GEWORDEN, ALS WIR GETRENNT WAREN.
PUH
ICH GLAUB AN DICH...
* UNZERSTÖRBAR
DANKE, CLOTHY!
!
HO!

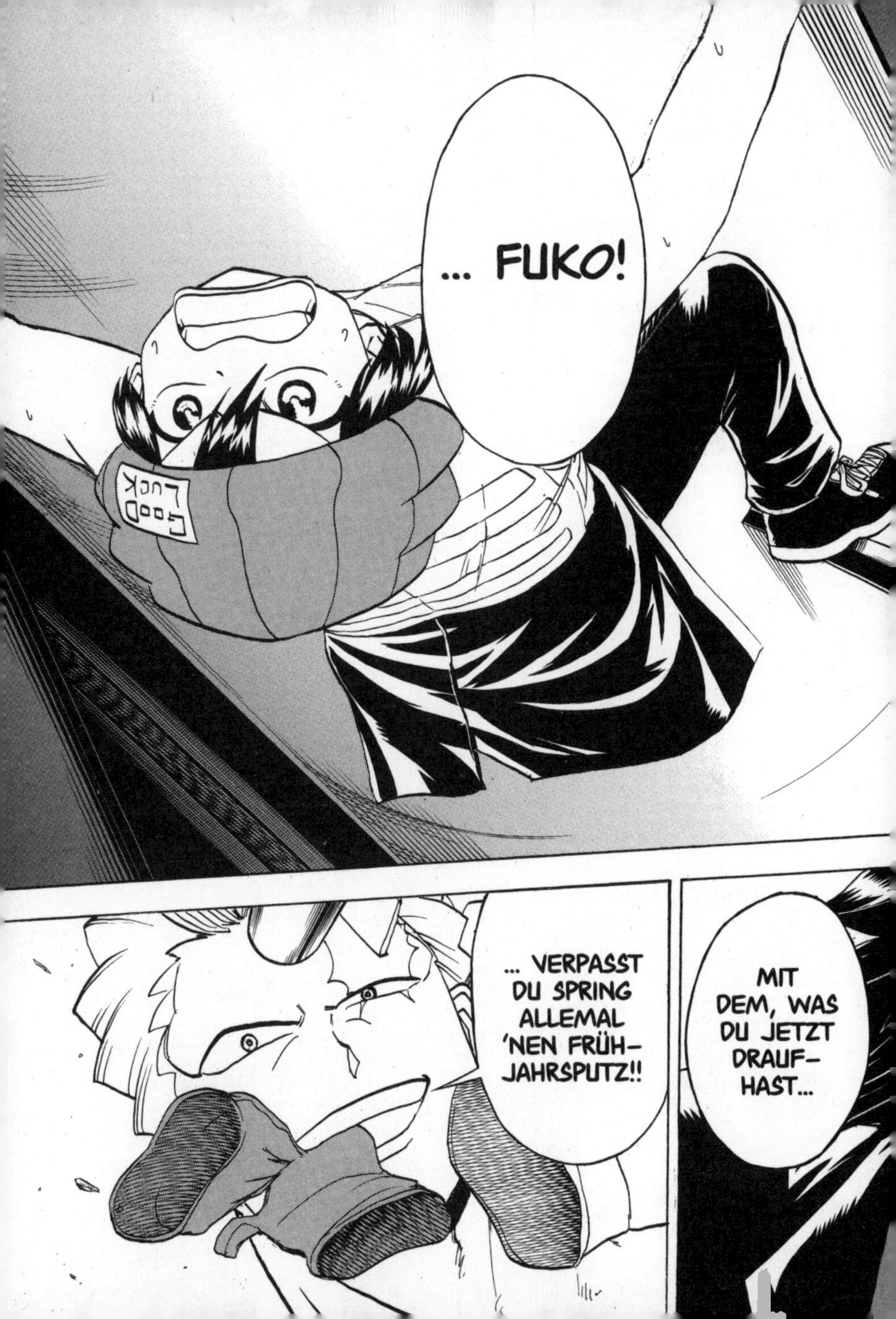
... FUKO!
Good Luck
MIT DEM, WAS DU JETZT DRAUF-HAST...
... VERPASST DU SPRING ALLEMAL 'NEN FRÜH-JAHRSPUTZ!!

UNBALANCE
WILLKÜRLICHE AKTIVIERUNG DURCH EIN EXTERNES ZIEL

NEGIERT DAS GLEICHGEWICHT DESSEN, WAS DER NUTZER ALS GEBÄUDE WAHRNIMMT. ZUR AKTIVIERUNG MUSS DIESES MIT EINER HAND DIREKT BERÜHRT WERDEN. WENN EINE STADT SELBST ALS GEWALTIGES GEBILDE ANGESEHEN WIRD, LÄSST SICH DAS GLEICHGEWICHT DER UMGEBUNG BEREITS DURCH EINFACHES BERÜHREN EINER STRASSE ODER EINES ANDEREN OBJEKTS BEEINTRÄCHTIGEN. DIESE WAHRNEHMUNG KANN DERZEIT NUR BILLY EINSETZEN. DER BESAGTE NEGATOR UND ARCHITEKT, VON DEM ER DIE FÄHIGKEIT KOPIERT HAT, WAR AUSSERSTANDE, DIESE SICHTWEISE ZU VERWENDEN.

SEINE UMFASSENDE KENNTNIS IM BAUWESEN HAT IHN NÄMLICH DARAN GEHINDERT, EINE SOLCHE VIELFALT SEINER FÄHIGKEIT ZU ENTWICKELN.

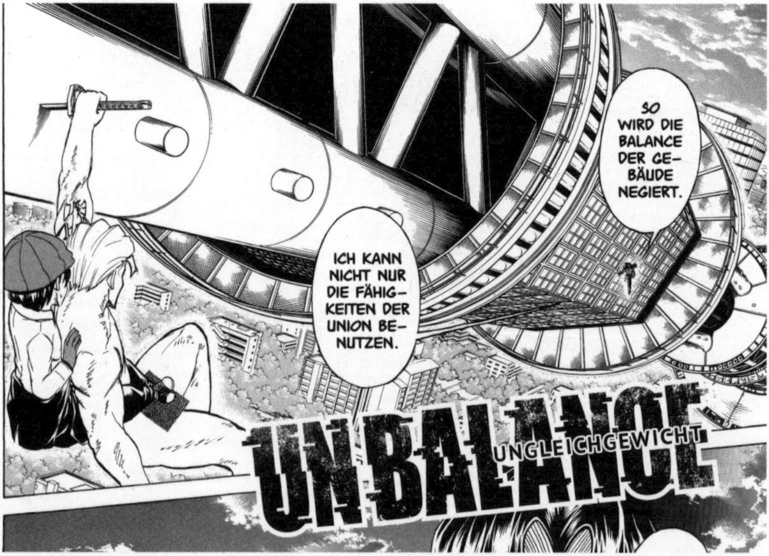

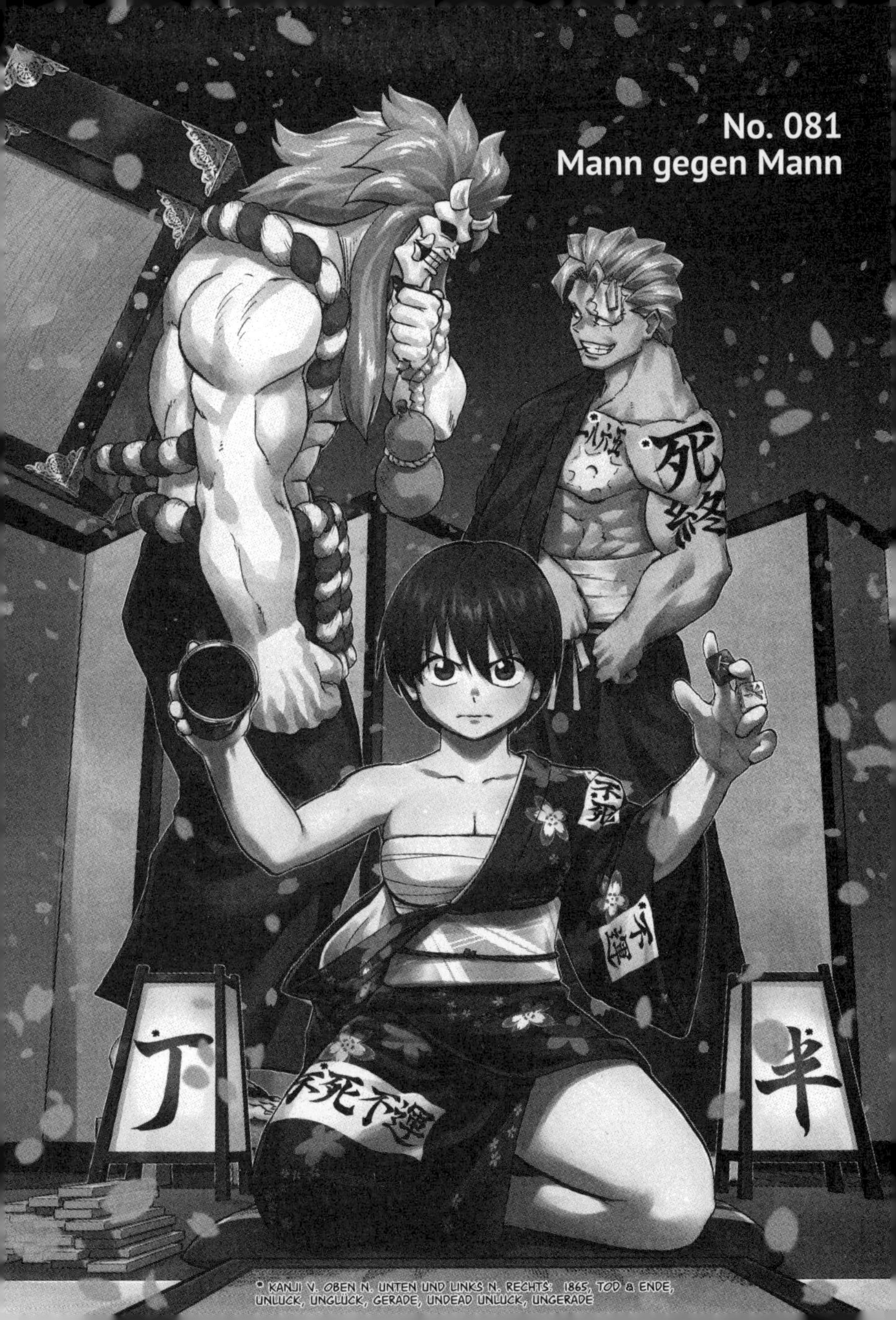
No. 081
Mann gegen Mann
* KANJI V. OBEN N. UNTEN UND LINKS N. RECHTS: 1865, TOD & ENDE, UNLUCK, UNGLÜCK, GERADE, UNDEAD UNLUCK, UNGERADE

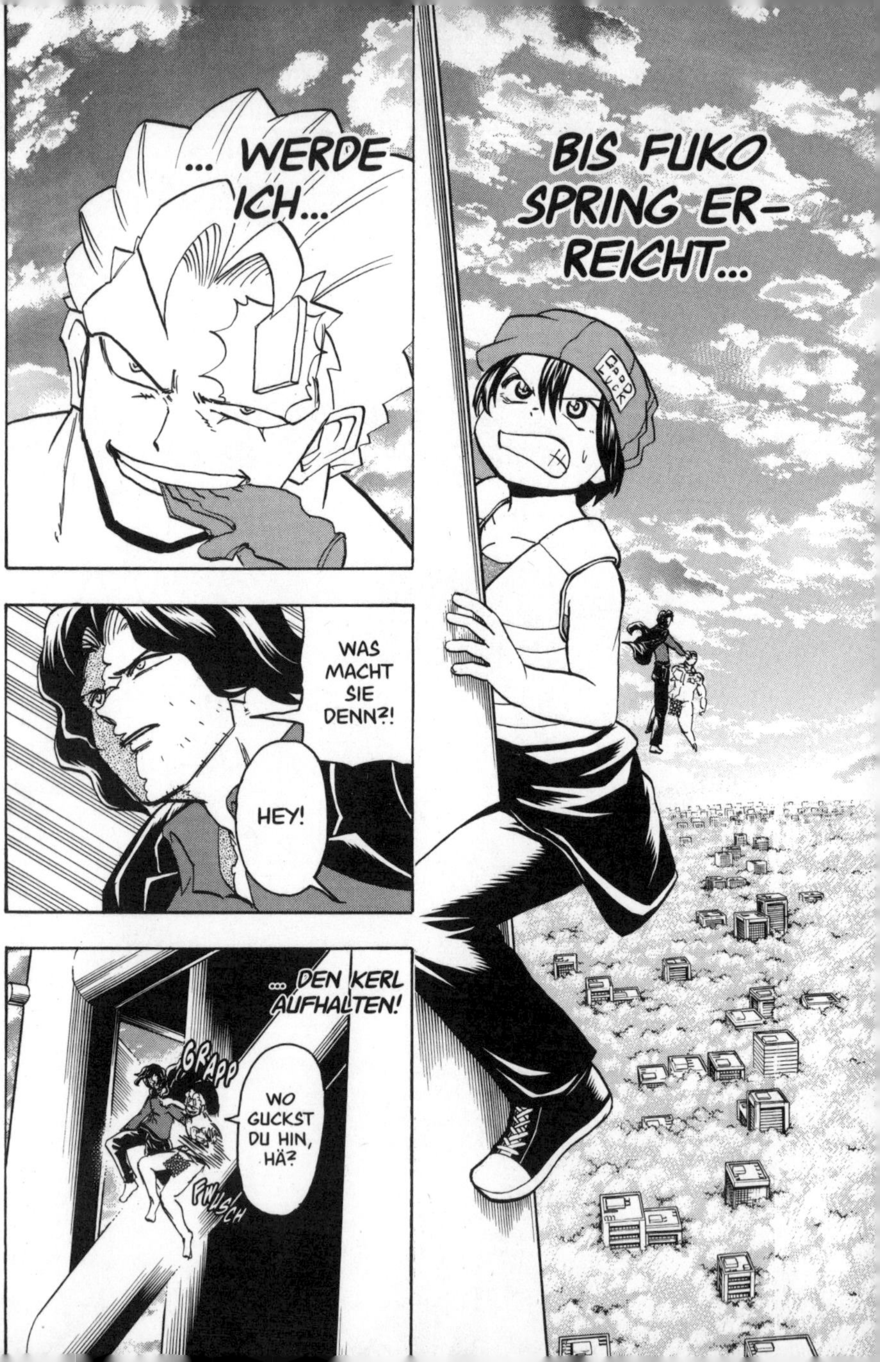
BIS FUKO SPRING ER-REICHT...
... WERDE ICH...
WAS MACHT SIE DENN?!
HEY!
... DEN KERL AUFHALTEN!
WO GUCKST DU HIN, HÄ?
GRAPP
FWUSCH
GOOD LUCK

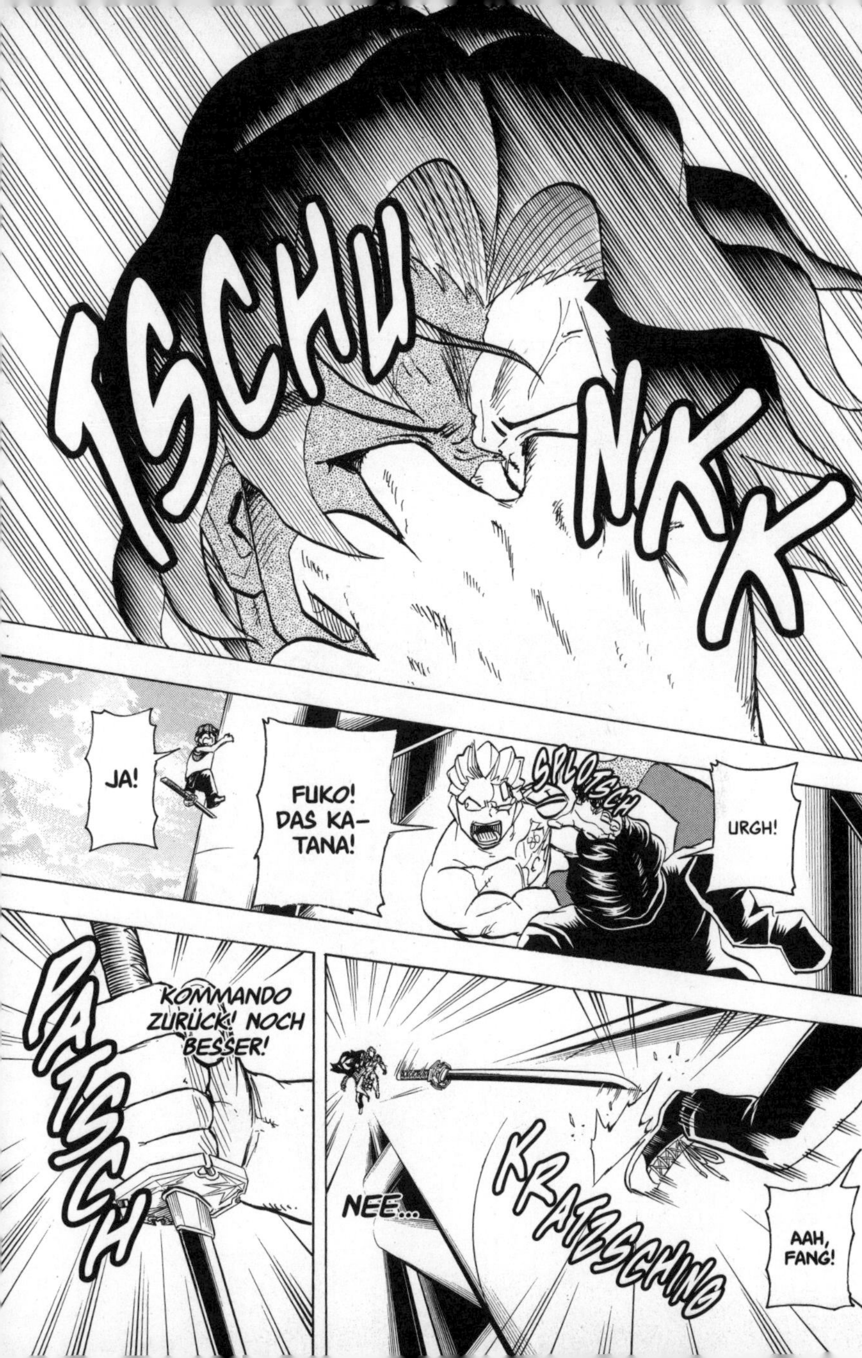
TSCHUNKK
URGH!
SPLOTSCH
FUKO! DAS KATANA!
JA!
AAH, FANG!
KRATZSCHING
NEE...
KOMMANDO ZURÜCK! NOCH BESSER!

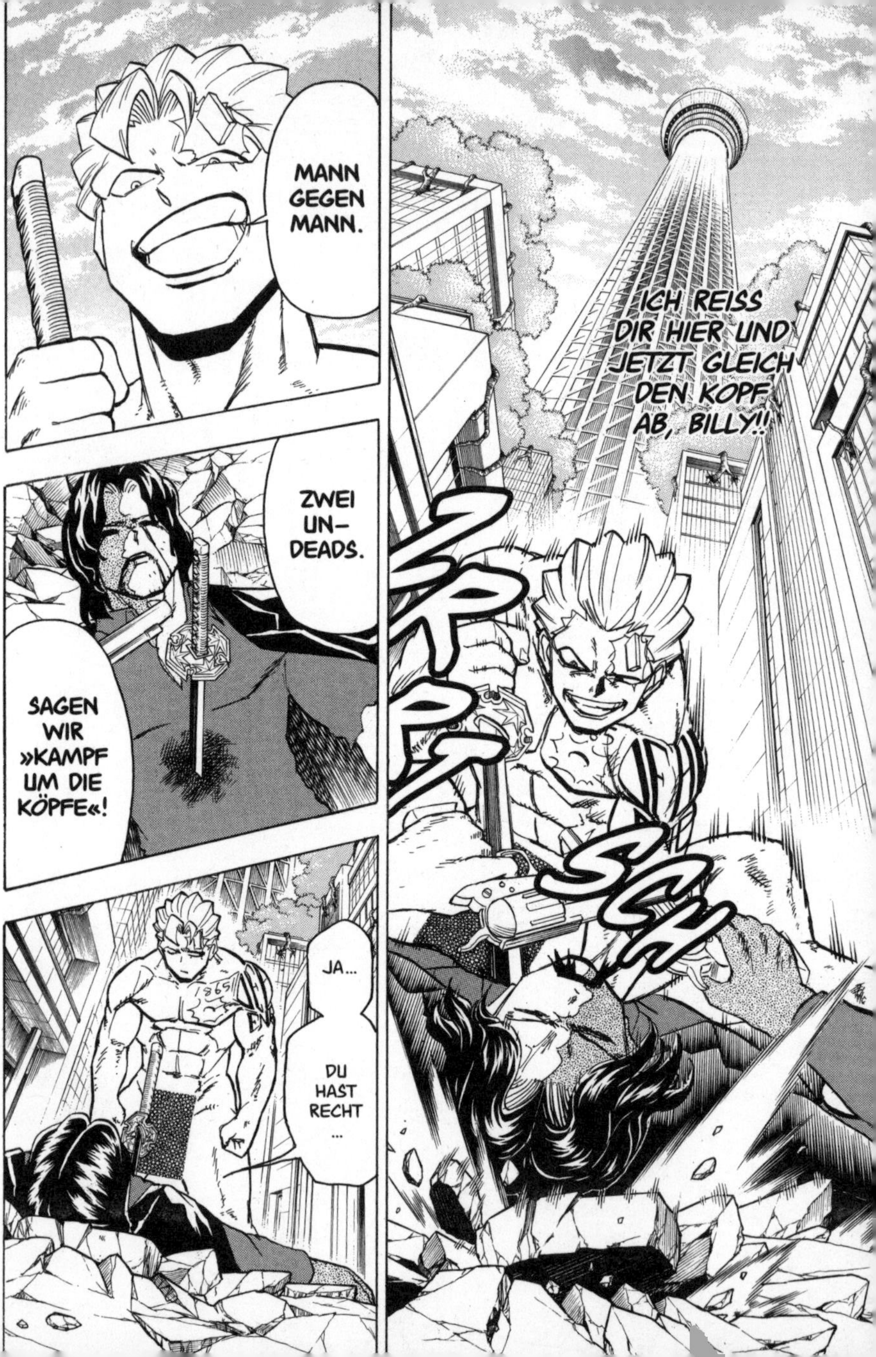
ICH REISS DIR HIER UND JETZT GLEICH DEN KOPF AB, BILLY!!
ZSPAAASCH
MANN GEGEN MANN.
ZWEI UN-DEADS.
SAGEN WIR »KAMPF UM DIE KÖPFE«!
JA...
DU HAST RECHT ...

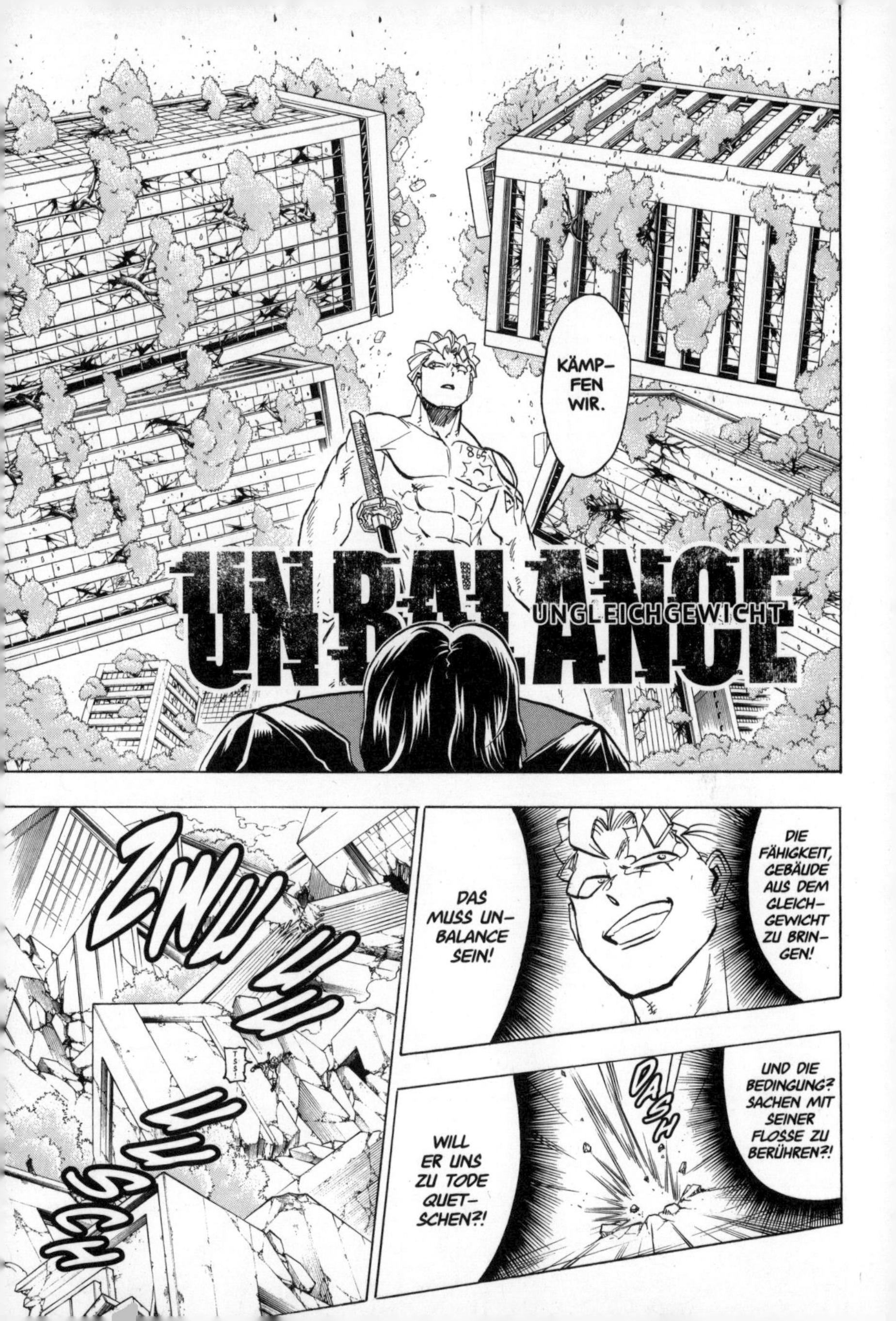

KÄMPFEN WIR.
UNBALANCE
UNGLEICHGEWICHT
DIE FÄHIGKEIT, GEBÄUDE AUS DEM GLEICHGEWICHT ZU BRINGEN!
DAS MUSS UNBALANCE SEIN!
ZWUUUUUSCH
TSS!
UND DIE BEDINGUNG? SACHEN MIT SEINER FLOSSE ZU BERÜHREN?!
WILL ER UNS ZU TODE QUETSCHEN?!

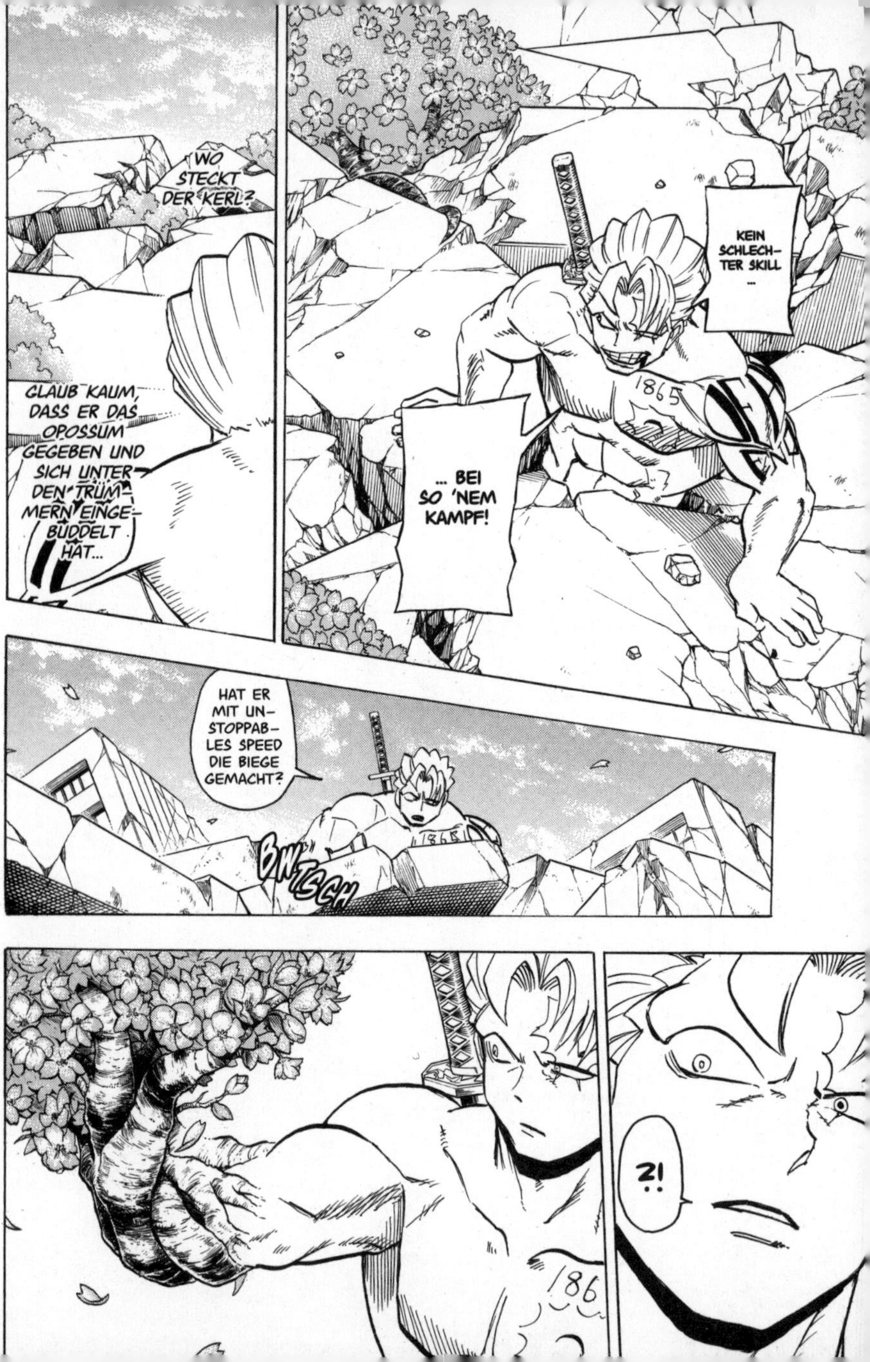
KEIN SCHLECHTER SKILL ...
... BEI SO 'NEM KAMPF!
WO STECKT DER KERL?
GLAUB KAUM, DASS ER DAS OPOSSUM GEGEBEN UND SICH UNTER DEN TRÜMMERN EINGEBUDDELT HAT...
1865
HAT ER MIT UNSTOPPABLES SPEED DIE BIEGE GEMACHT?
BWISCH
?!
186

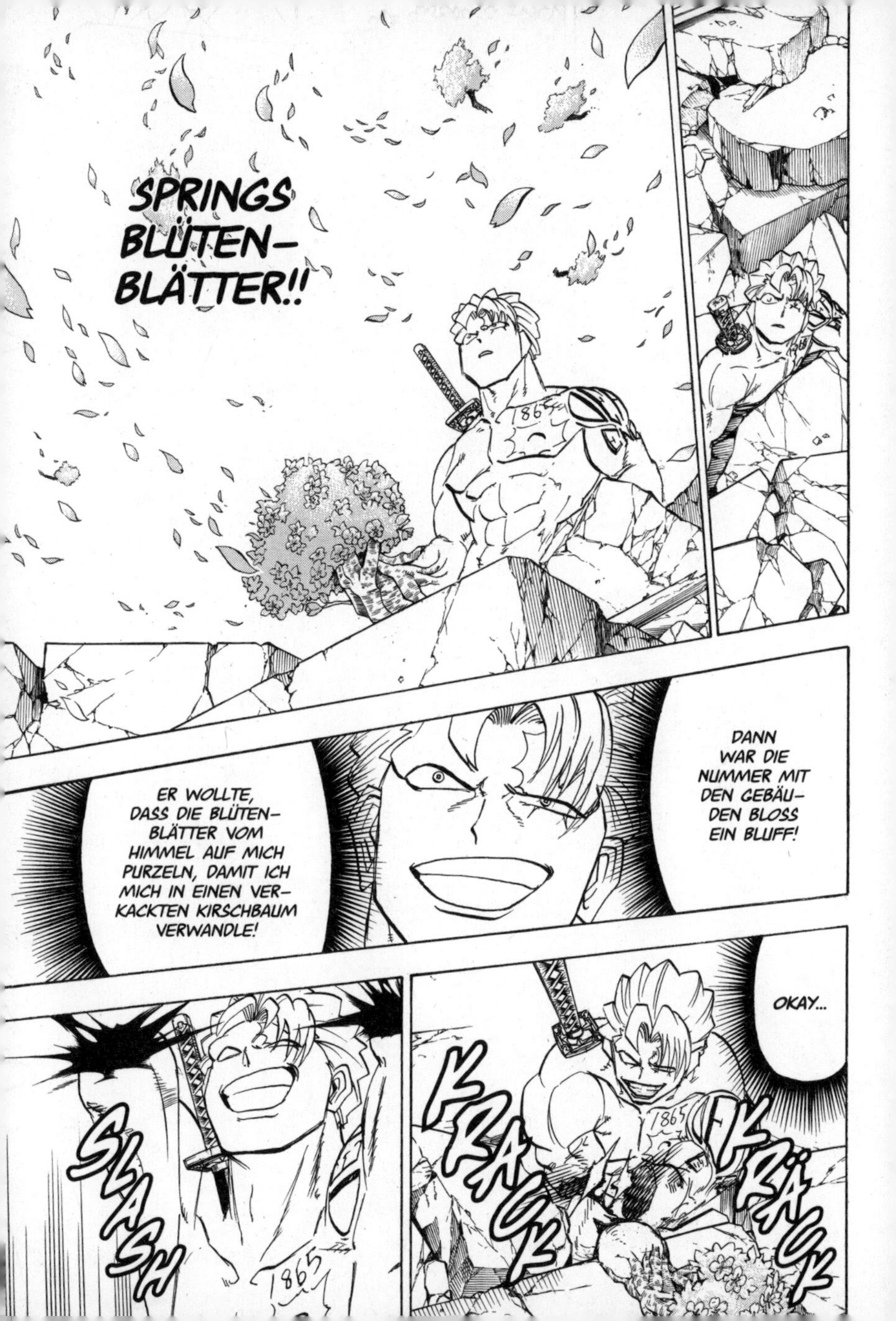
SPRINGS BLÜTEN-BLÄTTER!!
DANN WAR DIE NUMMER MIT DEN GEBÄU-DEN BLOSS EIN BLUFF!
ER WOLLTE, DASS DIE BLÜTEN-BLÄTTER VOM HIMMEL AUF MICH PURZELN, DAMIT ICH MICH IN EINEN VER-KACKTEN KIRSCHBAUM VERWANDLE!
OKAY...
KRACK
KRÄCK
SLASH

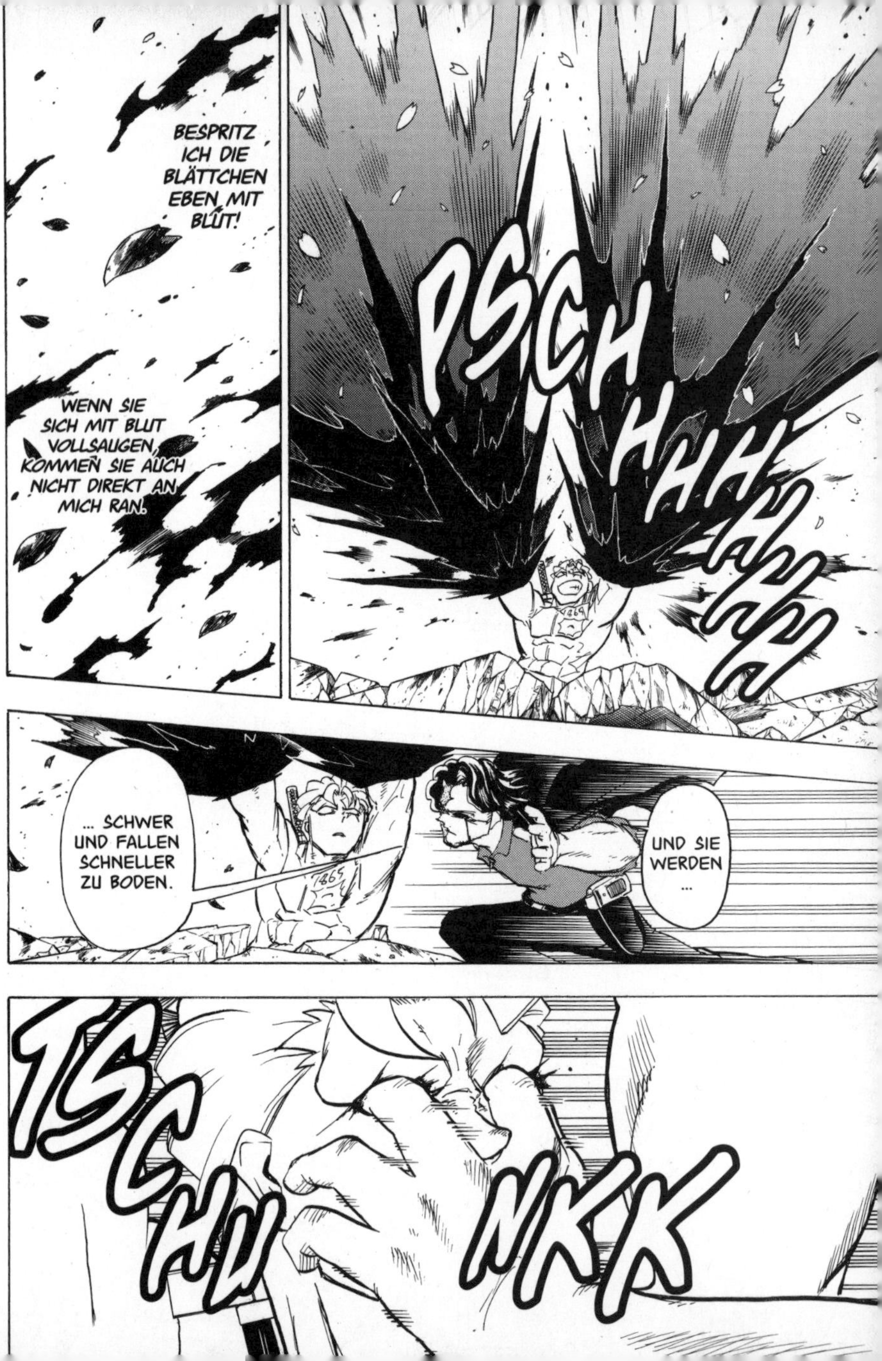
PSCHHHHHHHH
BESPRITZ ICH DIE BLÄTTCHEN EBEN MIT BLUT!
WENN SIE SICH MIT BLUT VOLLSAUGEN, KOMMEN SIE AUCH NICHT DIREKT AN MICH RAN.
UND SIE WERDEN ...
... SCHWER UND FALLEN SCHNELLER ZU BODEN.
TSCHUNKK

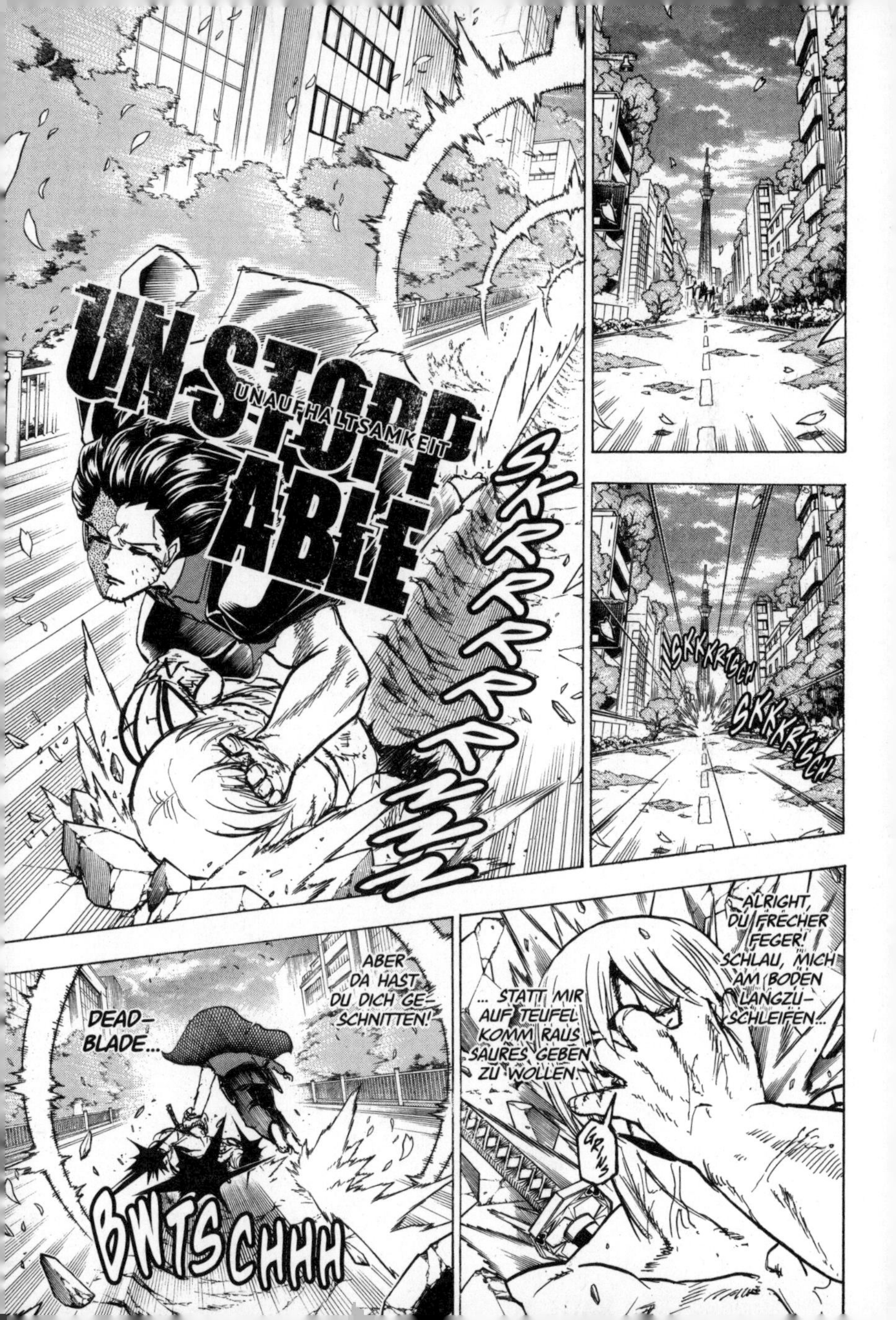

UNSTOPPABLE
UNAUFHALTSAMKEIT
SKRRRRRNNN
SKKKRISCH
SKKKRISCH
ALRIGHT, DU FRECHER FEGER! SCHLAU, MICH AM BODEN LANGZU-SCHLEIFEN...
... STATT MIR AUF TEUFEL KOMM RAUS SAURES GEBEN ZU WOLLEN.
GRINS
ABER DA HAST DU DICH GE-SCHNITTEN!
DEAD-BLADE...
BWTSCHHH

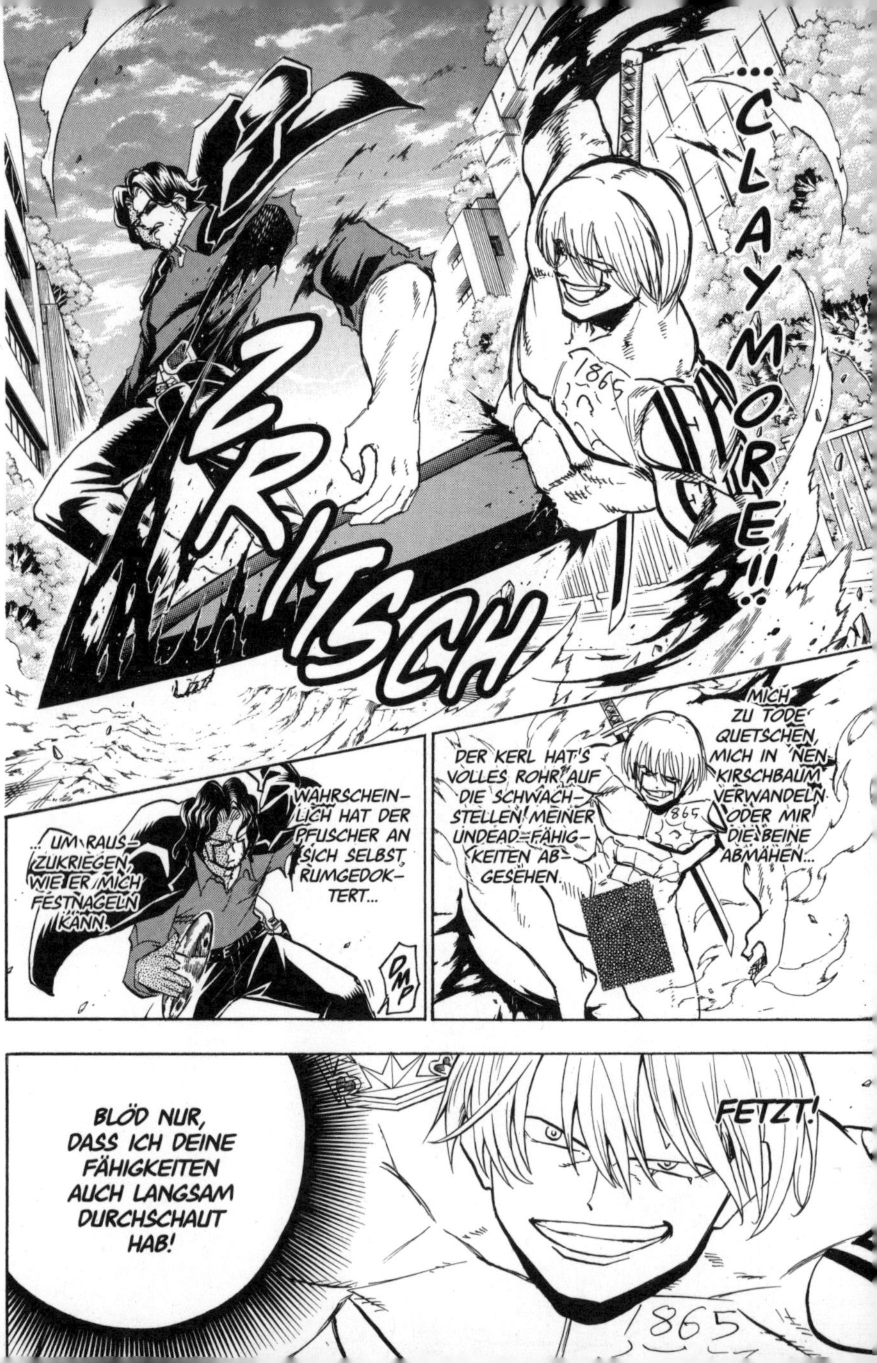
...CLAYMORE!!
ZRITSCH
MICH ZU TODE QUETSCHEN, MICH IN 'NEN KIRSCHBAUM VERWANDELN ODER MIR DIE BEINE ABMÄHEN...
DER KERL HAT'S VOLLES ROHR AUF DIE SCHWACHSTELLEN MEINER UNDEAD-FÄHIGKEITEN ABGESEHEN.
WAHRSCHEINLICH HAT DER PFUSCHER AN SICH SELBST RUMGEDOKTERT...
... UM RAUSZUKRIEGEN, WIE ER MICH FESTNAGELN KANN.
DMP
FETZT!
BLÖD NUR, DASS ICH DEINE FÄHIGKEITEN AUCH LANGSAM DURCHSCHAUT HAB!
1865

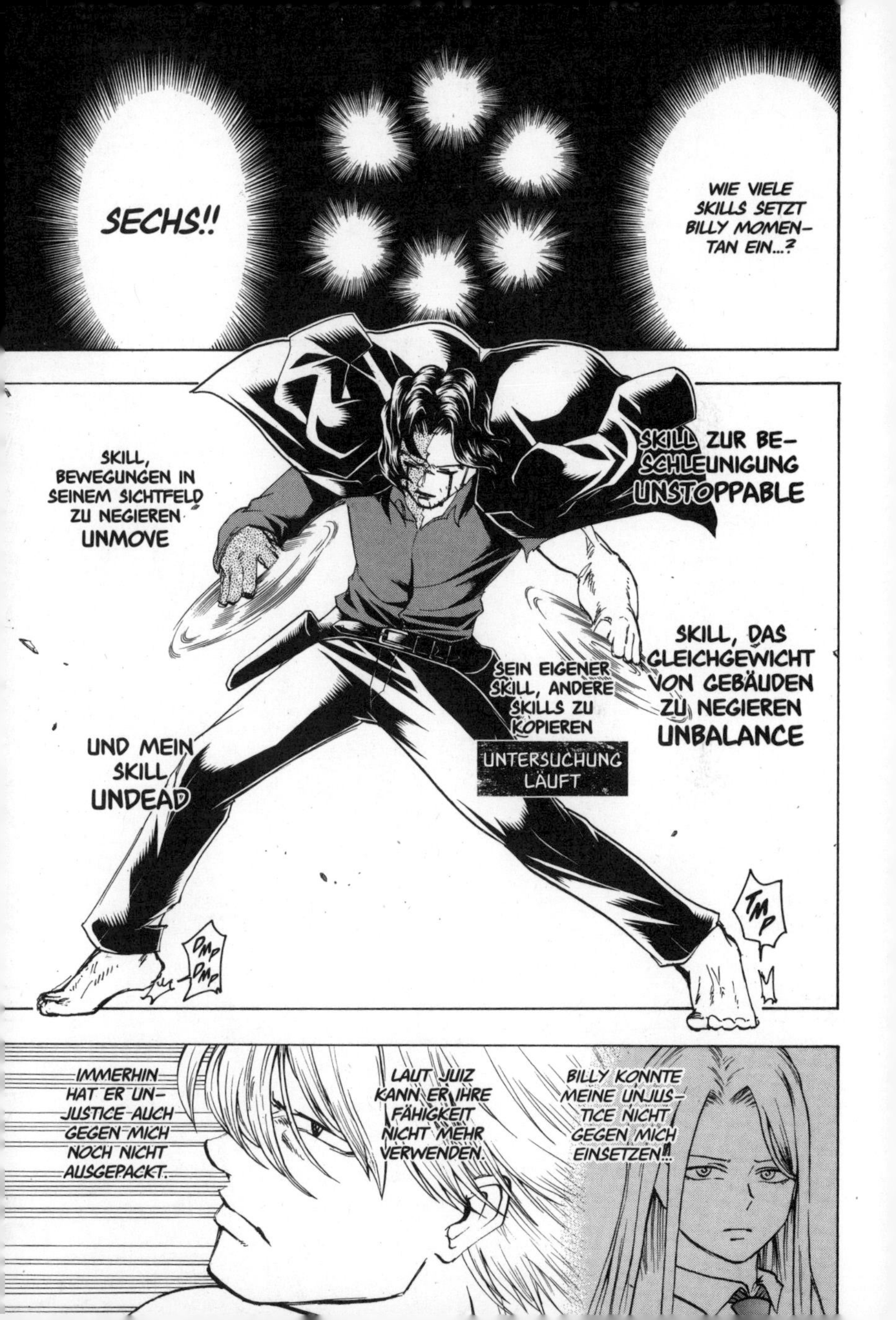
WIE VIELE SKILLS SETZT BILLY MOMENTAN EIN...?
SECHS!!
SKILL ZUR BESCHLEUNIGUNG
UNSTOPPABLE
SKILL, BEWEGUNGEN IN SEINEM SICHTFELD ZU NEGIEREN
UNMOVE
SKILL, DAS GLEICHGEWICHT VON GEBÄUDEN ZU NEGIEREN
UNBALANCE
SEIN EIGENER SKILL, ANDERE SKILLS ZU KOPIEREN
UNTERSUCHUNG LÄUFT
UND MEIN SKILL
UNDEAD
TMP
DMP DMP
BILLY KONNTE MEINE UNJUSTICE NICHT GEGEN MICH EINSETZEN...
LAUT JUIZ KANN ER IHRE FÄHIGKEIT NICHT MEHR VERWENDEN.
IMMERHIN HAT ER UNJUSTICE AUCH GEGEN MICH NOCH NICHT AUSGEPACKT.

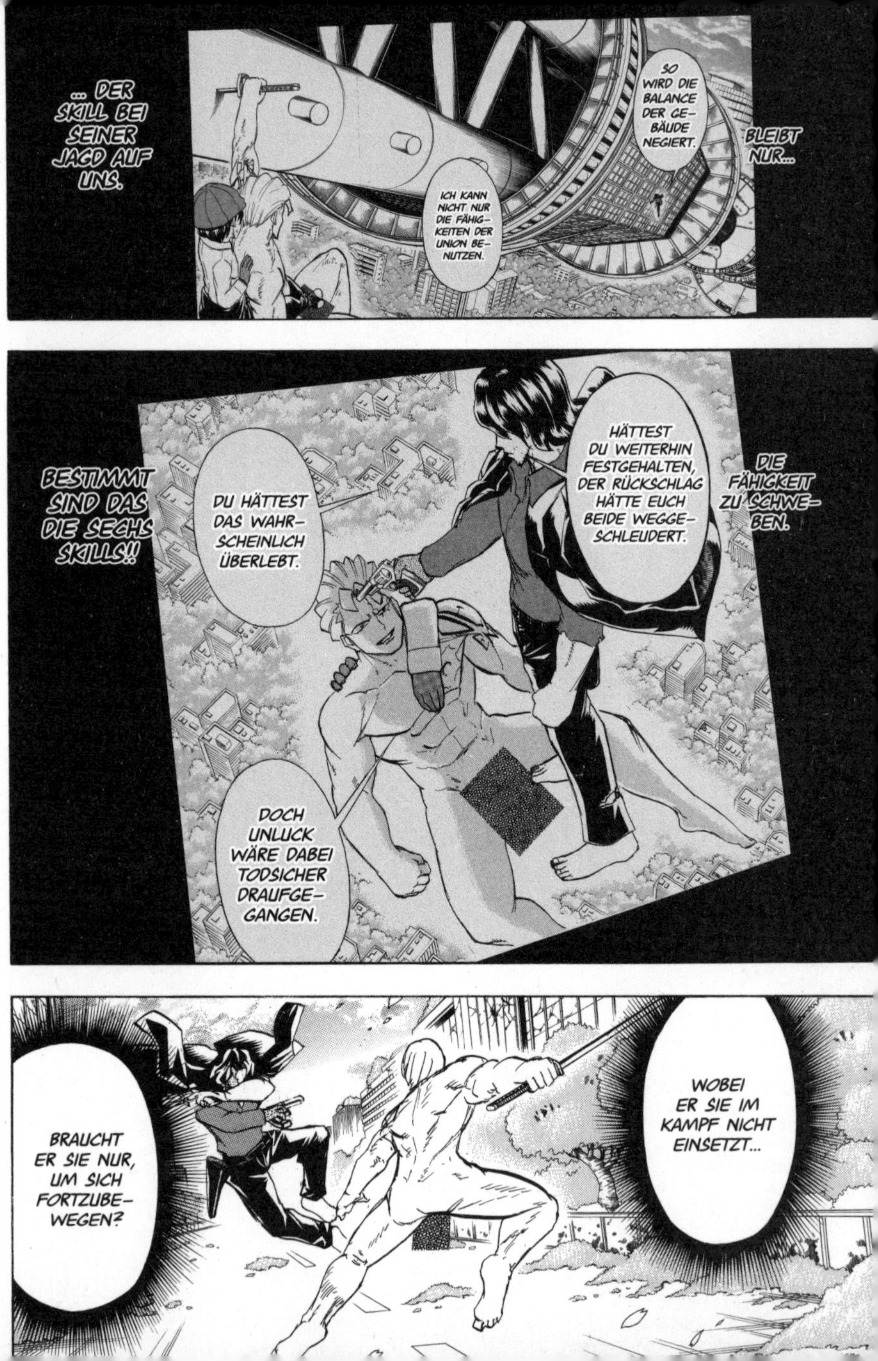
SO WIRD DIE BALANCE DER GE-BÄUDE NEGIERT.
ICH KANN NICHT NUR DIE FÄHIG-KEITEN DER UNION BE-NUTZEN.
BLEIBT NUR...
... DER SKILL BEI SEINER JAGD AUF UNS.
DIE FÄHIGKEIT ZU SCHWE-BEN.
HÄTTEST DU WEITERHIN FESTGEHALTEN, DER RÜCKSCHLAG HÄTTE EUCH BEIDE WEGGE-SCHLEUDERT.
DU HÄTTEST DAS WAHR-SCHEINLICH ÜBERLEBT.
DOCH UNLUCK WÄRE DABEI TODSICHER DRAUFGE-GANGEN.
BESTIMMT SIND DAS DIE SECHS SKILLS!!
WOBEI ER SIE IM KAMPF NICHT EINSETZT...
BRAUCHT ER SIE NUR, UM SICH FORTZUBE-WEGEN?

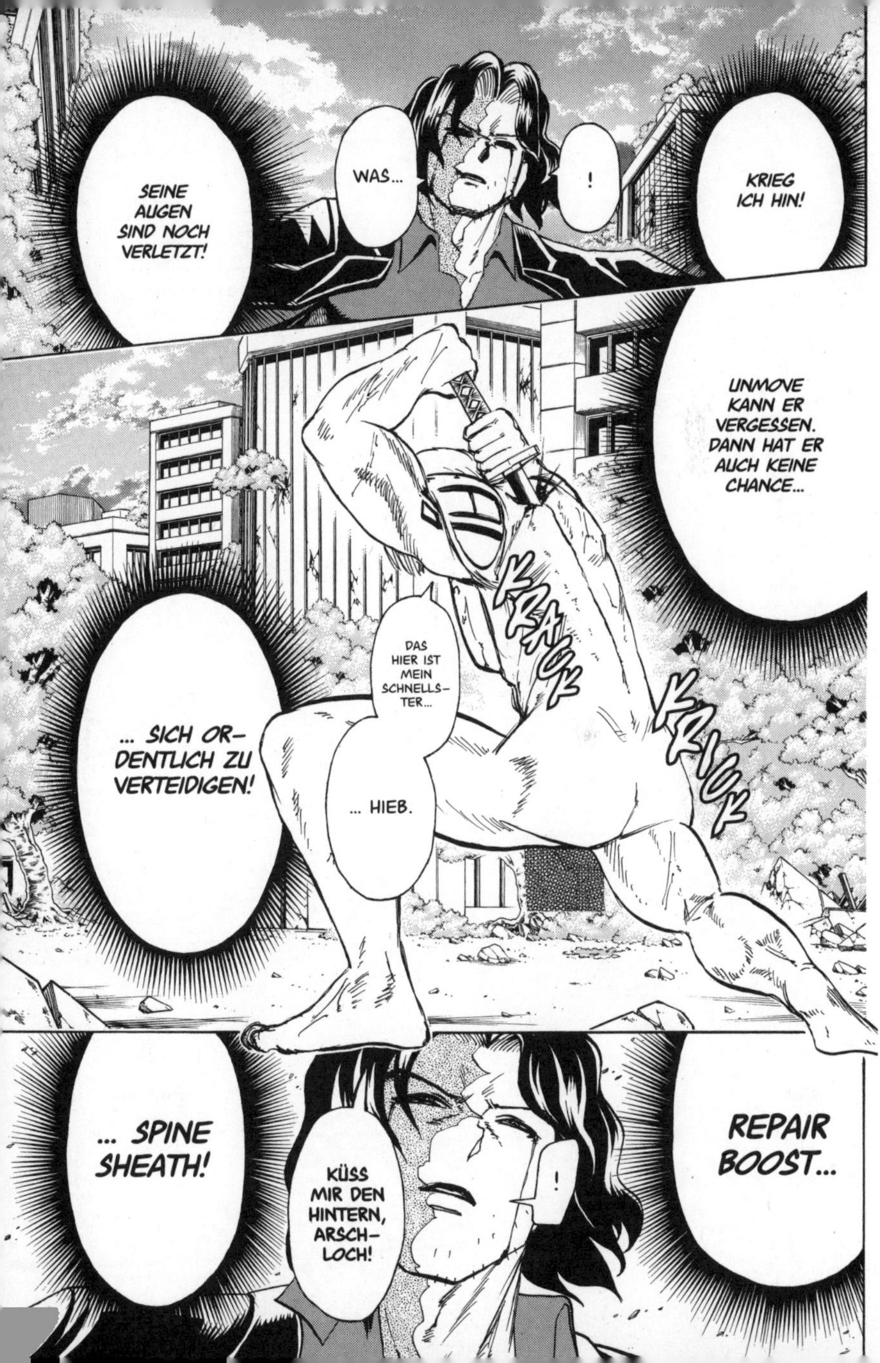
KRIEG ICH HIN!
!
WAS...
SEINE AUGEN SIND NOCH VERLETZT!
UNMOVE KANN ER VERGESSEN. DANN HAT ER AUCH KEINE CHANCE...
... SICH OR-DENTLICH ZU VERTEIDIGEN!
DAS HIER IST MEIN SCHNELLS-TER...
... HIEB.
REPAIR BOOST...
!
... SPINE SHEATH!
KÜSS MIR DEN HINTERN, ARSCH-LOCH!

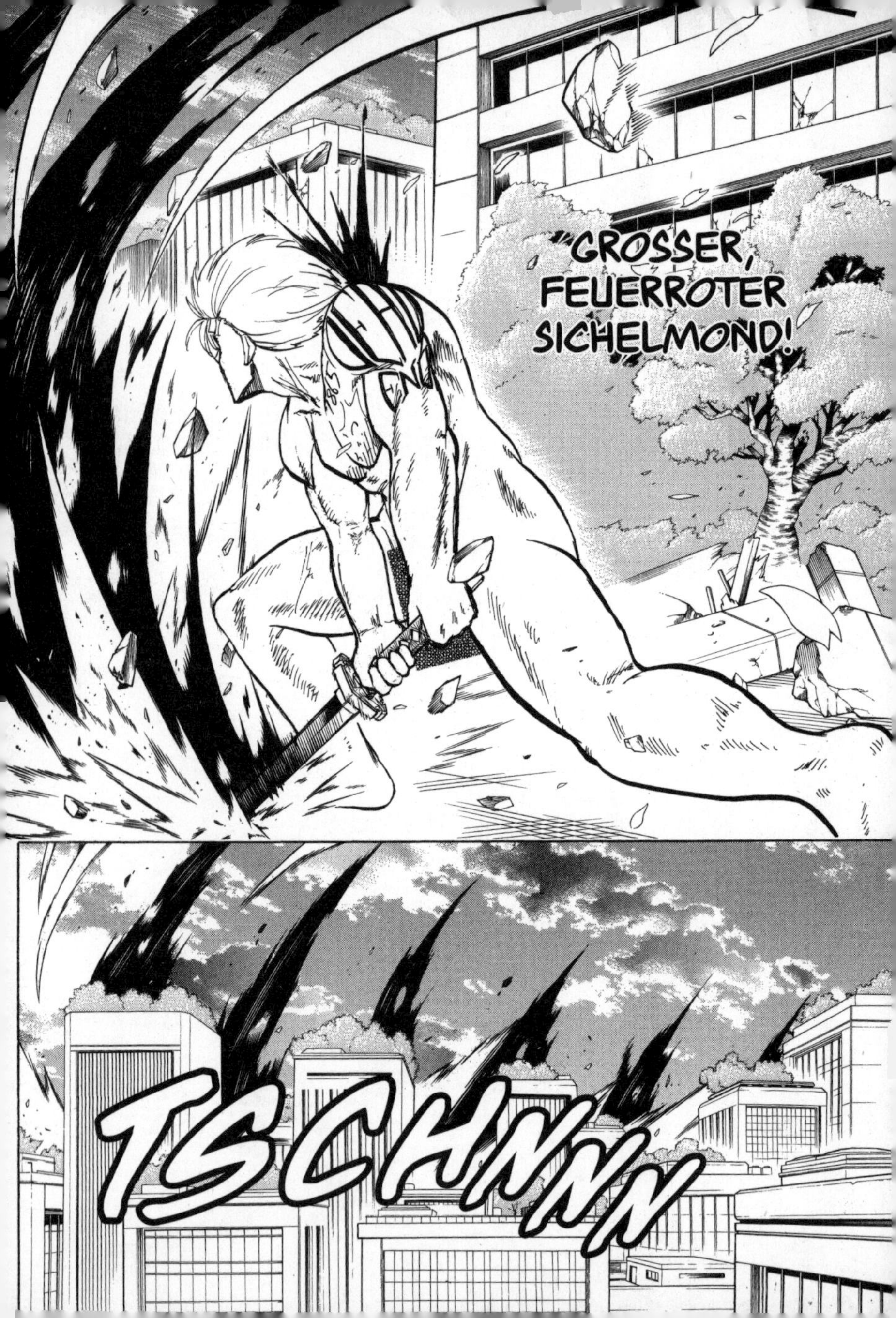
GROSSER, FEUERROTER SICHELMOND!
TSCHNNN

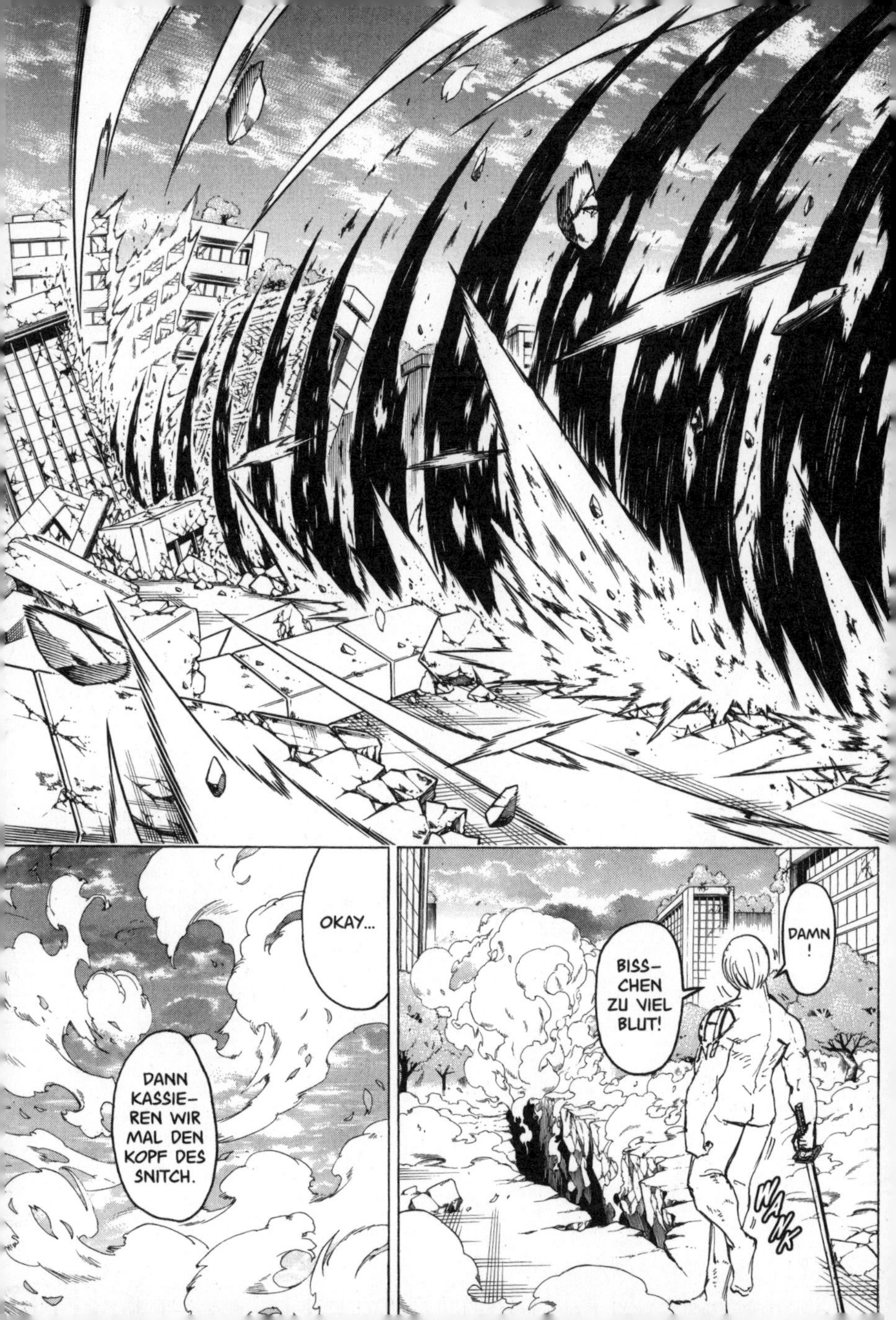
DAMN!
BISSCHEN ZU VIEL BLUT!
WANK
OKAY...
DANN KASSIEREN WIR MAL DEN KOPF DES SNITCH.

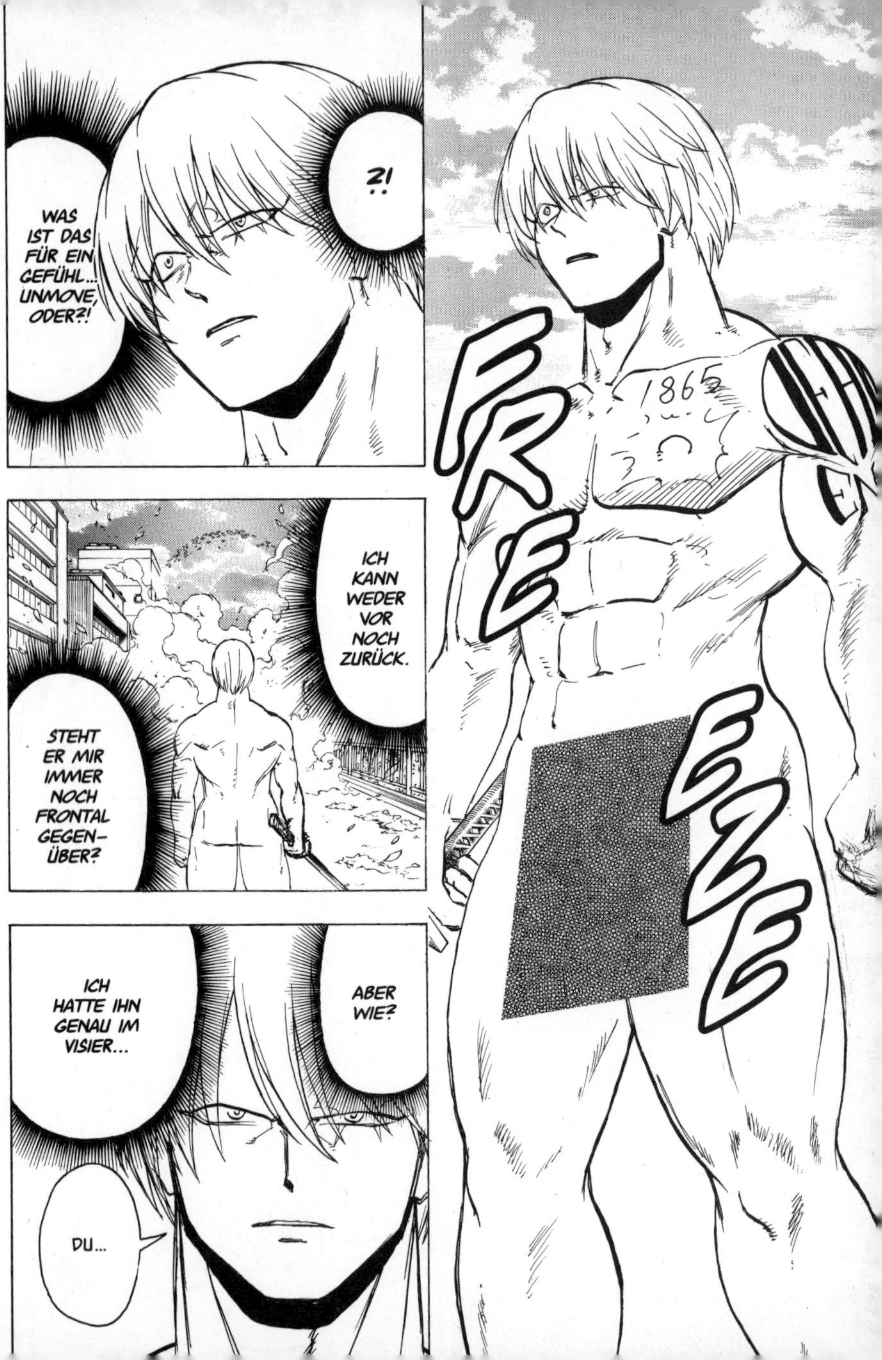

FREEZE
?!
WAS IST DAS FÜR EIN GEFÜHL... UNMOVE, ODER?!
ICH KANN WEDER VOR NOCH ZURÜCK.
STEHT ER MIR IMMER NOCH FRONTAL GEGENÜBER?
ABER WIE?
ICH HATTE IHN GENAU IM VISIER...
DU...

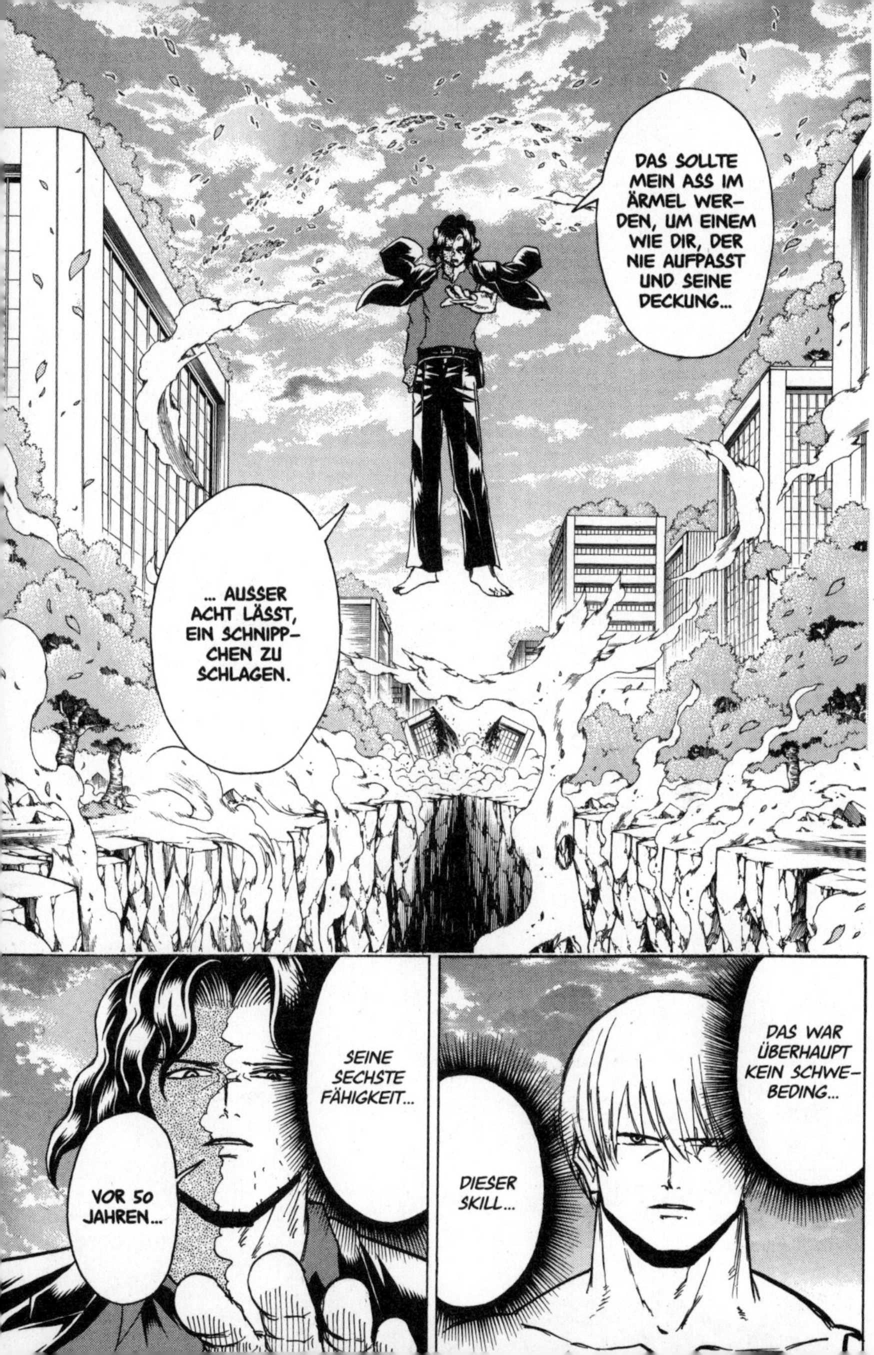
DAS SOLLTE MEIN ASS IM ÄRMEL WERDEN, UM EINEM WIE DIR, DER NIE AUFPASST UND SEINE DECKUNG...
... AUSSER ACHT LÄSST, EIN SCHNIPPCHEN ZU SCHLAGEN.
DAS WAR ÜBERHAUPT KEIN SCHWEBEDING...
DIESER SKILL...
SEINE SECHSTE FÄHIGKEIT...
VOR 50 JAHREN...

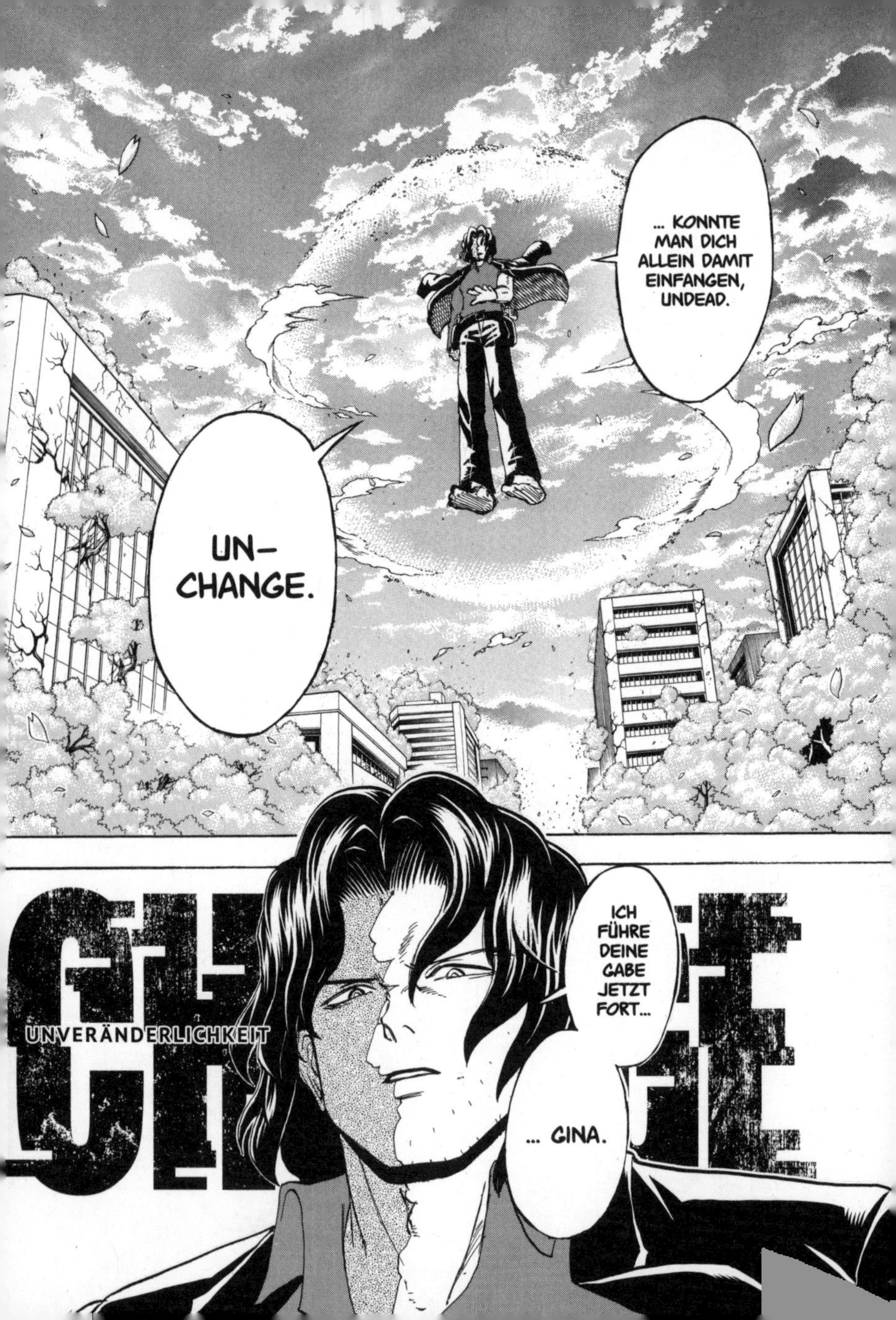
... KONNTE MAN DICH ALLEIN DAMIT EINFANGEN, UNDEAD.
UN-CHANGE.
ICH FÜHRE DEINE GABE JETZT FORT...
... GINA.
UNVERÄNDERLICHKEIT

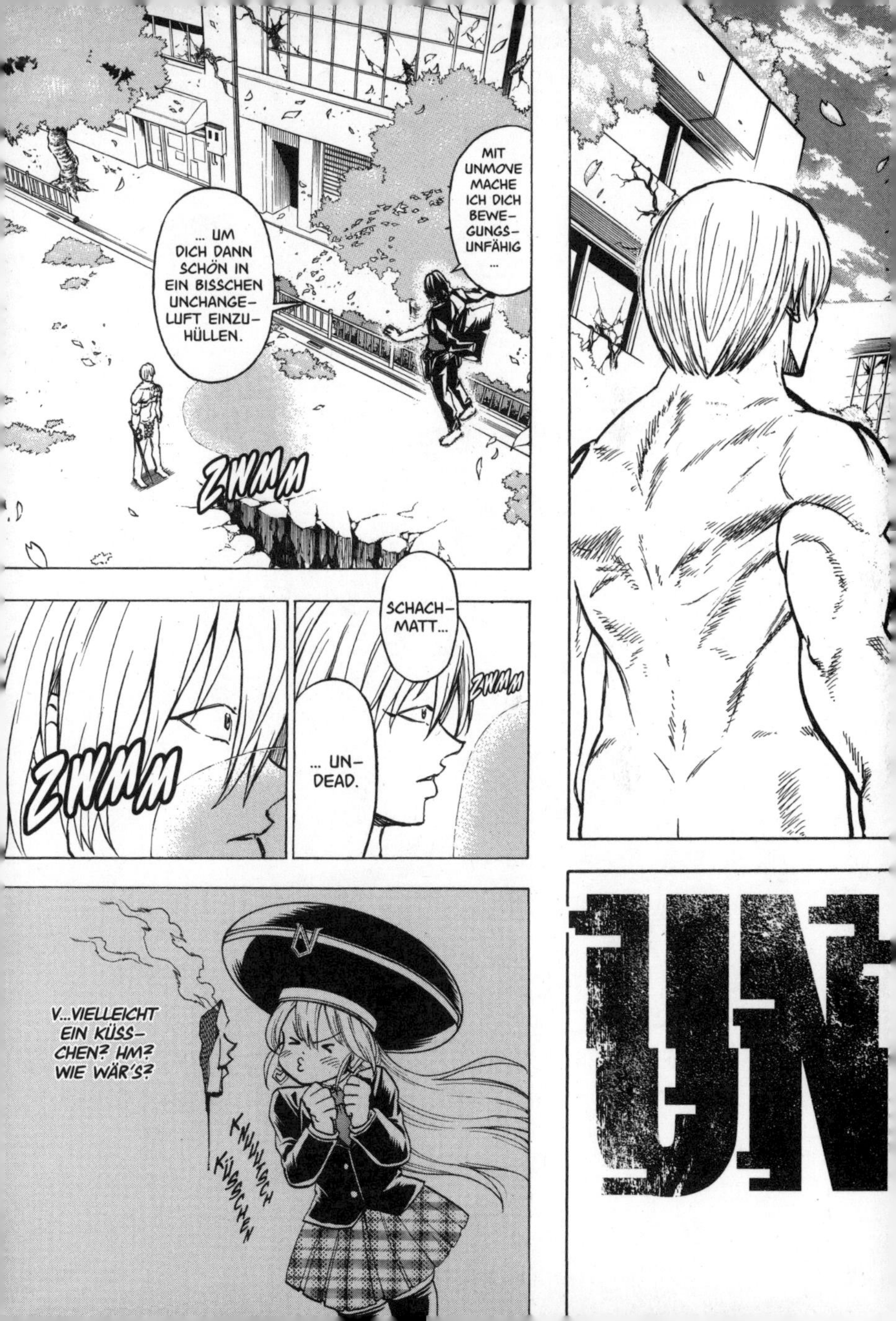
MIT UNMOVE MACHE ICH DICH BEWEGUNGSUNFÄHIG ...
... UM DICH DANN SCHÖN IN EIN BISSCHEN UNCHANGELUFT EINZUHÜLLEN.
ZWMM
SCHACHMATT...
ZWMM
... UN-DEAD.
ZWMM
UN
V...VIELLEICHT EIN KÜSSCHEN? HM? WIE WÄR'S?
KNUUUSCH
KÜSSCHEN

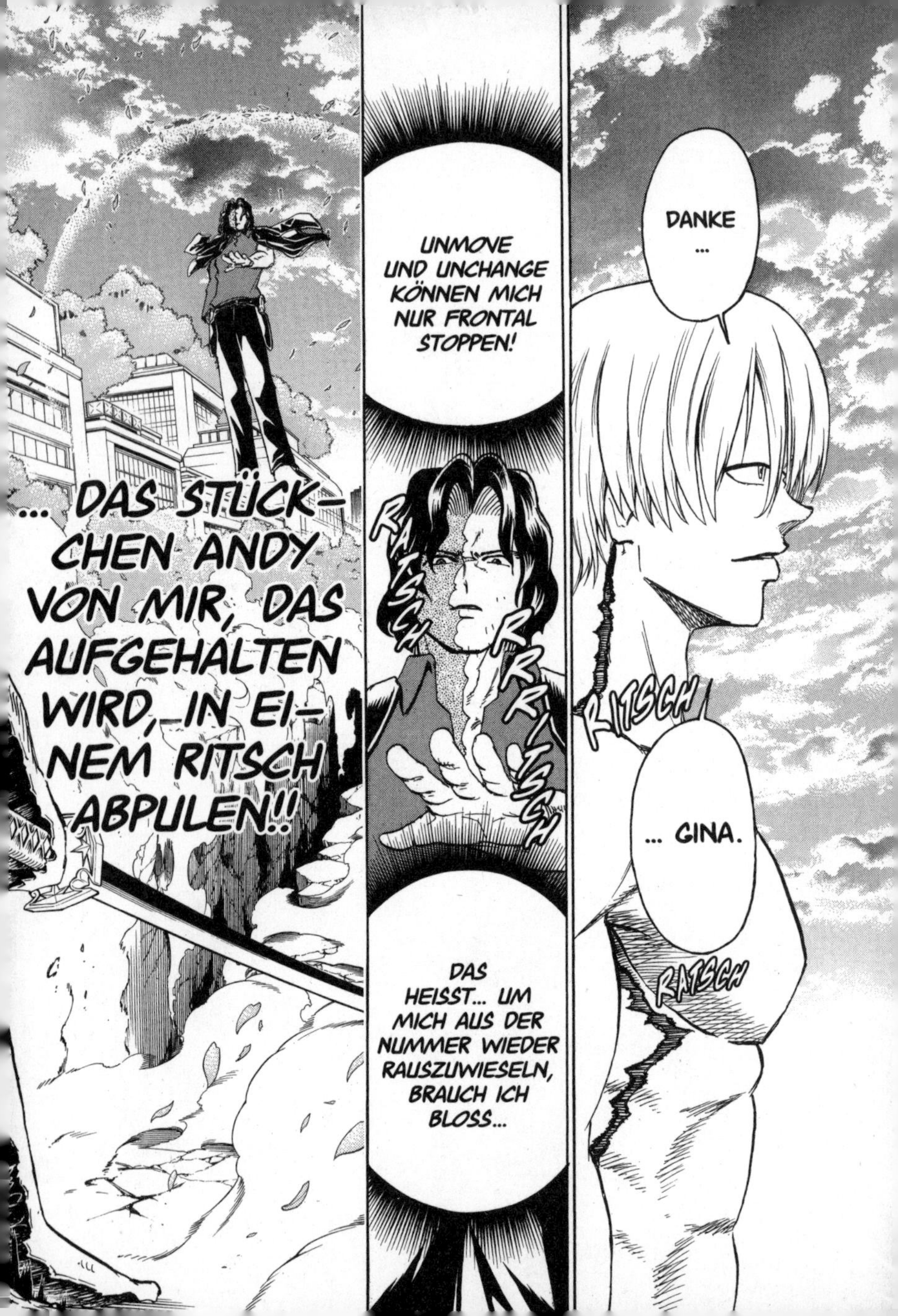
DANKE ...
RITSCH
... GINA.
RATSCH
UNMOVE UND UNCHANGE KÖNNEN MICH NUR FRONTAL STOPPEN!
RATSCH
RRRITSCH
DAS HEISST... UM MICH AUS DER NUMMER WIEDER RAUSZUWIESELN, BRAUCH ICH BLOSS...
... DAS STÜCK-
CHEN ANDY
VON MIR, DAS
AUFGEHALTEN
WIRD, IN EI-
NEM RITSCH
ABPULEN!!

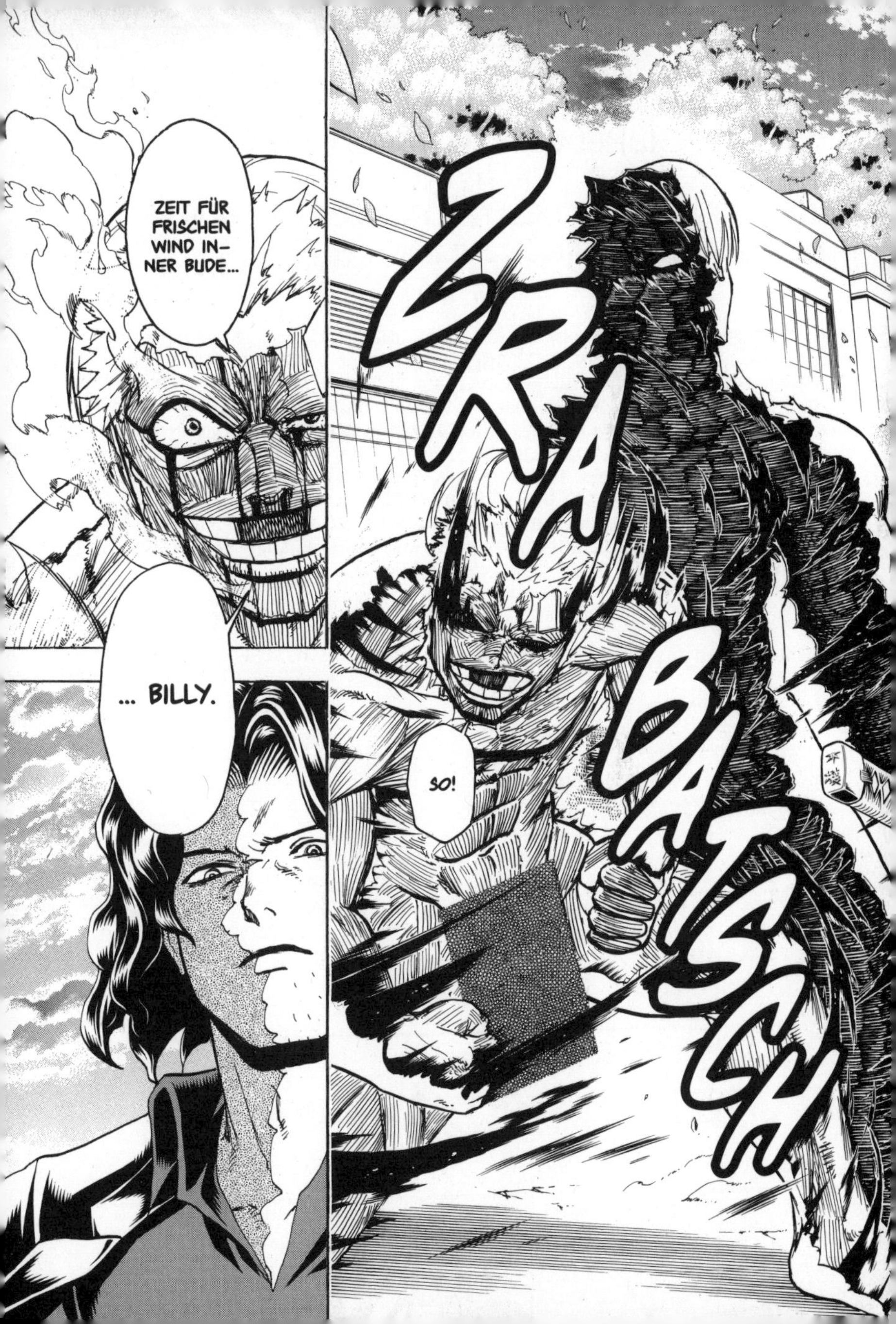
ZRAA
BATSCH
SO!
ZEIT FÜR FRISCHEN WIND INNER BUDE...
... BILLY.

UNTERSUCHUNGSBERICHT ÜBER DIE TATSACHE, DASS BILLY, DER (REIN HYPOTHETISCH) EINE KOPIERFÄHIGKEIT BESITZT, INZWISCHEN SOGAR DEN SKILL UNCHANGE ERLANGT HAT

NACH EINEM SCHLAGABTAUSCH MIT BILLY VON UNDER BESTÄTIGTE DER NEGATOR UNDEAD, MITGLIED DES RUNDEN TISCHES UND TEIL DER UNION, DASS DIESER DIE FÄHIGKEIT UNCHANGE ERLANGT HAT. DA JENER SKILL JENEM DES FRÜHEREN UNIONSMITGLIEDS GINA SEHR ÄHNLICH WAR, WIRD DARÜBER DISKUTIERT, OB ES GENERELL MÖGLICH SEI, SKILLS BEREITS VERSTORBENER NEGATOREN VON GRUND AUF ZU KOPIEREN. WAHRSCHEINLICHER IST ABER, DASS UNDER DIE NEUE UNCHANGE-FÄHIGKEIT ÜBER IHRE EIGENEN KANÄLE ENTDECKT HAT UND SOMIT DIE BEDINGUNGEN FÜR EIN IMITAT VON SICH AUS ERFÜLLEN KONNTE. SOBALD WIR UNCHANGE MITHILFE DER BELOHNUNG FÜR DIESE QUEST BESTÄTIGT HABEN, WERDEN WIR UNSERE MITARBEITER ZUR GENAUEREN UNTERSUCHUNG LOSSCHICKEN.

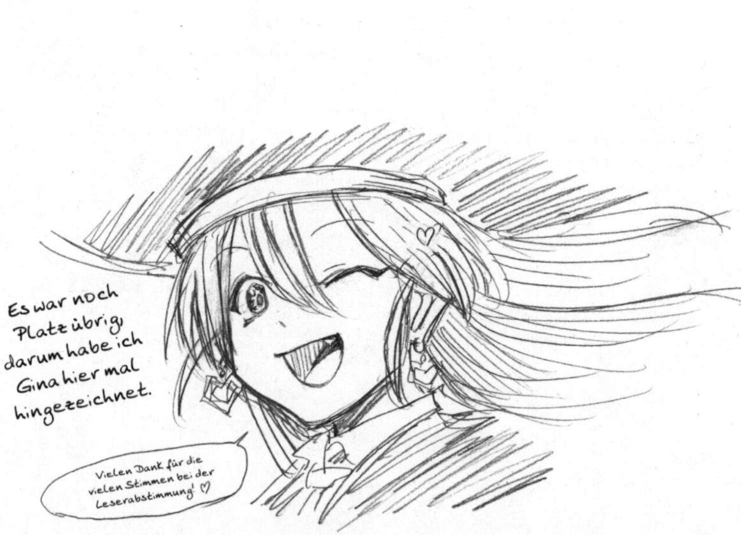

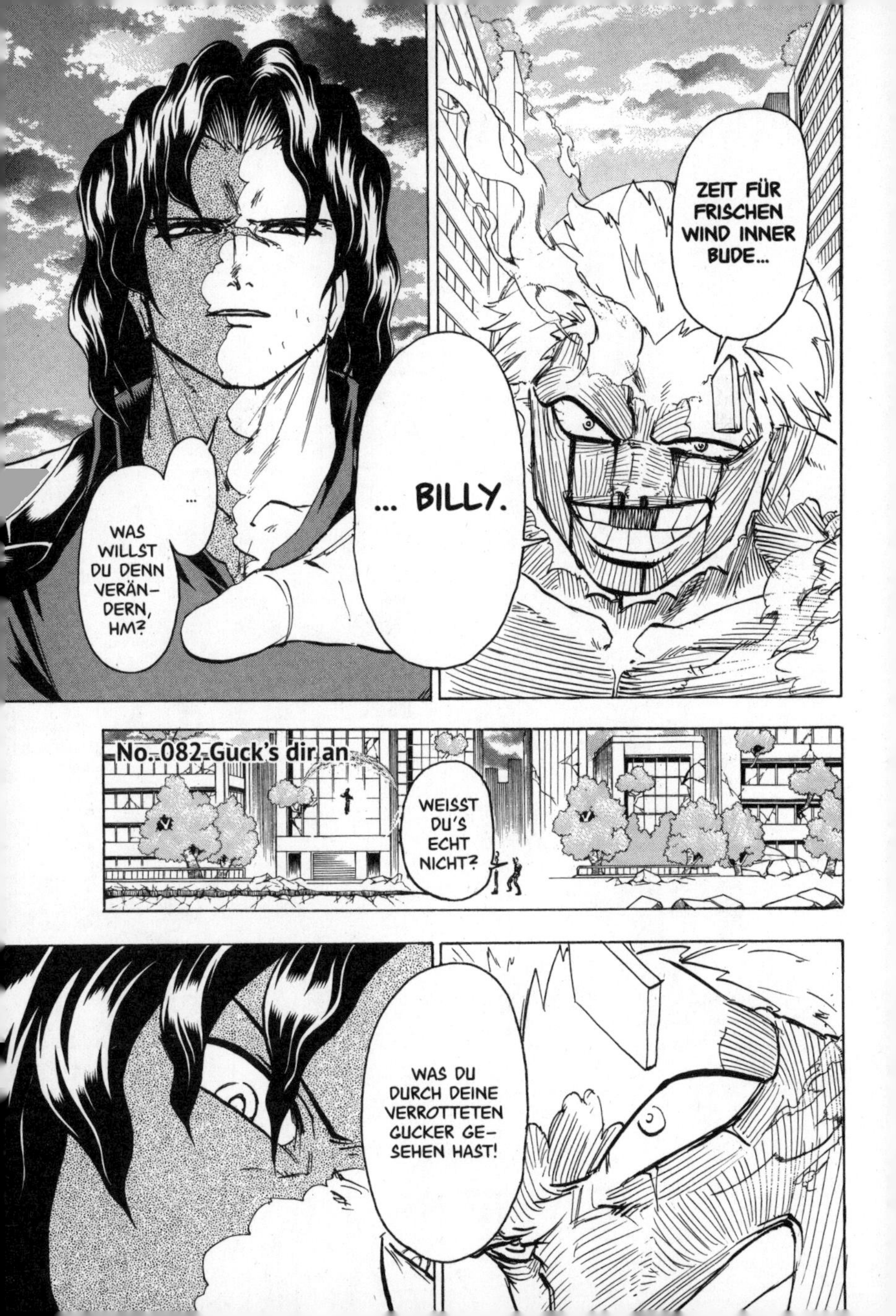
ZEIT FÜR FRISCHEN WIND INNER BUDE...
... BILLY.
...
WAS WILLST DU DENN VERÄN-DERN, HM?
No. 082 Guck's dir an
WEISST DU'S ECHT NICHT?
WAS DU DURCH DEINE VERROTTETEN GUCKER GE-SEHEN HAST!

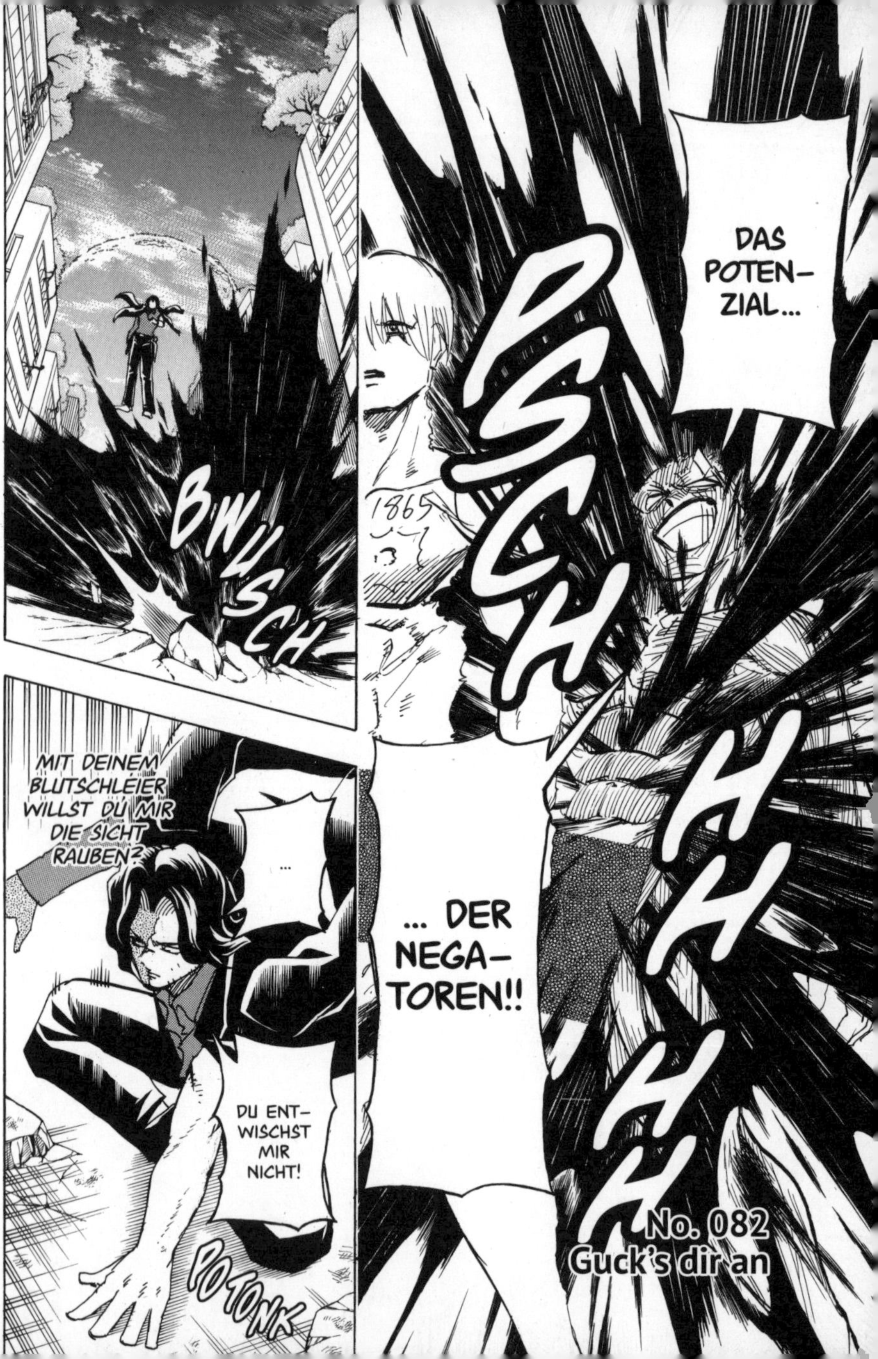
DAS POTEN-
ZIAL...
DSSCHHHHHH
... DER NEGA-
TOREN!!
No. 082
Guck's dir an
BWUSCH
MIT DEINEM BLUTSCHLEIER WILLST DU MIR DIE SICHT RAUBEN?
...
DU ENT-
WISCHST MIR NICHT!
POTONK

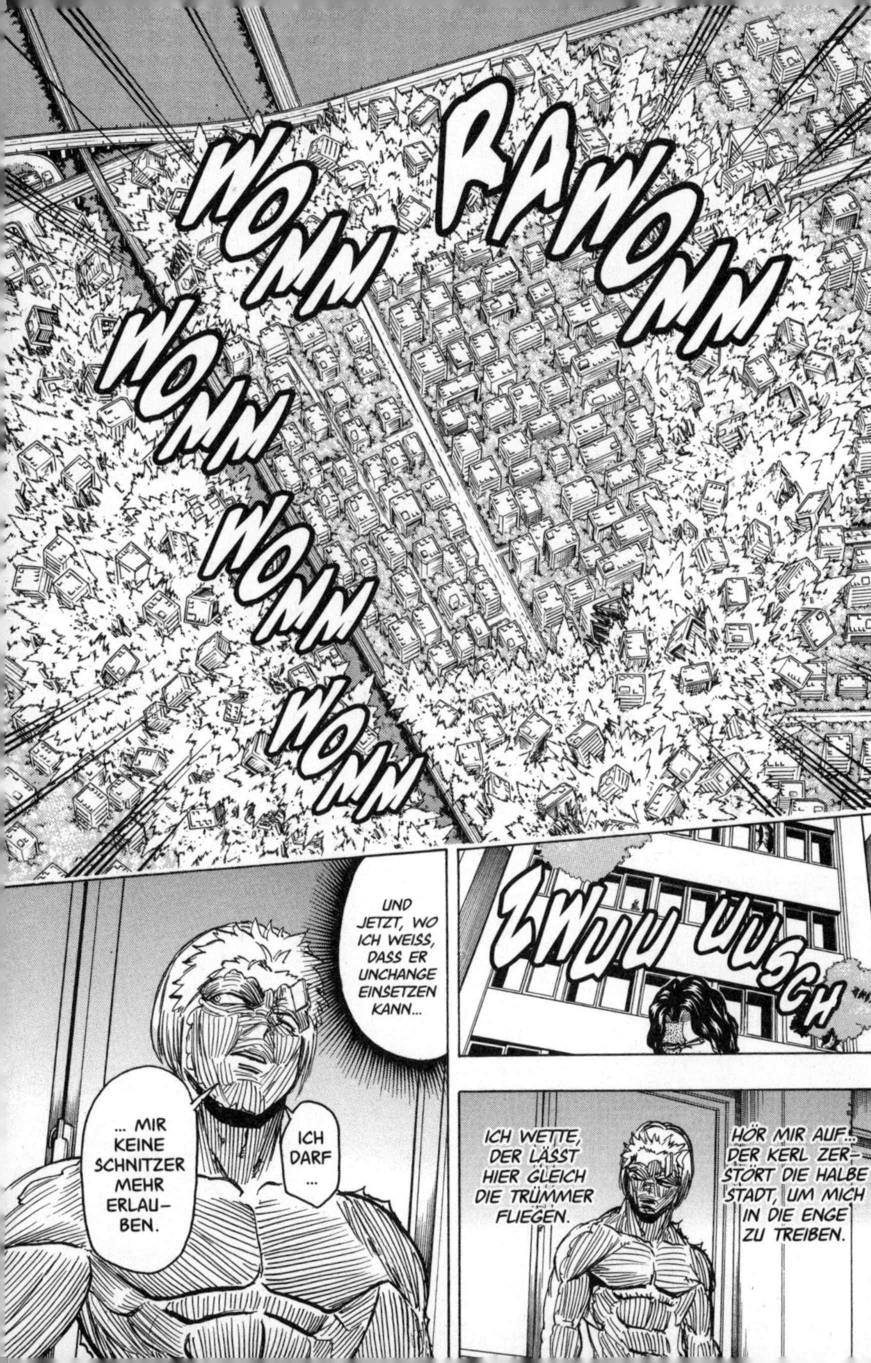
BAWOMM
WOMM
WOMM WOMM WOMM WOMM
ZWUUUUSCH
HÖR MIR AUF... DER KERL ZERSTÖRT DIE HALBE STADT, UM MICH IN DIE ENGE ZU TREIBEN.
ICH WETTE, DER LÄSST HIER GLEICH DIE TRÜMMER FLIEGEN.
UND JETZT, WO ICH WEISS, DASS ER UNCHANGE EINSETZEN KANN...
ICH DARF ...
... MIR KEINE SCHNITZER MEHR ERLAUBEN.

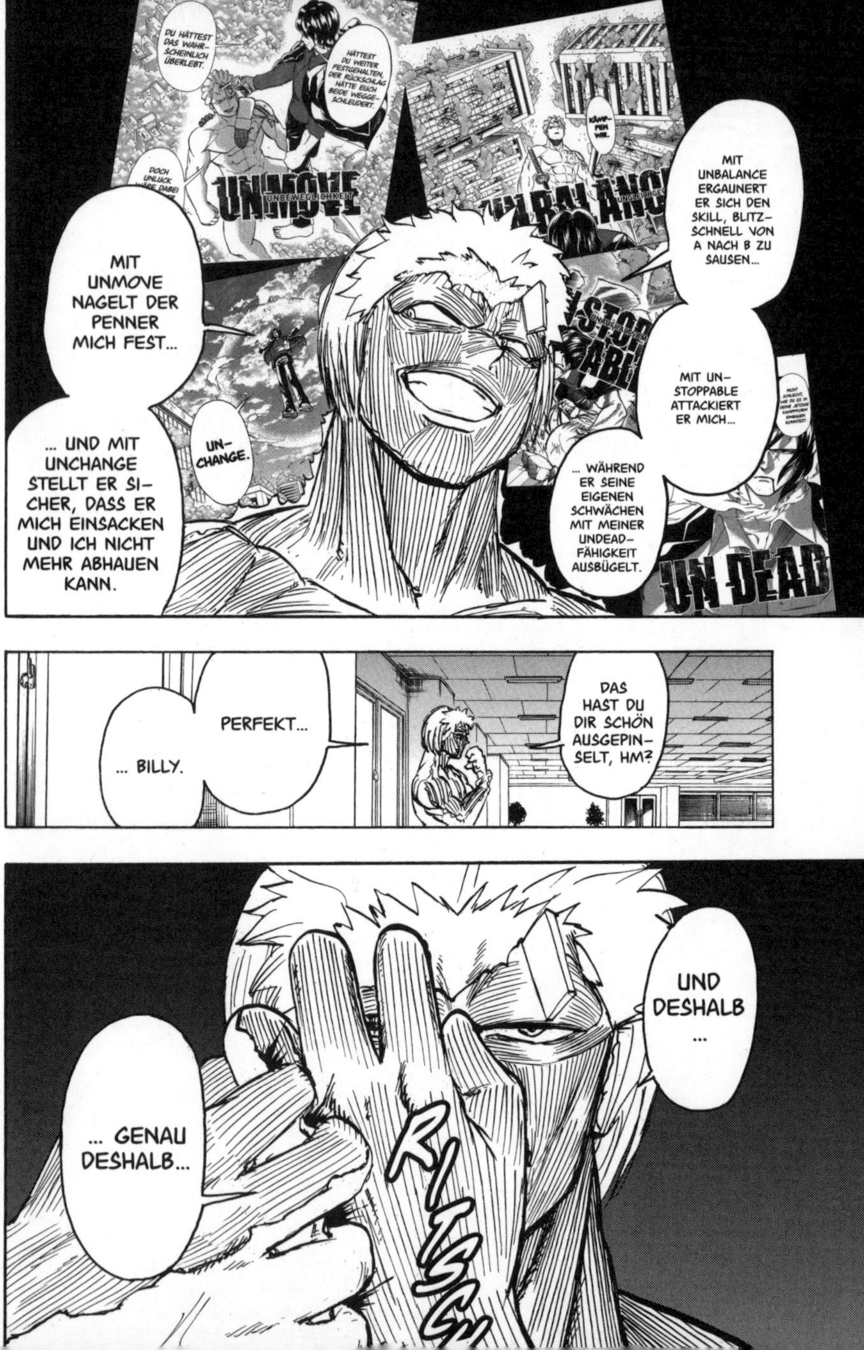
HÄTTEST DU WEITER FESTGEHALTEN, DER RÜCKSCHLAG HÄTTE EUCH BEIDE WEGGESCHLEUDERT.
DU HÄTTEST DAS WAHRSCHEINLICH ÜBERLEBT.
DOCH UNLUCK WÄRE DABEI
UNMOVE
UNBEWEGLICHKEIT
KÄMPFEN WIR.
UNGLEICHGE
MIT UNBALANCE ERGAUNERT ER SICH DEN SKILL, BLITZSCHNELL VON A NACH B ZU SAUSEN...
MIT UNMOVE NAGELT DER PENNER MICH FEST...
UNAUFHALTSAM
MIT UNSTOPPABLE ATTACKIERT ER MICH...
NICHT SCHLECHT, WIE DU ES IN DEINE JETZIGE KAMPFFORM EINBAUEN KONNTEST.
UNCHANGE.
... WÄHREND ER SEINE EIGENEN SCHWÄCHEN MIT MEINER UNDEAD-FÄHIGKEIT AUSBÜGELT.
UN DEAD
... UND MIT UNCHANGE STELLT ER SICHER, DASS ER MICH EINSACKEN UND ICH NICHT MEHR ABHAUEN KANN.
DAS HAST DU DIR SCHÖN AUSGEPINSELT, HM?
PERFEKT...
... BILLY.
UND DESHALB ...
... GENAU DESHALB...
RITSCH

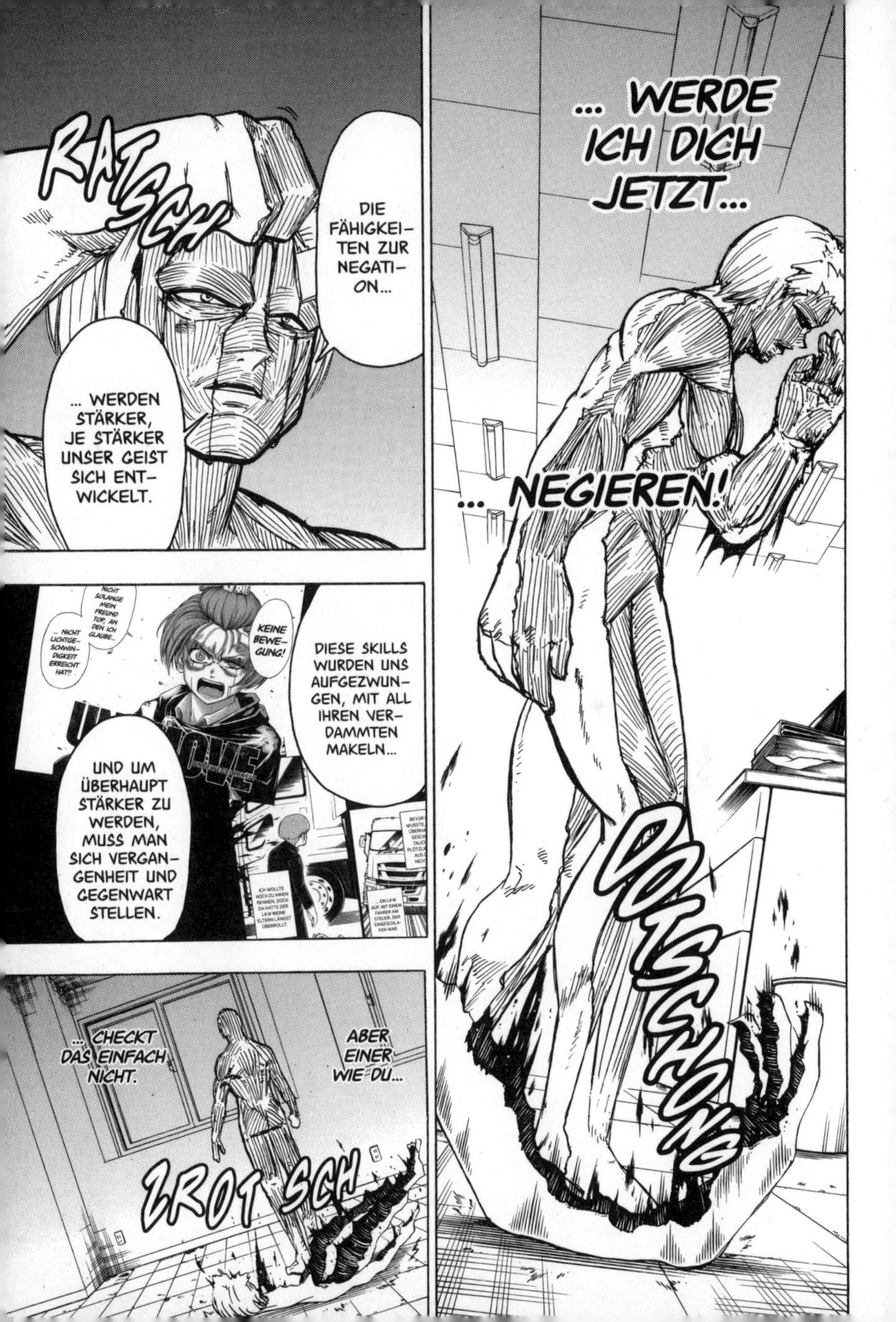
RATSCH
Die Fähigkeiten zur Negation...
... werden stärker, je stärker unser Geist sich entwickelt.
Diese Skills wurden uns aufgezwungen, mit all ihren verdammten Makeln...
Keine Bewegung!
Nicht solange mein Freund Top, an den ich glaube...
... nicht Lichtgeschwindigkeit erreicht hat!!
Und um überhaupt stärker zu werden, muss man sich Vergangenheit und Gegenwart stellen.
... ein LKW auf, mit einem Fahrer am Steuer, der eingeschlafen war.
Ich wollte noch zu ihnen rennen, doch da hatte der LKW meine Eltern längst überrollt.
Aber einer wie du...
... checkt das einfach nicht.
ZROTSCH
... werde ich dich jetzt...
... negieren!
DOMSCHONG

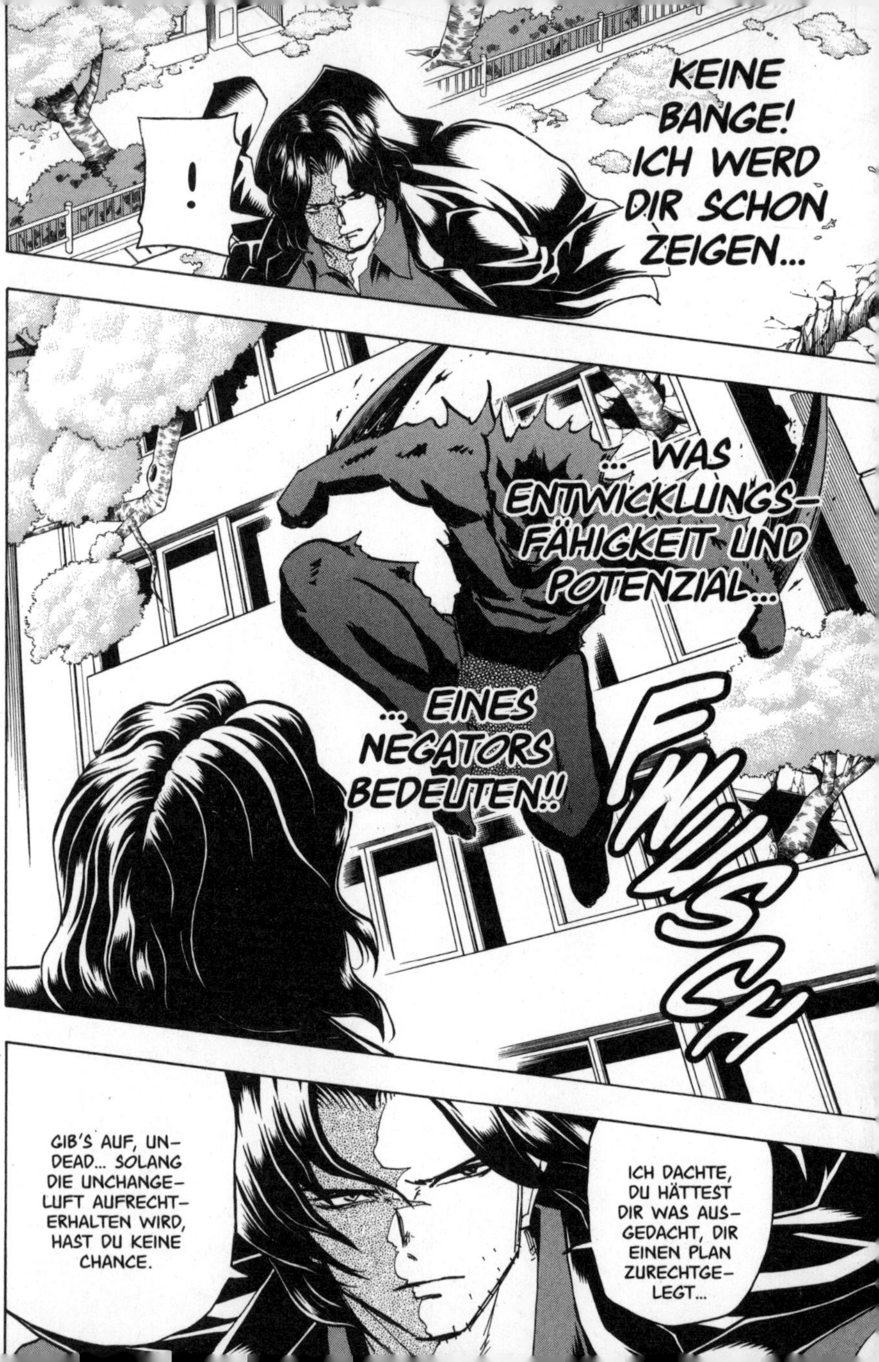
KEINE BANGE! ICH WERD DIR SCHON ZEIGEN...
!
... WAS ENTWICKLUNGS-FÄHIGKEIT UND POTENZIAL...
... EINES NEGATORS BEDEUTEN!!
FWUSCH
ICH DACHTE, DU HÄTTEST DIR WAS AUS-GEDACHT, DIR EINEN PLAN ZURECHTGE-LEGT...
GIB'S AUF, UN-DEAD... SOLANG DIE UNCHANGE-LUFT AUFRECHT-ERHALTEN WIRD, HAST DU KEINE CHANCE.

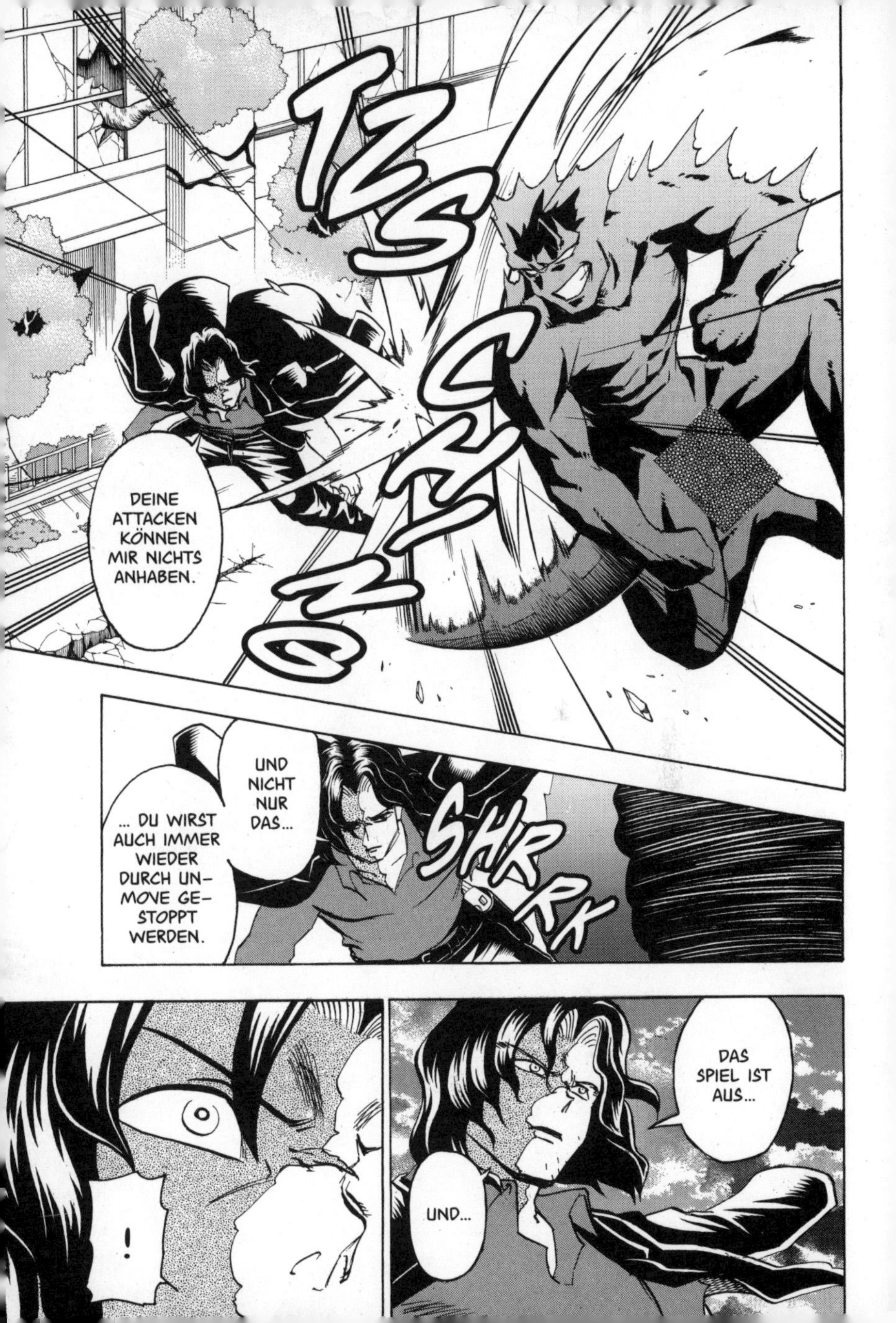

TZSCHING
DEINE ATTACKEN KÖNNEN MIR NICHTS ANHABEN.
UND NICHT NUR DAS...
... DU WIRST AUCH IMMER WIEDER DURCH UN-MOVE GE-STOPPT WERDEN.
SHRRK
DAS SPIEL IST AUS...
UND...
!

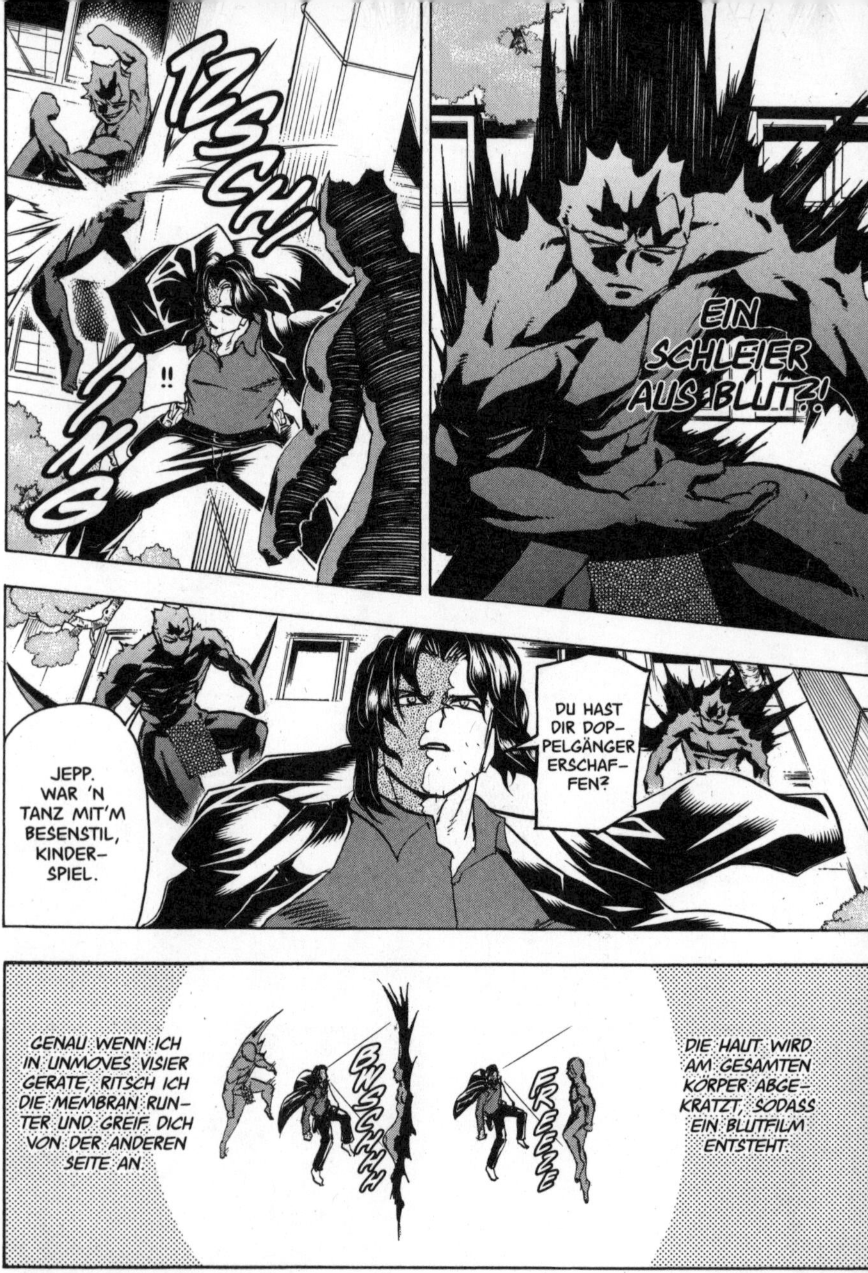
TZSCHIIIING
!!
EIN SCHLEIER AUS BLUT?!
DU HAST DIR DOPPELGÄNGER ERSCHAFFEN?
JEPP. WAR 'N TANZ MIT'M BESENSTIL, KINDERSPIEL.
DIE HAUT WIRD AM GESAMTEN KÖRPER ABGEKRATZT, SODASS EIN BLUTFILM ENTSTEHT.
FREEEE
BWSCHHH
GENAU WENN ICH IN UNMOVES VISIER GERATE, RITSCH ICH DIE MEMBRAN RUNTER UND GREIF DICH VON DER ANDEREN SEITE AN.

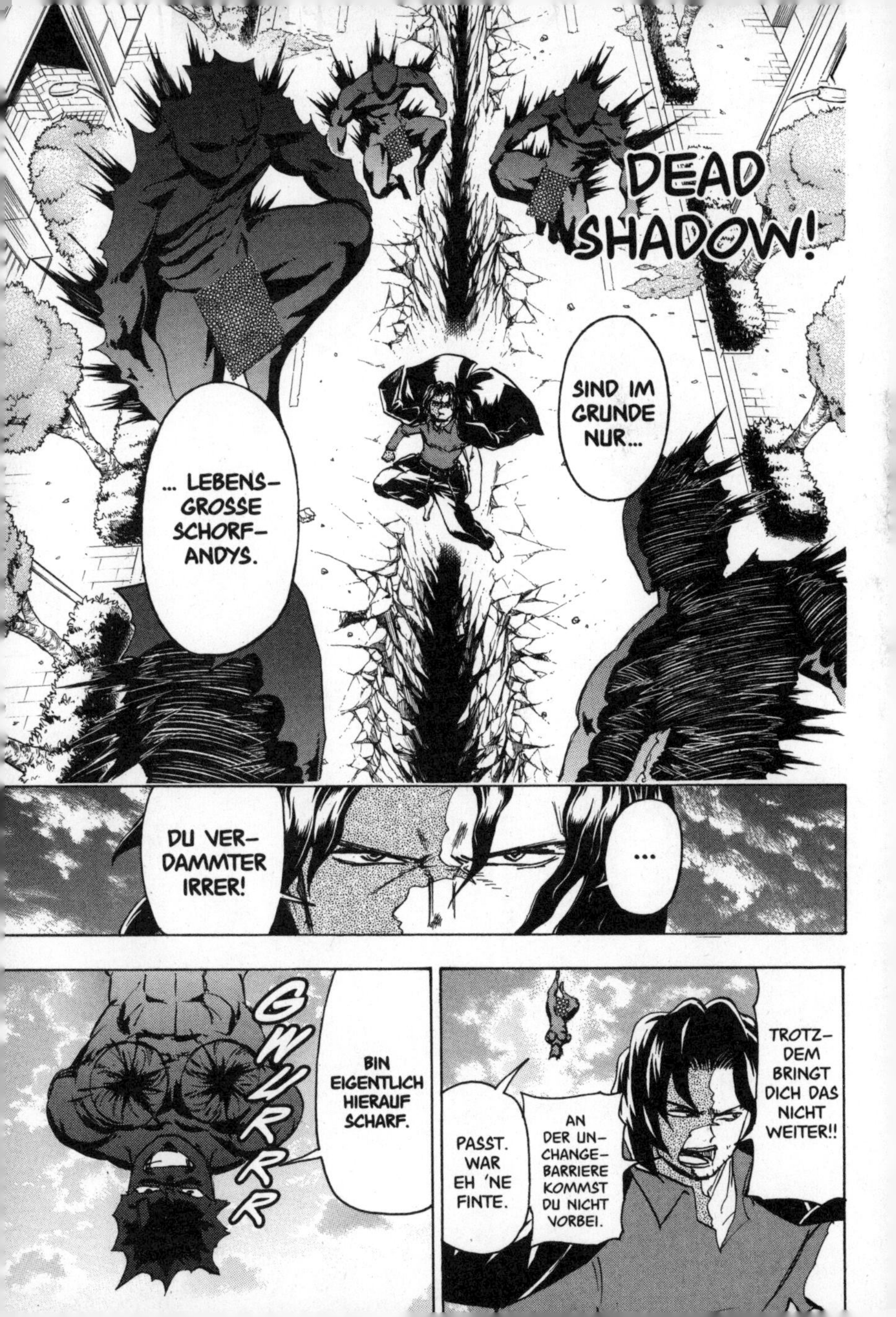

DEAD SHADOW!
SIND IM GRUNDE NUR...
... LEBENS-GROSSE SCHORF-ANDYS.
...
DU VER-DAMMTER IRRER!
TROTZ-DEM BRINGT DICH DAS NICHT WEITER!!
AN DER UN-CHANGE-BARRIERE KOMMST DU NICHT VORBEI.
PASST. WAR EH 'NE FINTE.
BIN EIGENTLICH HIERAUF SCHARF.
GWURRR

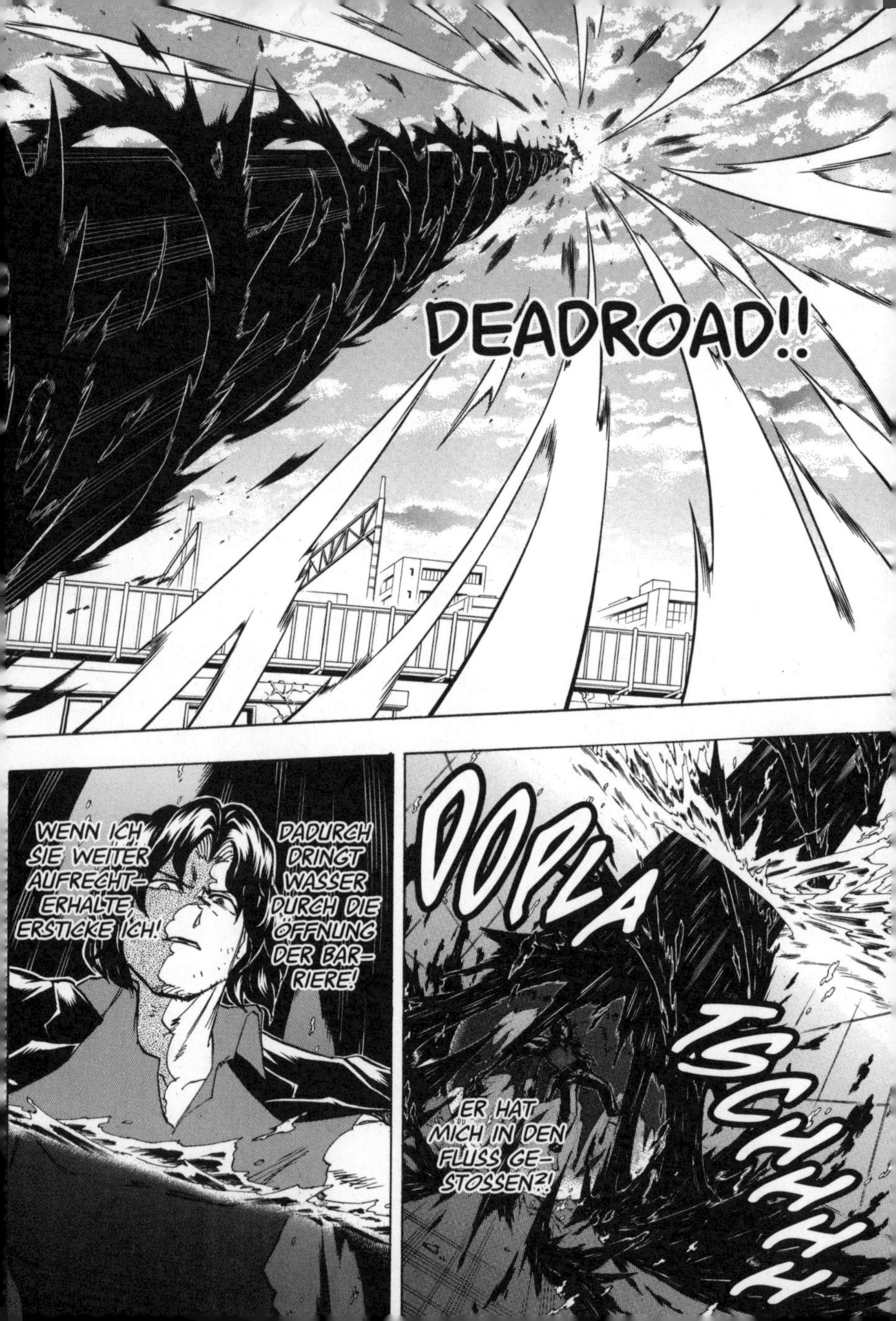
DEADROAD!!
DOPLATSCHHH
ER HAT MICH IN DEN FLUSS GESTOSSEN?!
DADURCH DRINGT WASSER DURCH DIE ÖFFNUNG DER BARRIERE!
WENN ICH SIE WEITER AUFRECHTERHALTE, ERSTICKE ICH!

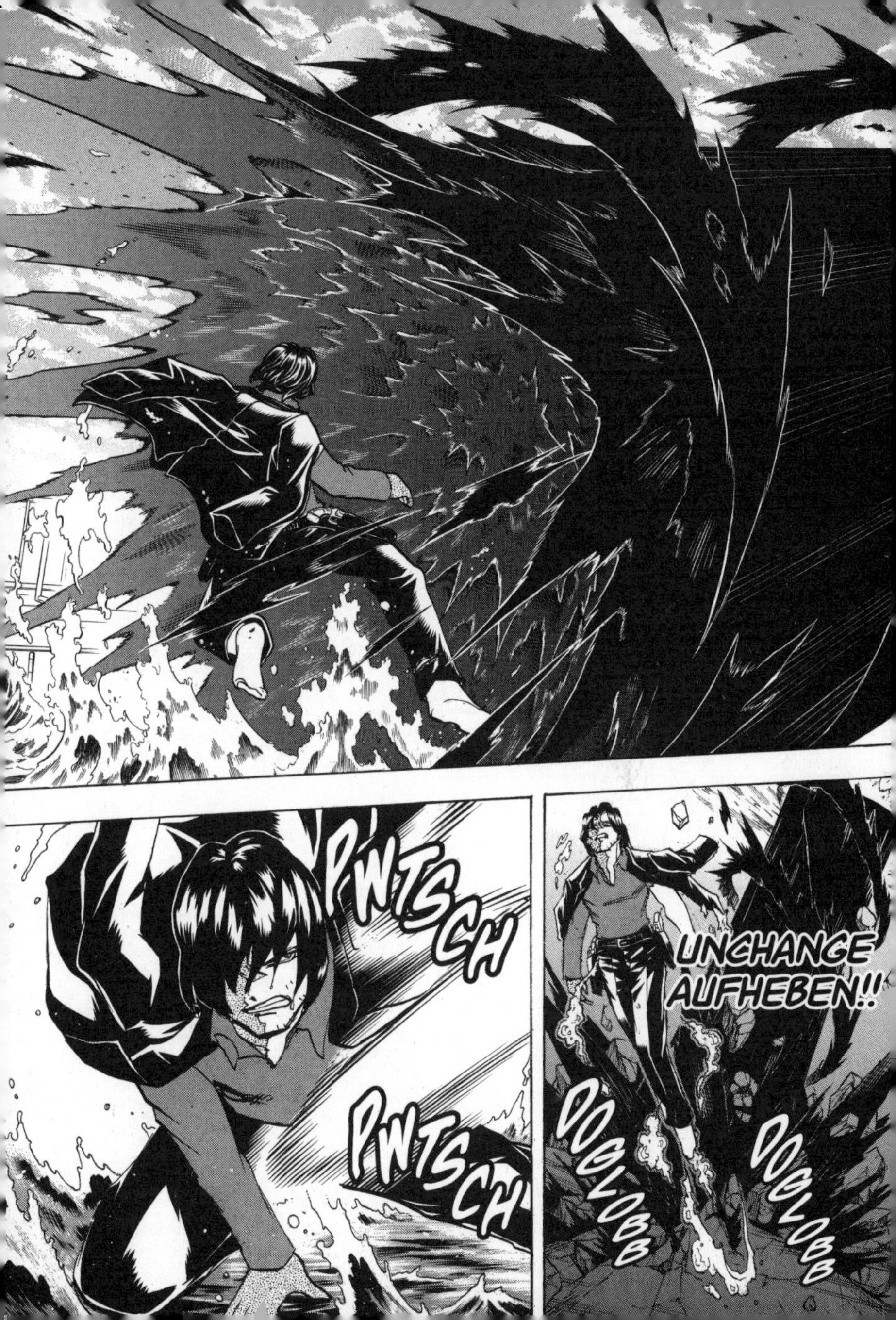
PWTSCH
PWTSCH
UNCHANGE AUFHEBEN!!
DOGLOBB
DOGLOBB

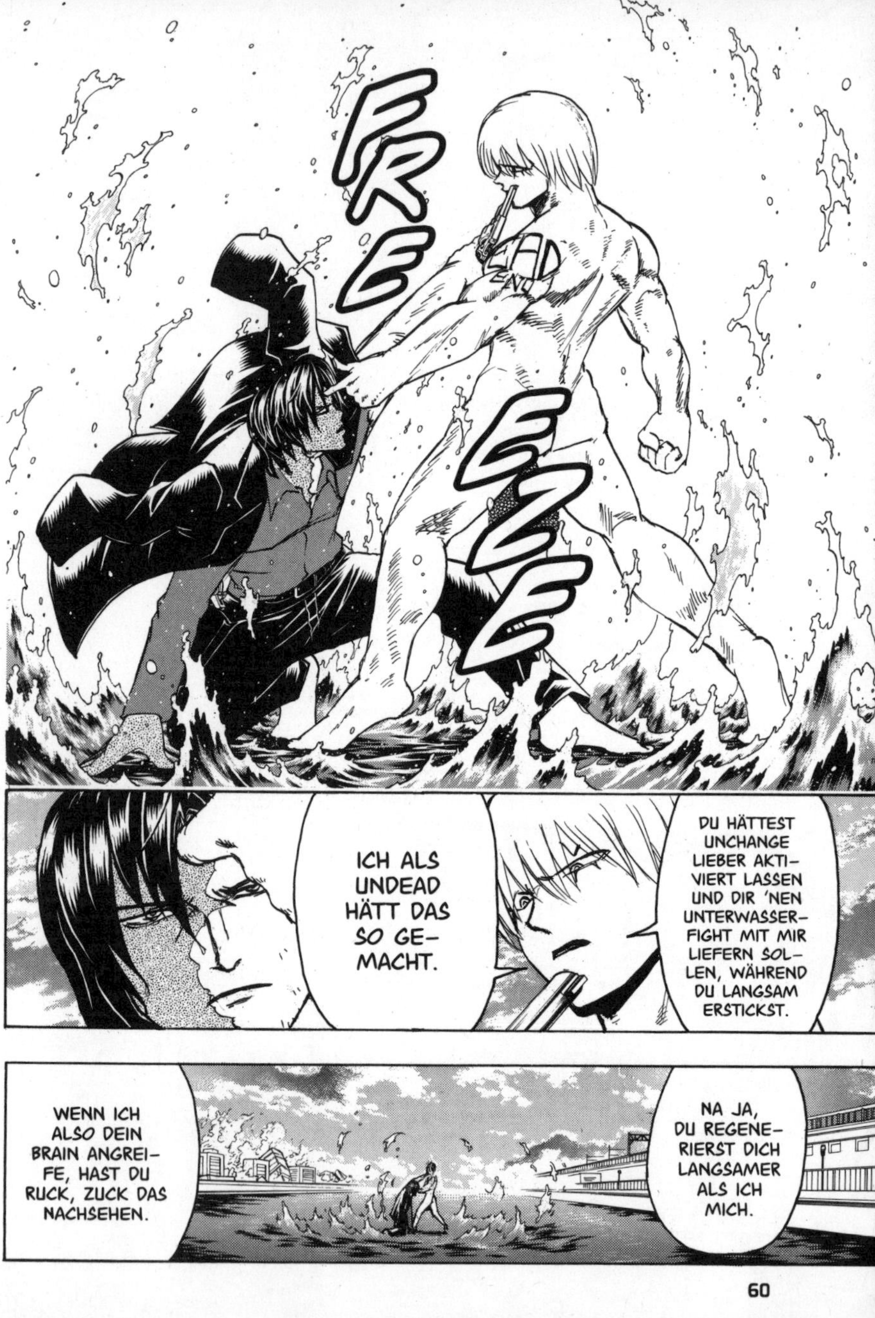

DU HÄTTEST UNCHANGE LIEBER AKTIVIERT LASSEN UND DIR 'NEN UNTERWASSERFIGHT MIT MIR LIEFERN SOLLEN, WÄHREND DU LANGSAM ERSTICKST.
ICH ALS UNDEAD HÄTT DAS SO GEMACHT.
NA JA, DU REGENERIERST DICH LANGSAMER ALS ICH MICH.
WENN ICH ALSO DEIN BRAIN ANGREIFE, HAST DU RUCK, ZUCK DAS NACHSEHEN.

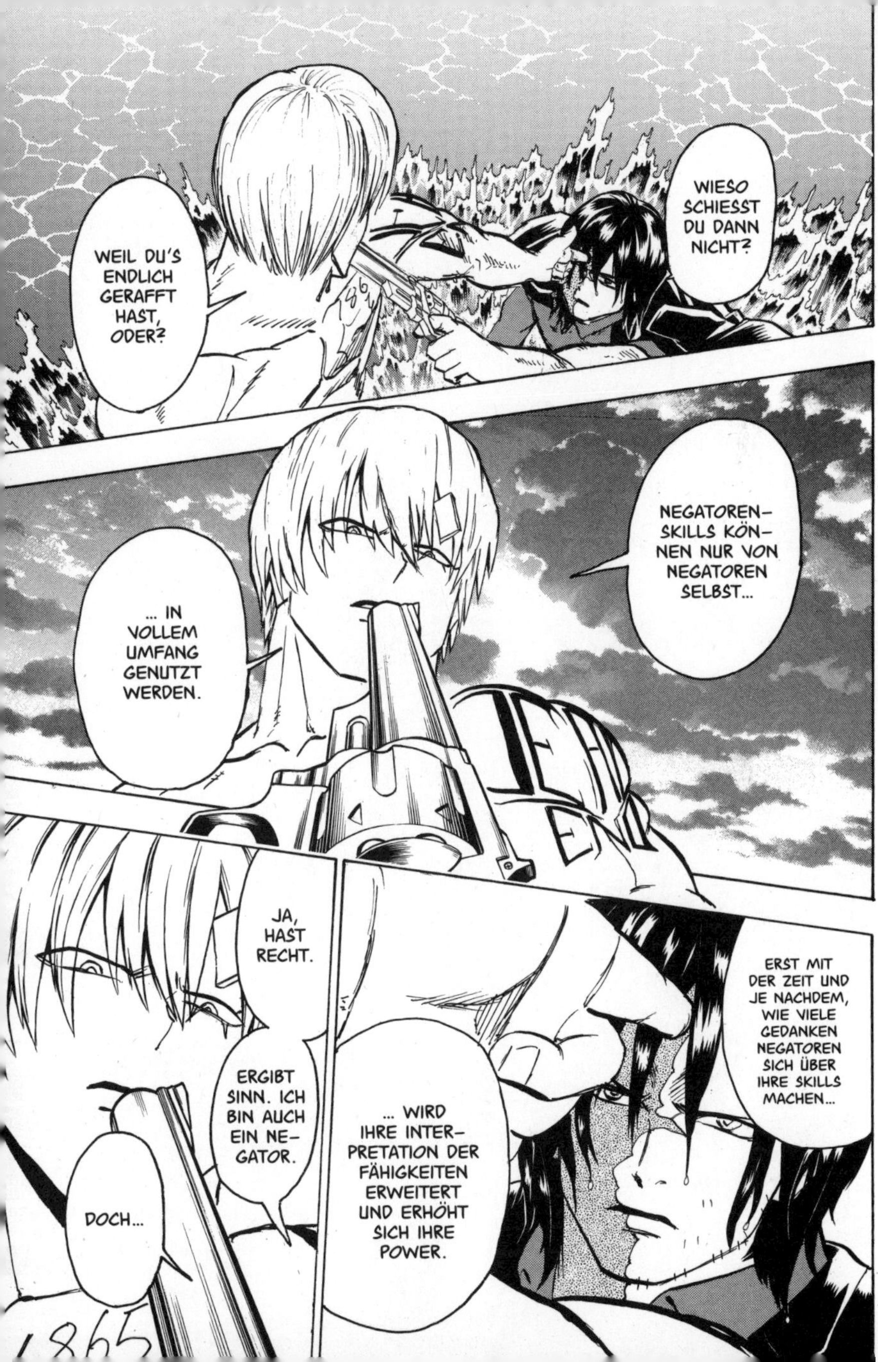
WIESO SCHIESST DU DANN NICHT?
WEIL DU'S ENDLICH GERAFFT HAST, ODER?
NEGATOREN-SKILLS KÖNNEN NUR VON NEGATOREN SELBST...
... IN VOLLEM UMFANG GENUTZT WERDEN.
ERST MIT DER ZEIT UND JE NACHDEM, WIE VIELE GEDANKEN NEGATOREN SICH ÜBER IHRE SKILLS MACHEN...
... WIRD IHRE INTERPRETATION DER FÄHIGKEITEN ERWEITERT UND ERHÖHT SICH IHRE POWER.
JA, HAST RECHT.
ERGIBT SINN. ICH BIN AUCH EIN NEGATOR.
DOCH...

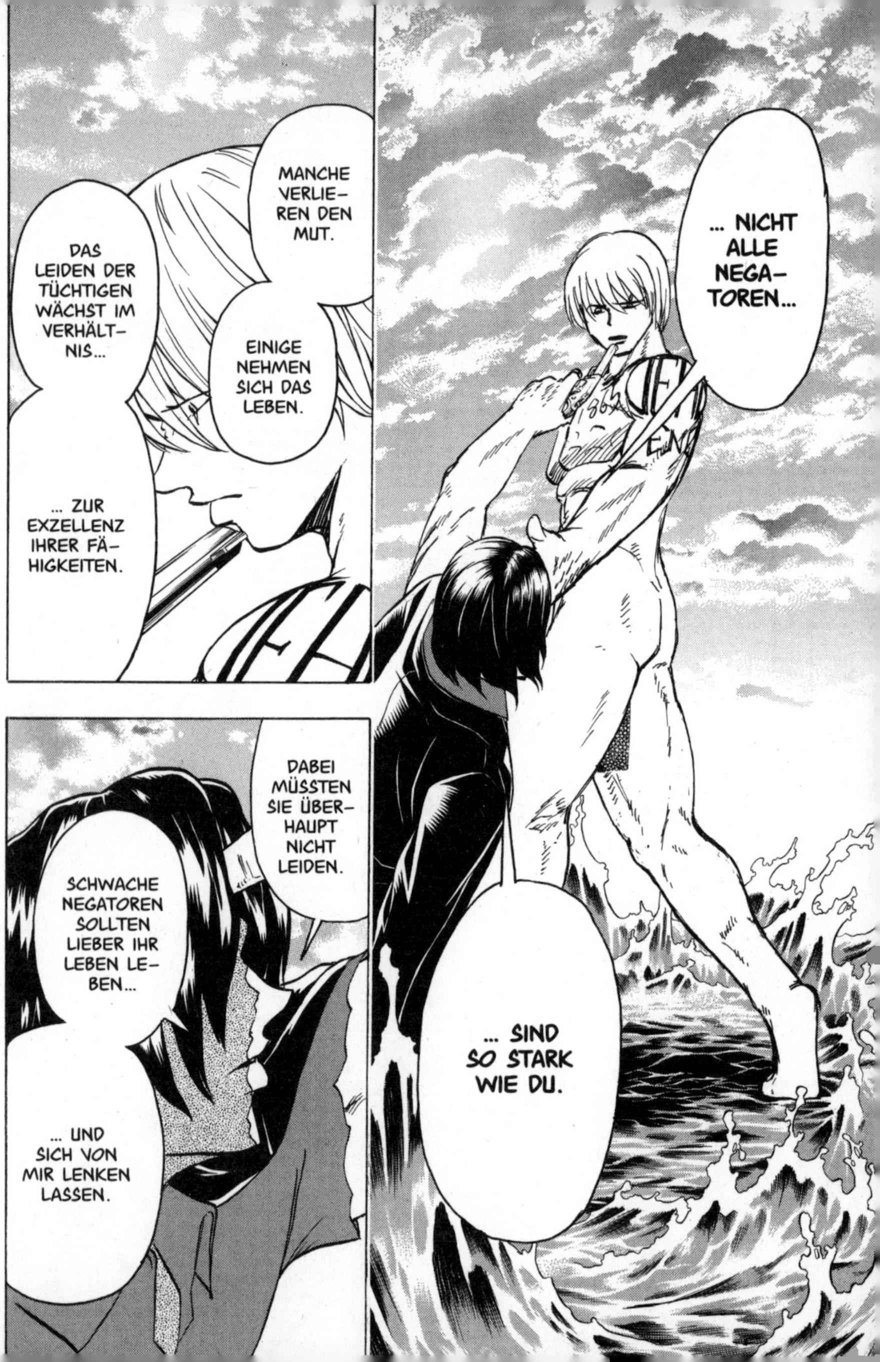
... NICHT ALLE NEGATOREN...
... SIND SO STARK WIE DU.
MANCHE VERLIEREN DEN MUT.
EINIGE NEHMEN SICH DAS LEBEN.
DAS LEIDEN DER TÜCHTIGEN WÄCHST IM VERHÄLTNIS...
... ZUR EXZELLENZ IHRER FÄHIGKEITEN.
DABEI MÜSSTEN SIE ÜBERHAUPT NICHT LEIDEN.
SCHWACHE NEGATOREN SOLLTEN LIEBER IHR LEBEN LEBEN...
... UND SICH VON MIR LENKEN LASSEN.

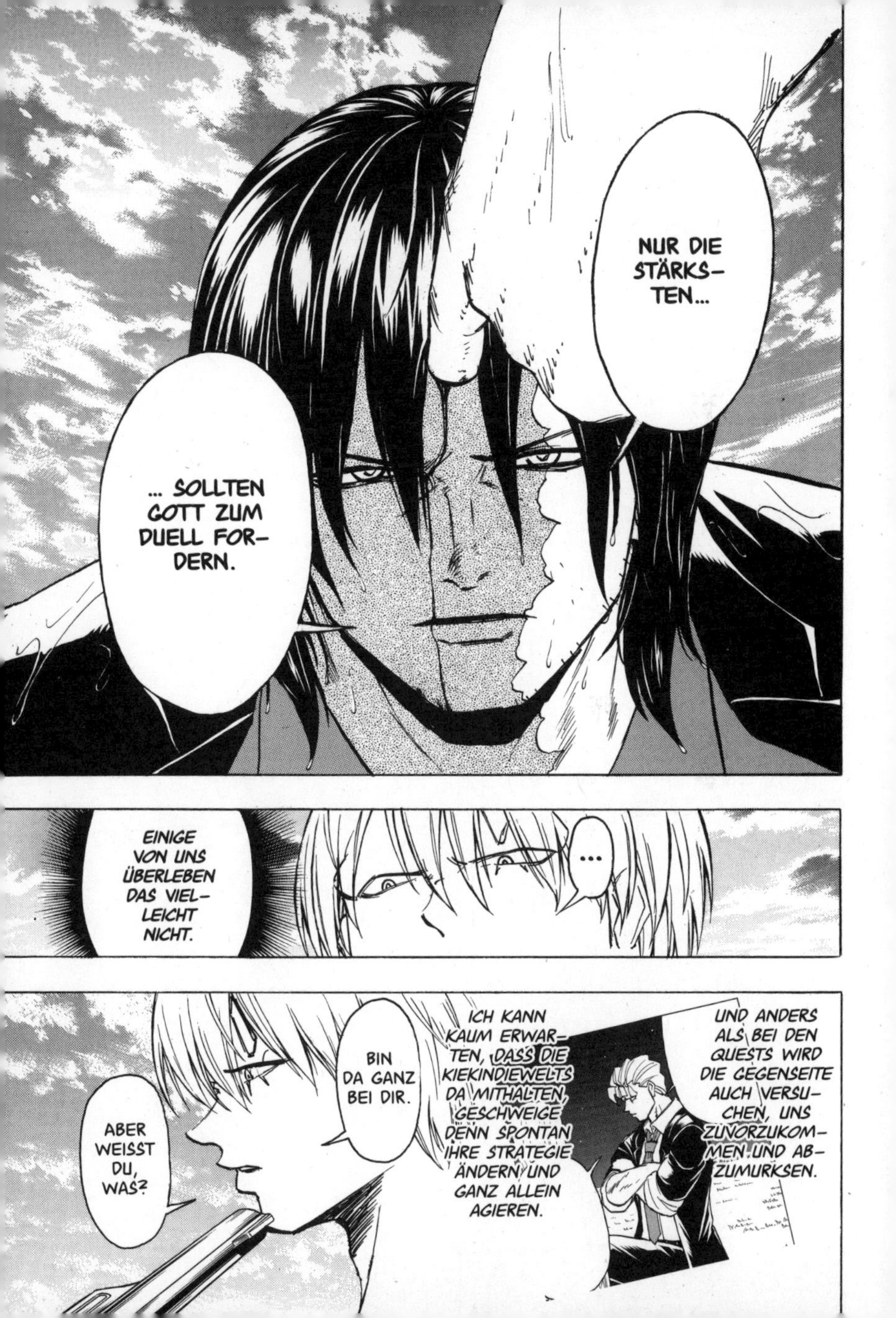
NUR DIE STÄRKSTEN...
... SOLLTEN GOTT ZUM DUELL FORDERN.
...
EINIGE VON UNS ÜBERLEBEN DAS VIELLEICHT NICHT.
UND ANDERS ALS BEI DEN QUESTS WIRD DIE GEGENSEITE AUCH VERSUCHEN, UNS ZUVORZUKOMMEN UND ABZUMURKSEN.
ICH KANN KAUM ERWARTEN, DASS DIE KIEKINDIEWELTS DA MITHALTEN, GESCHWEIGE DENN SPONTAN IHRE STRATEGIE ÄNDERN UND GANZ ALLEIN AGIEREN.
BIN DA GANZ BEI DIR.
ABER WEISST DU, WAS?

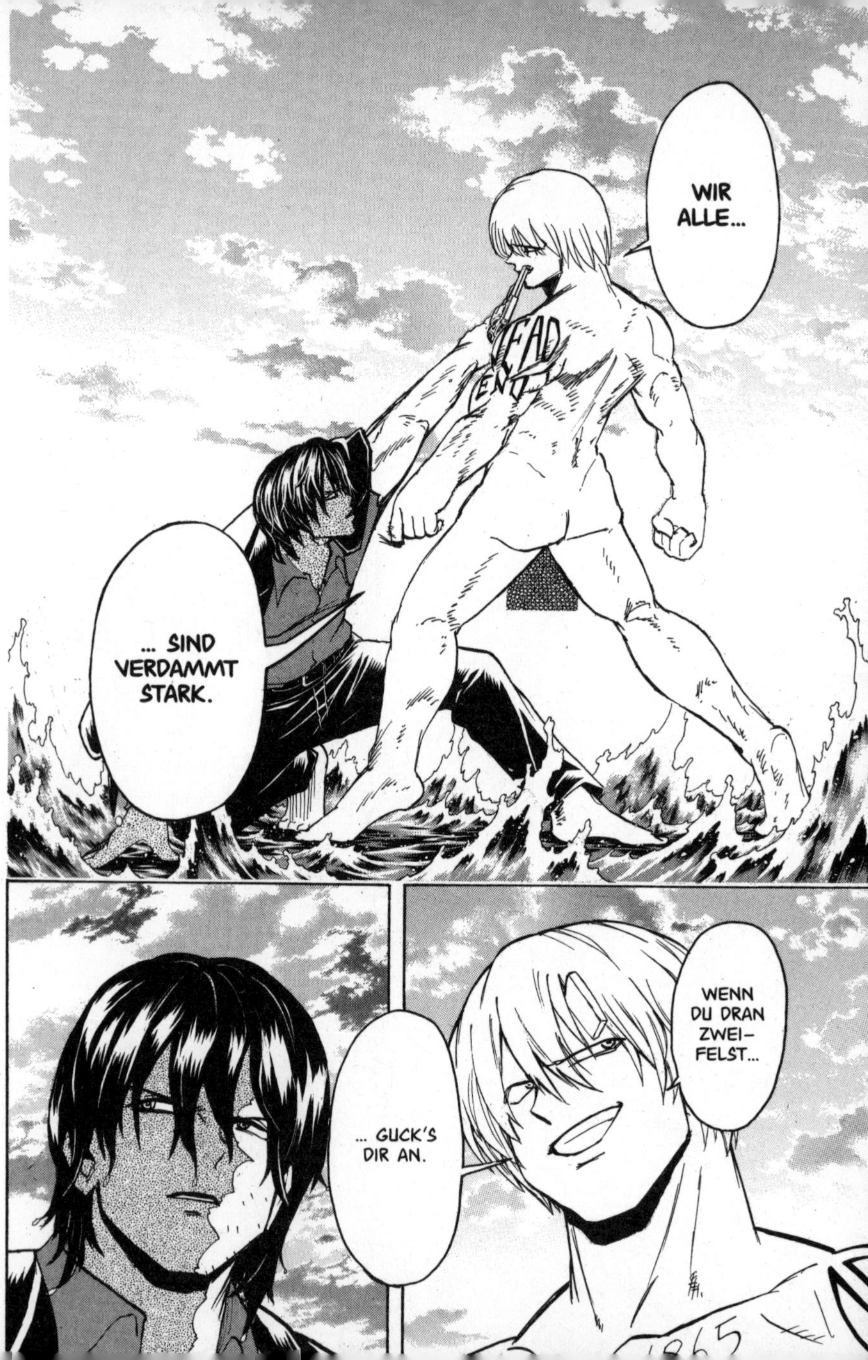
WIR ALLE...
... SIND VERDAMMT STARK.
WENN DU DRAN ZWEIFELST...
... GUCK'S DIR AN.

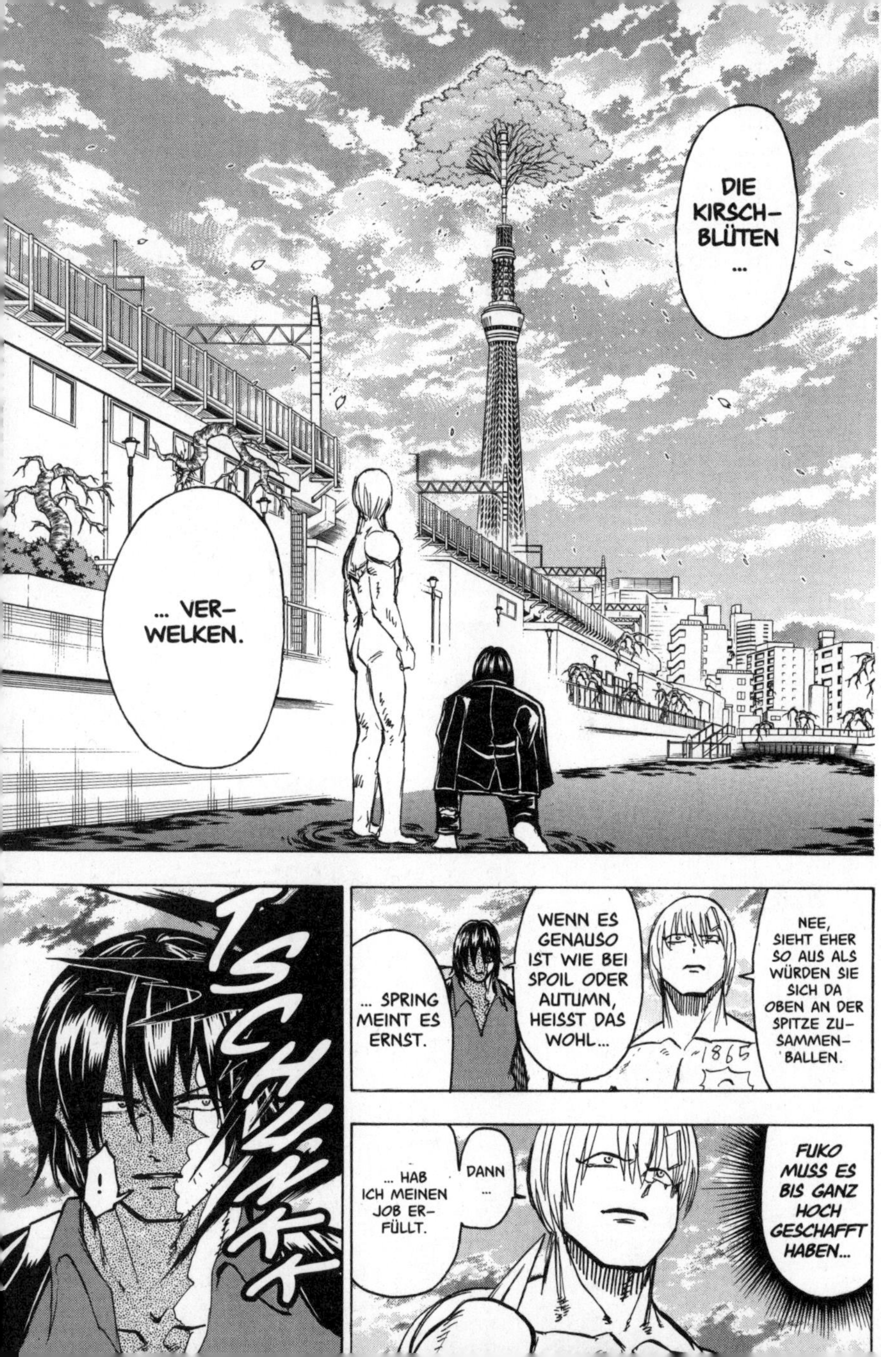
DIE KIRSCH-BLÜTEN ...
... VER-WELKEN.
NEE, SIEHT EHER SO AUS ALS WÜRDEN SIE SICH DA OBEN AN DER SPITZE ZU-SAMMEN-BALLEN.
WENN ES GENAUSO IST WIE BEI SPOIL ODER AUTUMN, HEISST DAS WOHL...
... SPRING MEINT ES ERNST.
1865
FUKO MUSS ES BIS GANZ HOCH GESCHAFFT HABEN...
DANN ...
... HAB ICH MEINEN JOB ER-FÜLLT.
TSCHUNKK
!

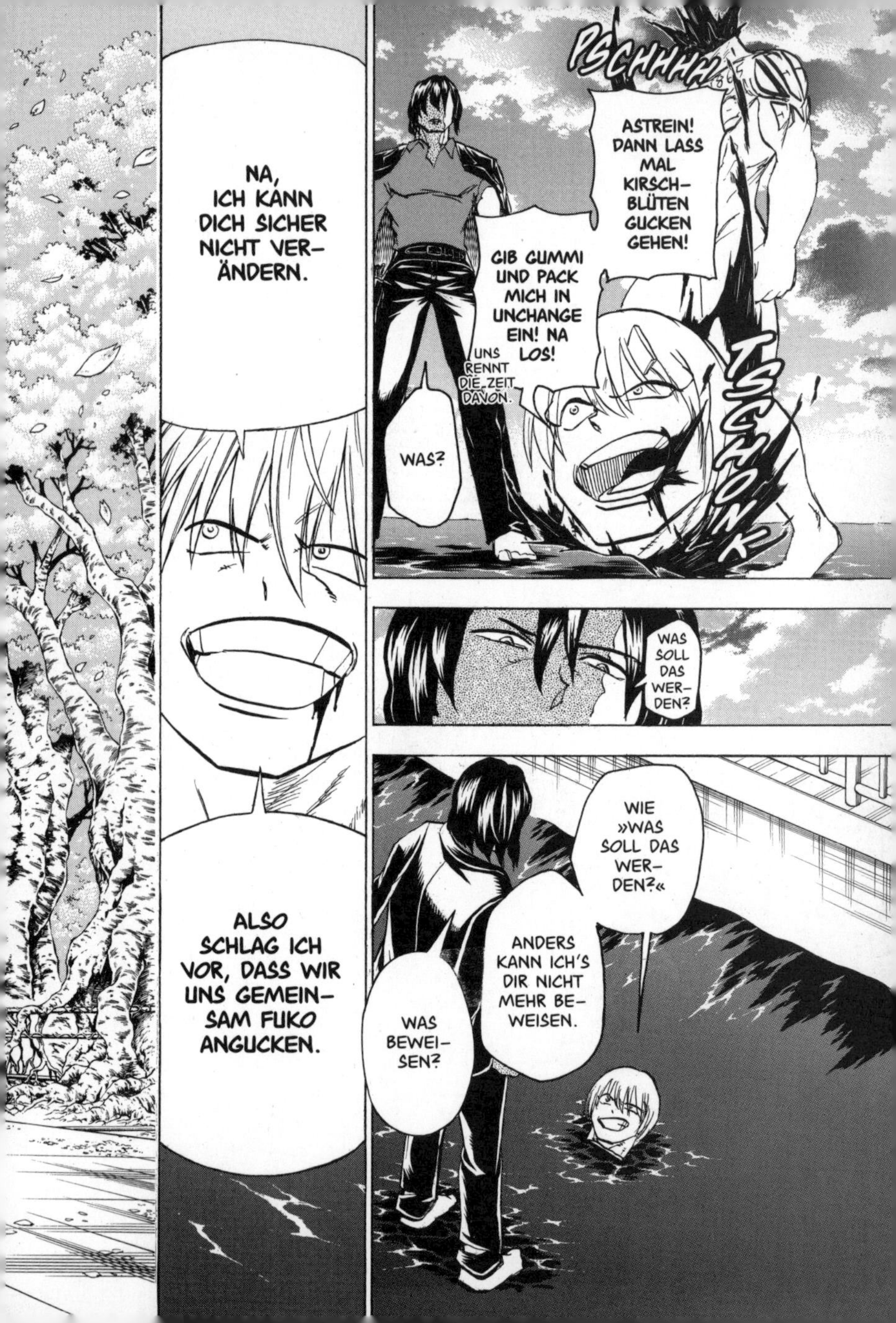
PSCHHHH
ASTREIN! DANN LASS MAL KIRSCH-BLÜTEN GUCKEN GEHEN!
GIB GUMMI UND PACK MICH IN UNCHANGE EIN! NA LOS!
UNS RENNT DIE ZEIT DAVON.
TSCHONK
WAS?
WAS SOLL DAS WER-DEN?
WIE »WAS SOLL DAS WER-DEN?«
ANDERS KANN ICH'S DIR NICHT MEHR BE-WEISEN.
WAS BEWEI-SEN?
NA, ICH KANN DICH SICHER NICHT VER-ÄNDERN.
ALSO SCHLAG ICH VOR, DASS WIR UNS GEMEIN-SAM FUKO ANGUCKEN.

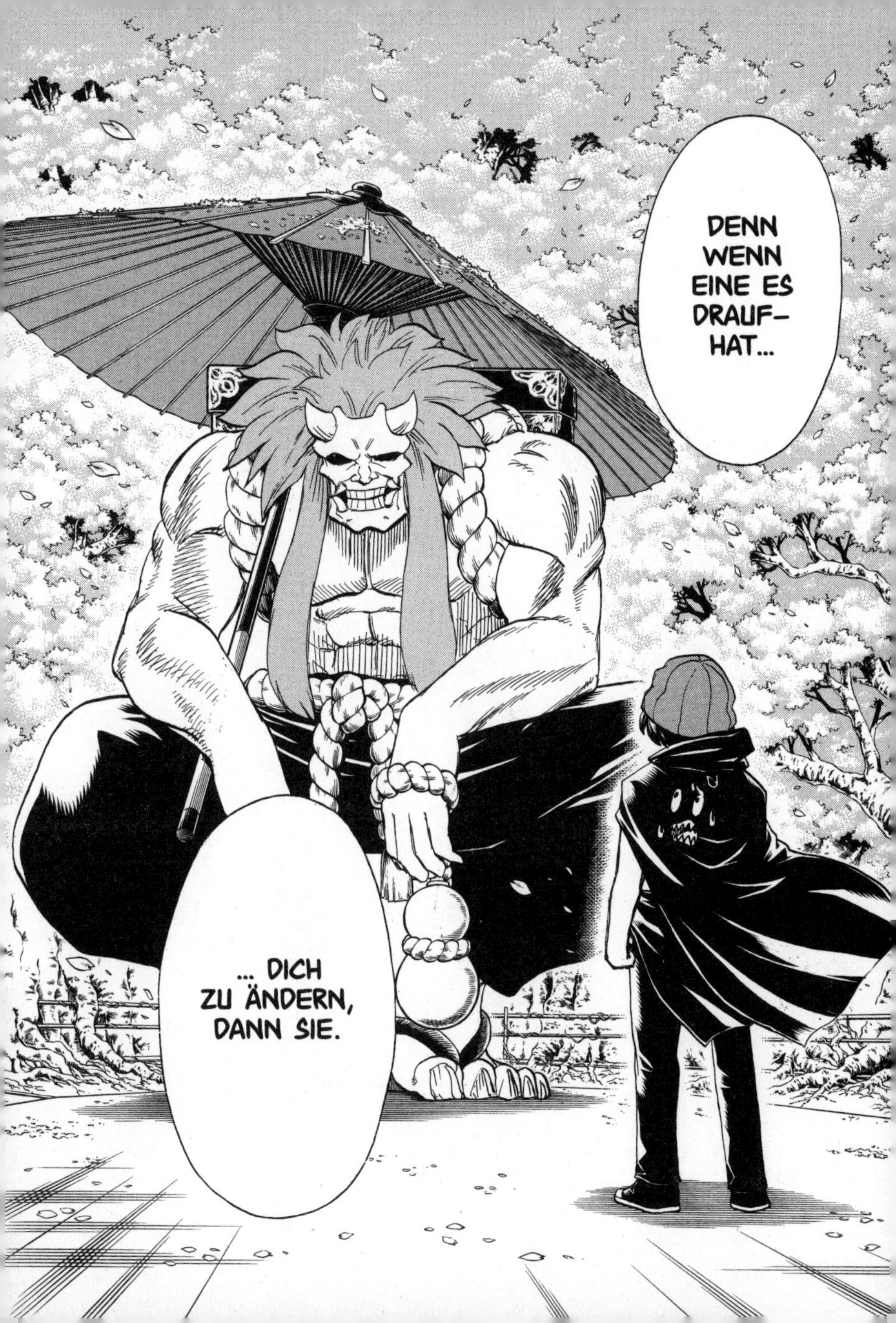
DENN WENN EINE ES DRAUF-HAT...
... DICH ZU ÄNDERN, DANN SIE.

EINFÜHRUNG IN ANDYS NEUE FÄHIGKEITEN

DEADSHADOW

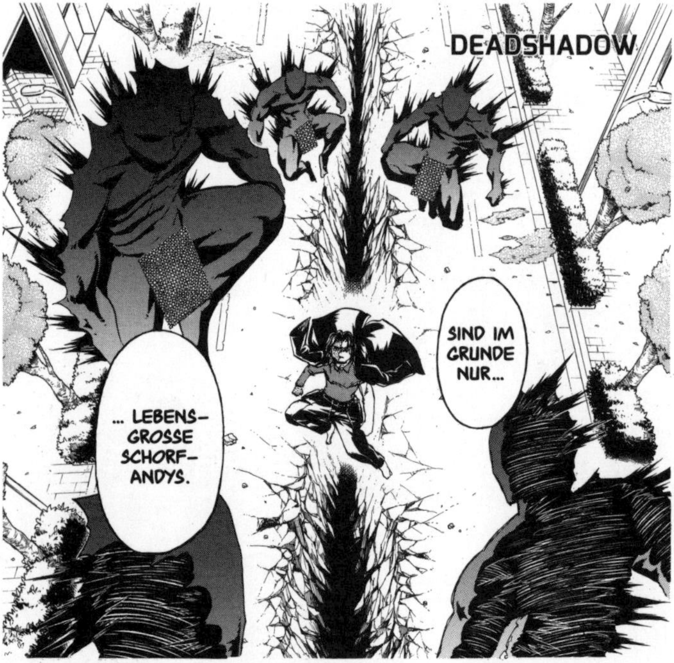

LEBENSGROSSER SCHORF. NICHT MEHR, NICHT WENIGER.

WIR HABEN BIS ZUR LETZTEN MINUTE ÜBERLEGT, OB WIR UNSER KLEINES ZENSURMOSAIK AUCH FÜR DIE SCHORF-ANDYS BRAUCHEN, ABER LETZTLICH GAB ES KEINE MÖGLICHKEIT, ANDYS NA-IHR-WISST-SCHON-SCHORF NUR MIT EINER DÜNNEN BLUTSCHICHT ZU VERBERGEN. AUSSERDEM WÜRDE ES OHNE UNECHT AUSSEHEN, ALSO HABEN WIR UNS FÜR DAS MOSAIK ENTSCHIEDEN.

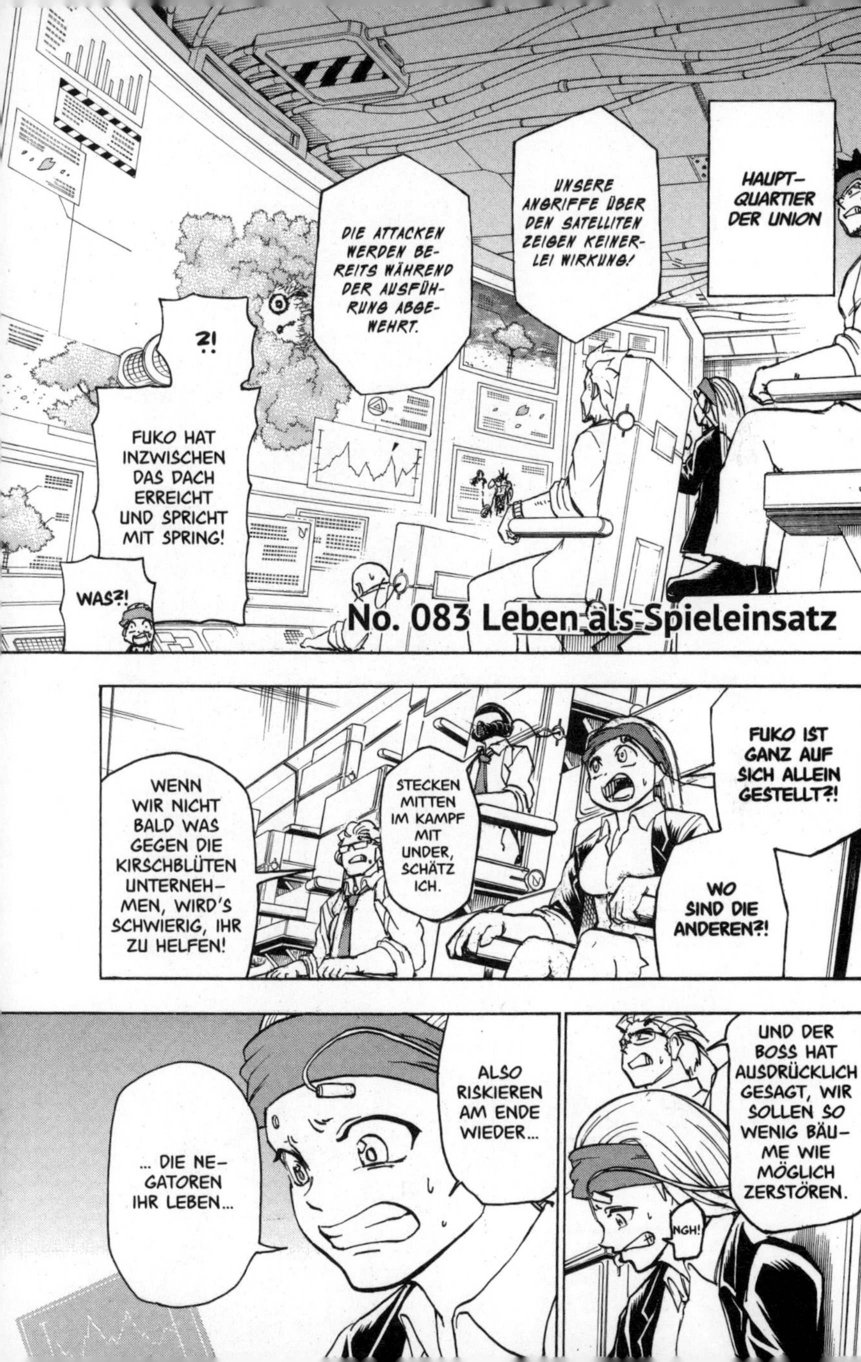

HAUPTQUARTIER DER UNION
UNSERE ANGRIFFE ÜBER DEN SATELLITEN ZEIGEN KEINERLEI WIRKUNG!
DIE ATTACKEN WERDEN BEREITS WÄHREND DER AUSFÜHRUNG ABGEWEHRT.
?!
FUKO HAT INZWISCHEN DAS DACH ERREICHT UND SPRICHT MIT SPRING!
WAS?!
No. 083 Leben als Spieleinsatz
FUKO IST GANZ AUF SICH ALLEIN GESTELLT?!
WO SIND DIE ANDEREN?!
STECKEN MITTEN IM KAMPF MIT UNDER, SCHÄTZ ICH.
WENN WIR NICHT BALD WAS GEGEN DIE KIRSCHBLÜTEN UNTERNEHMEN, WIRD'S SCHWIERIG, IHR ZU HELFEN!
UND DER BOSS HAT AUSDRÜCKLICH GESAGT, WIR SOLLEN SO WENIG BÄUME WIE MÖGLICH ZERSTÖREN.
NGH!
ALSO RISKIEREN AM ENDE WIEDER...
... DIE NEGATOREN IHR LEBEN...

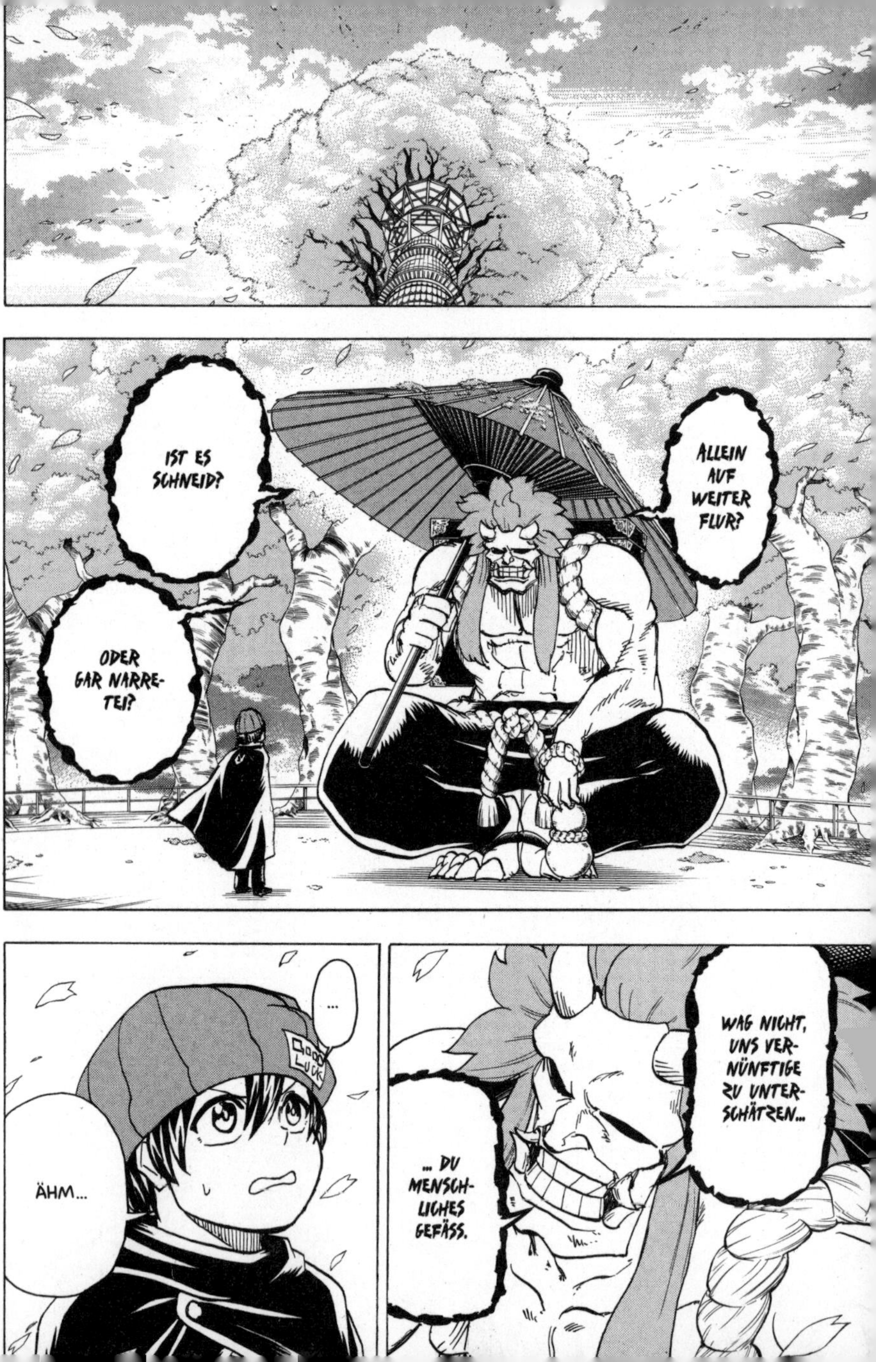

ALLEIN AUF WEITER FLUR?
IST ES SCHNEID?
ODER GAR NARRE-TEI?
WAG NICHT, UNS VER-NÜNFTIGE ZU UNTER-SCHÄTZEN...
... DU MENSCH-LICHES GEFÄSS.
...
ÄHM...

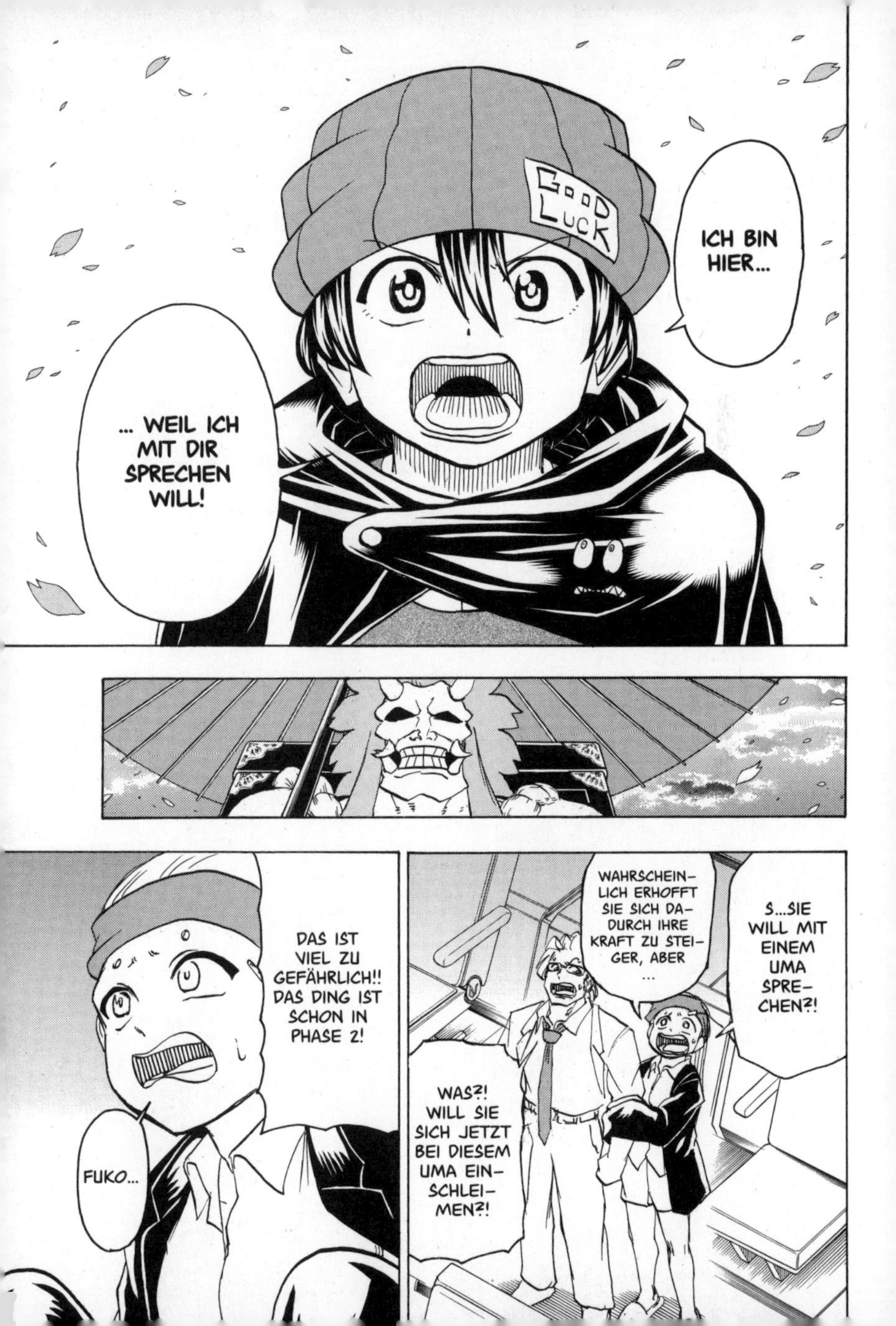
ICH BIN HIER...
... WEIL ICH MIT DIR SPRECHEN WILL!
S...SIE WILL MIT EINEM UMA SPRECHEN?!
WAHRSCHEINLICH ERHOFFT SIE SICH DADURCH IHRE KRAFT ZU STEIGER, ABER ...
WAS?! WILL SIE SICH JETZT BEI DIESEM UMA EINSCHLEIMEN?!
DAS IST VIEL ZU GEFÄHRLICH!! DAS DING IST SCHON IN PHASE 2!
FUKO...

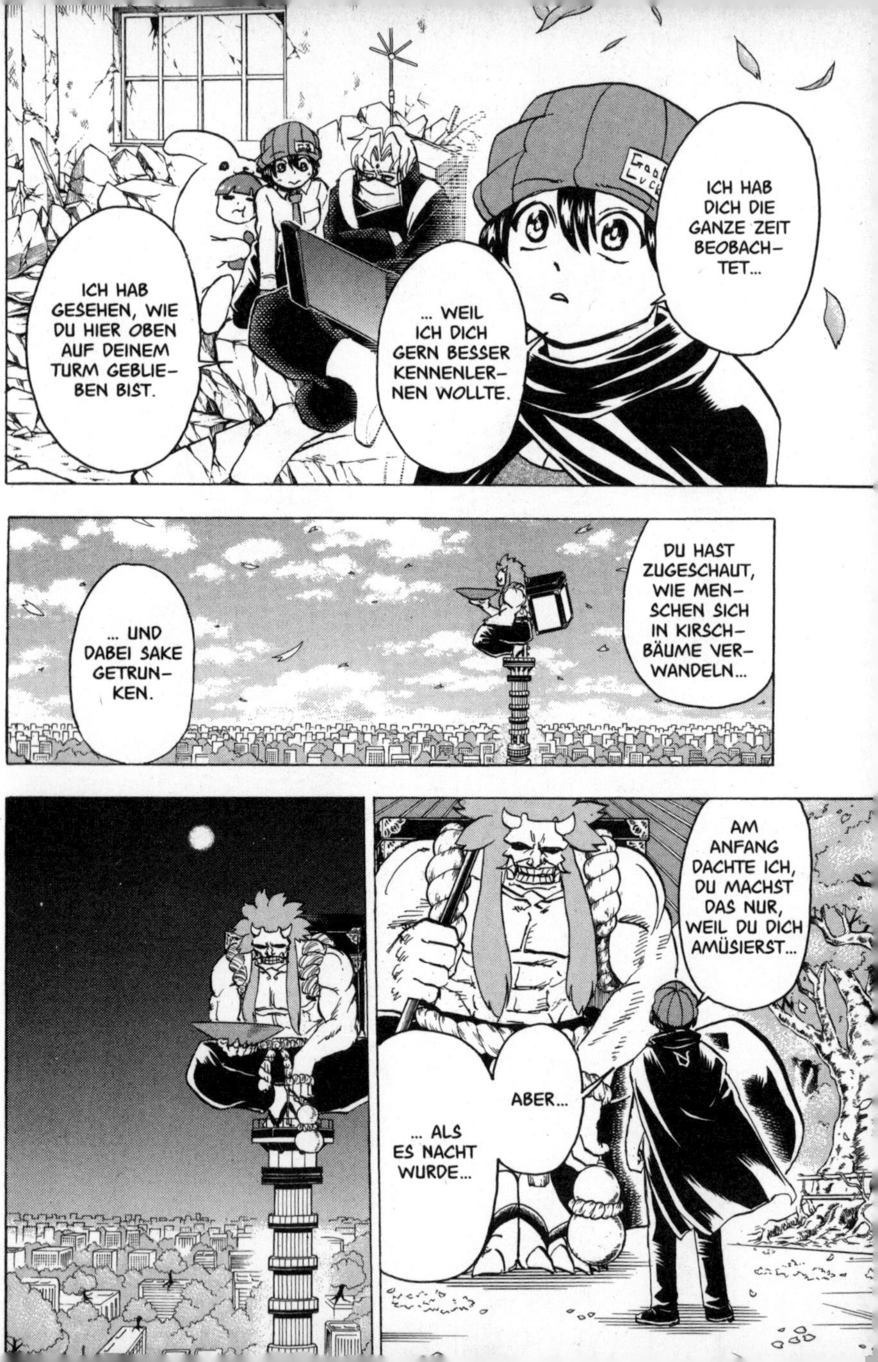
ICH HAB DICH DIE GANZE ZEIT BEOBACHTET...
... WEIL ICH DICH GERN BESSER KENNENLERNEN WOLLTE.
ICH HAB GESEHEN, WIE DU HIER OBEN AUF DEINEM TURM GEBLIEBEN BIST.
DU HAST ZUGESCHAUT, WIE MENSCHEN SICH IN KIRSCHBÄUME VERWANDELN...
... UND DABEI SAKE GETRUNKEN.
AM ANFANG DACHTE ICH, DU MACHST DAS NUR, WEIL DU DICH AMÜSIERST...
ABER...
... ALS ES NACHT WURDE...

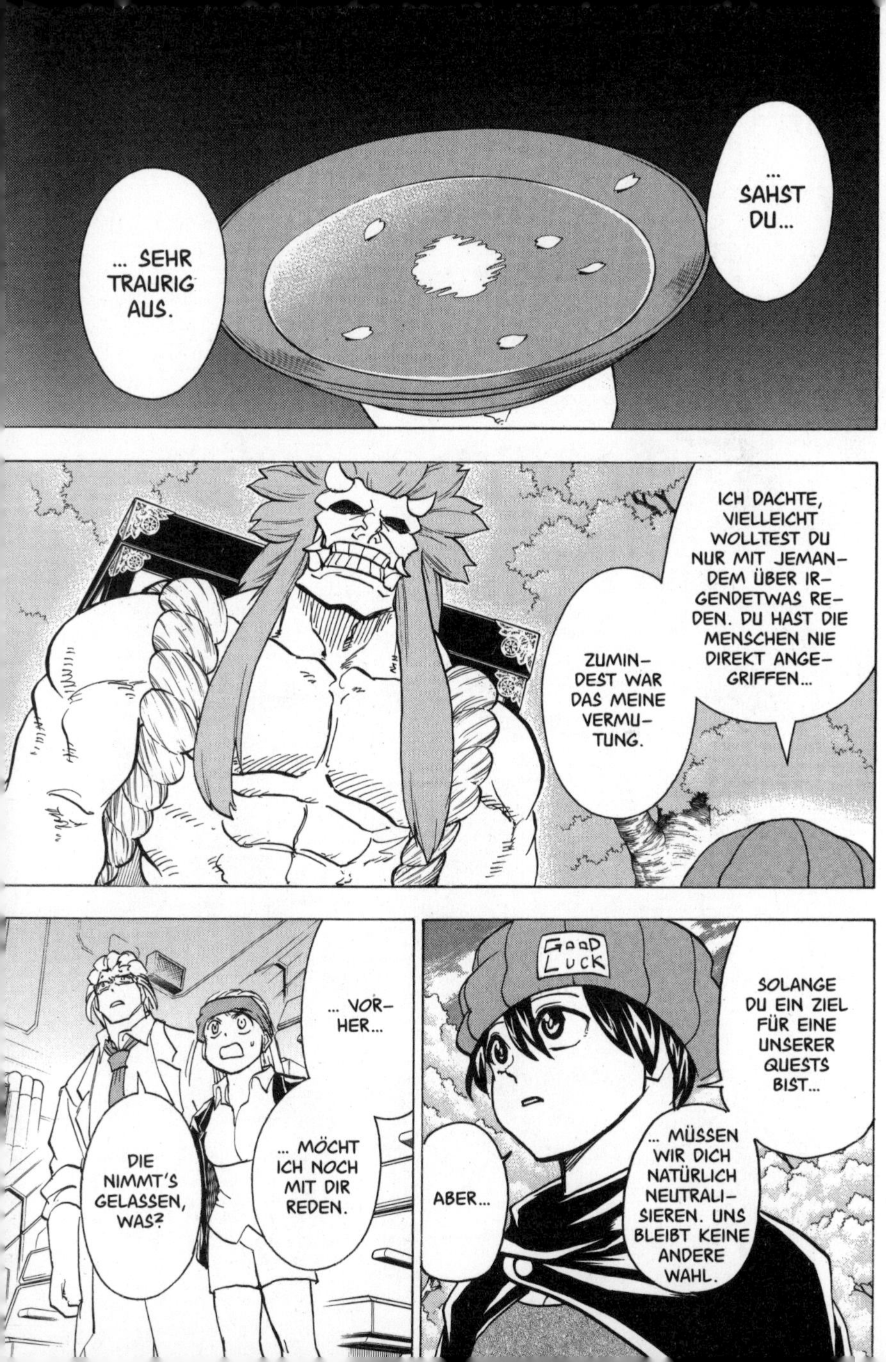
... SAHST DU...
... SEHR TRAURIG AUS.
ICH DACHTE, VIELLEICHT WOLLTEST DU NUR MIT JEMANDEM ÜBER IRGENDETWAS REDEN. DU HAST DIE MENSCHEN NIE DIREKT ANGEGRIFFEN...
ZUMINDEST WAR DAS MEINE VERMUTUNG.
GOOD LUCK
SOLANGE DU EIN ZIEL FÜR EINE UNSERER QUESTS BIST...
... MÜSSEN WIR DICH NATÜRLICH NEUTRALISIEREN. UNS BLEIBT KEINE ANDERE WAHL.
ABER...
... VORHER...
... MÖCHT ICH NOCH MIT DIR REDEN.
DIE NIMMT'S GELASSEN, WAS?

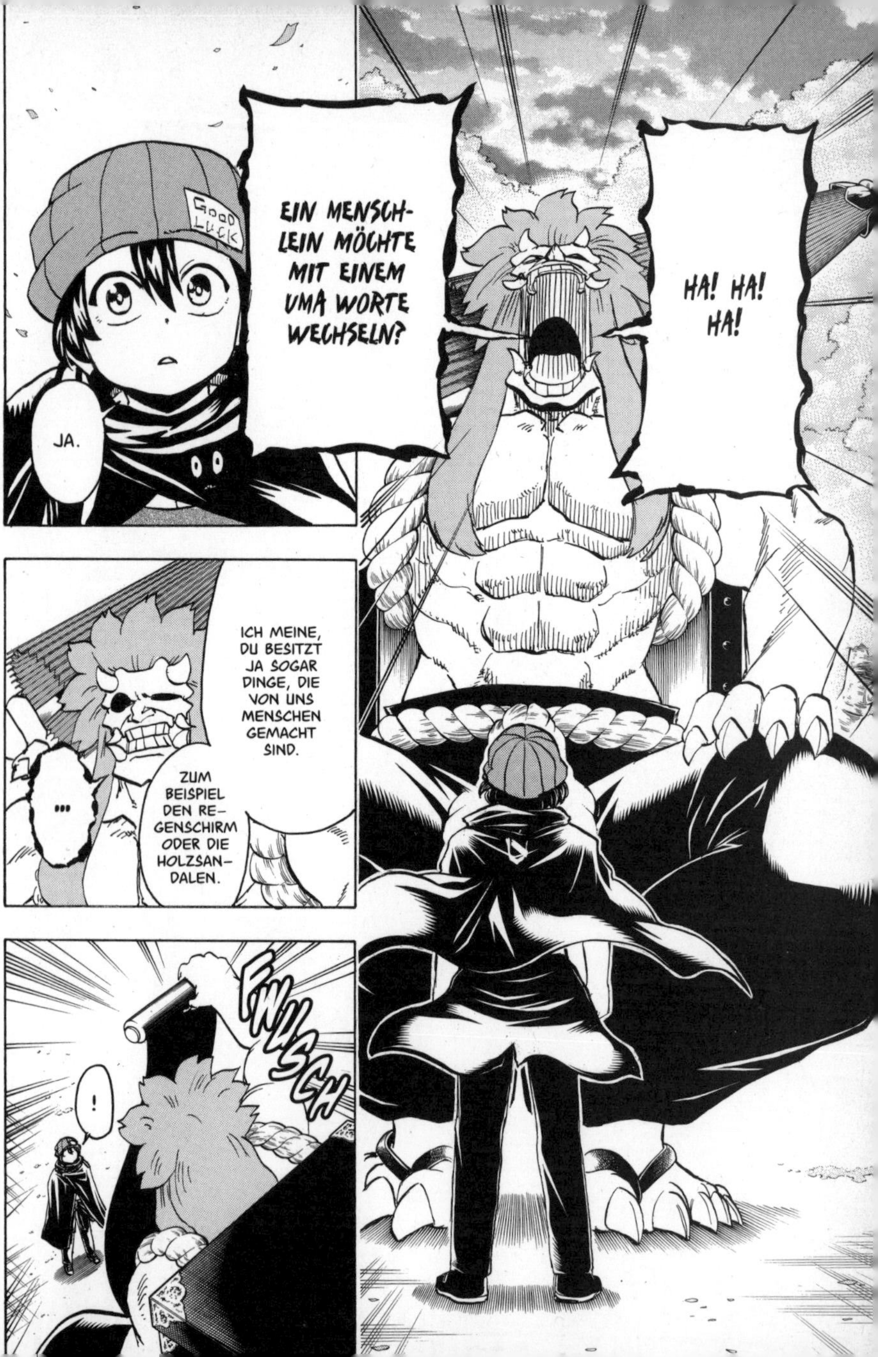
HA! HA! HA!
EIN MENSCHLEIN MÖCHTE MIT EINEM UMA WORTE WECHSELN?
JA.
ICH MEINE, DU BESITZT JA SOGAR DINGE, DIE VON UNS MENSCHEN GEMACHT SIND.
ZUM BEISPIEL DEN REGENSCHIRM ODER DIE HOLZSANDALEN.
...
FWUSCH
!

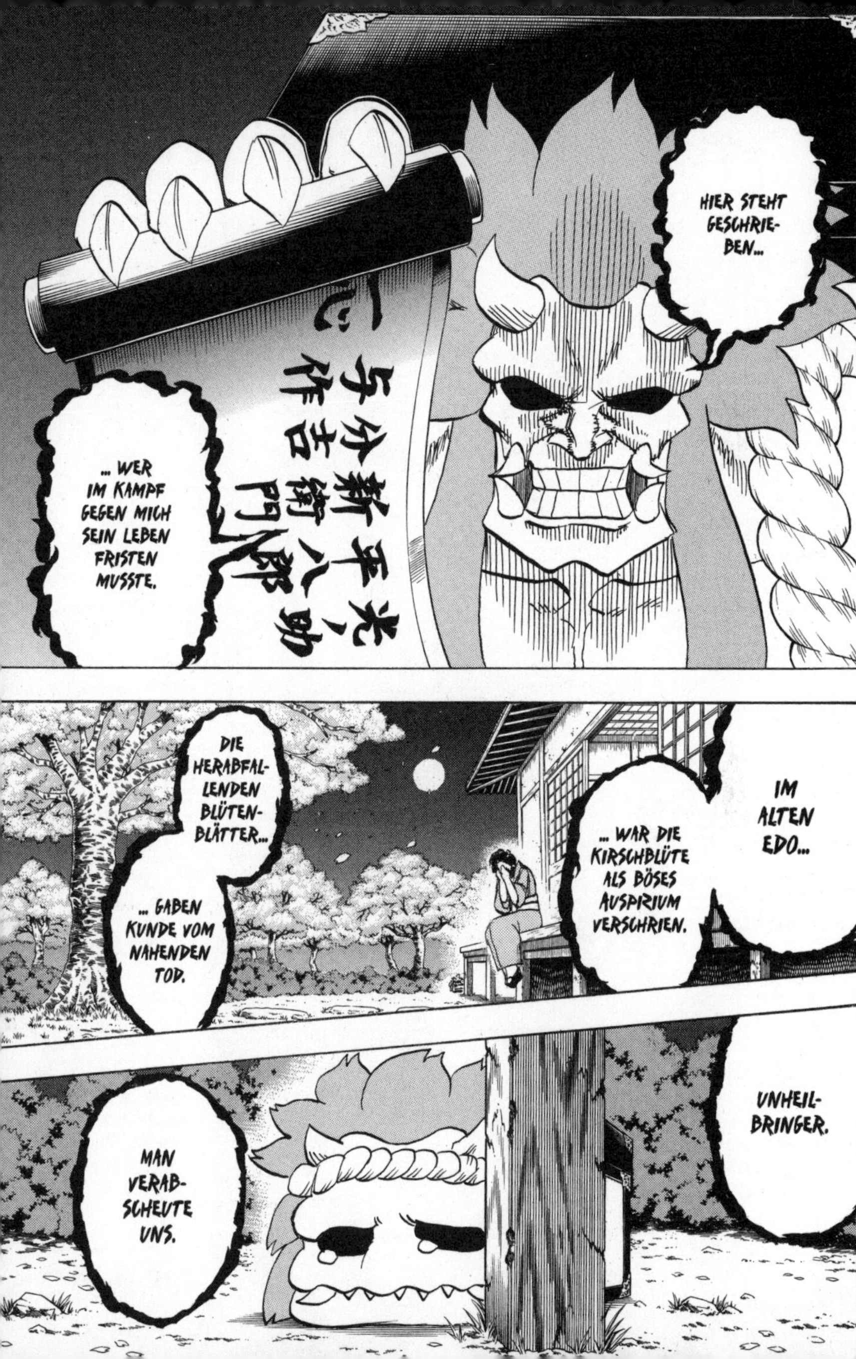
HIER STEHT GESCHRIEBEN...
... WER IM KAMPF GEGEN MICH SEIN LEBEN FRISTEN MUSSTE.
IM ALTEN EDO...
... WAR DIE KIRSCHBLÜTE ALS BÖSES AUSPIZIUM VERSCHRIEN.
DIE HERABFALLENDEN BLÜTENBLÄTTER...
... GABEN KUNDE VOM NAHENDEN TOD.
UNHEILBRINGER.
MAN VERABSCHEUTE UNS.

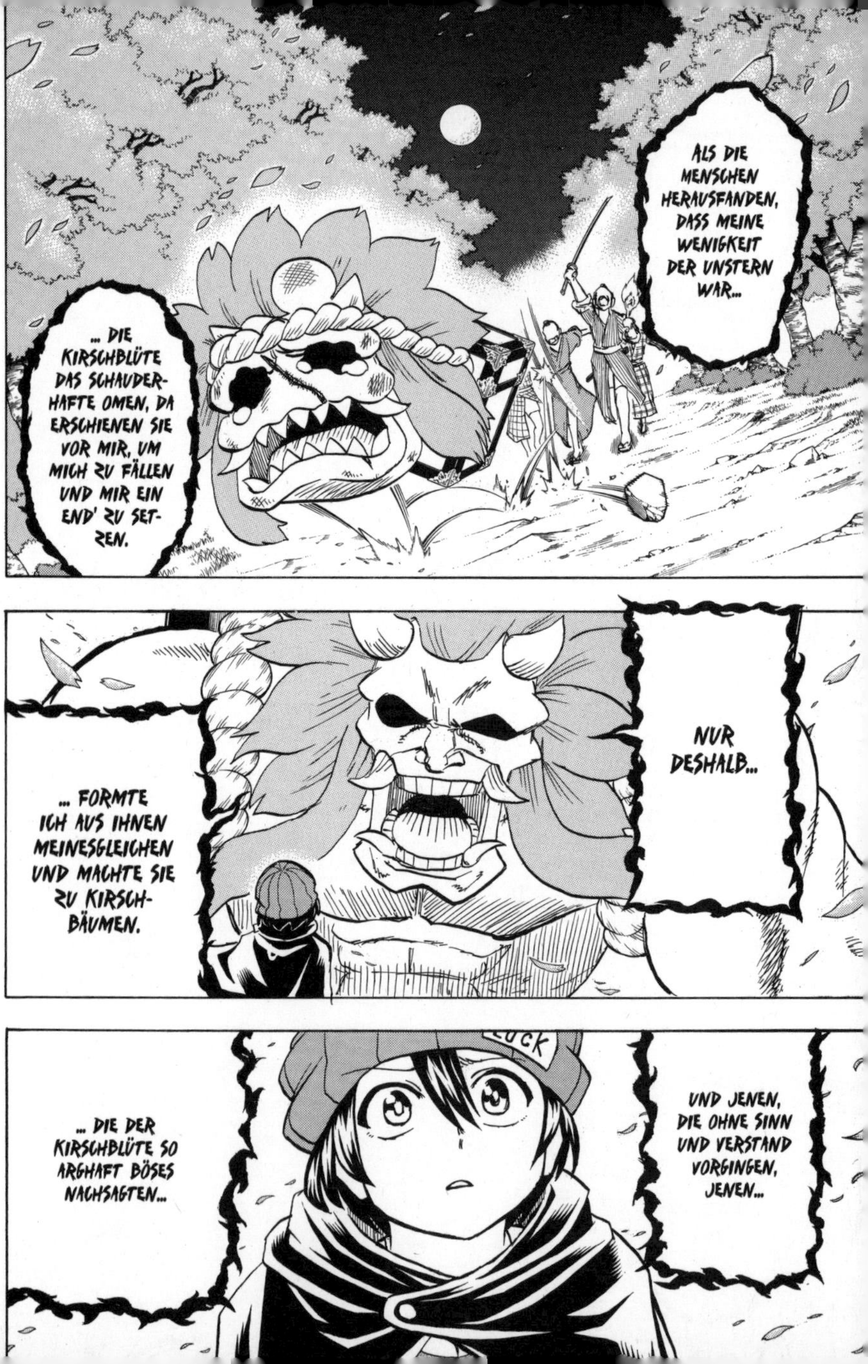

ALS DIE MENSCHEN HERAUSFANDEN, DASS MEINE WENIGKEIT DER UNSTERN WAR...
... DIE KIRSCHBLÜTE DAS SCHAUDERHAFTE OMEN, DA ERSCHIENEN SIE VOR MIR, UM MICH ZU FÄLLEN UND MIR EIN END' ZU SETZEN.
NUR DESHALB...
... FORMTE ICH AUS IHNEN MEINESGLEICHEN UND MACHTE SIE ZU KIRSCHBÄUMEN.
UND JENEN, DIE OHNE SINN UND VERSTAND VORGINGEN, JENEN...
... DIE DER KIRSCHBLÜTE SO ARGHAFT BÖSES NACHSAGTEN...

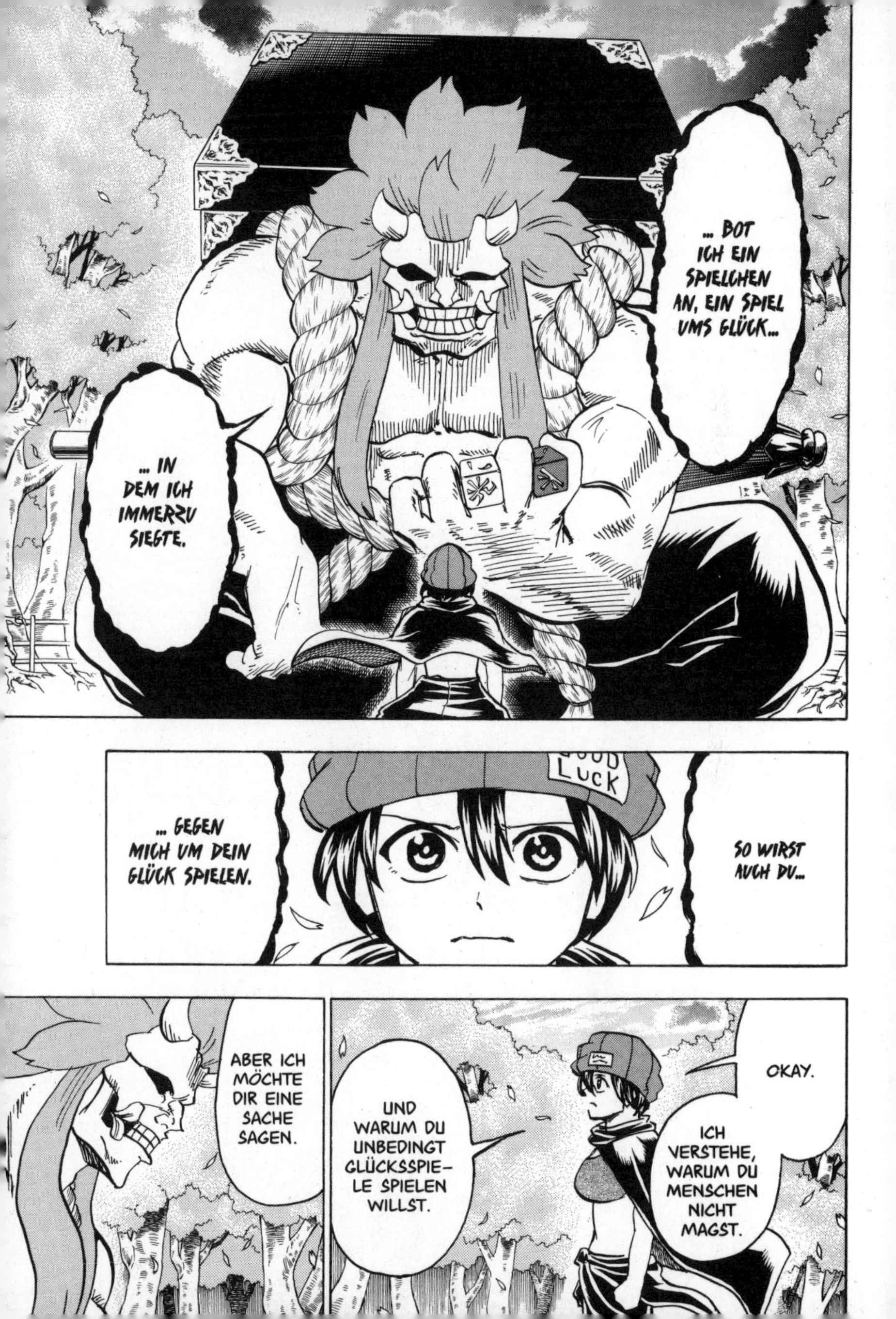
... BOT ICH EIN SPIELCHEN AN, EIN SPIEL UMS GLÜCK...
... IN DEM ICH IMMERZU SIEGTE.
SO WIRST AUCH DU...
... GEGEN MICH UM DEIN GLÜCK SPIELEN.
OKAY.
ICH VERSTEHE, WARUM DU MENSCHEN NICHT MAGST.
UND WARUM DU UNBEDINGT GLÜCKSSPIE-LE SPIELEN WILLST.
ABER ICH MÖCHTE DIR EINE SACHE SAGEN.

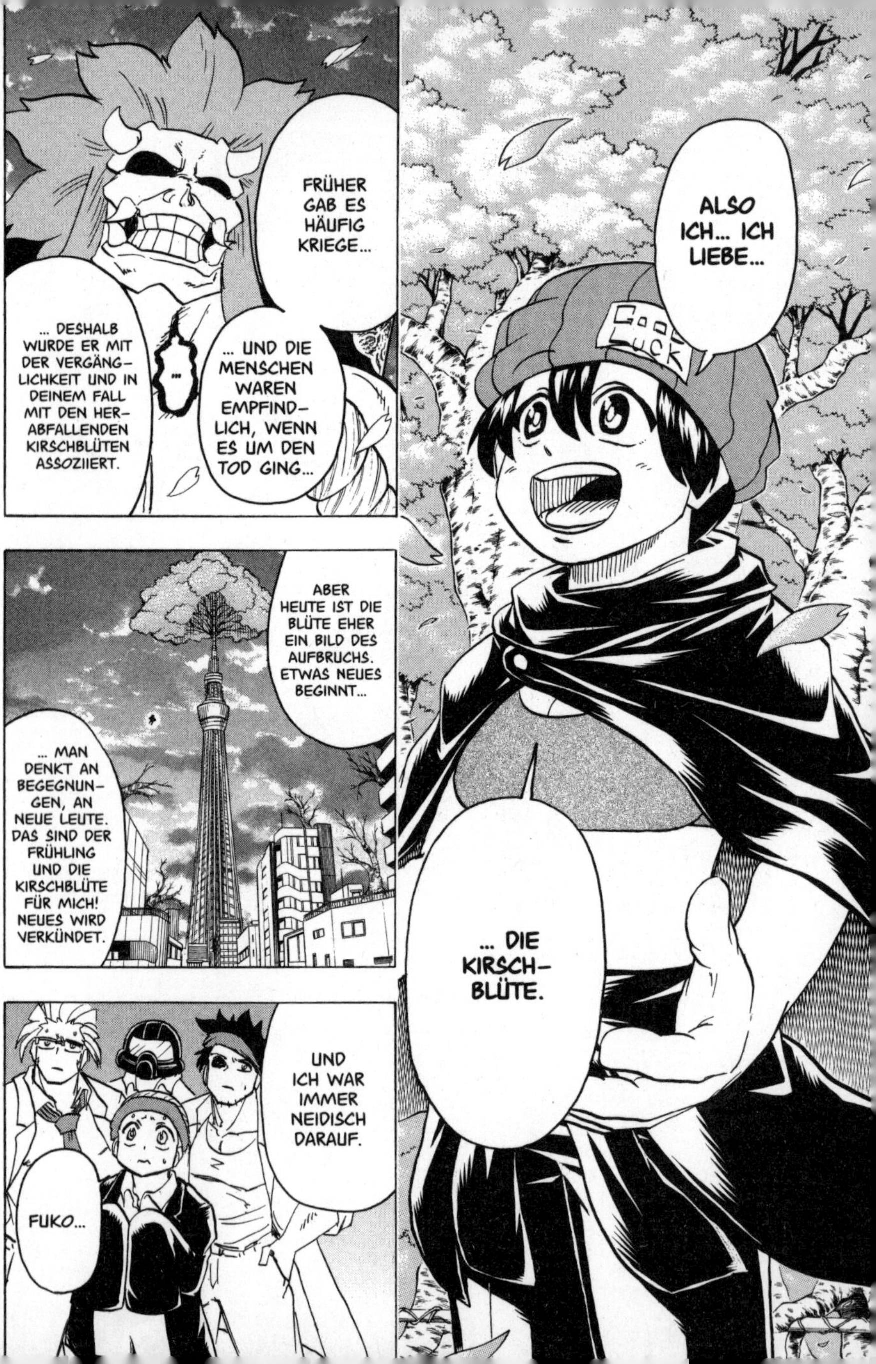
ALSO ICH... ICH LIEBE...
... DIE KIRSCHBLÜTE.
FRÜHER GAB ES HÄUFIG KRIEGE...
... UND DIE MENSCHEN WAREN EMPFINDLICH, WENN ES UM DEN TOD GING...
... DESHALB WURDE ER MIT DER VERGÄNGLICHKEIT UND IN DEINEM FALL MIT DEN HERABFALLENDEN KIRSCHBLÜTEN ASSOZIIERT.
...
ABER HEUTE IST DIE BLÜTE EHER EIN BILD DES AUFBRUCHS. ETWAS NEUES BEGINNT...
... MAN DENKT AN BEGEGNUNGEN, AN NEUE LEUTE. DAS SIND DER FRÜHLING UND DIE KIRSCHBLÜTE FÜR MICH! NEUES WIRD VERKÜNDET.
UND ICH WAR IMMER NEIDISCH DARAUF.
FUKO...

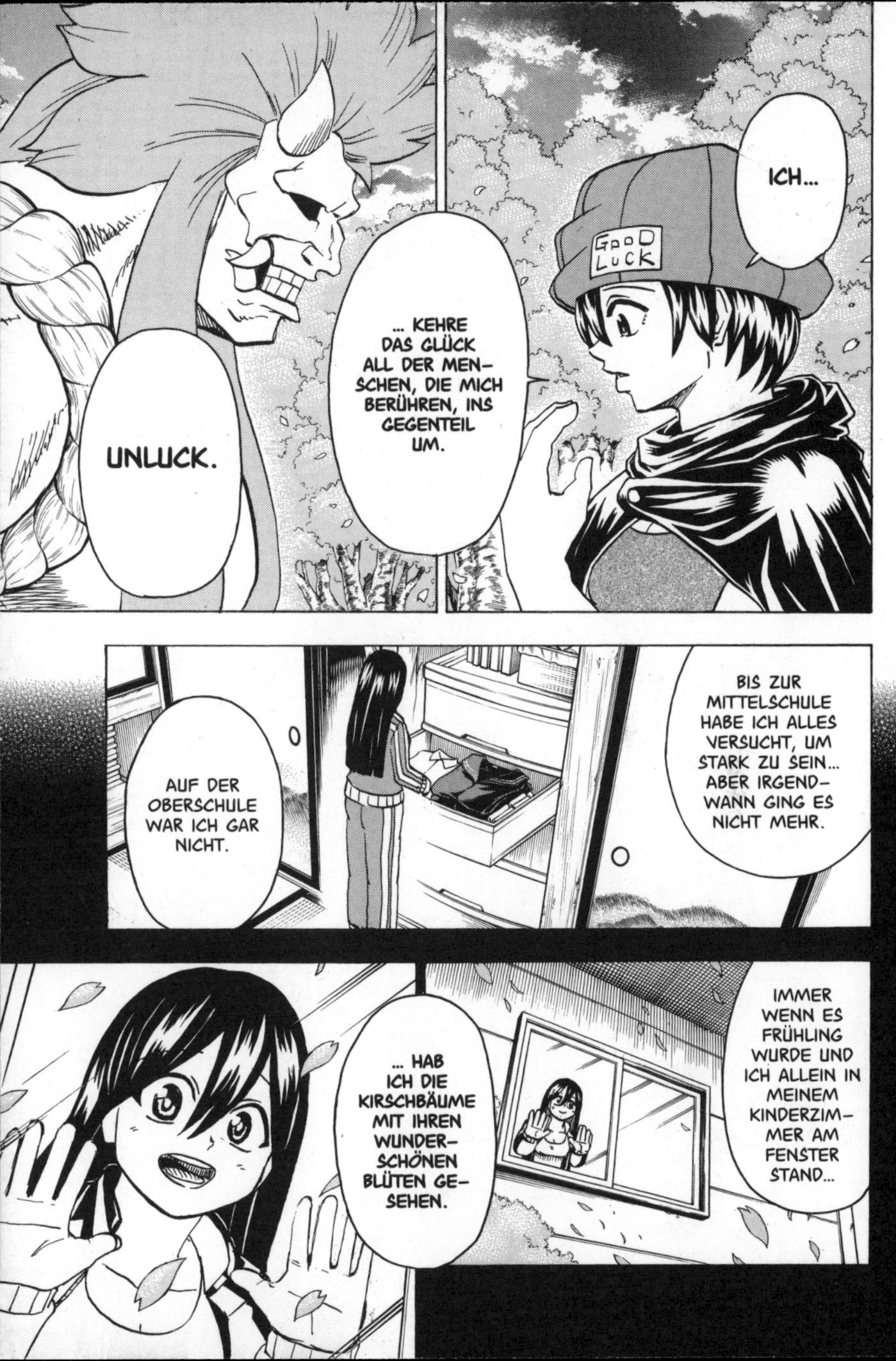

ICH...
GOOD LUCK
... KEHRE DAS GLÜCK ALL DER MENSCHEN, DIE MICH BERÜHREN, INS GEGENTEIL UM.
UNLUCK.
BIS ZUR MITTELSCHULE HABE ICH ALLES VERSUCHT, UM STARK ZU SEIN... ABER IRGENDWANN GING ES NICHT MEHR.
AUF DER OBERSCHULE WAR ICH GAR NICHT.
IMMER WENN ES FRÜHLING WURDE UND ICH ALLEIN IN MEINEM KINDERZIMMER AM FENSTER STAND...
... HAB ICH DIE KIRSCHBÄUME MIT IHREN WUNDERSCHÖNEN BLÜTEN GESEHEN.

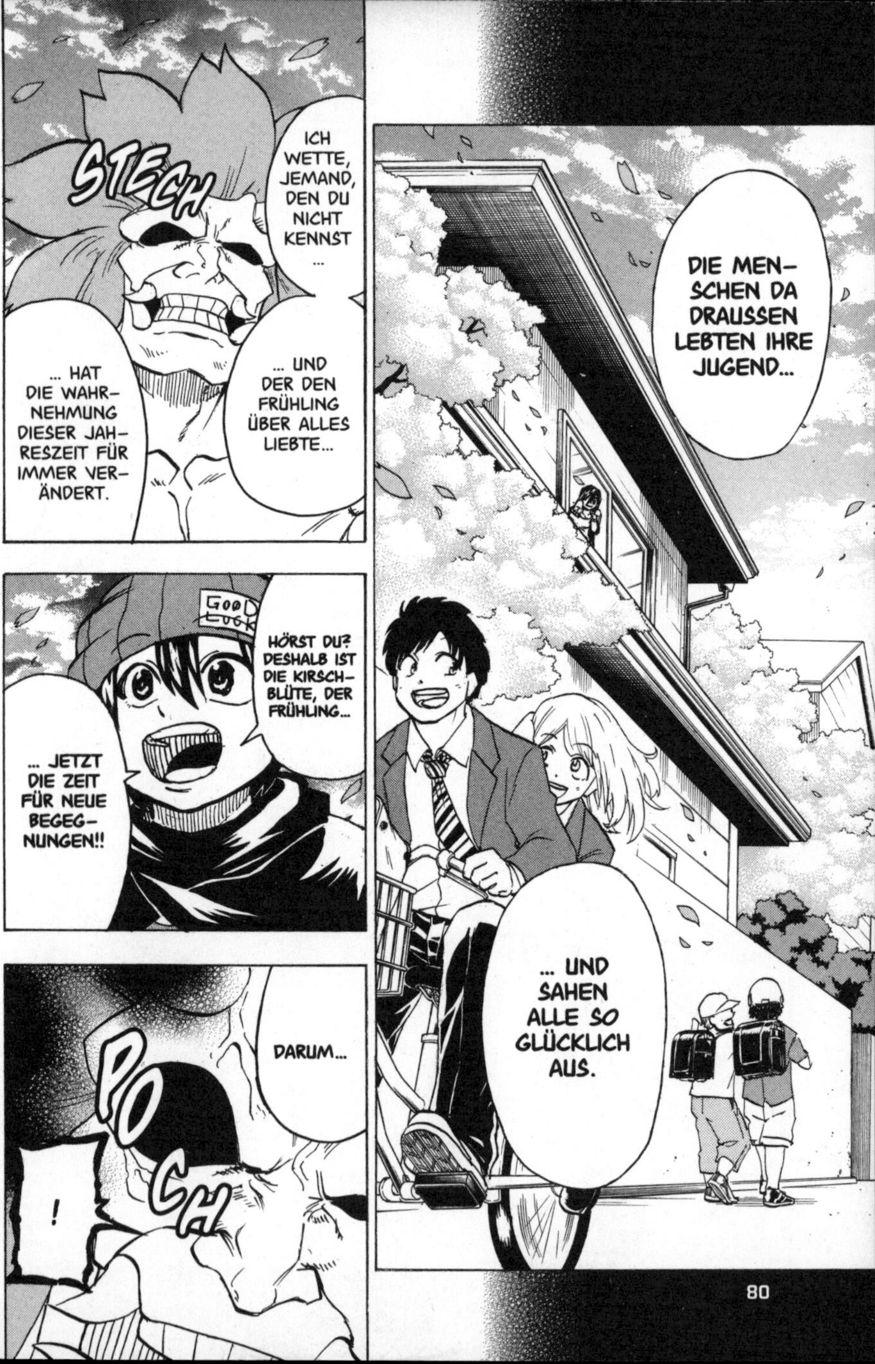

DIE MENSCHEN DA DRAUSSEN LEBTEN IHRE JUGEND...
... UND SAHEN ALLE SO GLÜCKLICH AUS.
ICH WETTE, JEMAND, DEN DU NICHT KENNST ...
STECH
... UND DER DEN FRÜHLING ÜBER ALLES LIEBTE...
... HAT DIE WAHRNEHMUNG DIESER JAHRESZEIT FÜR IMMER VERÄNDERT.
GOOD LUCK
HÖRST DU? DESHALB IST DIE KIRSCHBLÜTE, DER FRÜHLING...
... JETZT DIE ZEIT FÜR NEUE BEGEGNUNGEN!!
DARUM...
POCH
!

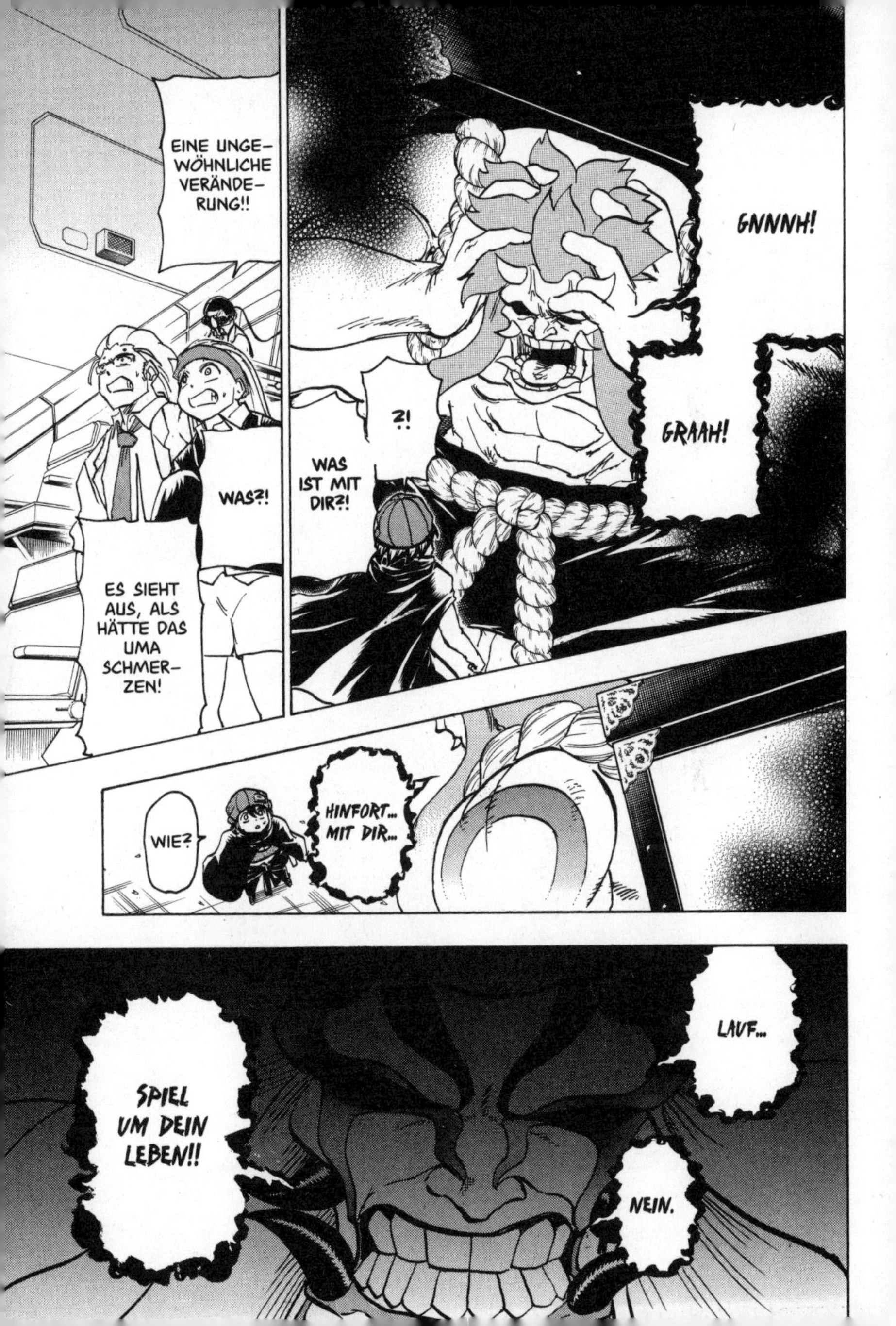
GNNNH!
GRAAH!
?!
WAS IST MIT DIR?!
EINE UNGE-WÖHNLICHE VERÄNDE-RUNG!!
WAS?!
ES SIEHT AUS, ALS HÄTTE DAS UMA SCHMER-ZEN!
HINFORT... MIT DIR...
WIE?
LAUF...
NEIN.
SPIEL UM DEIN LEBEN!!

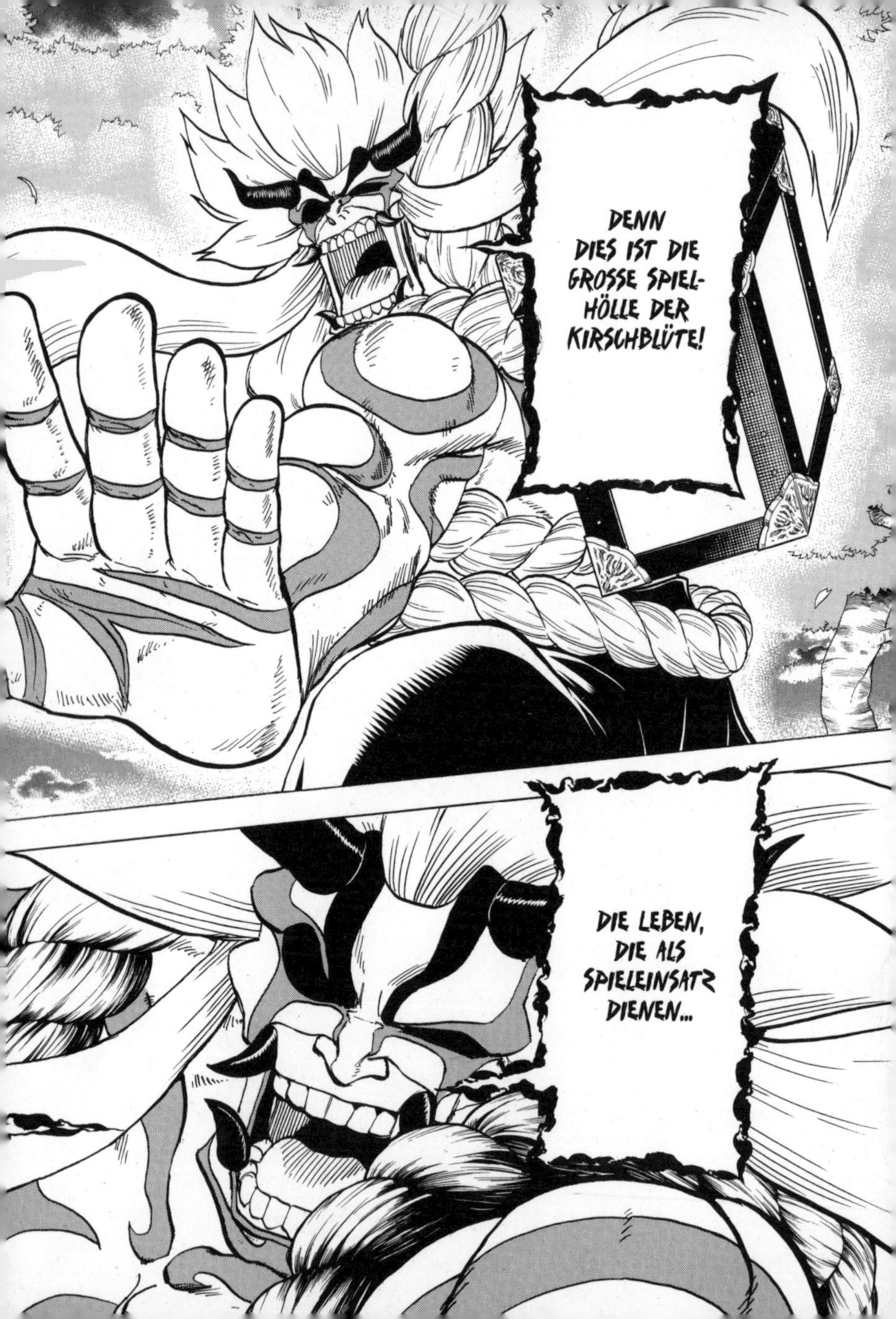
DENN DIES IST DIE GROSSE SPIEL-HÖLLE DER KIRSCHBLÜTE!
DIE LEBEN, DIE ALS SPIELEINSATZ DIENEN...

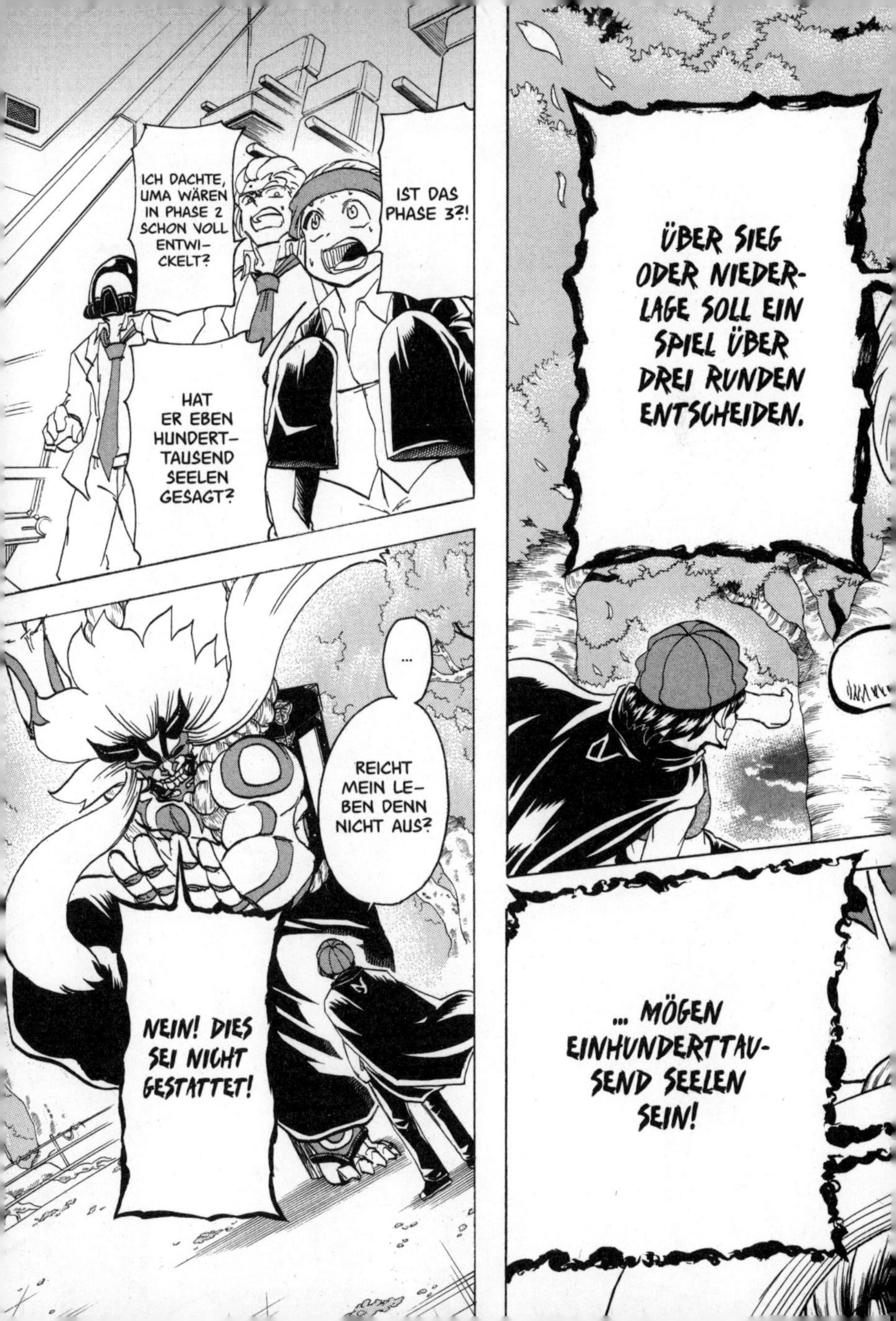
ÜBER SIEG ODER NIEDERLAGE SOLL EIN SPIEL ÜBER DREI RUNDEN ENTSCHEIDEN.
... MÖGEN EINHUNDERTTAUSEND SEELEN SEIN!
IST DAS PHASE 3?!
ICH DACHTE, UMA WÄREN IN PHASE 2 SCHON VOLL ENTWICKELT?
HAT ER EBEN HUNDERTTAUSEND SEELEN GESAGT?
...
REICHT MEIN LEBEN DENN NICHT AUS?
NEIN! DIES SEI NICHT GESTATTET!

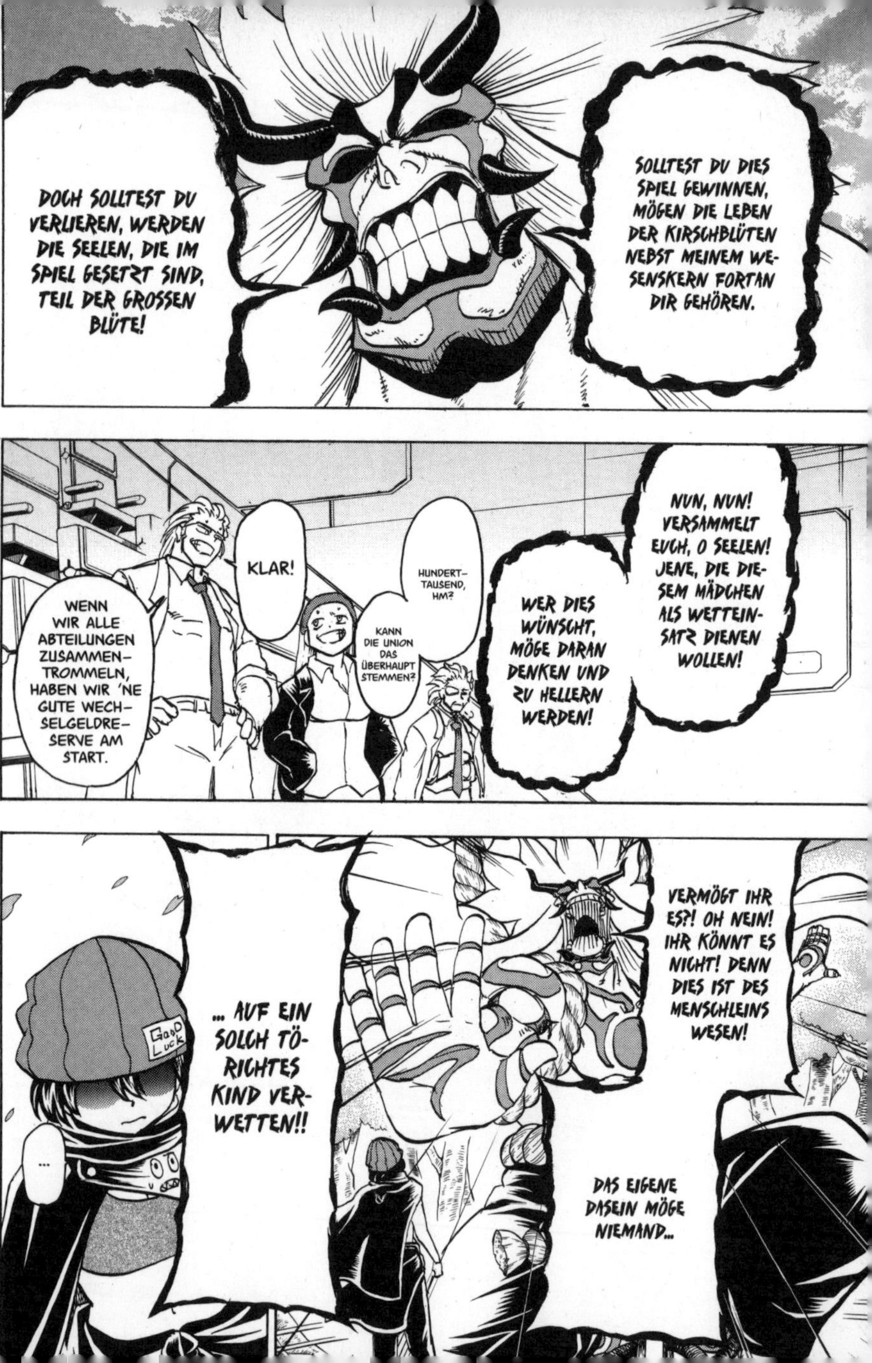
Solltest du dies Spiel gewinnen, mögen die Leben der Kirschblüten nebst meinem Wesenskern fortan dir gehören.
Doch solltest du verlieren, werden die Seelen, die im Spiel gesetzt sind, Teil der grossen Blüte!
Nun, nun! Versammelt euch, o Seelen! Jene, die diesem Mädchen als Wetteinsatz dienen wollen!
Wer dies wünscht, möge daran denken und zu Hellern werden!
Hunderttausend, hm?
Klar!
Kann die Union das überhaupt stemmen?
Wenn wir alle Abteilungen zusammentrommeln, haben wir 'ne gute Wechselgeldreserve am Start.
Vermögt ihr es?! Oh nein! Ihr könnt es nicht! Denn dies ist des Menschleins Wesen!
Das eigene Dasein möge niemand...
... auf ein solch törichtes Kind verwetten!!
Good Luck
...

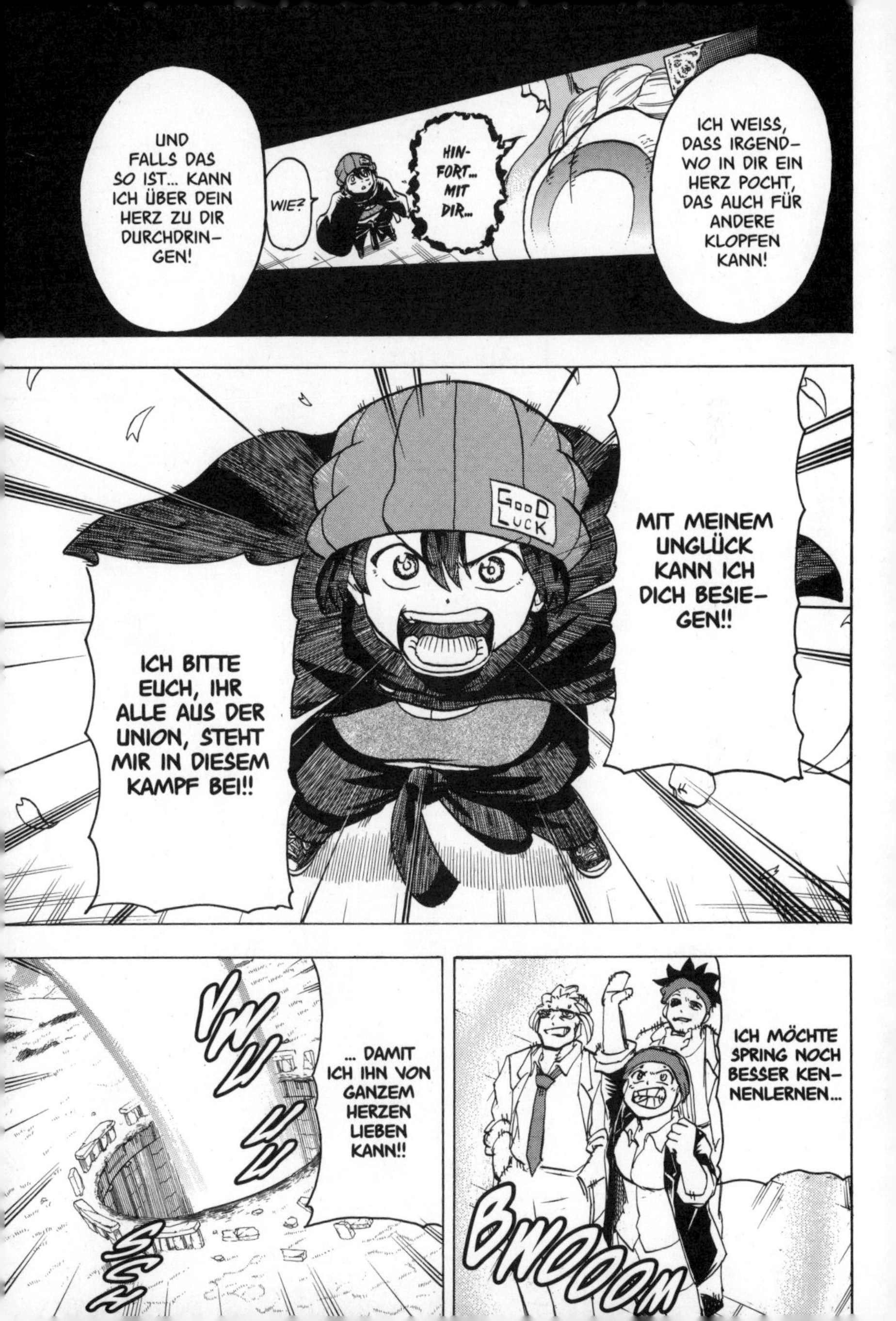
ICH WEISS, DASS IRGENDWO IN DIR EIN HERZ POCHT, DAS AUCH FÜR ANDERE KLOPFEN KANN!
HIN-FORT... MIT DIR...
WIE?
UND FALLS DAS SO IST... KANN ICH ÜBER DEIN HERZ ZU DIR DURCHDRIN-GEN!
MIT MEINEM UNGLÜCK KANN ICH DICH BESIE-GEN!!
ICH BITTE EUCH, IHR ALLE AUS DER UNION, STEHT MIR IN DIESEM KAMPF BEI!!
GOOD LUCK
ICH MÖCHTE SPRING NOCH BESSER KEN-NENLERNEN...
BWOOOM
... DAMIT ICH IHN VON GANZEM HERZEN LIEBEN KANN!!

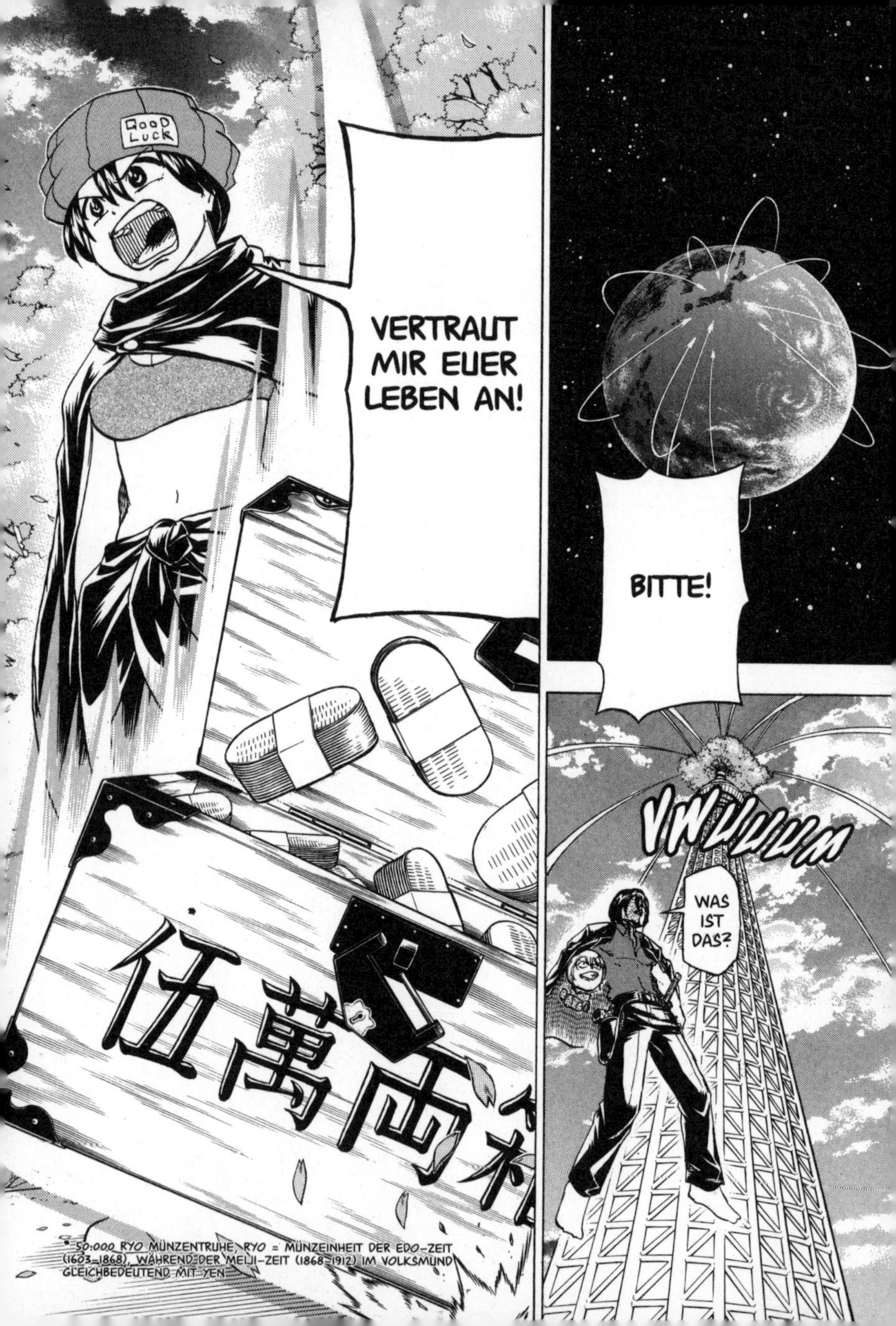
BITTE!
VWUUUUM
WAS IST DAS?
VERTRAUT MIR EUER LEBEN AN!
GOOD LUCK
伍萬両
* 50.000 RYO MÜNZENTRUHE, RYO = MÜNZEINHEIT DER EDO-ZEIT (1603–1868), WÄHREND DER MEIJI-ZEIT (1868–1912) IM VOLKSMUND GLEICHBEDEUTEND MIT YEN

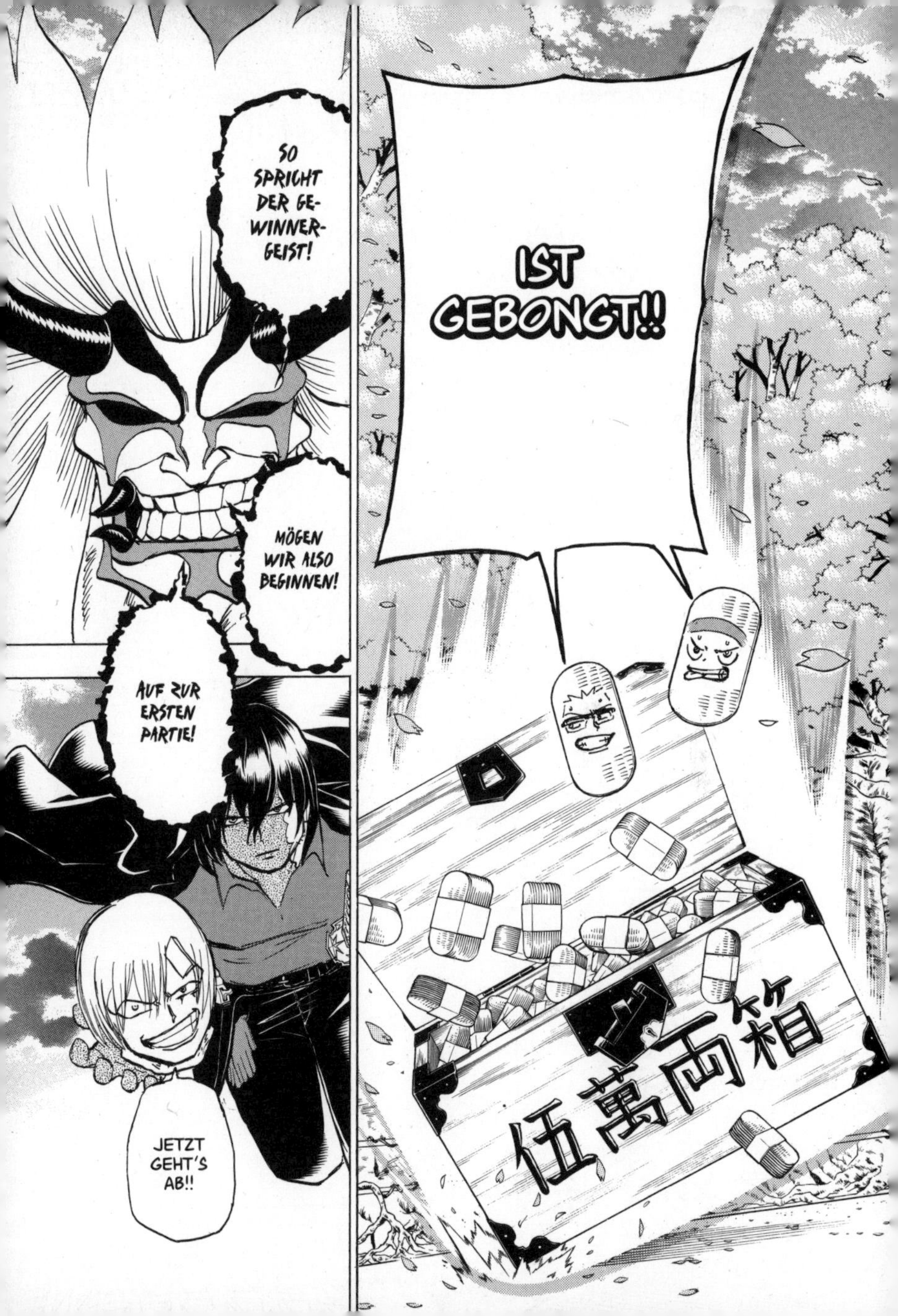
IST GEBONGT!!
伍萬両箱
SO SPRICHT DER GE-WINNER-GEIST!
MÖGEN WIR ALSO BEGINNEN!
AUF ZUR ERSTEN PARTIE!
JETZT GEHT'S AB!!

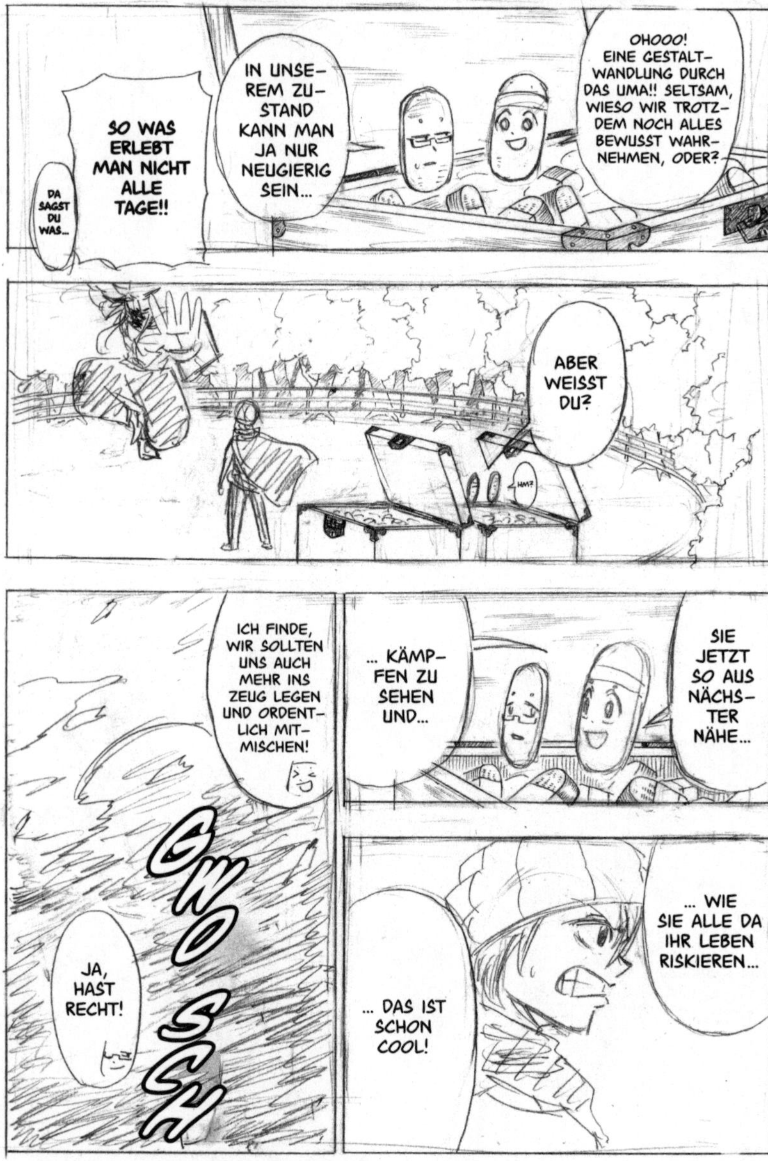
OHOOO! EINE GESTALT-WANDLUNG DURCH DAS UMA!! SELTSAM, WIESO WIR TROTZ-DEM NOCH ALLES BEWUSST WAHR-NEHMEN, ODER?
IN UNSE-REM ZU-STAND KANN MAN JA NUR NEUGIERIG SEIN...
SO WAS ERLEBT MAN NICHT ALLE TAGE!!
DA SAGST DU WAS...
ABER WEISST DU?
HM?
SIE JETZT SO AUS NÄCHS-TER NÄHE...
... KÄMP-FEN ZU SEHEN UND...
... WIE SIE ALLE DA IHR LEBEN RISKIEREN...
... DAS IST SCHON COOL!
ICH FINDE, WIR SOLLTEN UNS AUCH MEHR INS ZEUG LEGEN UND ORDENT-LICH MIT-MISCHEN!
JA, HAST RECHT!
GWOSCH

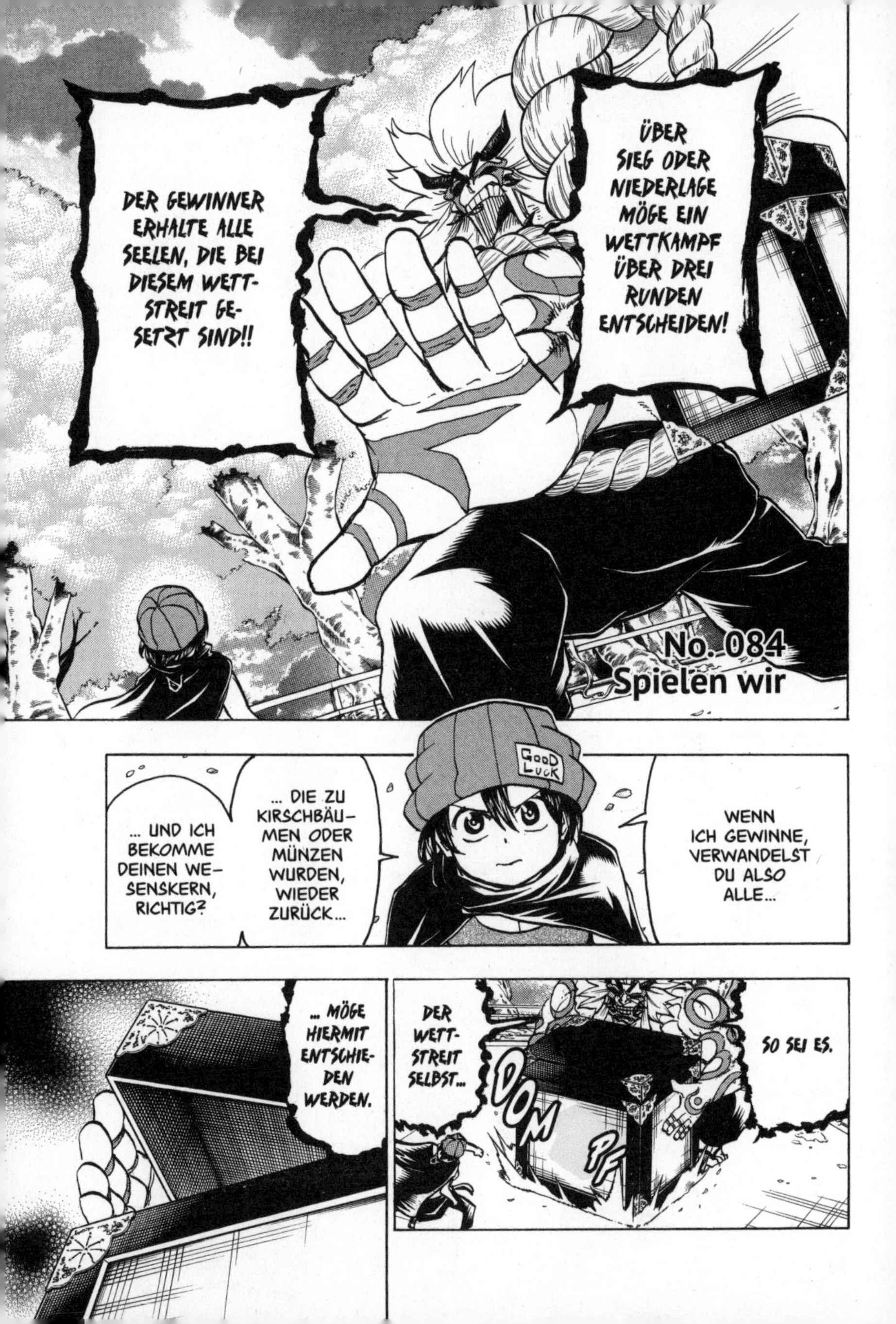
ÜBER SIEG ODER NIEDERLAGE MÖGE EIN WETTKAMPF ÜBER DREI RUNDEN ENTSCHEIDEN!
DER GEWINNER ERHALTE ALLE SEELEN, DIE BEI DIESEM WETTSTREIT GESETZT SIND!!
No. 084
Spielen wir
GOOD LUCK
WENN ICH GEWINNE, VERWANDELST DU ALSO ALLE...
... DIE ZU KIRSCHBÄUMEN ODER MÜNZEN WURDEN, WIEDER ZURÜCK...
... UND ICH BEKOMME DEINEN WESENSKERN, RICHTIG?
SO SEI ES.
DOM
PF
DER WETTSTREIT SELBST...
... MÖGE HIERMIT ENTSCHIEDEN WERDEN.

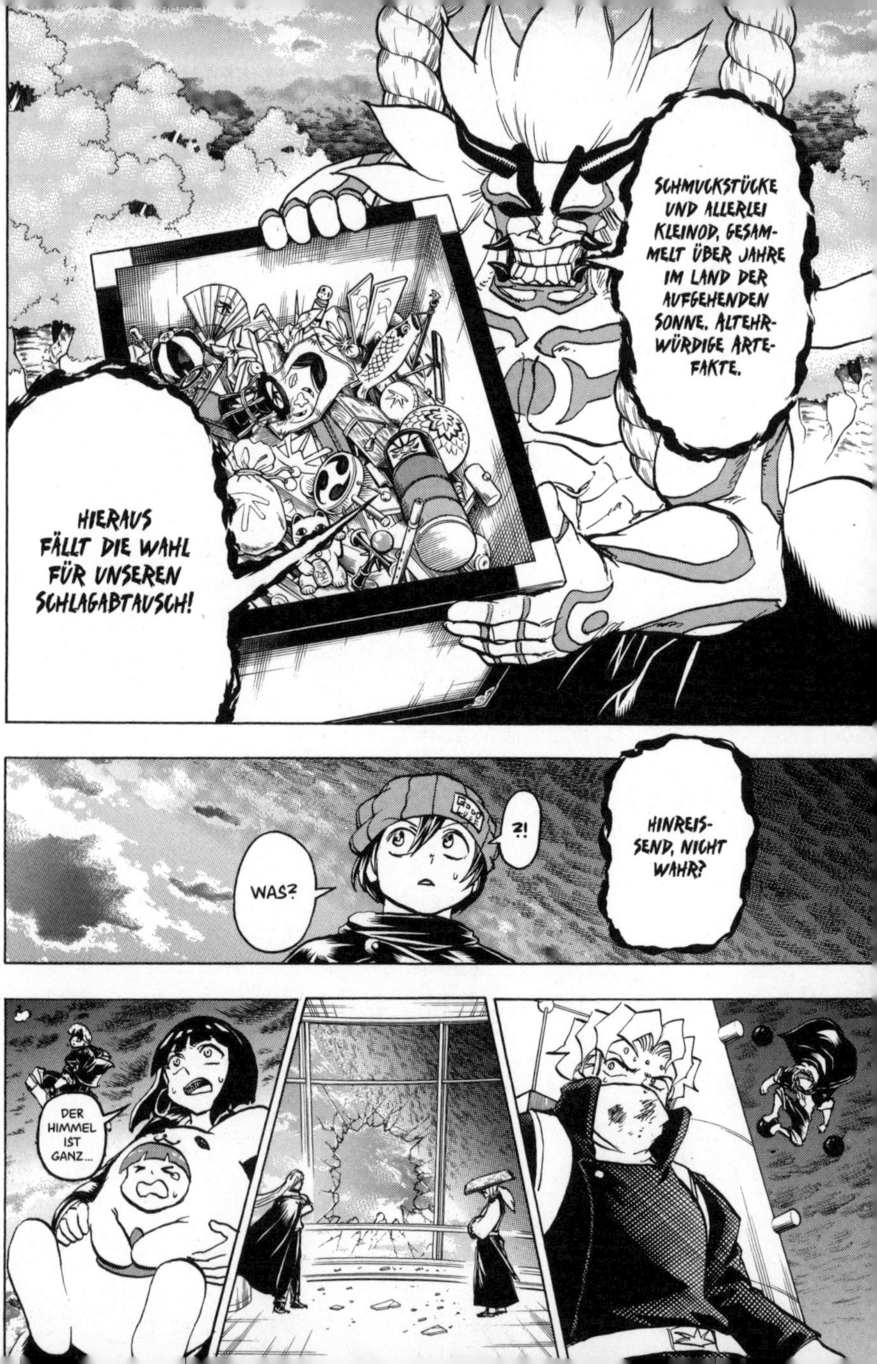
SCHMUCKSTÜCKE UND ALLERLEI KLEINOD, GESAM-MELT ÜBER JAHRE IM LAND DER AUFGEHENDEN SONNE. ALTEHR-WÜRDIGE ARTE-FAKTE.
HIERAUS FÄLLT DIE WAHL FÜR UNSEREN SCHLAGABTAUSCH!
HINREIS-SEND, NICHT WAHR?
?!
WAS?
DER HIMMEL IST GANZ ...

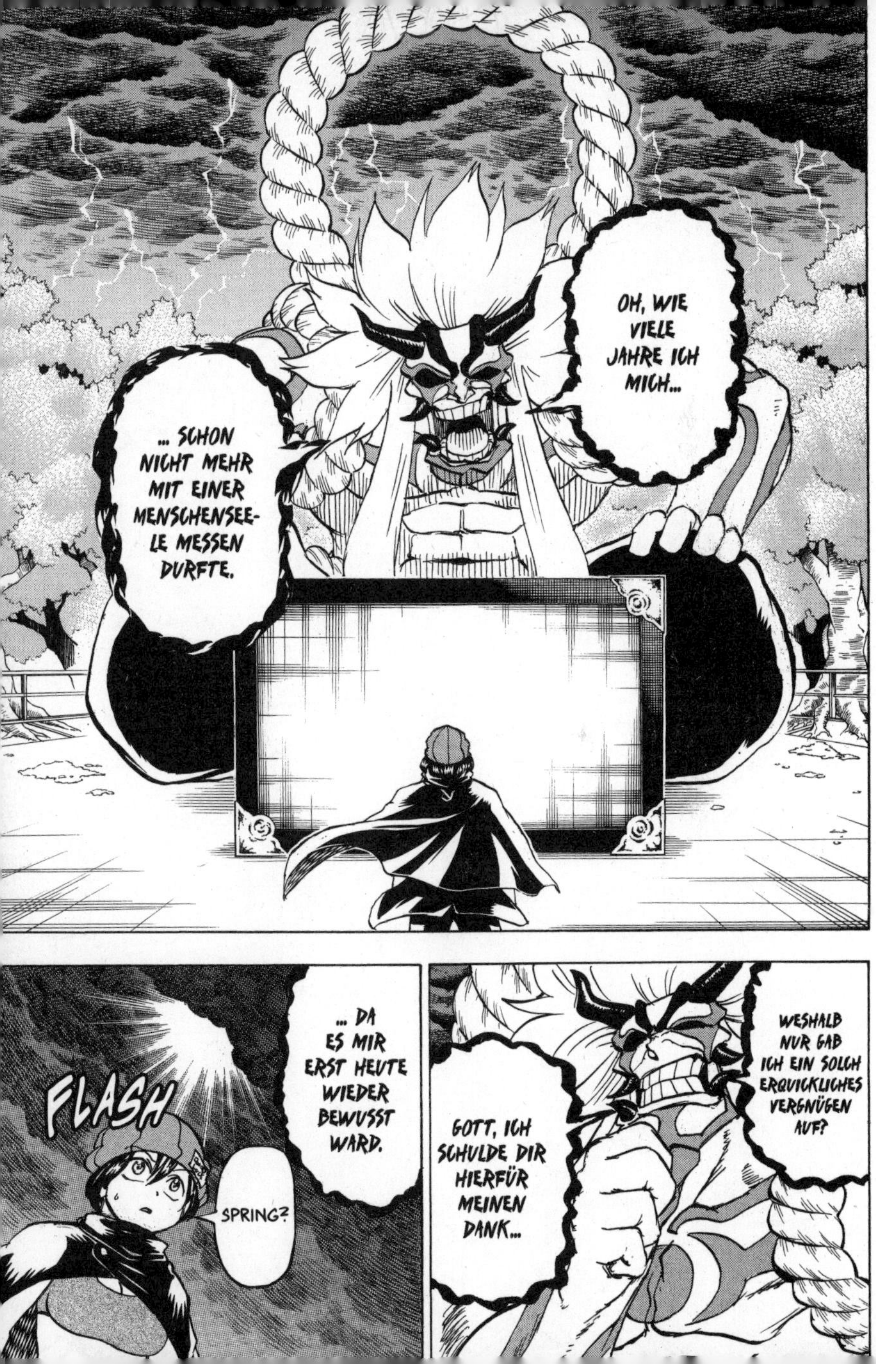

OH, WIE VIELE JAHRE ICH MICH...
... SCHON NICHT MEHR MIT EINER MENSCHENSEE-LE MESSEN DURFTE.
WESHALB NUR GAB ICH EIN SOLCH ERQUICKLICHES VERGNÜGEN AUF?
GOTT, ICH SCHULDE DIR HIERFÜR MEINEN DANK...
... DA ES MIR ERST HEUTE WIEDER BEWUSST WARD.
FLASH
SPRING?

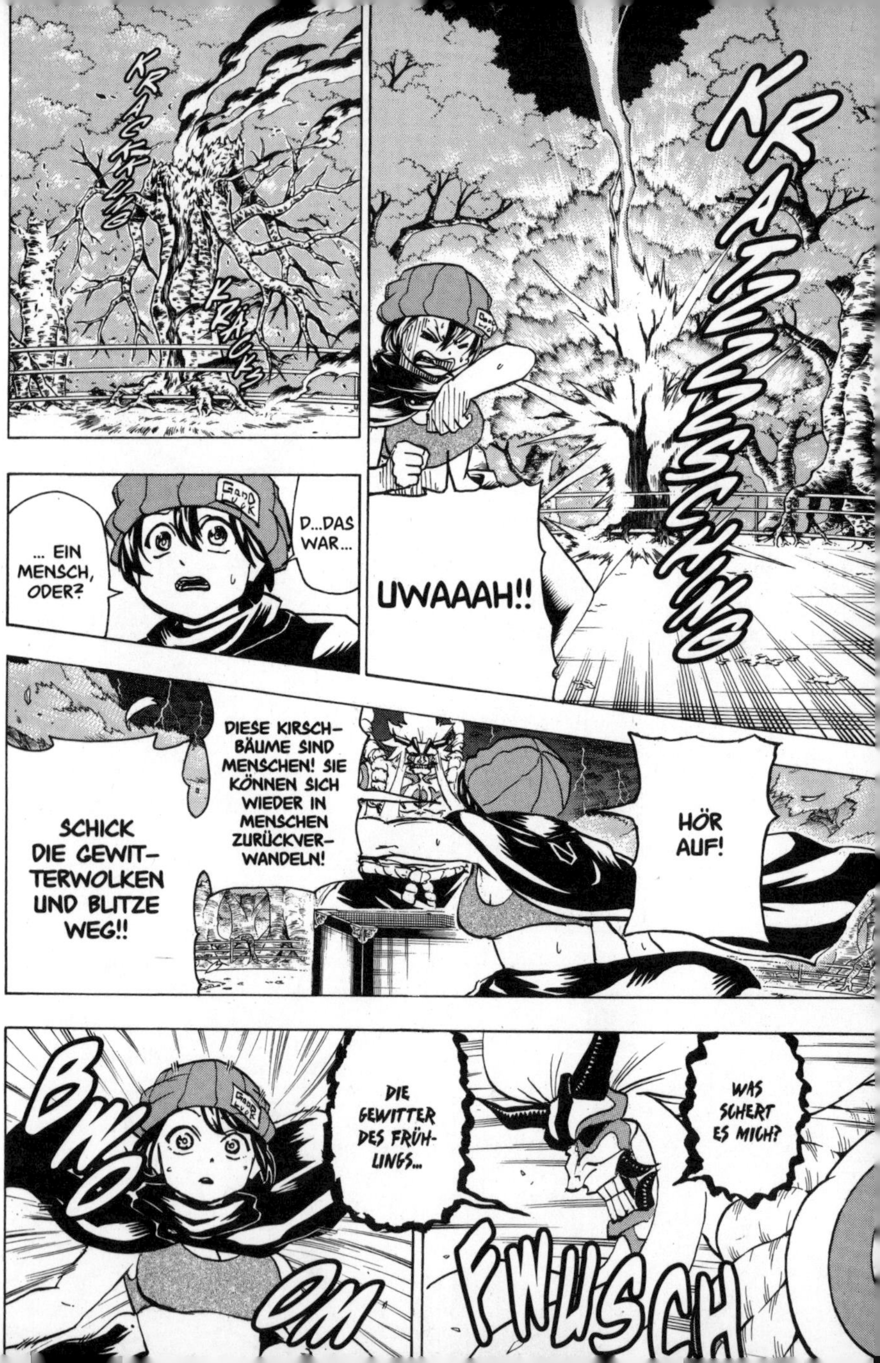

UWAAAH!!
KRÄCKS
D...DAS WAR...
... EIN MENSCH, ODER?
HÖR AUF!
DIESE KIRSCHBÄUME SIND MENSCHEN! SIE KÖNNEN SICH WIEDER IN MENSCHEN ZURÜCKVERWANDELN!
SCHICK DIE GEWITTERWOLKEN UND BLITZE WEG!!
WAS SCHERT ES MICH?
DIE GEWITTER DES FRÜHLINGS...
FWUSCH
BWOOM

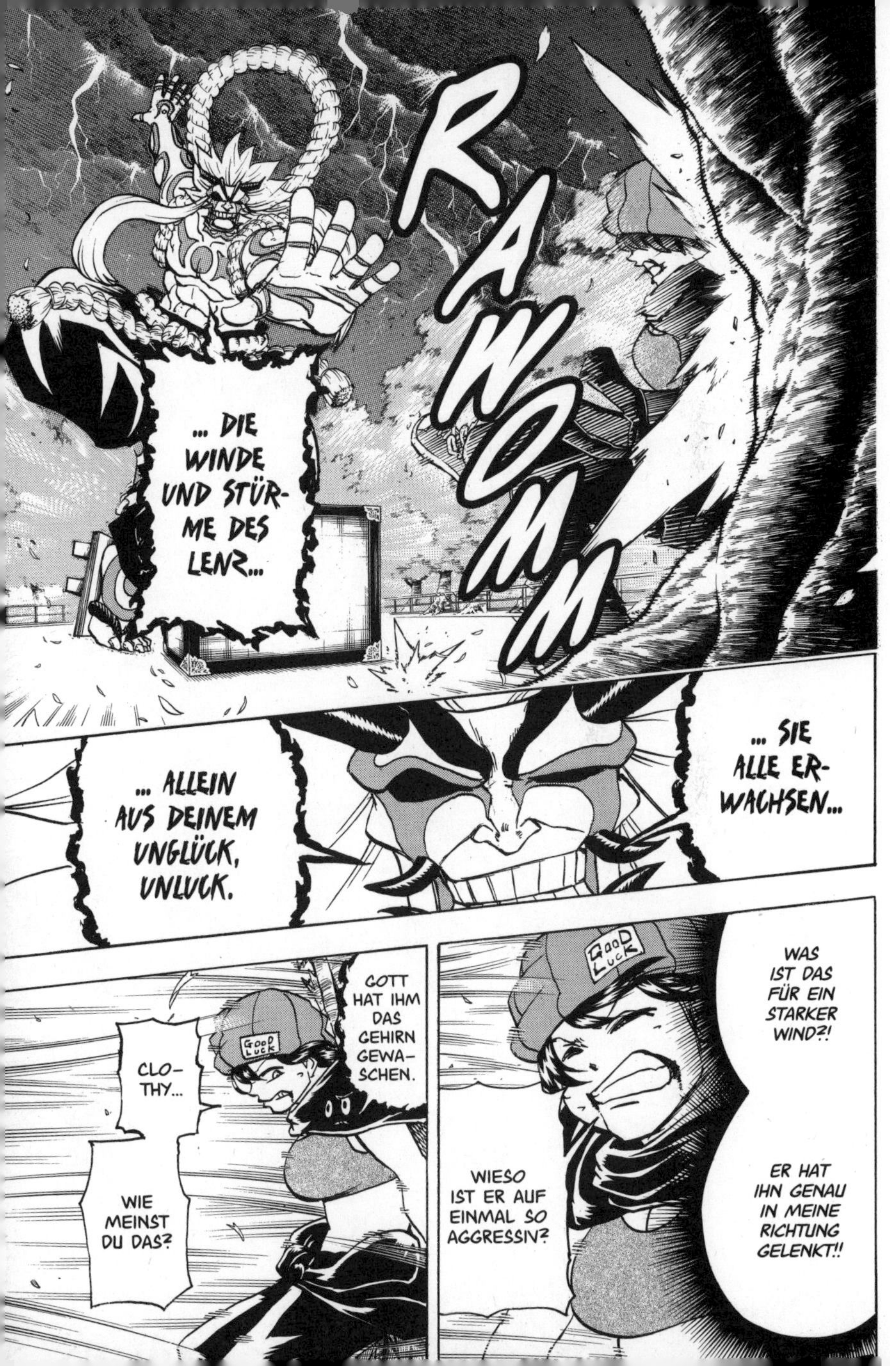
RAWOMM
... DIE WINDE UND STÜR-ME DES LENZ...
... SIE ALLE ER-WACHSEN...
... ALLEIN AUS DEINEM UNGLÜCK, UNLUCK.
WAS IST DAS FÜR EIN STARKER WIND?!
ER HAT IHN GENAU IN MEINE RICHTUNG GELENKT!!
GOOD LUCK
WIESO IST ER AUF EINMAL SO AGGRESSIV?
GOTT HAT IHM DAS GEHIRN GEWA-SCHEN.
CLO-THY...
GOOD LUCK
WIE MEINST DU DAS?

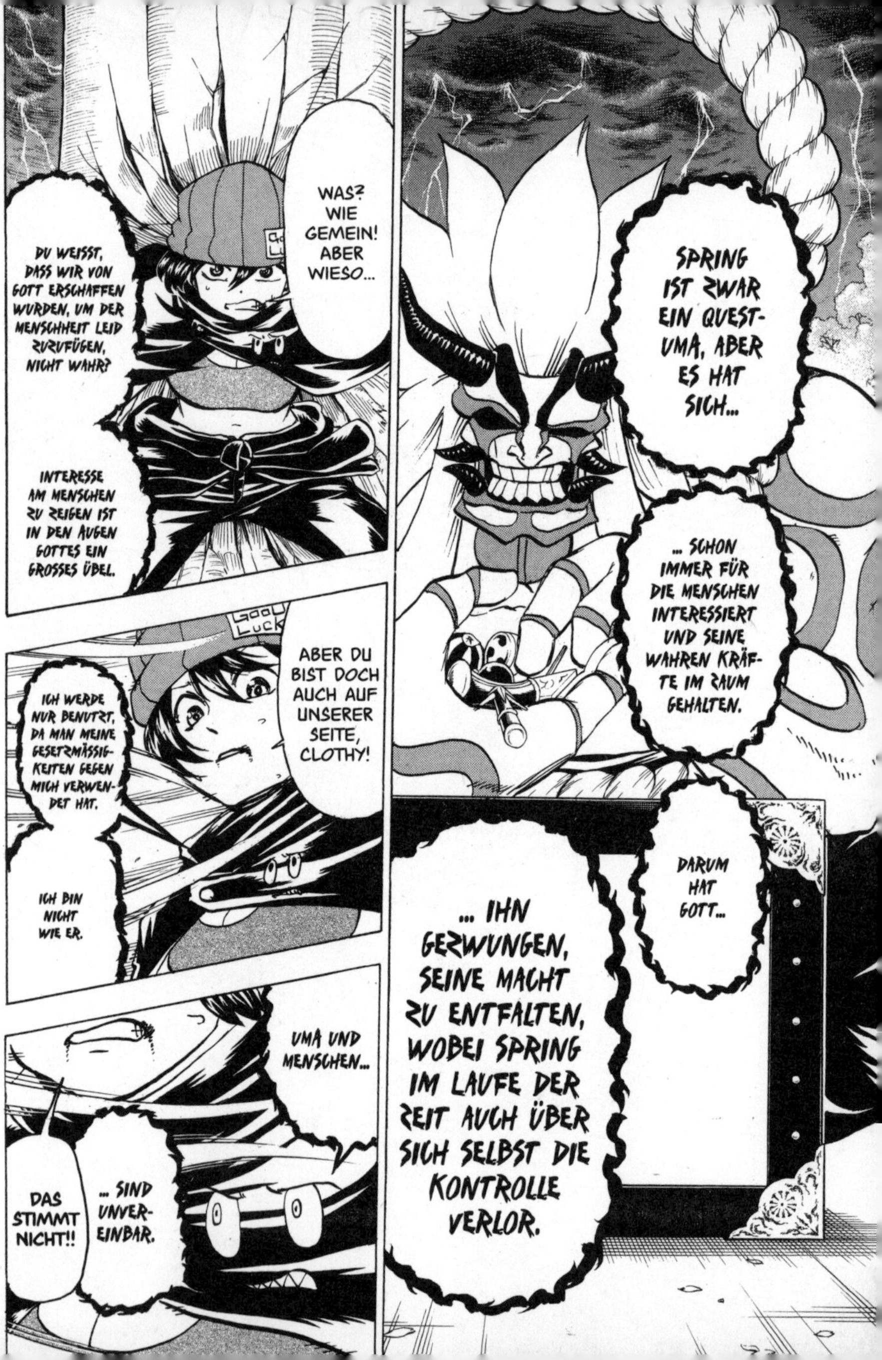

SPRING IST ZWAR EIN QUEST-UMA, ABER ES HAT SICH...
... SCHON IMMER FÜR DIE MENSCHEN INTERESSIERT UND SEINE WAHREN KRÄFTE IM ZAUM GEHALTEN.
DARUM HAT GOTT...
... IHN GEZWUNGEN, SEINE MACHT ZU ENTFALTEN, WOBEI SPRING IM LAUFE DER ZEIT AUCH ÜBER SICH SELBST DIE KONTROLLE VERLOR.
WAS? WIE GEMEIN! ABER WIESO...
DU WEISST, DASS WIR VON GOTT ERSCHAFFEN WURDEN, UM DER MENSCHHEIT LEID ZUZUFÜGEN, NICHT WAHR?
INTERESSE AM MENSCHEN ZU ZEIGEN IST IN DEN AUGEN GOTTES EIN GROSSES ÜBEL.
ABER DU BIST DOCH AUCH AUF UNSERER SEITE, CLOTHY!
ICH WERDE NUR BENUTZT, DA MAN MEINE GESETZMÄSSIGKEITEN GEGEN MICH VERWENDET HAT.
ICH BIN NICHT WIE ER.
UMA UND MENSCHEN...
... SIND UNVEREINBAR.
DAS STIMMT NICHT!!

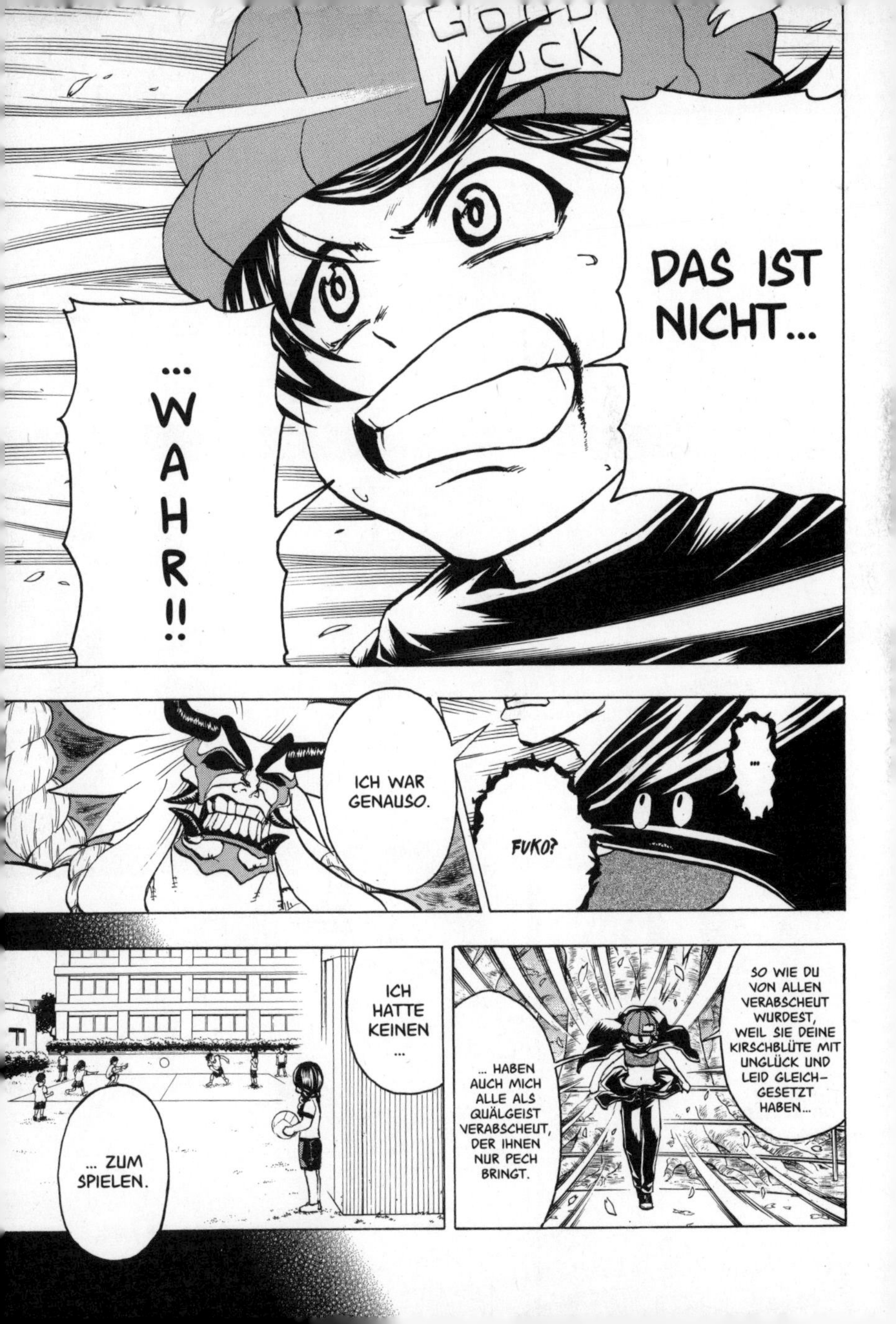
GOOD LUCK
DAS IST NICHT...
...WAHR!!
...
FUKO?
ICH WAR GENAUSO.
SO WIE DU VON ALLEN VERABSCHEUT WURDEST, WEIL SIE DEINE KIRSCHBLÜTE MIT UNGLÜCK UND LEID GLEICH-GESETZT HABEN...
... HABEN AUCH MICH ALLE ALS QUÄLGEIST VERABSCHEUT, DER IHNEN NUR PECH BRINGT.
ICH HATTE KEINEN ...
... ZUM SPIELEN.

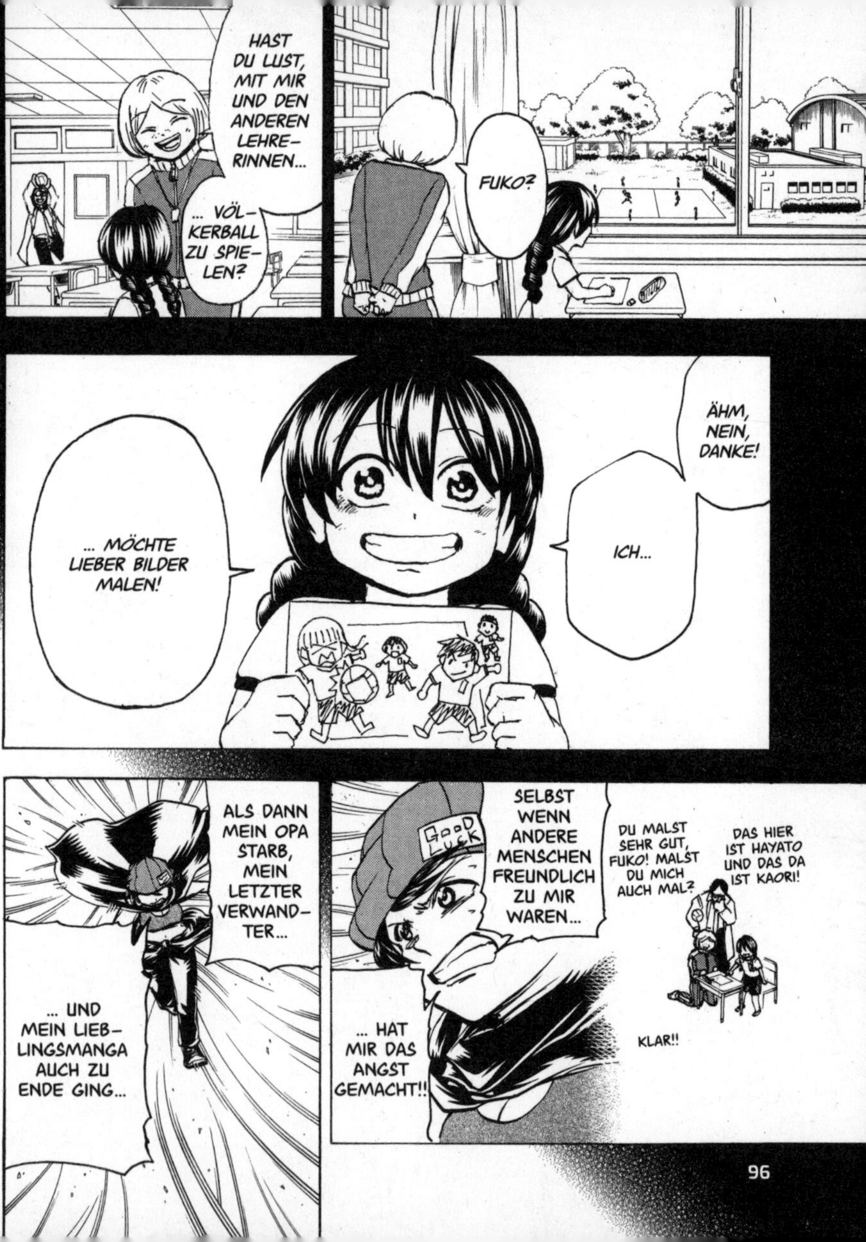
FUKO?
HAST DU LUST, MIT MIR UND DEN ANDEREN LEHRE-RINNEN...
... VÖL-KERBALL ZU SPIE-LEN?
ÄHM, NEIN, DANKE!
ICH...
... MÖCHTE LIEBER BILDER MALEN!
SELBST WENN ANDERE MENSCHEN FREUNDLICH ZU MIR WAREN...
DAS HIER IST HAYATO UND DAS DA IST KAORI!
DU MALST SEHR GUT, FUKO! MALST DU MICH AUCH MAL?
KLAR!!
... HAT MIR DAS ANGST GEMACHT!!
ALS DANN MEIN OPA STARB, MEIN LETZTER VERWAND-TER...
... UND MEIN LIEB-LINGSMANGA AUCH ZU ENDE GING...

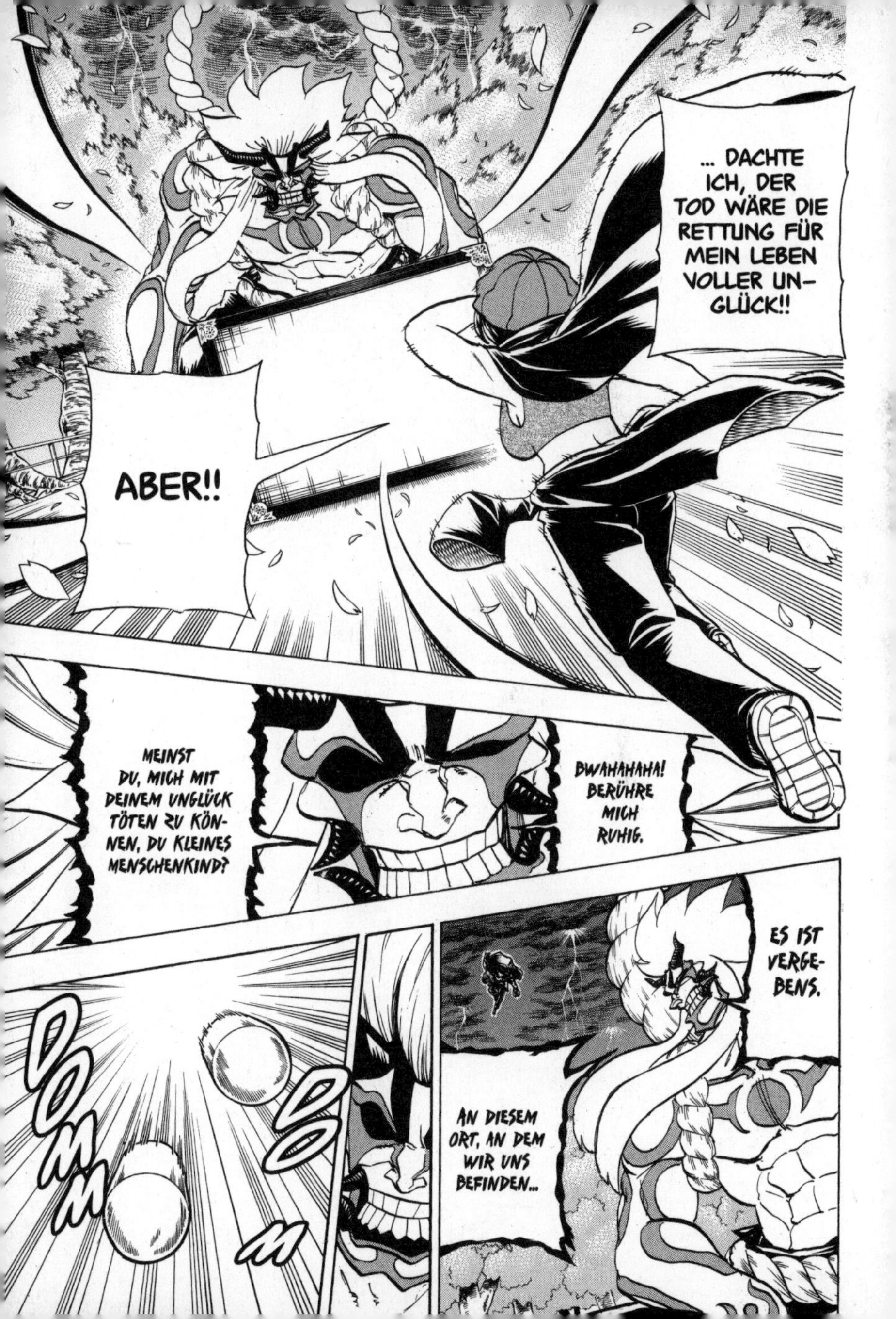
... DACHTE ICH, DER TOD WÄRE DIE RETTUNG FÜR MEIN LEBEN VOLLER UN-GLÜCK!!
ABER!!
BWAHAHAHA! BERÜHRE MICH RUHIG.
MEINST DU, MICH MIT DEINEM UNGLÜCK TÖTEN ZU KÖNNEN, DU KLEINES MENSCHENKIND?
ES IST VERGE-BENS.
AN DIESEM ORT, AN DEM WIR UNS BEFINDEN...
DOMMM

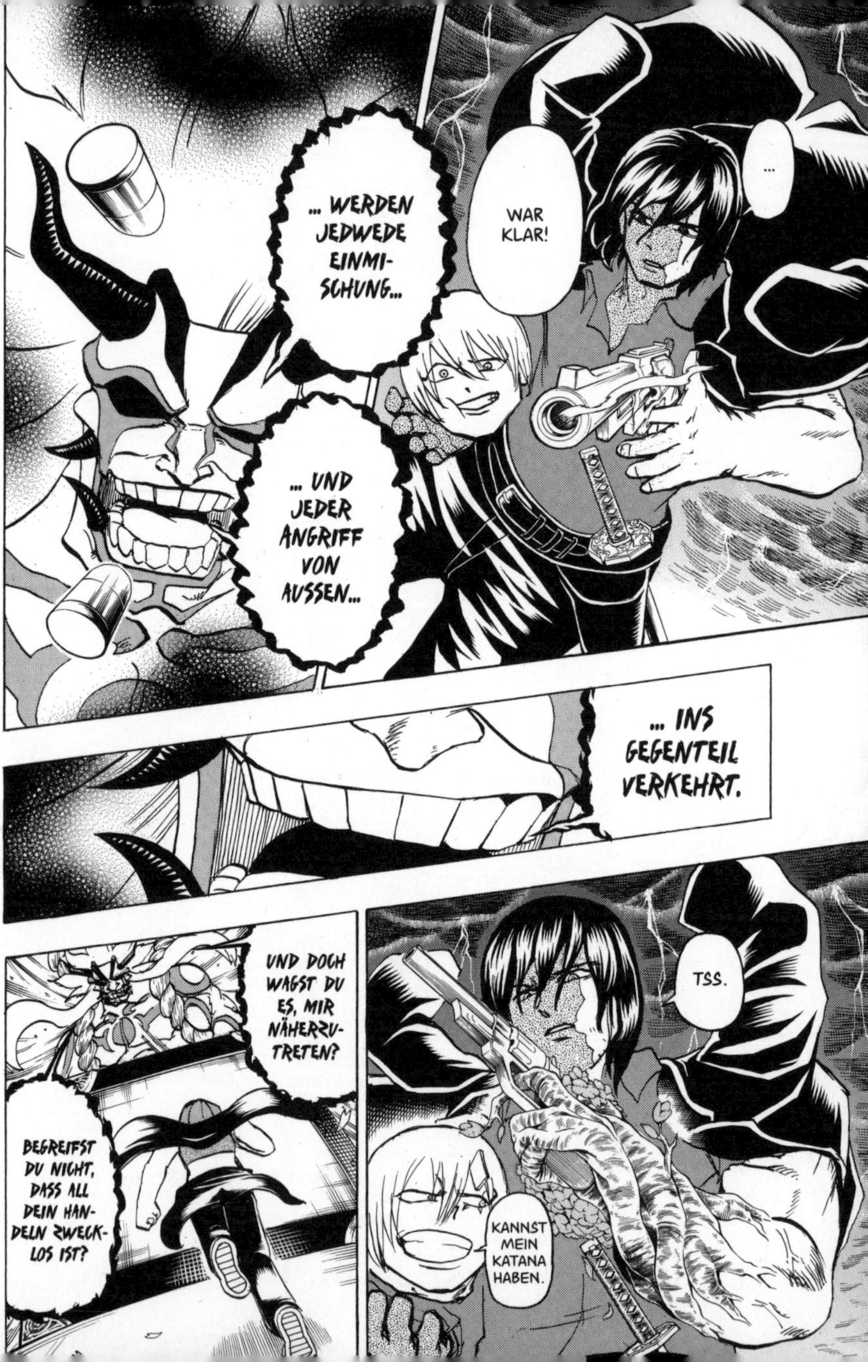
...
WAR KLAR!
... WERDEN JEDWEDE EINMI-SCHUNG...
... UND JEDER ANGRIFF VON AUSSEN...
... INS GEGENTEIL VERKEHRT.
TSS.
KANNST MEIN KATANA HABEN.
UND DOCH WAGST DU ES, MIR NÄHERZU-TRETEN?
BEGREIFST DU NICHT, DASS ALL DEIN HAN-DELN ZWECK-LOS IST?

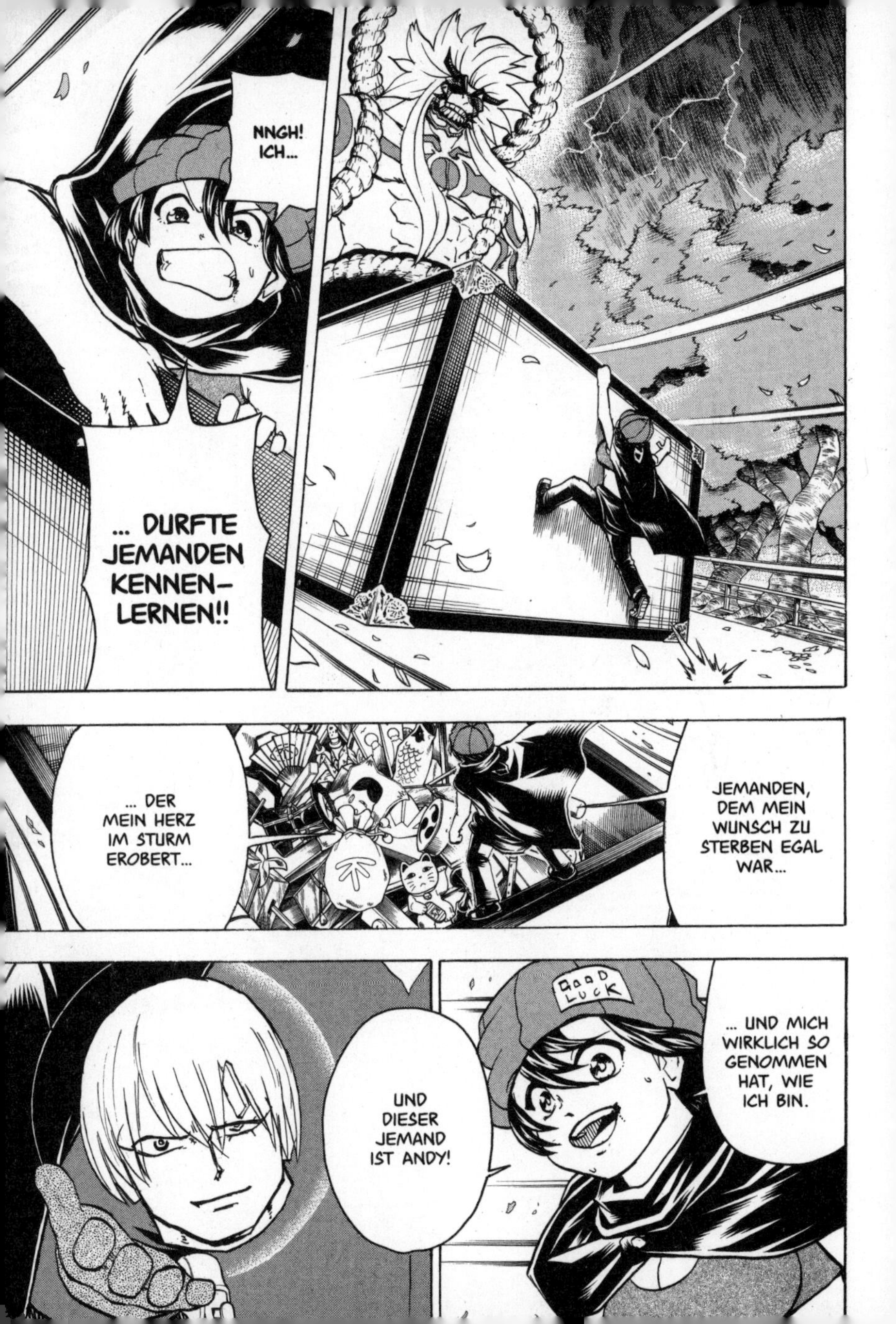

NNGH! ICH...
... DURFTE JEMANDEN KENNEN-LERNEN!!
JEMANDEN, DEM MEIN WUNSCH ZU STERBEN EGAL WAR...
... DER MEIN HERZ IM STURM EROBERT...
... UND MICH WIRKLICH SO GENOMMEN HAT, WIE ICH BIN.
UND DIESER JEMAND IST ANDY!
GOOD LUCK

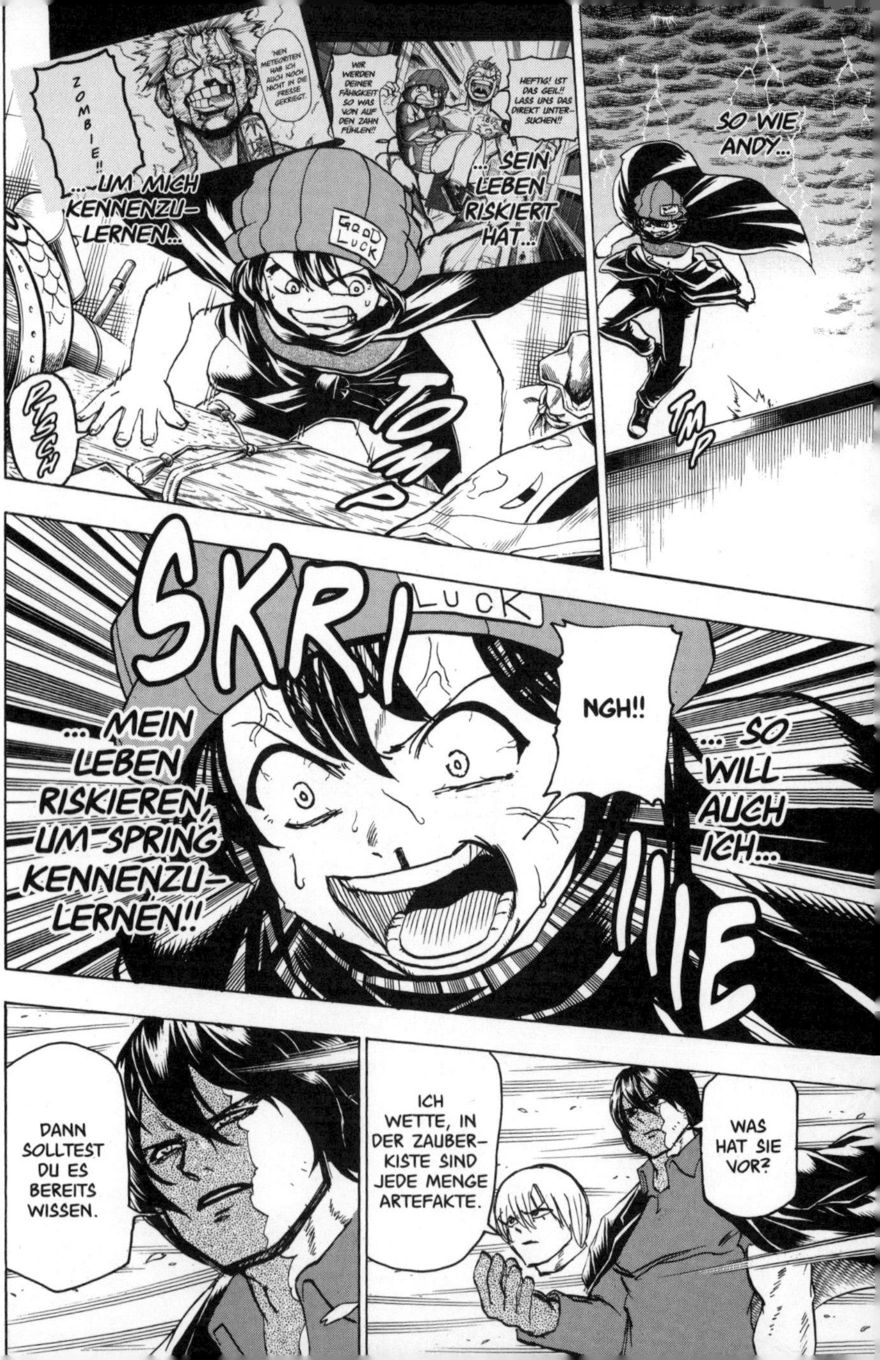
SO WIE ANDY...
TMP
HEFTIG! IST DAS GEIL!! LASS UNS DAS DIREKT UNTER-SUCHEN!!
WIR WERDEN DEINER FÄHIGKEIT SO WAS VON AUF DEN ZAHN FÜHLEN!!
'NEN METEORITEN HAB ICH AUCH NOCH NICHT IN DIE FRESSE GEKRIEGT.
ZOMBIE!!
... SEIN LEBEN RISKIERT HAT...
... UM MICH KENNENZU-LERNEN...
TOMP
PLOSCH
SKRIIIE
LUCK
... SO WILL AUCH ICH...
NGH!!
... MEIN LEBEN RISKIEREN, UM SPRING KENNENZU-LERNEN!!
WAS HAT SIE VOR?
ICH WETTE, IN DER ZAUBER-KISTE SIND JEDE MENGE ARTEFAKTE.
DANN SOLLTEST DU ES BEREITS WISSEN.

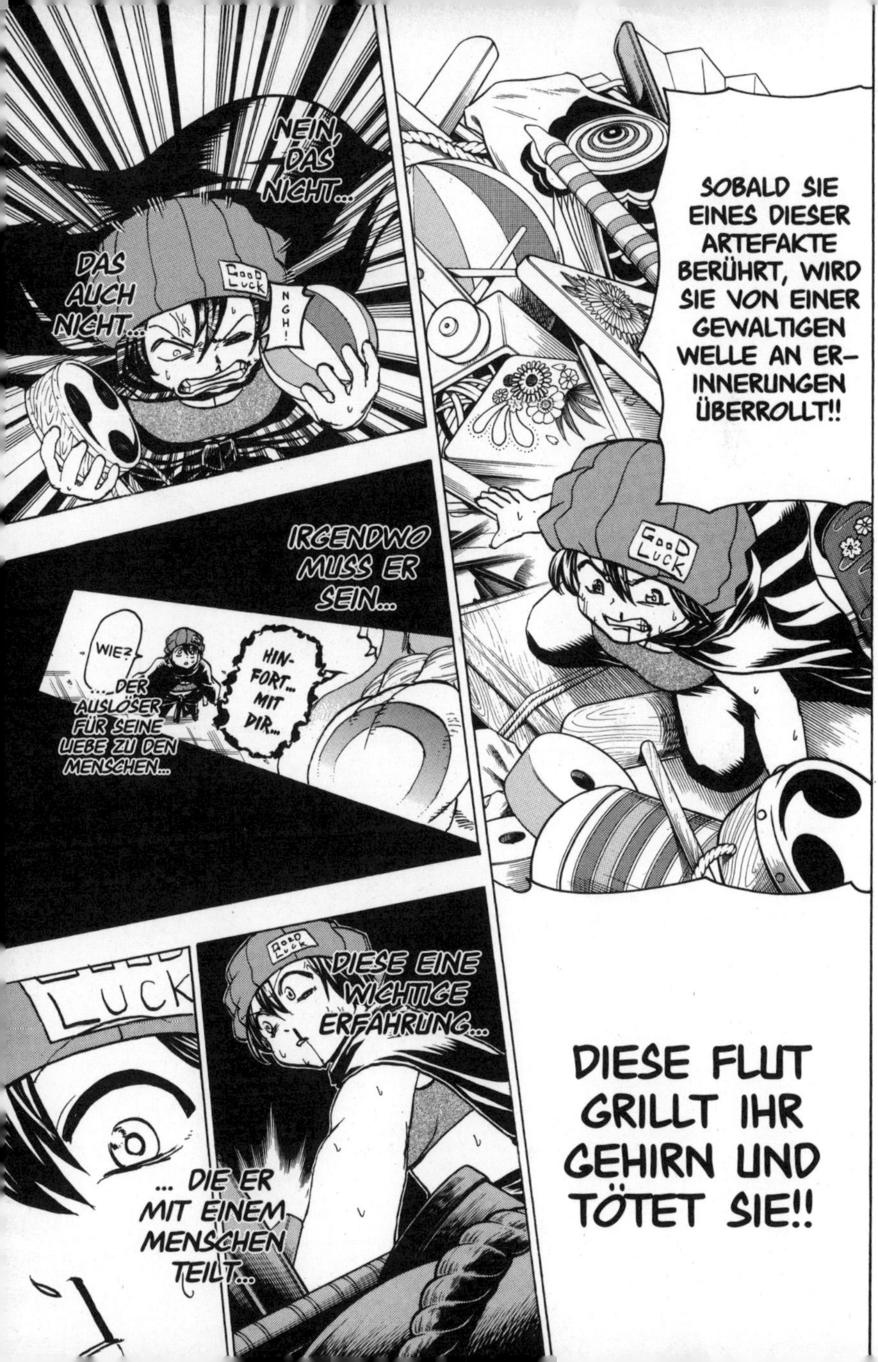
SOBALD SIE EINES DIESER ARTEFAKTE BERÜHRT, WIRD SIE VON EINER GEWALTIGEN WELLE AN ERINNERUNGEN ÜBERROLLT!!
NEIN, DAS NICHT...
DAS AUCH NICHT...
NGH!
IRGENDWO MUSS ER SEIN...
HINFORT... MIT DIR...
WIE?
... DER AUSLÖSER FÜR SEINE LIEBE ZU DEN MENSCHEN...
DIESE FLUT GRILLT IHR GEHIRN UND TÖTET SIE!!
DIESE EINE WICHTIGE ERFAHRUNG...
... DIE ER MIT EINEM MENSCHEN TEILT...

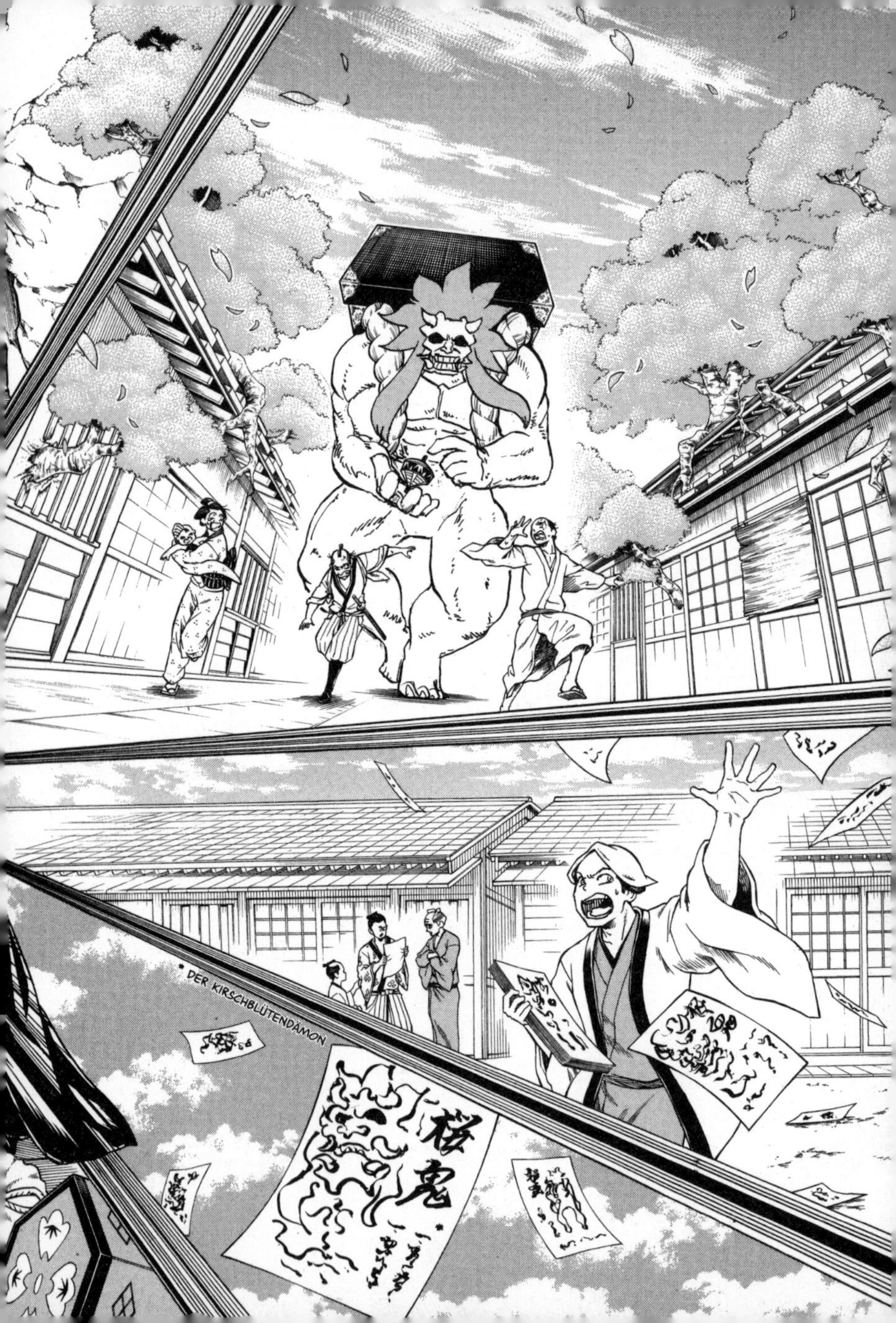
桜鬼*
* DER KIRSCHBLÜTENDÄMON

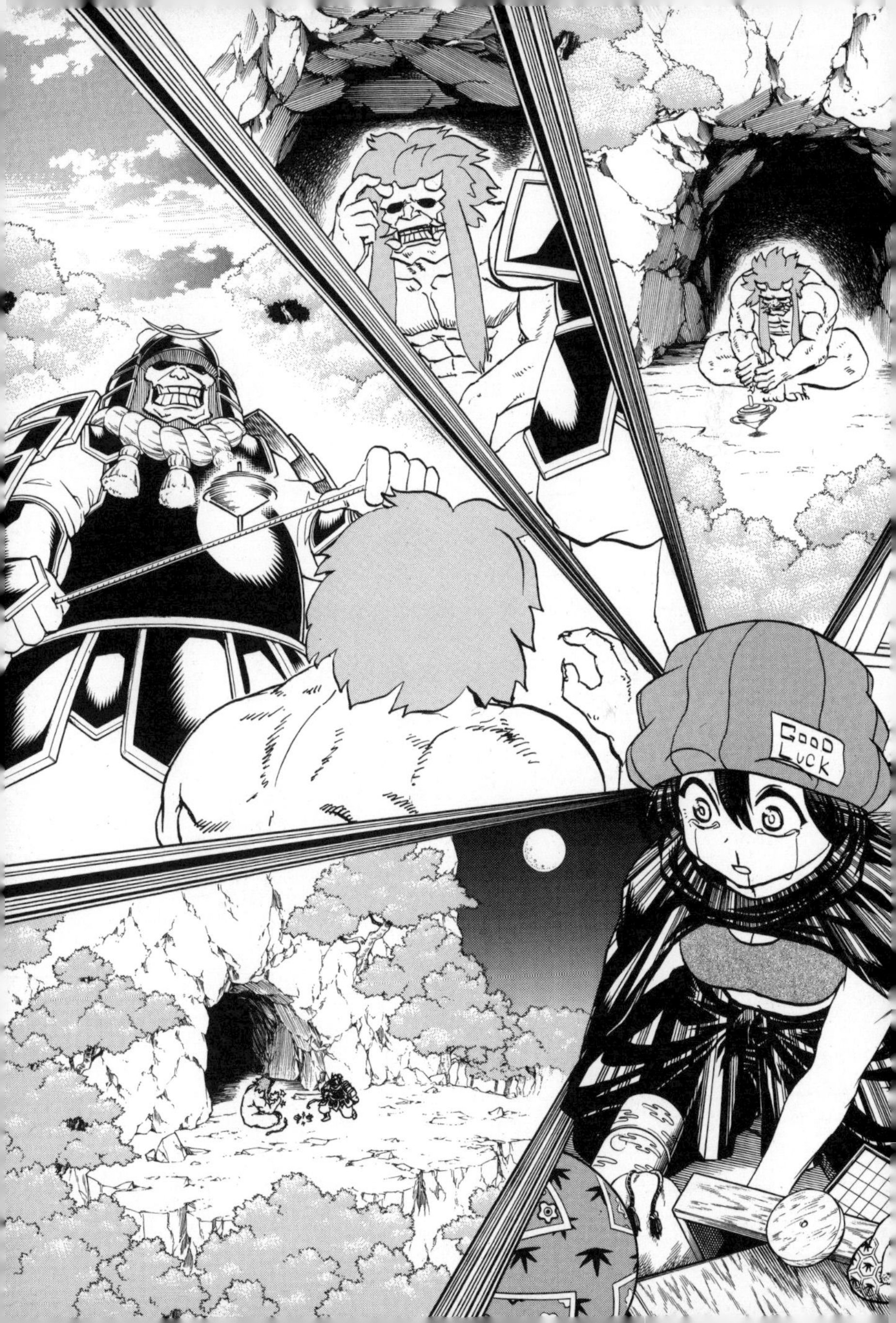
GOOD
LUCK

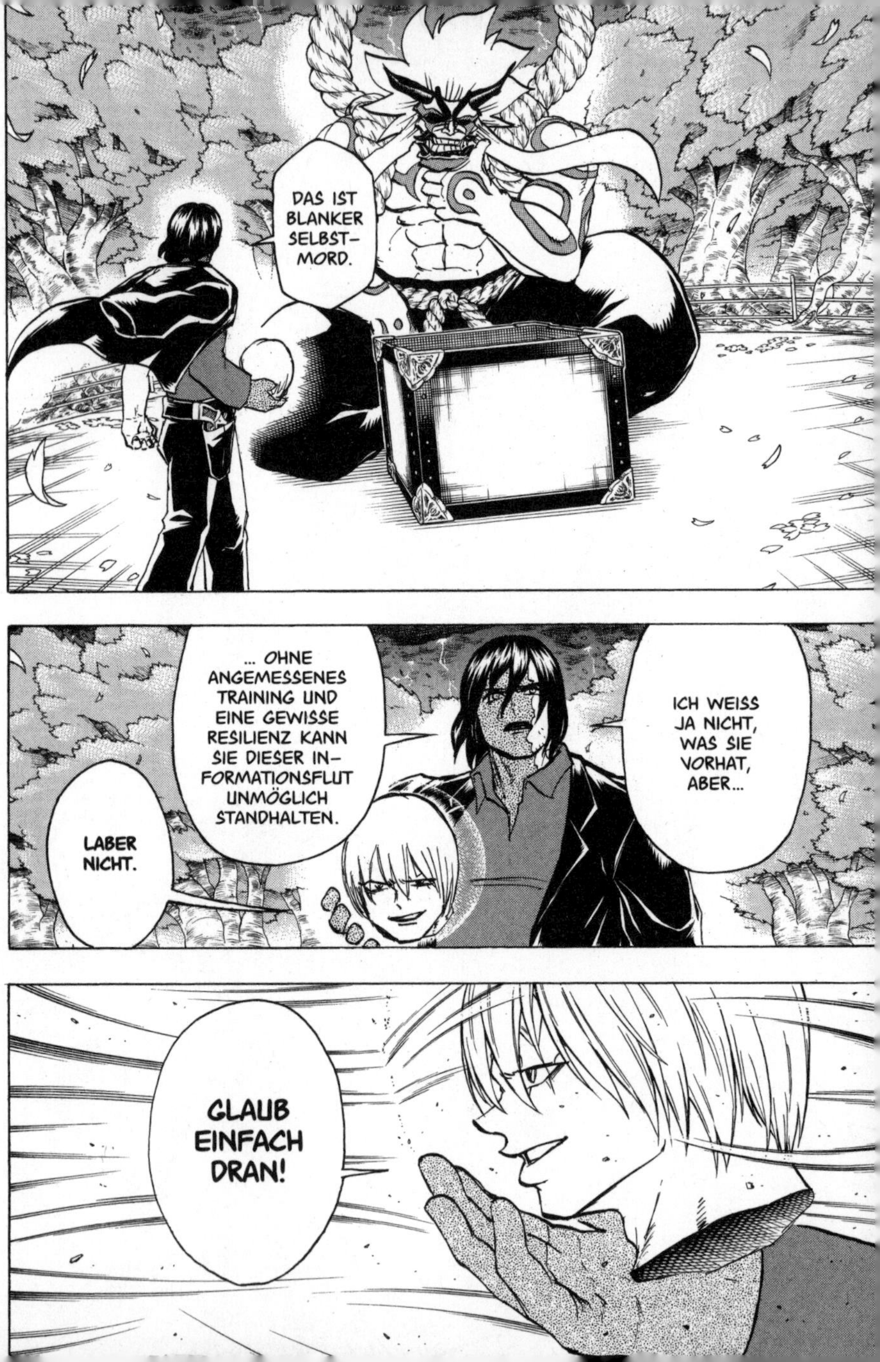
DAS IST BLANKER SELBST-MORD.
ICH WEISS JA NICHT, WAS SIE VORHAT, ABER...
... OHNE ANGEMESSENES TRAINING UND EINE GEWISSE RESILIENZ KANN SIE DIESER IN-FORMATIONSFLUT UNMÖGLICH STANDHALTEN.
LABER NICHT.
GLAUB EINFACH DRAN!

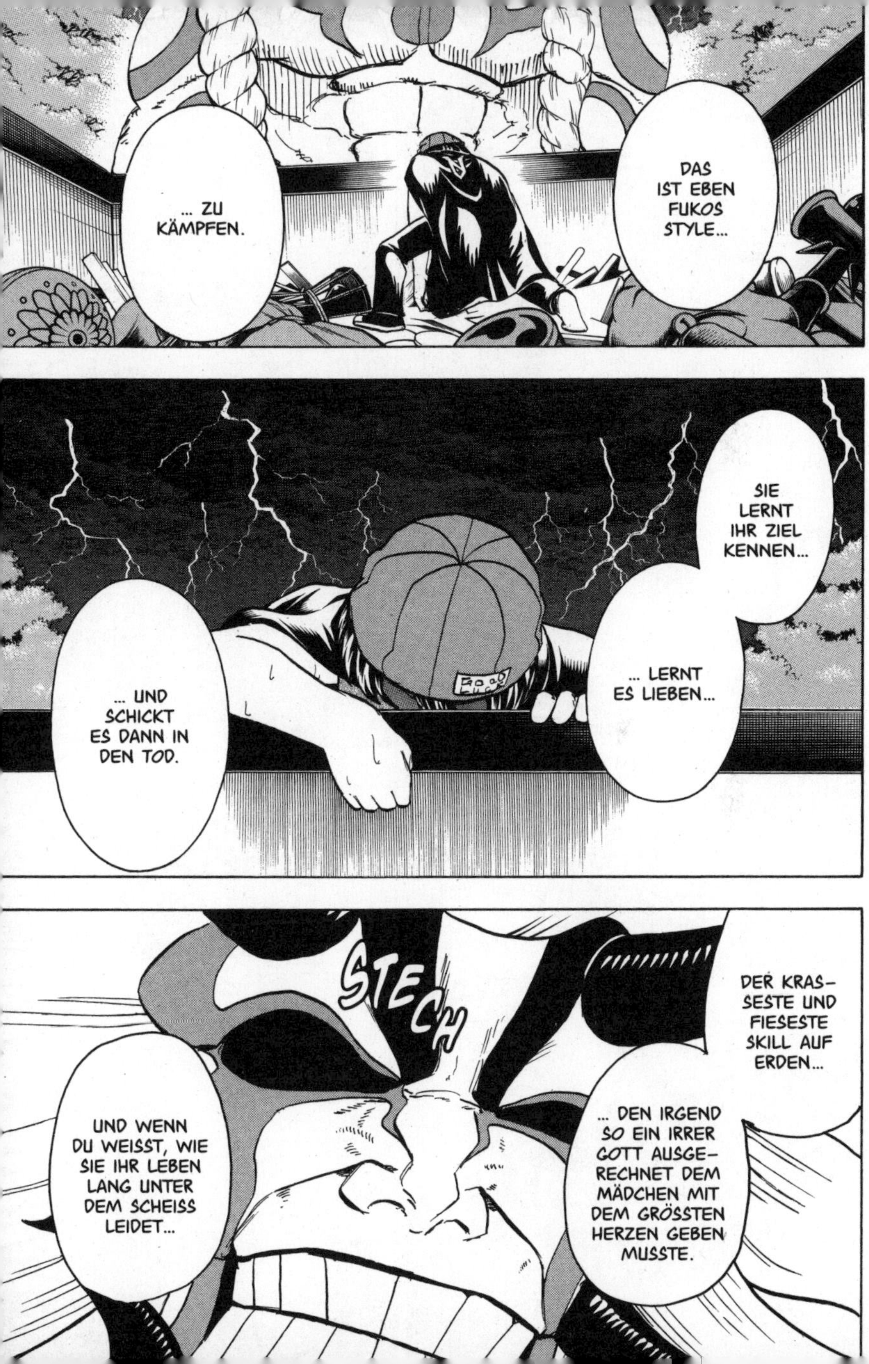
DAS IST EBEN FUKOS STYLE...
... ZU KÄMPFEN.
SIE LERNT IHR ZIEL KENNEN...
... LERNT ES LIEBEN...
... UND SCHICKT ES DANN IN DEN TOD.
DER KRASSESTE UND FIESESTE SKILL AUF ERDEN...
STECH
... DEN IRGEND SO EIN IRRER GOTT AUSGERECHNET DEM MÄDCHEN MIT DEM GRÖSSTEN HERZEN GEBEN MUSSTE.
UND WENN DU WEISST, WIE SIE IHR LEBEN LANG UNTER DEM SCHEISS LEIDET...

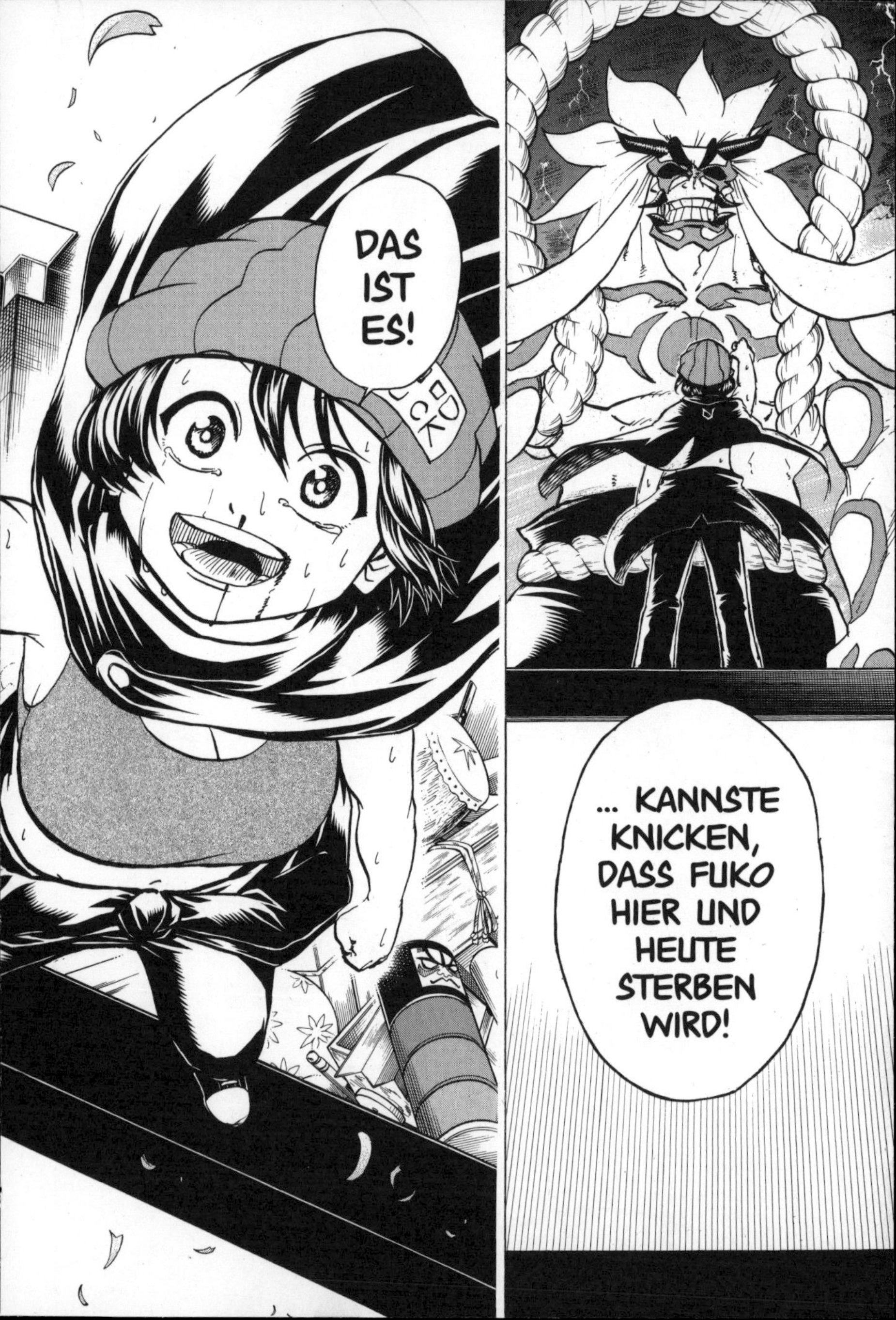
... KANNSTE KNICKEN, DASS FUKO HIER UND HEUTE STERBEN WIRD!
DAS IST ES!

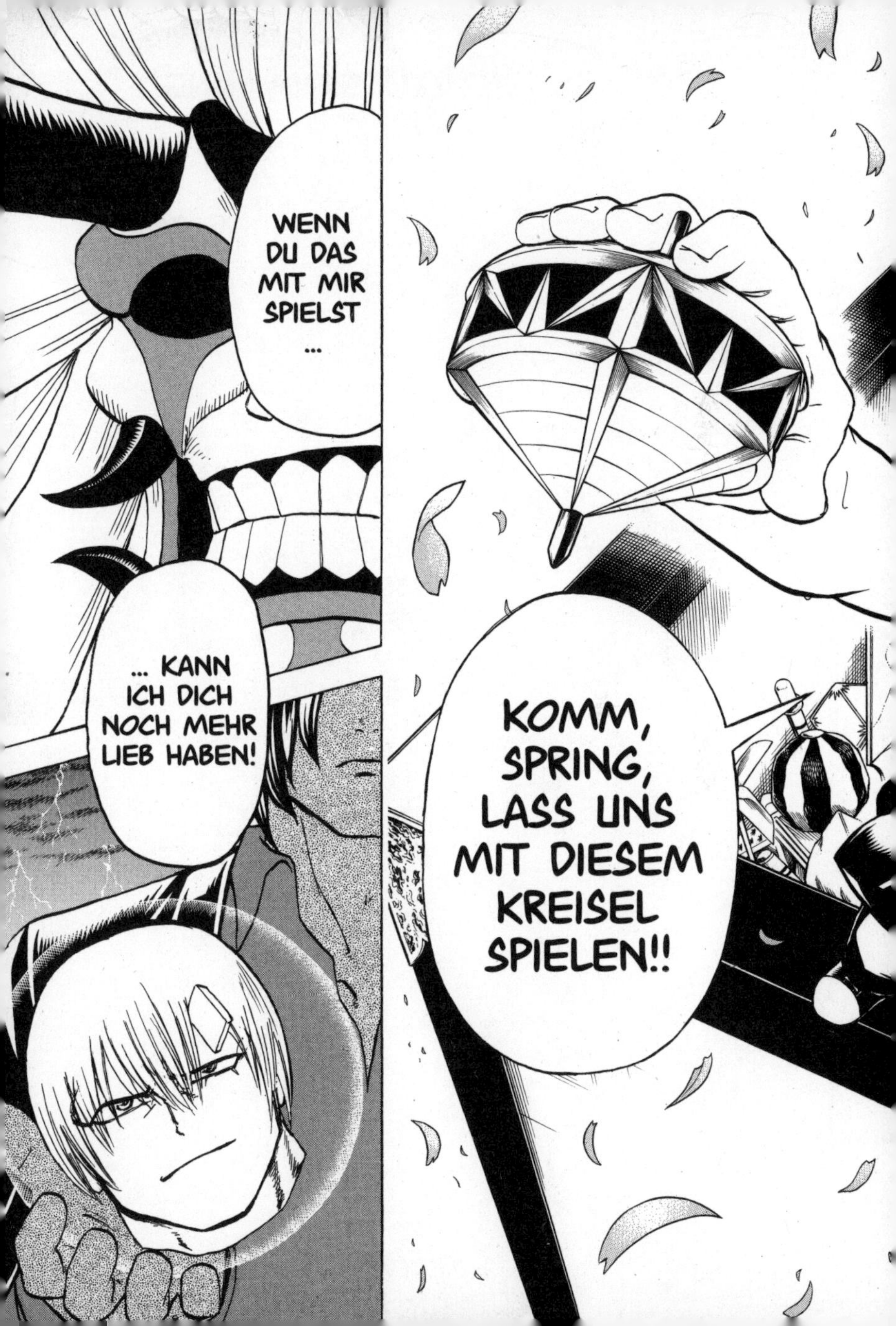
KOMM, SPRING, LASS UNS MIT DIESEM KREISEL SPIELEN!!
WENN DU DAS MIT MIR SPIELST ...
... KANN ICH DICH NOCH MEHR LIEB HABEN!

SPRINGS SPIELZEUGSAMMLUNG

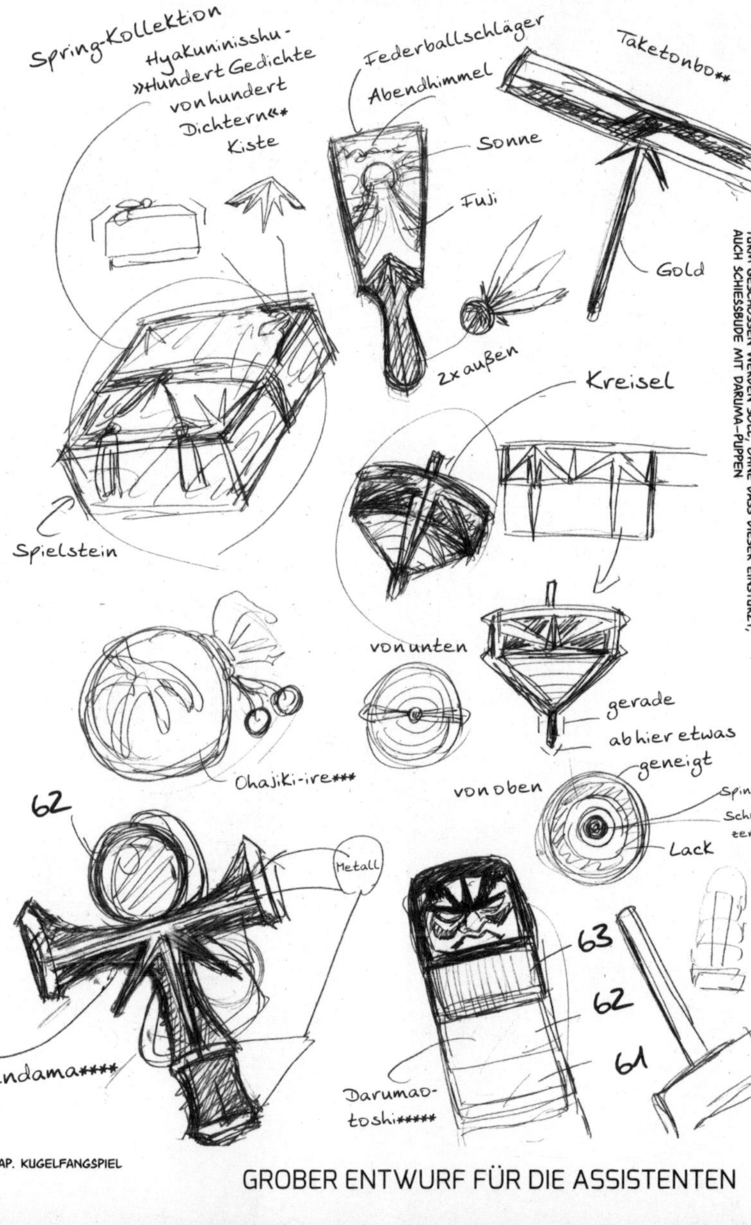

* BERÜHMTE GEDICHTSAMMLUNG, AUCH GESELLSCHAFTSSPIEL

** BAMBUSPROPELLER-SPIELZEUG

*** TRAD. KINDERSPIEL, ÄHNLICH MURMELN, ABER MIT KIESELN ODER RUNDEN GLASSTÜCKCHEN, DIE IN EINEM SCHNURBEUTEL (OHAJIKI) VERSTAUT WERDEN

**** JAP. KUGELFANGSPIEL

***** SPIEL, BEI DEM EINE SOG. DARUMA-PUPPE VON EINEM TURM GESCHOSSEN WERDEN SOLL, OHNE DASS DIESER EINSTÜRZT; AUCH SCHIESSBUDE MIT DARUMA-PUPPEN

GROBER ENTWURF FÜR DIE ASSISTENTEN

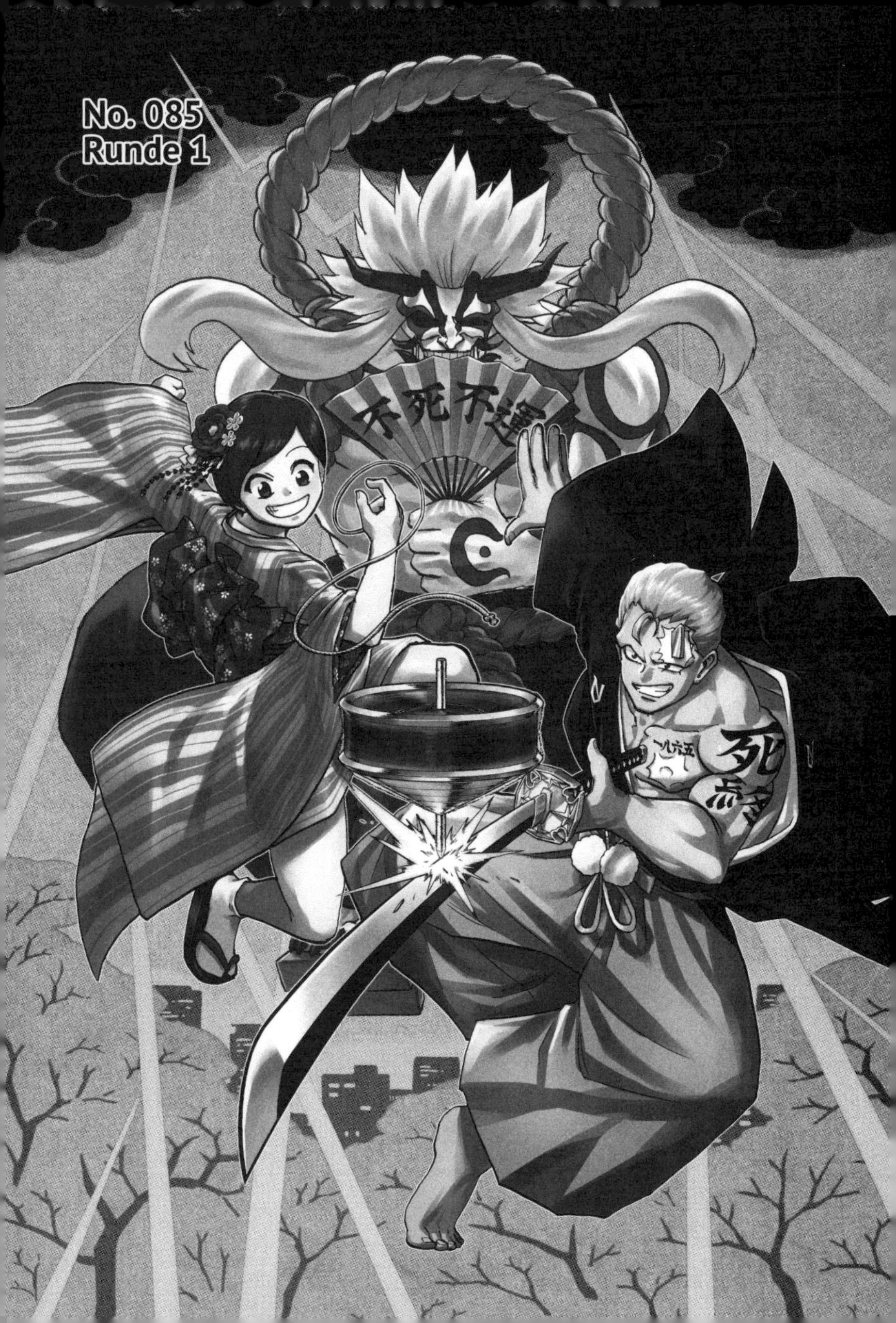
No. 085
Runde 1
不死不運

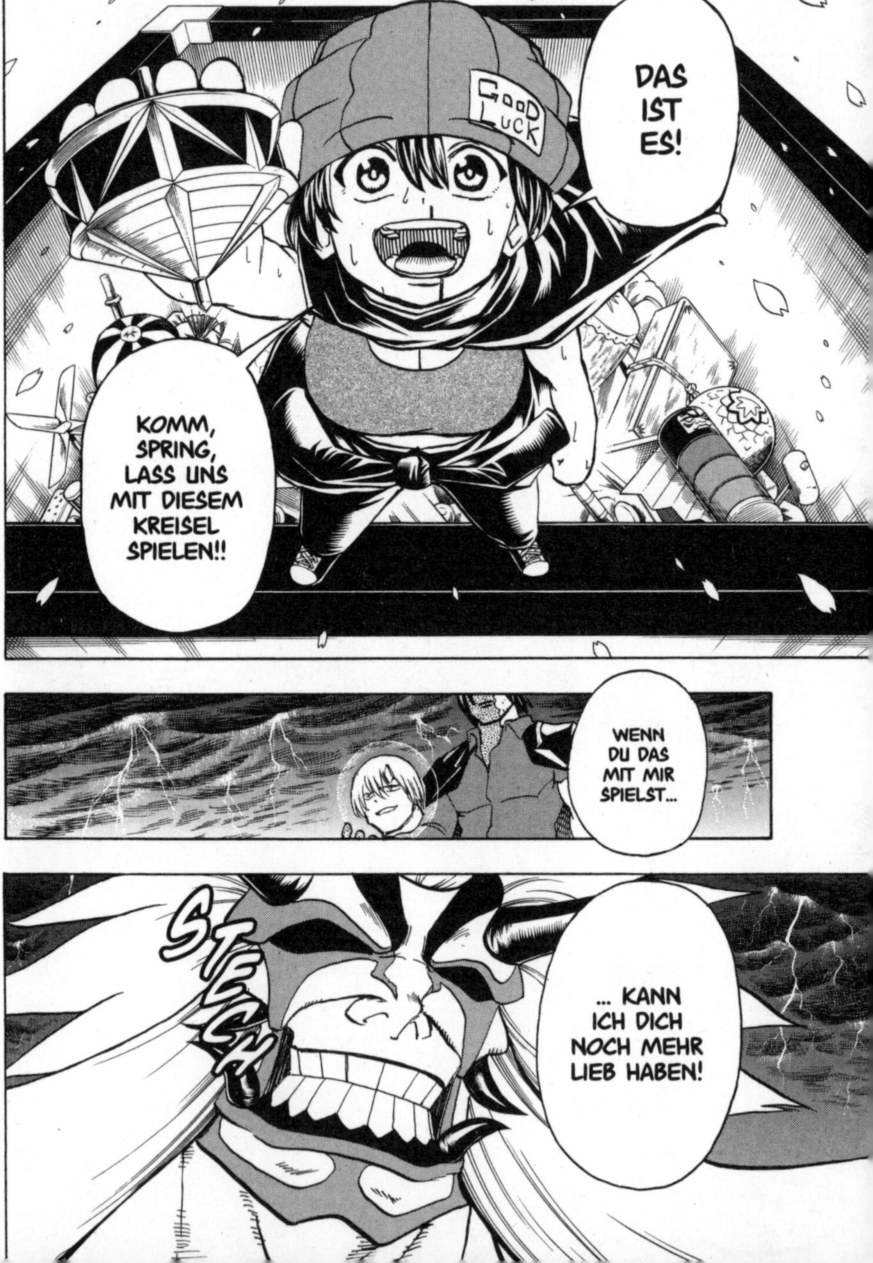
DAS IST ES!
GOOD LUCK
KOMM, SPRING, LASS UNS MIT DIESEM KREISEL SPIELEN!!
WENN DU DAS MIT MIR SPIELST...
... KANN ICH DICH NOCH MEHR LIEB HABEN!
STECH

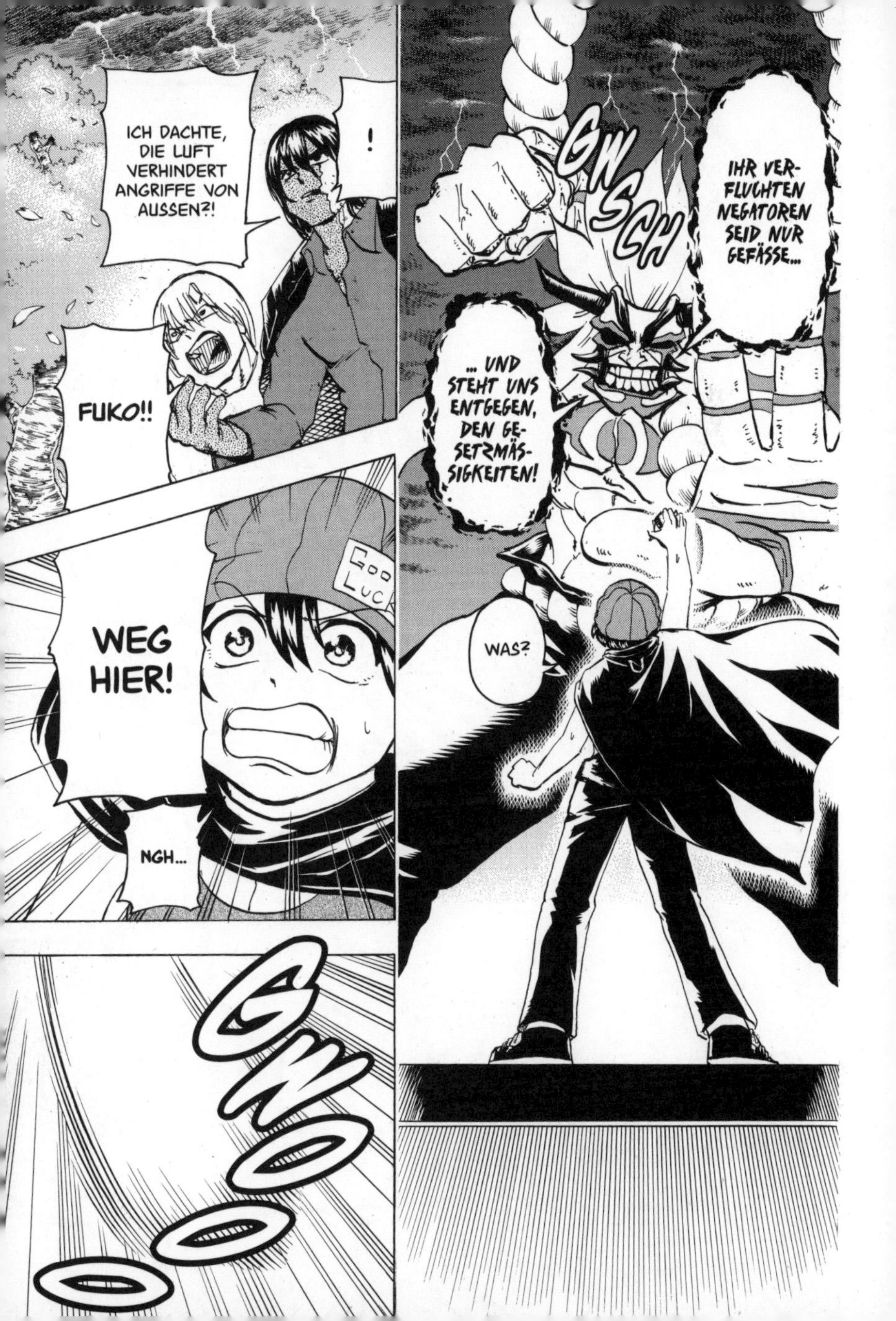
GWSCH
IHR VERFLUCHTEN NEGATOREN SEID NUR GEFÄSSE...
... UND STEHT UNS ENTGEGEN, DEN GESETZMÄSSIGKEITEN!
WAS?
!
ICH DACHTE, DIE LUFT VERHINDERT ANGRIFFE VON AUSSEN?!
FUKO!!
WEG HIER!
GOOD LUCK
NGH...
GWOOOO

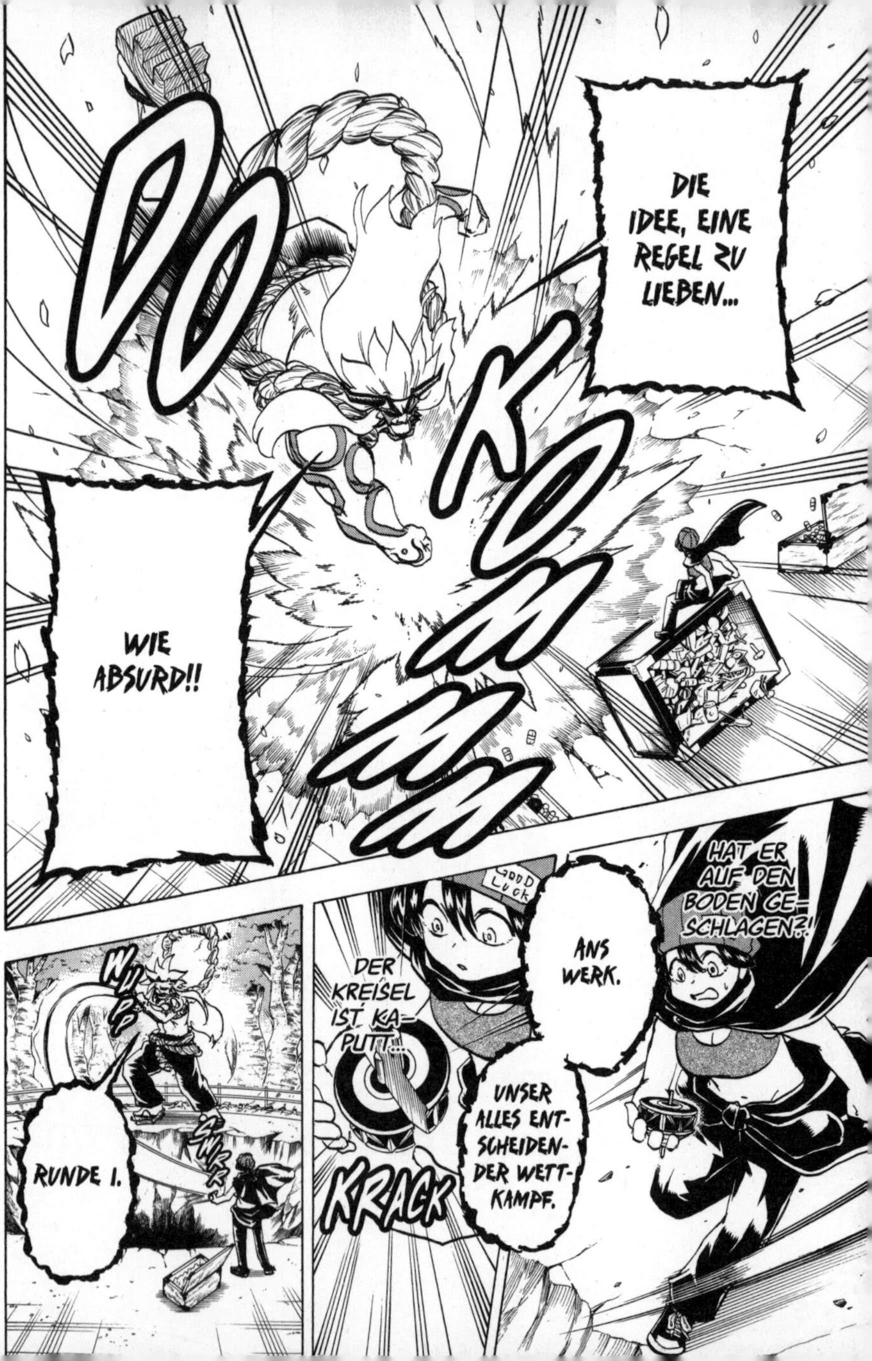
DIE IDEE, EINE REGEL ZU LIEBEN...
DOOKOMMMM
WIE ABSURD!!
HAT ER AUF DEN BODEN GE-SCHLAGEN?!
GOOD LUCK
ANS WERK.
DER KREISEL IST KA-PUTT...
UNSER ALLES ENT-SCHEIDEN-DER WETT-KAMPF.
KRACK
WUPP
RUNDE 1.

RUNDE 1
NEGATORENKREISEL

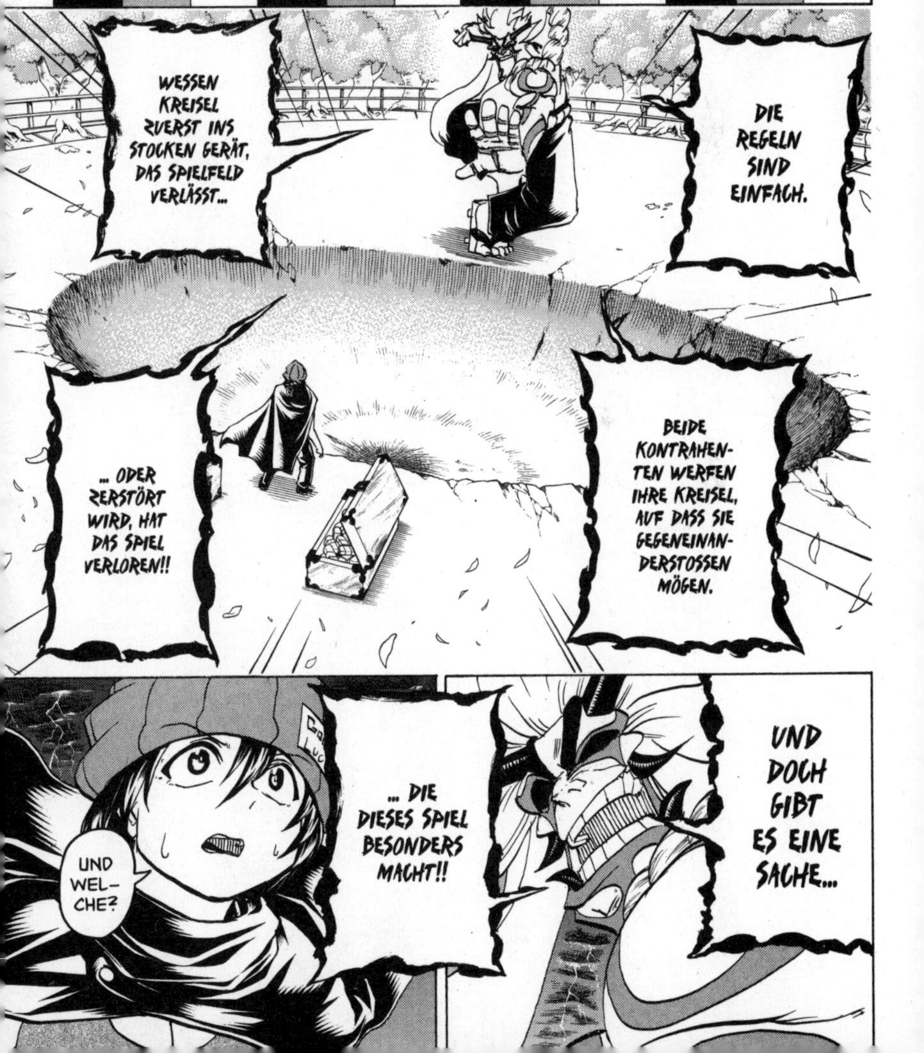

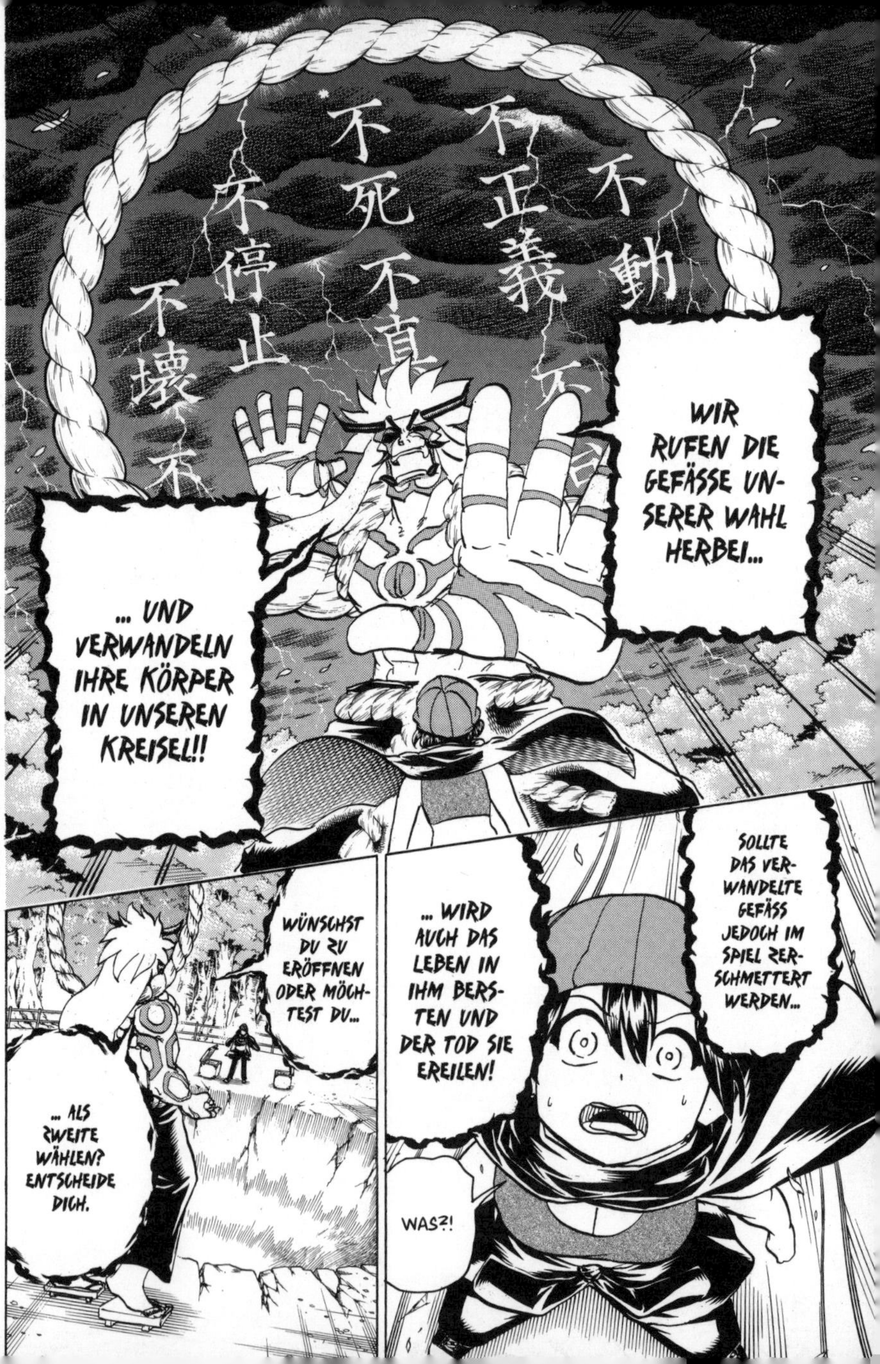

* V. RECHTS N. LINKS: UNMOVE, UNJUSTICE, UNDEAD, UNTRUTH, UNSTOPPABLE, UNBREAKABLE

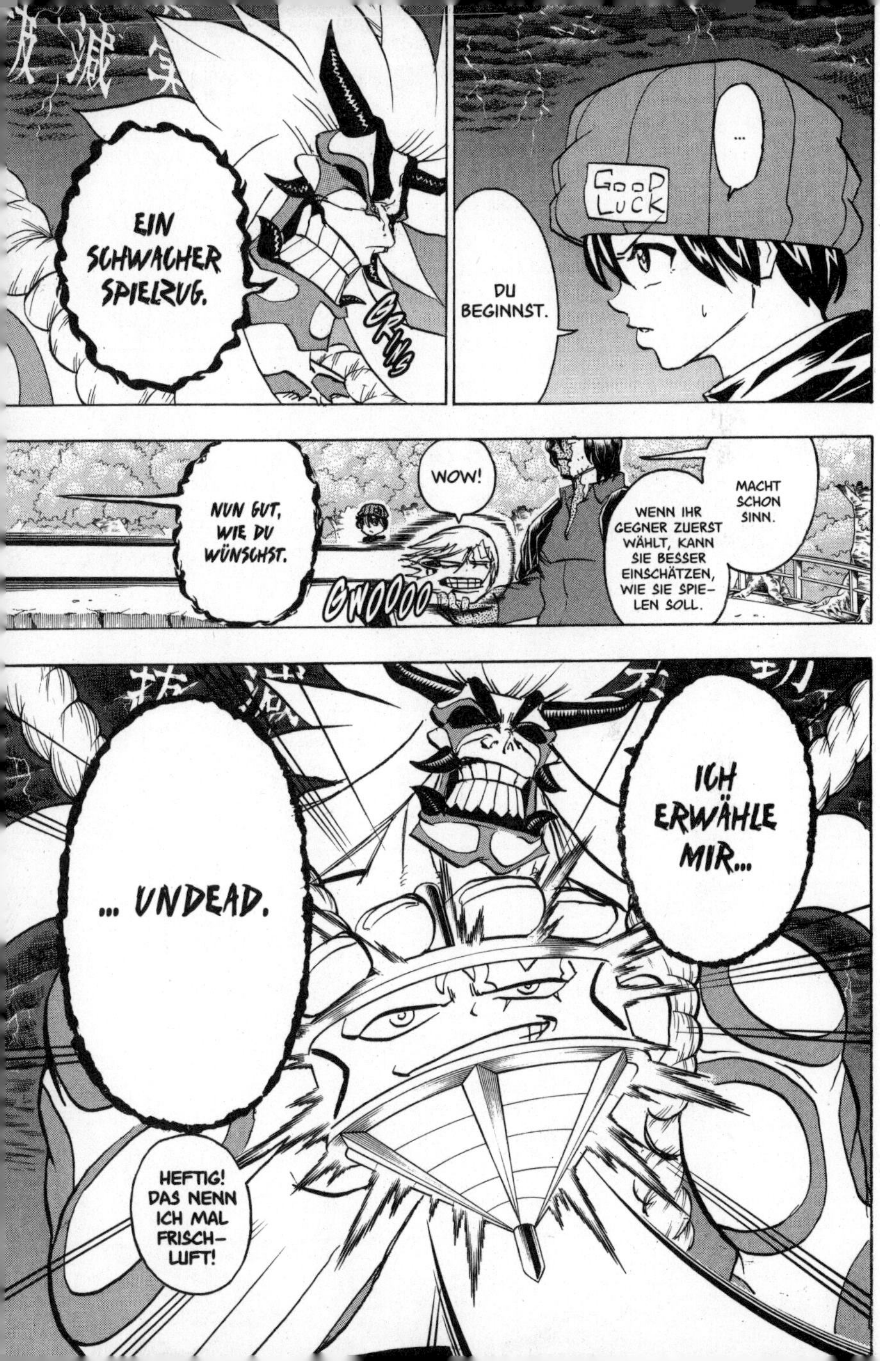
...
DU BEGINNST.
EIN SCHWACHER SPIELZUG.
MACHT SCHON SINN.
WENN IHR GEGNER ZUERST WÄHLT, KANN SIE BESSER EINSCHÄTZEN, WIE SIE SPIELEN SOLL.
WOW!
GWOOOO
NUN GUT, WIE DU WÜNSCHST.
ICH ERWÄHLE MIR...
... UNDEAD.
HEFTIG! DAS NENN ICH MAL FRISCHLUFT!

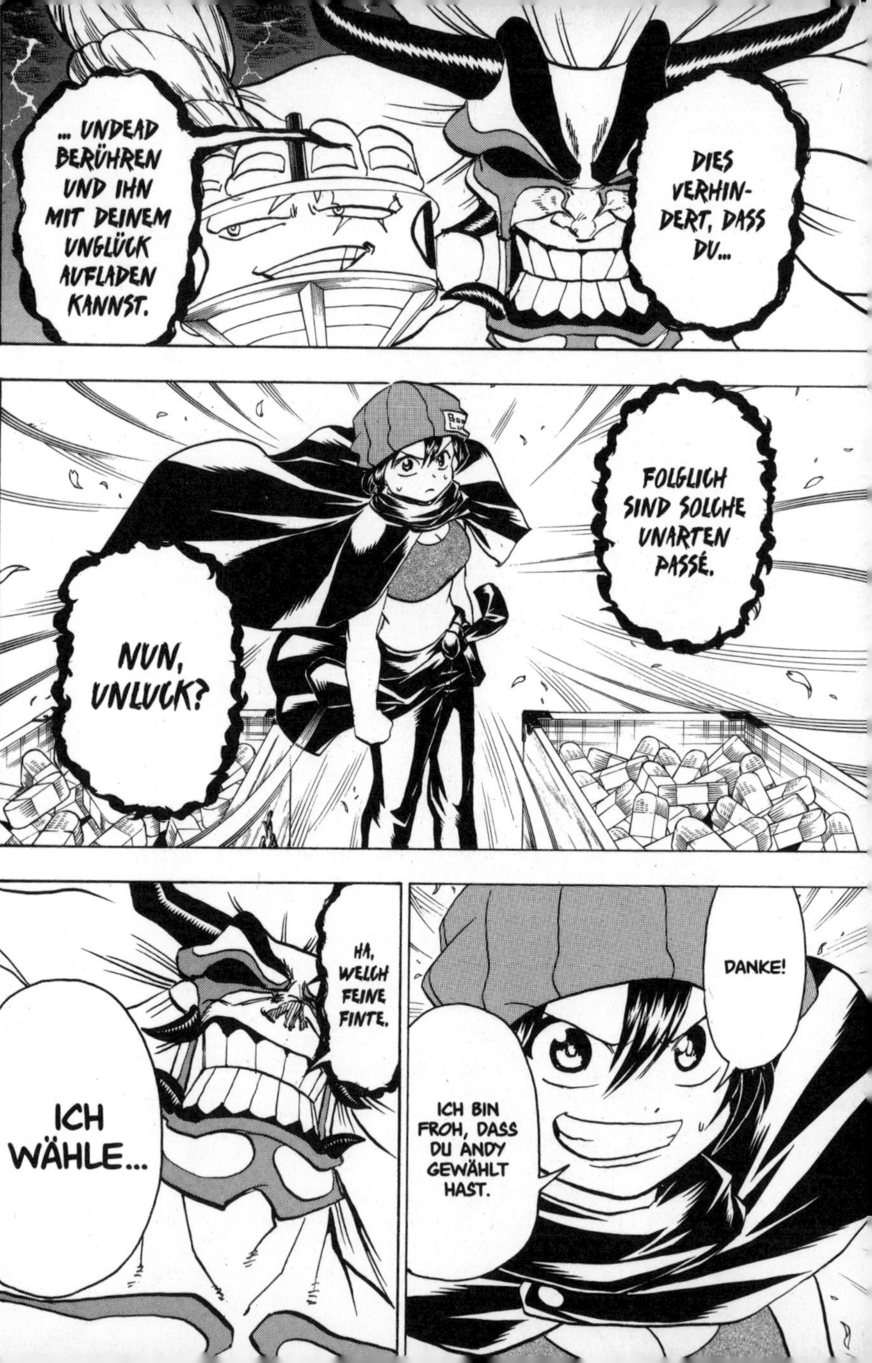
DIES VERHIN-DERT, DASS DU...
... UNDEAD BERÜHREN UND IHN MIT DEINEM UNGLÜCK AUFLADEN KANNST.
FOLGLICH SIND SOLCHE UNARTEN PASSÉ.
NUN, UNLUCK?
ICH WÄHLE...
HA, WELCH FEINE FINTE.
DANKE!
ICH BIN FROH, DASS DU ANDY GEWÄHLT HAST.

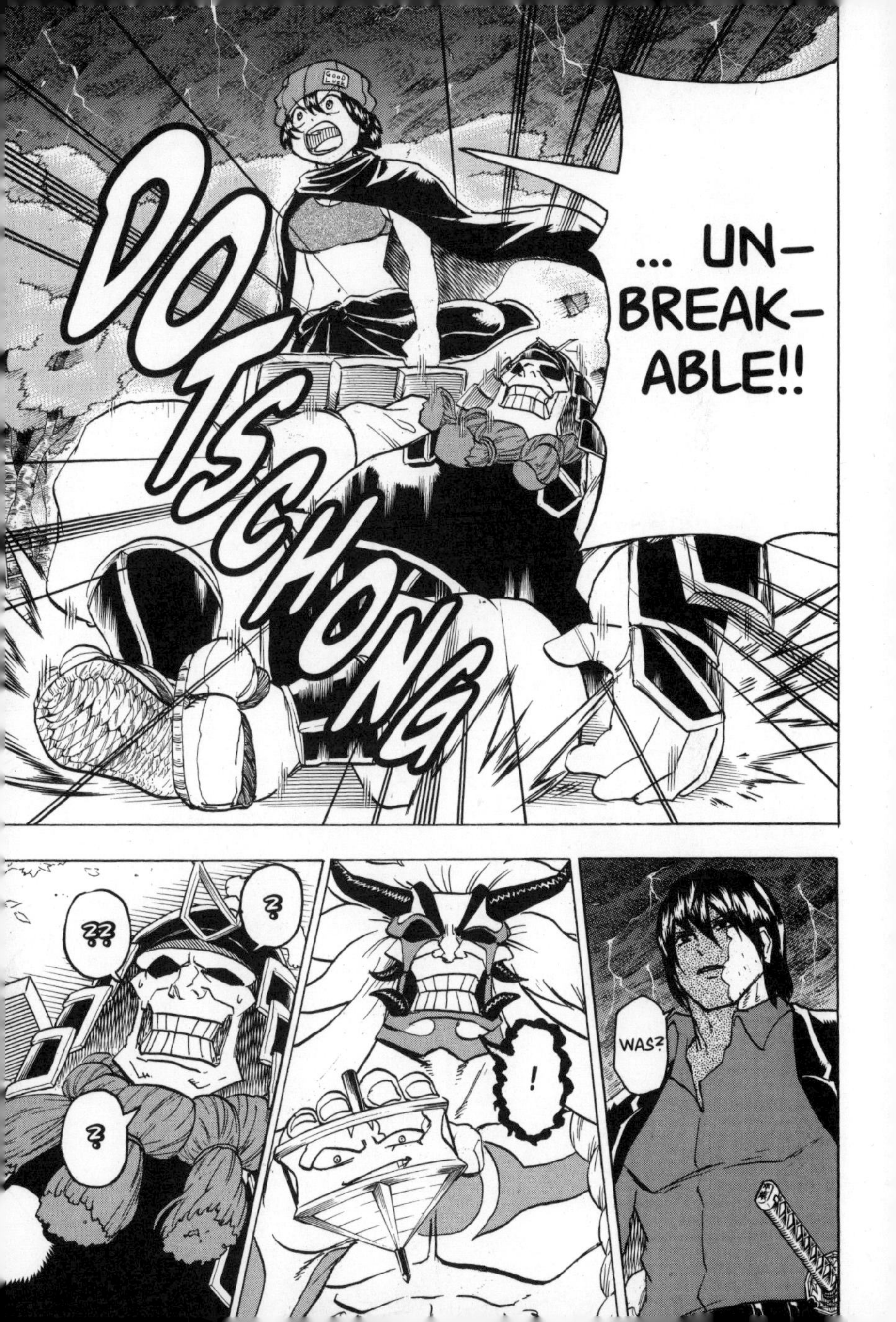
... UN-BREAK-ABLE!!
DOTSCHONG
WAS?
!
?
??
?

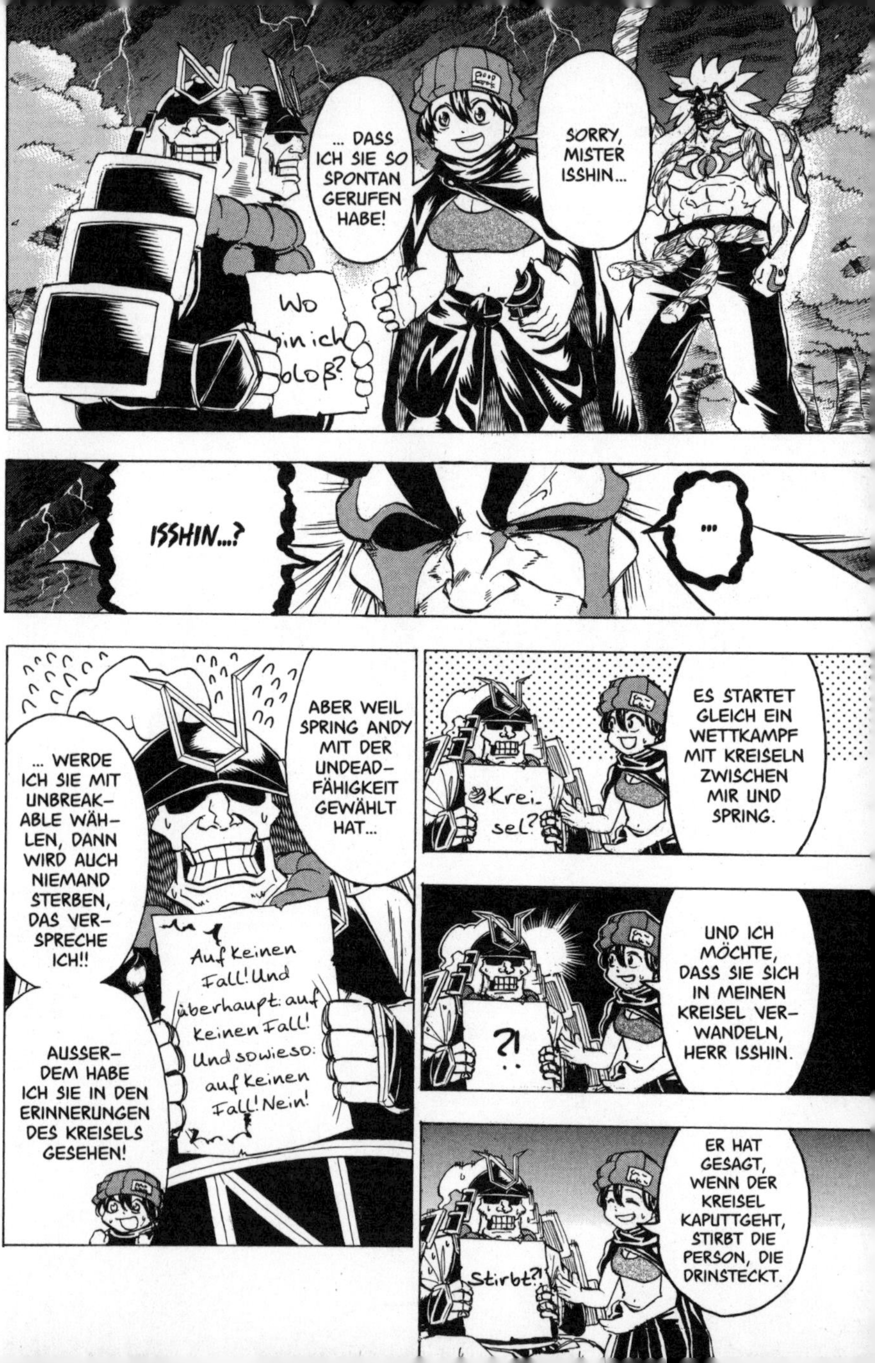
SORRY, MISTER ISSHIN...
... DASS ICH SIE SO SPONTAN GERUFEN HABE!
Wo bin ich bloß?
...
ISSHIN...?
ES STARTET GLEICH EIN WETTKAMPF MIT KREISELN ZWISCHEN MIR UND SPRING.
Kreisel?
UND ICH MÖCHTE, DASS SIE SICH IN MEINEN KREISEL VERWANDELN, HERR ISSHIN.
?!
ER HAT GESAGT, WENN DER KREISEL KAPUTTGEHT, STIRBT DIE PERSON, DIE DRINSTECKT.
Stirbt?!
ABER WEIL SPRING ANDY MIT DER UNDEAD-FÄHIGKEIT GEWÄHLT HAT...
... WERDE ICH SIE MIT UNBREAKABLE WÄHLEN, DANN WIRD AUCH NIEMAND STERBEN, DAS VERSPRECHE ICH!!
Auf keinen Fall! Und überhaupt: auf keinen Fall! Und sowieso: auf keinen Fall! Nein!
AUSSERDEM HABE ICH SIE IN DEN ERINNERUNGEN DES KREISELS GESEHEN!

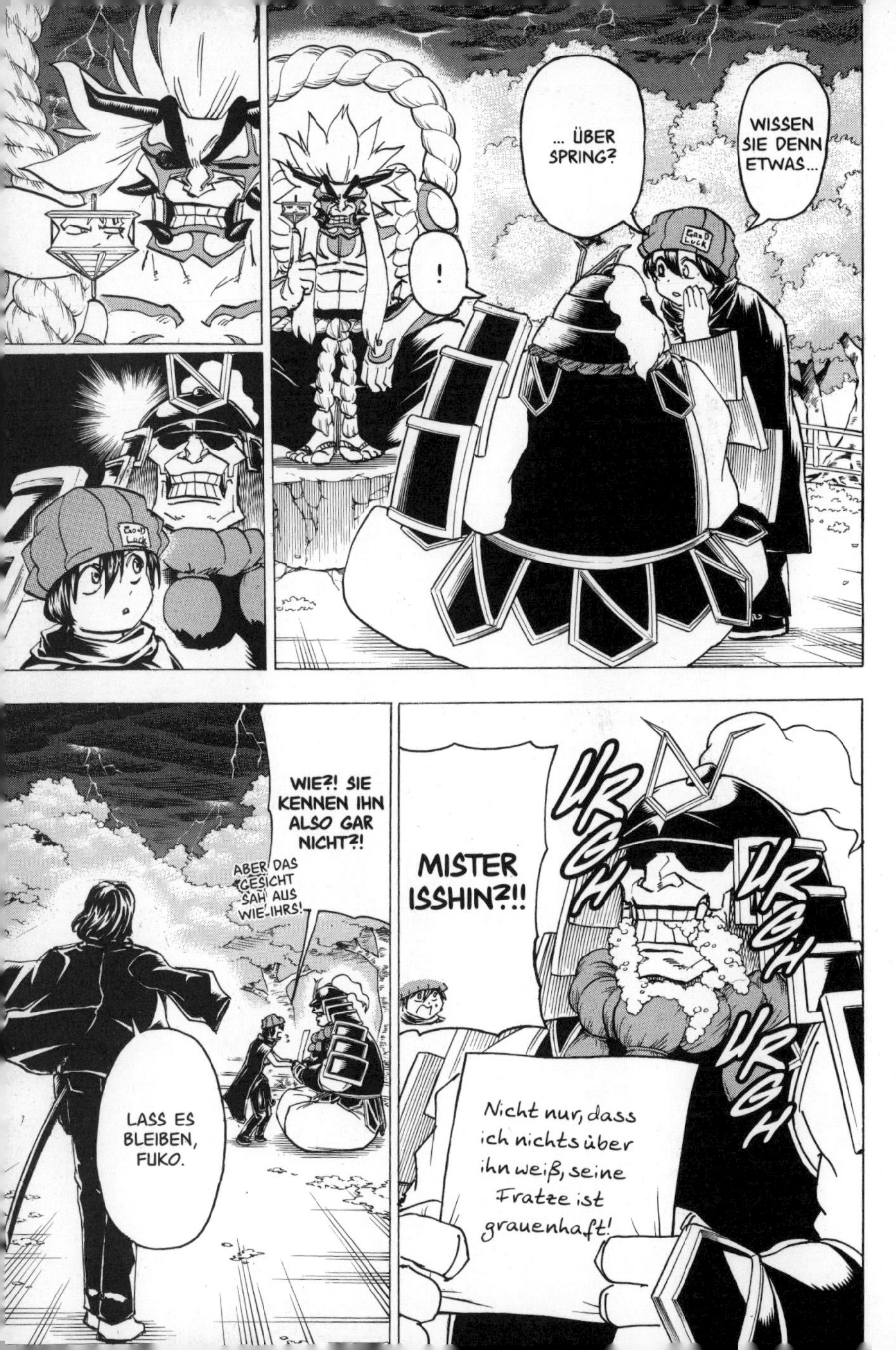
WISSEN SIE DENN ETWAS...
... ÜBER SPRING?
!
MISTER ISSHIN?!!
UROH
UROH
UROH
Nicht nur, dass ich nichts über ihn weiß, seine Fratze ist grauenhaft!
WIE?! SIE KENNEN IHN ALSO GAR NICHT?!
ABER DAS GESICHT SAH AUS WIE IHRS!
LASS ES BLEIBEN, FUKO.

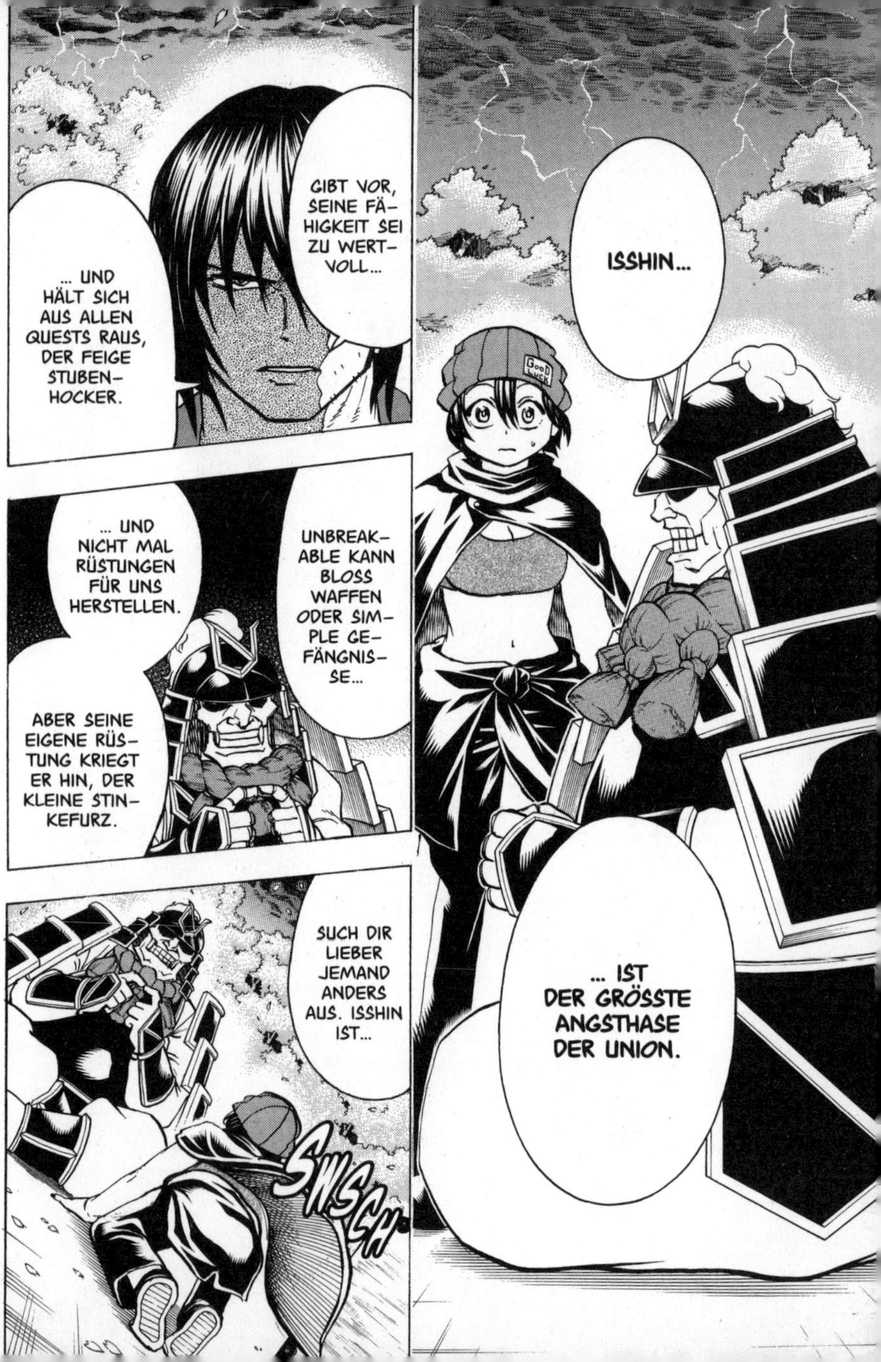
ISSHIN...
GIBT VOR, SEINE FÄHIGKEIT SEI ZU WERTVOLL...
... UND HÄLT SICH AUS ALLEN QUESTS RAUS, DER FEIGE STUBENHOCKER.
UNBREAKABLE KANN BLOSS WAFFEN ODER SIMPLE GEFÄNGNISSE...
... UND NICHT MAL RÜSTUNGEN FÜR UNS HERSTELLEN.
ABER SEINE EIGENE RÜSTUNG KRIEGT ER HIN, DER KLEINE STINKEFURZ.
SUCH DIR LIEBER JEMAND ANDERS AUS. ISSHIN IST...
SWISCH
... IST DER GRÖSSTE ANGSTHASE DER UNION.

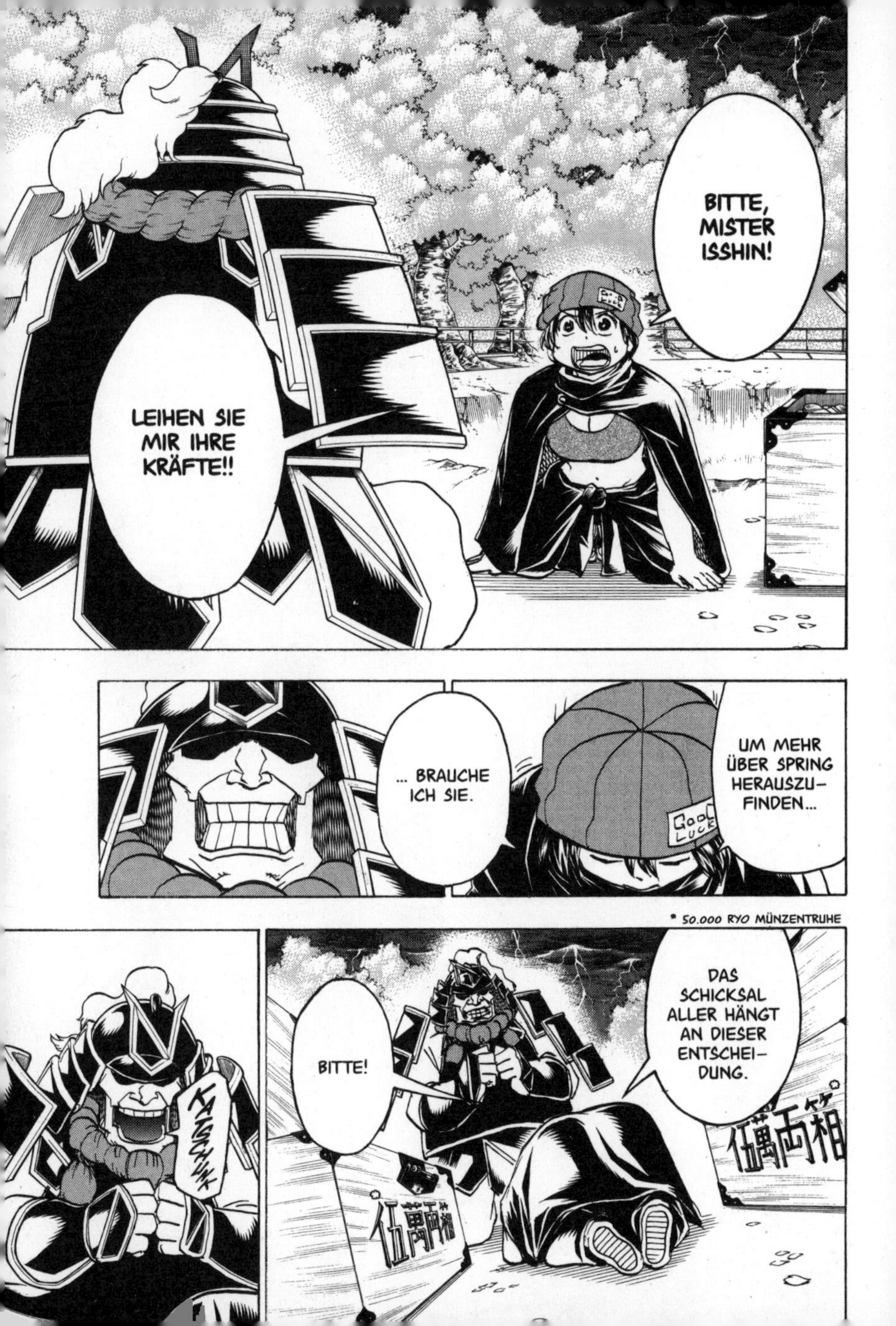
BITTE, MISTER ISSHIN!
LEIHEN SIE MIR IHRE KRÄFTE!!
UM MEHR ÜBER SPRING HERAUSZU-FINDEN...
... BRAUCHE ICH SIE.
* 50.000 RYO MÜNZENTRUHE
DAS SCHICKSAL ALLER HÄNGT AN DIESER ENTSCHEI-DUNG.
BITTE!
KATSCHUNK

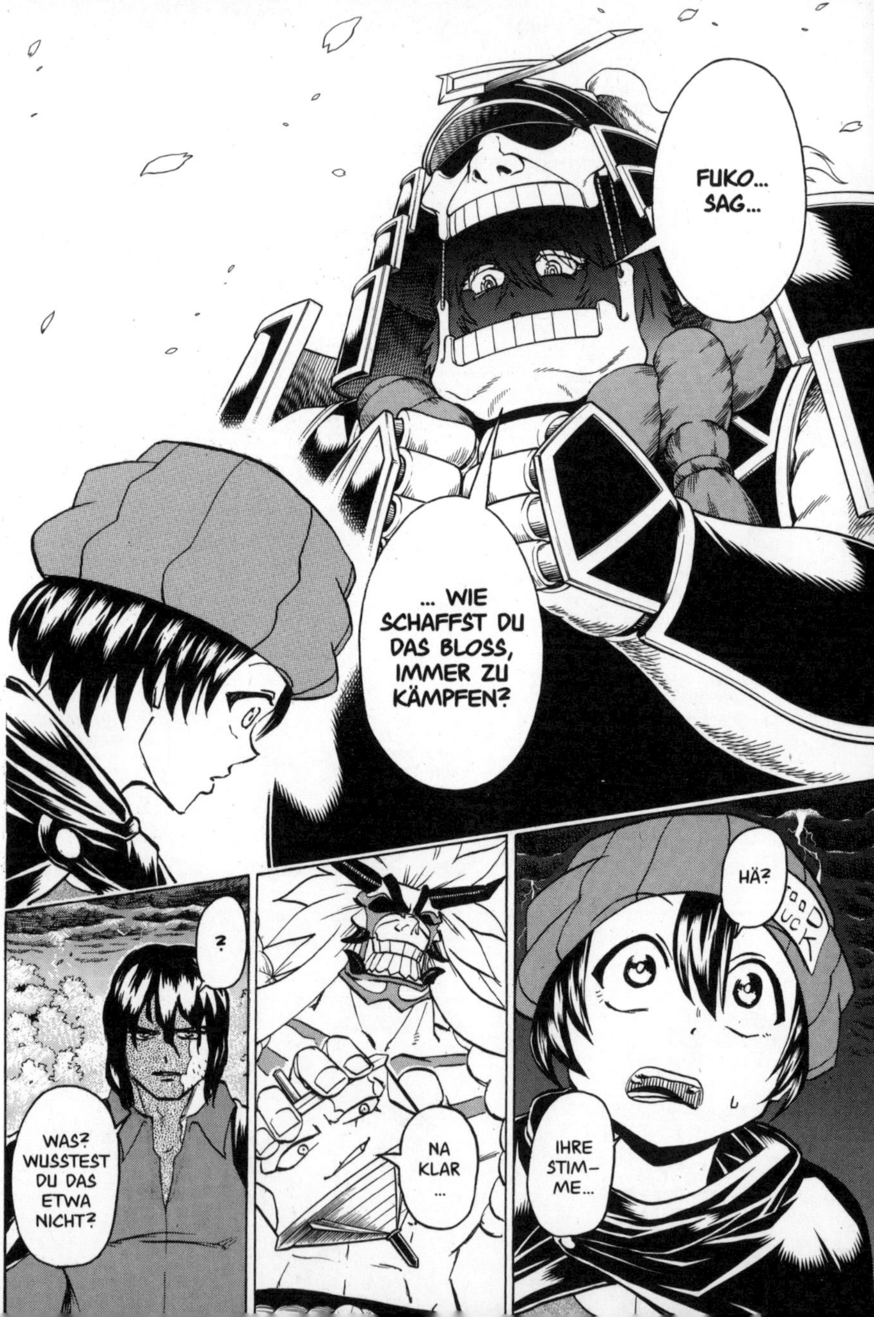
FUKO... SAG...
... WIE SCHAFFST DU DAS BLOSS, IMMER ZU KÄMPFEN?
HÄ?
IHRE STIM-ME...
NA KLAR ...
?
WAS? WUSSTEST DU DAS ETWA NICHT?

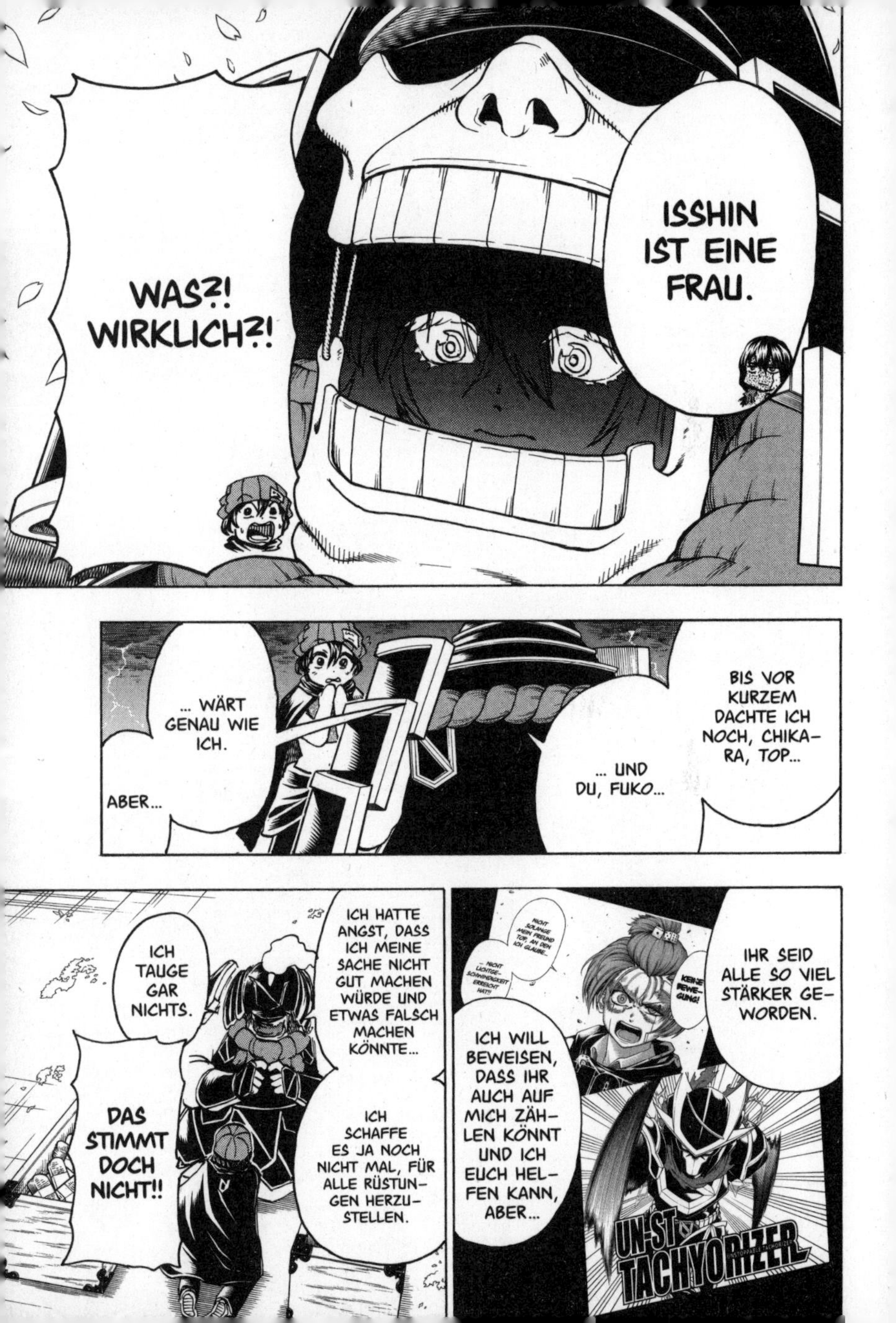
ISSHIN IST EINE FRAU.
WAS?! WIRKLICH?!
BIS VOR KURZEM DACHTE ICH NOCH, CHIKA-RA, TOP...
... UND DU, FUKO...
... WÄRT GENAU WIE ICH.
ABER...
IHR SEID ALLE SO VIEL STÄRKER GE-WORDEN.
KEINE BEWE-GUNG!
NICHT SOLANGE MEIN FREUND TOP, AN DEN ICH GLAUBE...
... NICHT LICHTGE-SCHWINDIGKEIT ERREICHT HAT!!
UN-ST TACHYORIZER
ICH WILL BEWEISEN, DASS IHR AUCH AUF MICH ZÄH-LEN KÖNNT UND ICH EUCH HEL-FEN KANN, ABER...
ICH HATTE ANGST, DASS ICH MEINE SACHE NICHT GUT MACHEN WÜRDE UND ETWAS FALSCH MACHEN KÖNNTE...
ICH SCHAFFE ES JA NOCH NICHT MAL, FÜR ALLE RÜSTUN-GEN HERZU-STELLEN.
ICH TAUGE GAR NICHTS.
DAS STIMMT DOCH NICHT!!

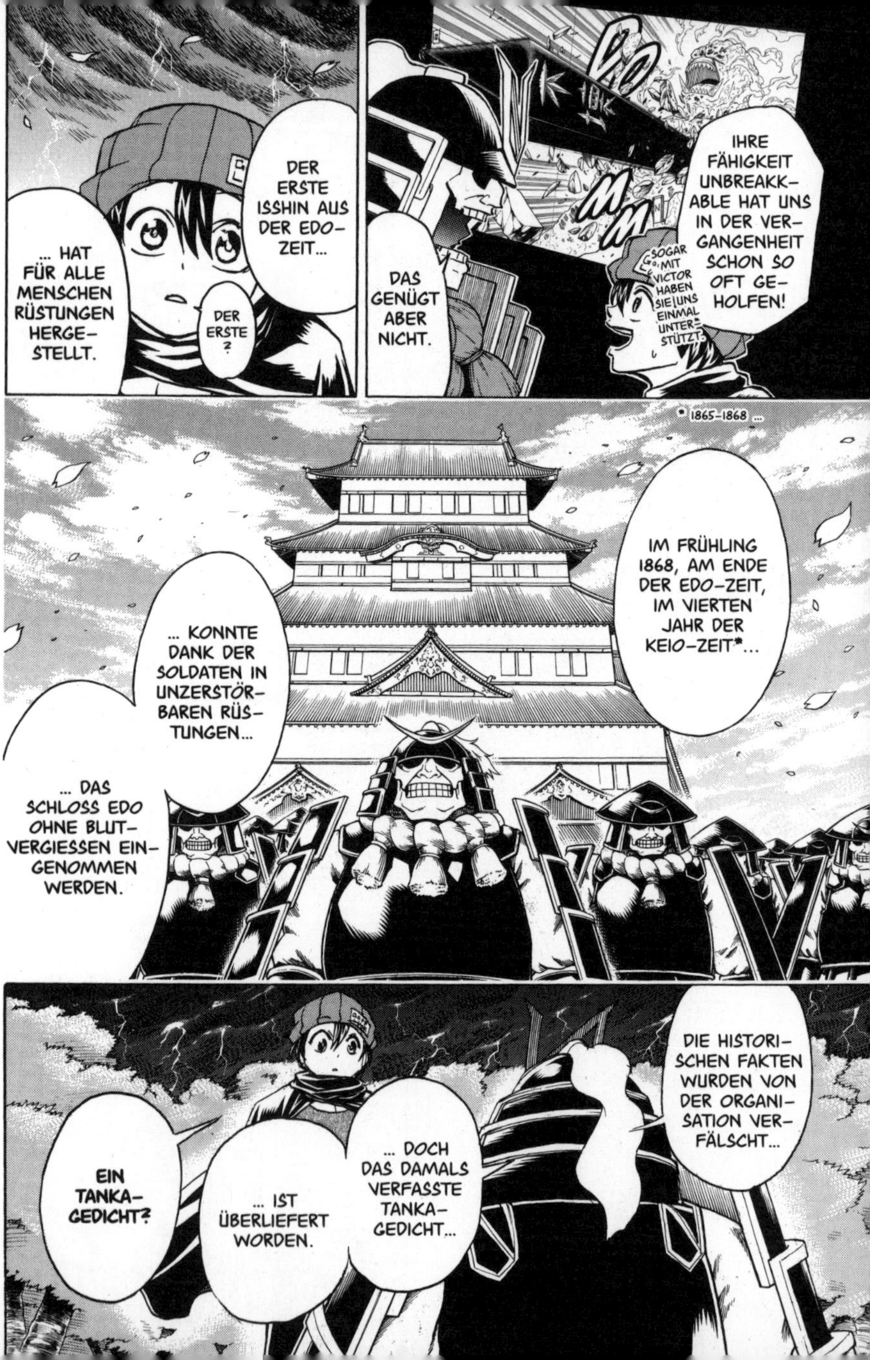
IHRE FÄHIGKEIT UNBREAKKABLE HAT UNS IN DER VERGANGENHEIT SCHON SO OFT GEHOLFEN!
SOGAR MIT VICTOR HABEN SIE UNS EINMAL UNTERSTÜTZT.
DAS GENÜGT ABER NICHT.
DER ERSTE ISSHIN AUS DER EDO-ZEIT…
… HAT FÜR ALLE MENSCHEN RÜSTUNGEN HERGESTELLT.
DER ERSTE?
* 1865–1868 …
IM FRÜHLING 1868, AM ENDE DER EDO-ZEIT, IM VIERTEN JAHR DER KEIO-ZEIT*…
… KONNTE DANK DER SOLDATEN IN UNZERSTÖRBAREN RÜSTUNGEN…
… DAS SCHLOSS EDO OHNE BLUTVERGIESSEN EINGENOMMEN WERDEN.
DIE HISTORISCHEN FAKTEN WURDEN VON DER ORGANISATION VERFÄLSCHT…
… DOCH DAS DAMALS VERFASSTE TANKA-GEDICHT…
… IST ÜBERLIEFERT WORDEN.
EIN TANKA-GEDICHT?

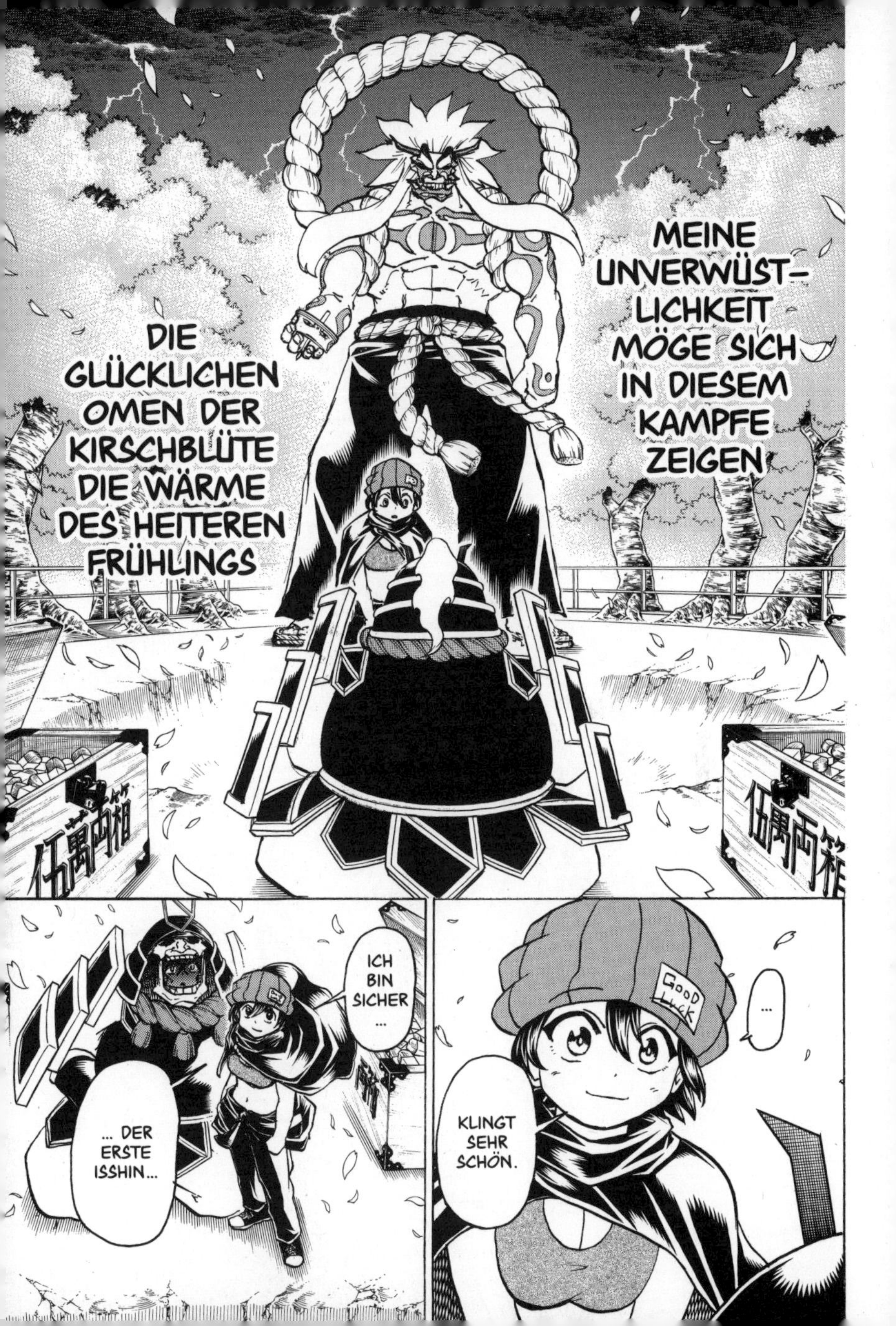
MEINE UNVERWÜST-LICHKEIT MÖGE SICH IN DIESEM KAMPFE ZEIGEN
DIE GLÜCKLICHEN OMEN DER KIRSCHBLÜTE DIE WÄRME DES HEITEREN FRÜHLINGS
伍萬両箱
伍萬両箱
...
KLINGT SEHR SCHÖN.
ICH BIN SICHER ...
... DER ERSTE ISSHIN...
GOOD LUCK

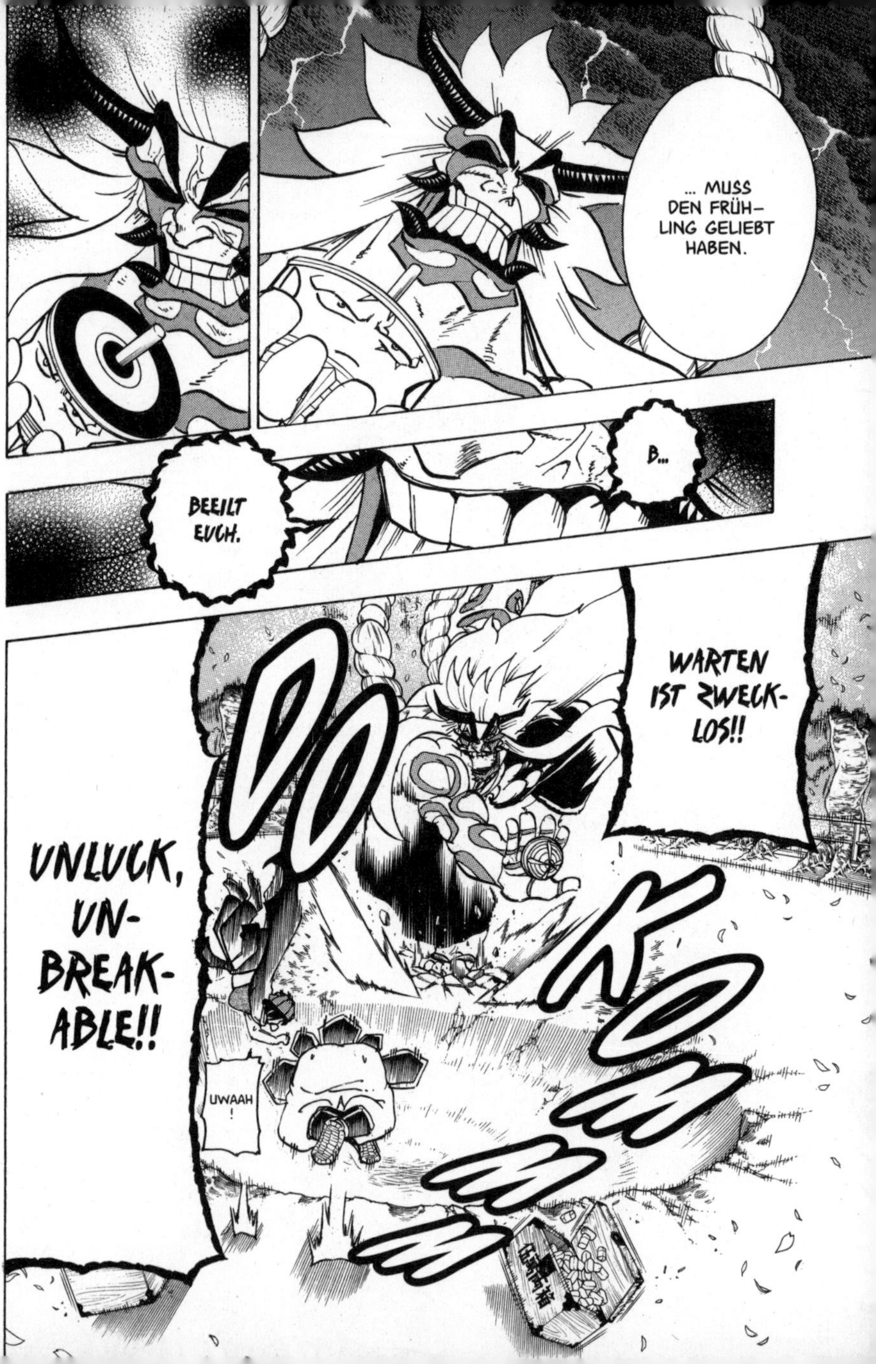

... MUSS DEN FRÜHLING GELIEBT HABEN.
B...
BEEILT EUCH.
WARTEN IST ZWECKLOS!!
UNLUCK, UNBREAKABLE!!
UWAAH!

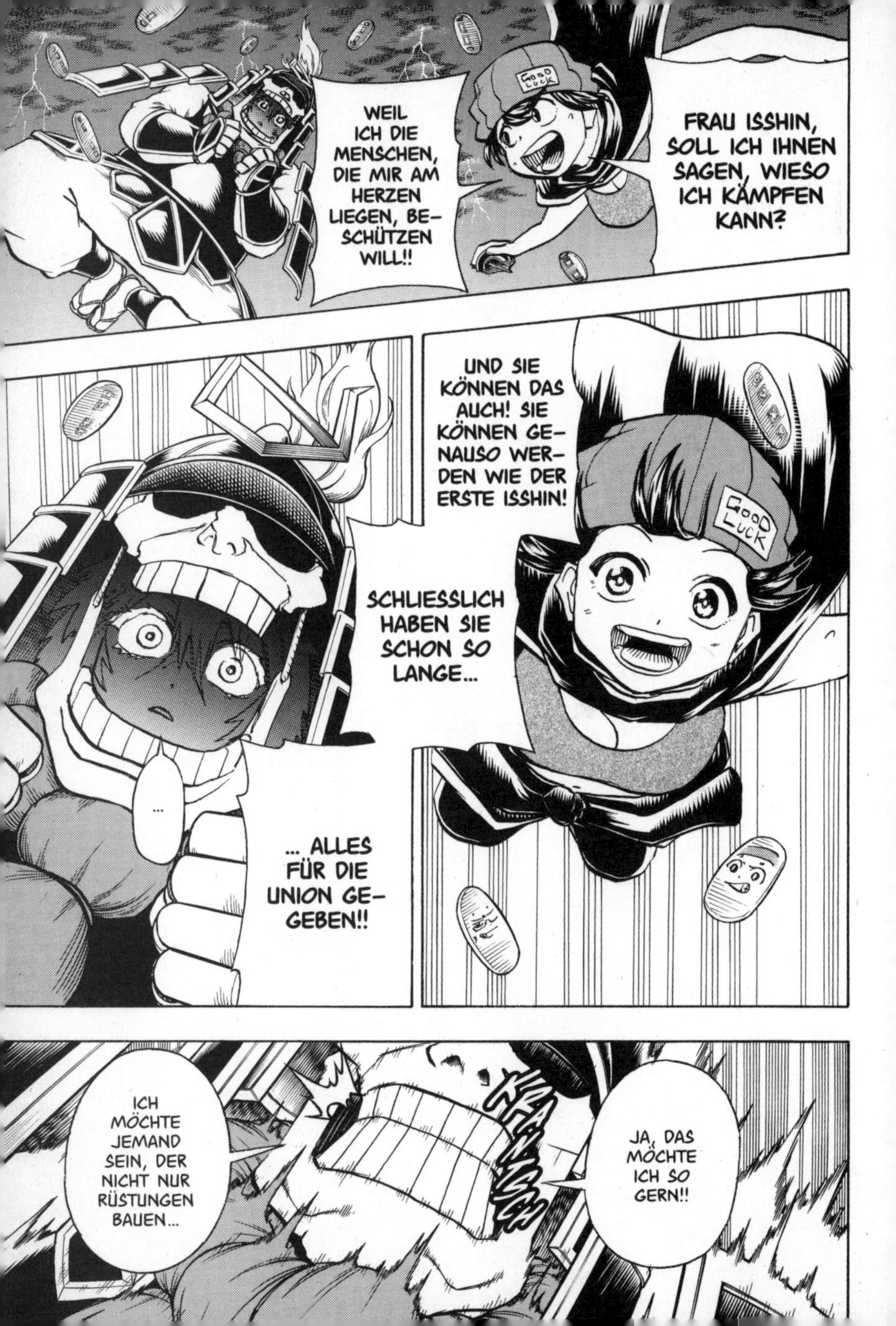
FRAU ISSHIN, SOLL ICH IHNEN SAGEN, WIESO ICH KÄMPFEN KANN?
WEIL ICH DIE MENSCHEN, DIE MIR AM HERZEN LIEGEN, BESCHÜTZEN WILL!!
UND SIE KÖNNEN DAS AUCH! SIE KÖNNEN GENAUSO WERDEN WIE DER ERSTE ISSHIN!
SCHLIESSLICH HABEN SIE SCHON SO LANGE...
... ALLES FÜR DIE UNION GEGEBEN!!
...
ICH MÖCHTE JEMAND SEIN, DER NICHT NUR RÜSTUNGEN BAUEN...
JA, DAS MÖCHTE ICH SO GERN!!

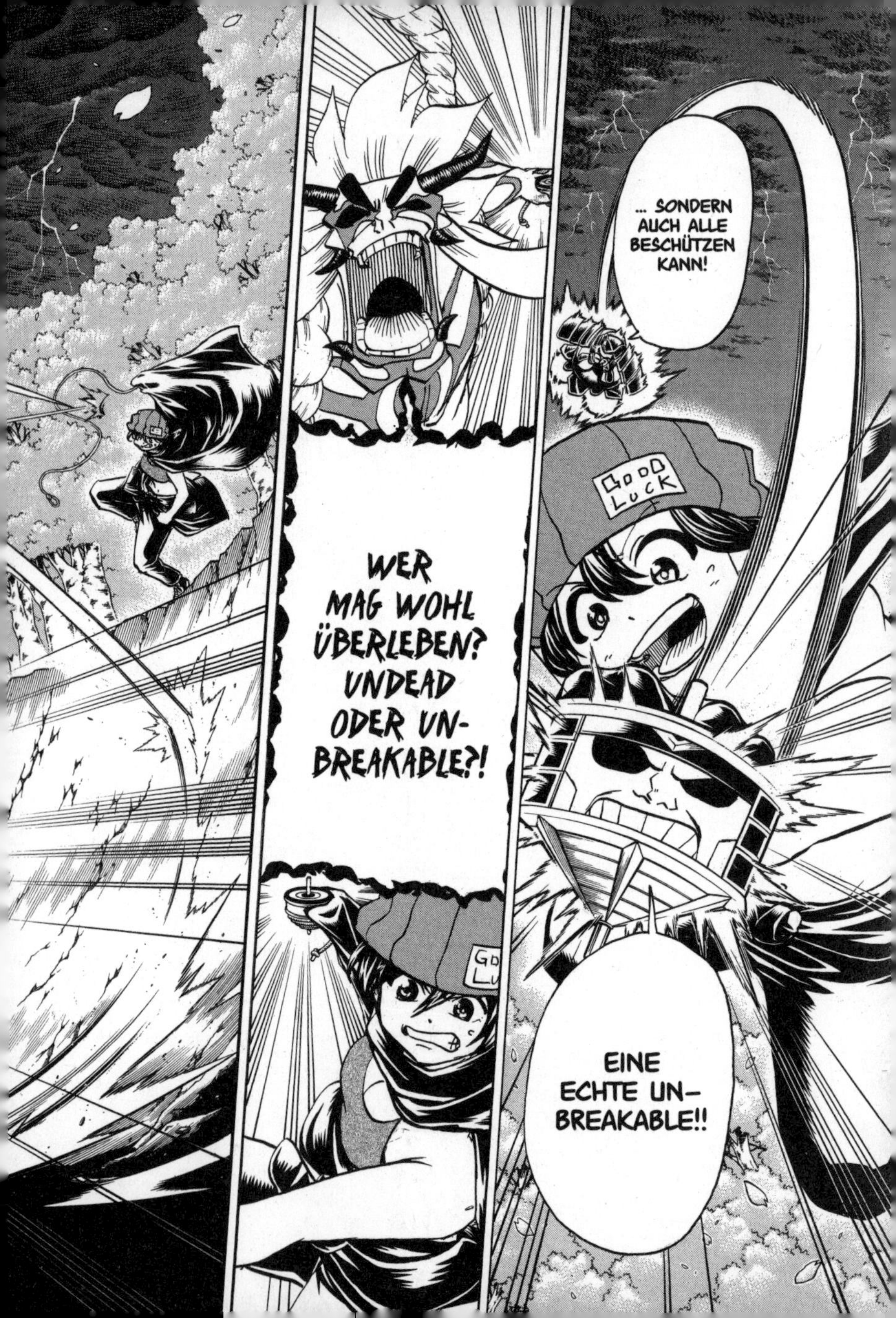
... SONDERN AUCH ALLE BESCHÜTZEN KANN!
GOOD LUCK
WER MAG WOHL ÜBERLEBEN? UNDEAD ODER UN-BREAKABLE?!
EINE ECHTE UN-BREAKABLE!!

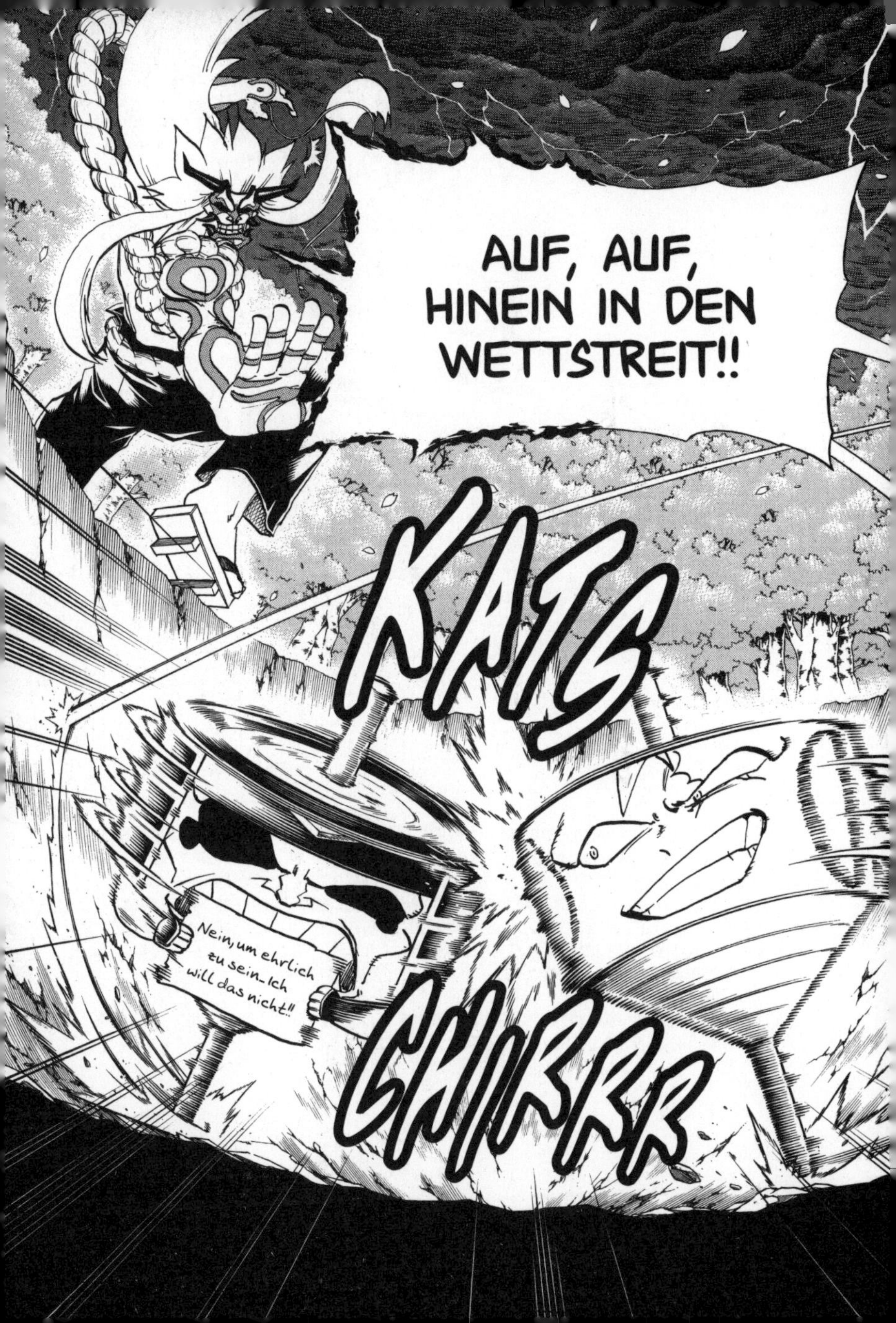
AUF, AUF,
HINEIN IN DEN
WETTSTREIT!!
KATS
Nein, um ehrlich zu sein... Ich will das nicht!!
CHIRRR

DIE FÜNF ARTEN DES TANZENDEN KREISELS VON ENO JUSSHU*

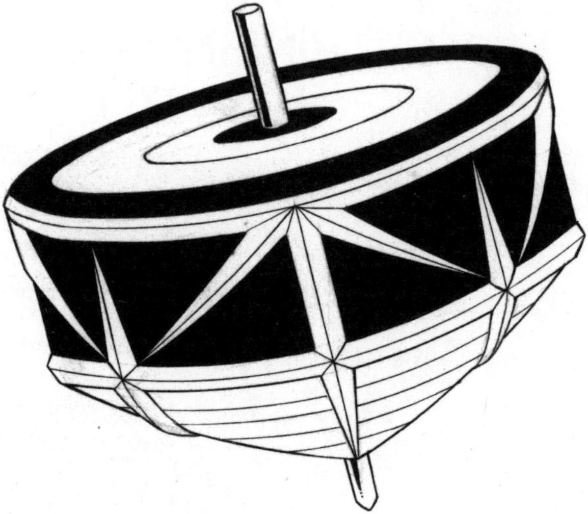

EIN ARTEFAKT, DAS DIE SEELE DER NEGATOREN IN EINEM KREISEL VERSIEGELT UND SIE DARAUFHIN GEGENEINANDER ANTRETEN LÄSST. IM WETTKAMPF SPIEGELT DER KREISEL DIE PERSÖNLICHKEIT DER AUSGEWÄHLTEN PERSON WIDER. DIE SPIELER KÖNNEN SICH ENTSCHEIDEN, OB DER KREISEL SICH FREI BEWEGEN ODER SIE IHM EINE BEWEGUNG AUFZWINGEN WOLLEN. (IN DIESEM FALL HAT SPRING UNDEAD GEZWUNGEN, ZU ATTACKIEREN, UND FUKO SICH FÜR LAUFENLASSEN ENTSCHIEDEN, SODASS UNBREAKABLE AUS FREIEN STÜCKEN HANDELN KANN.)

WIRD DER KREISEL WÄHREND DES SPIELS ZERSTÖRT, BEDEUTET DIES DEN TOD DES NEGATORS, DESSEN SEELE IN DEN KREISEL PROJIZIERT WURDE.

* TANZTHEATER, BENANNT NACH DEN TANZTHEATERSTÜCKEN DES JAP. BÜHNENSCHAUSPIELERS ENNOSUKE ICHIKAWA

No. 086 Meine Rüstung ist...

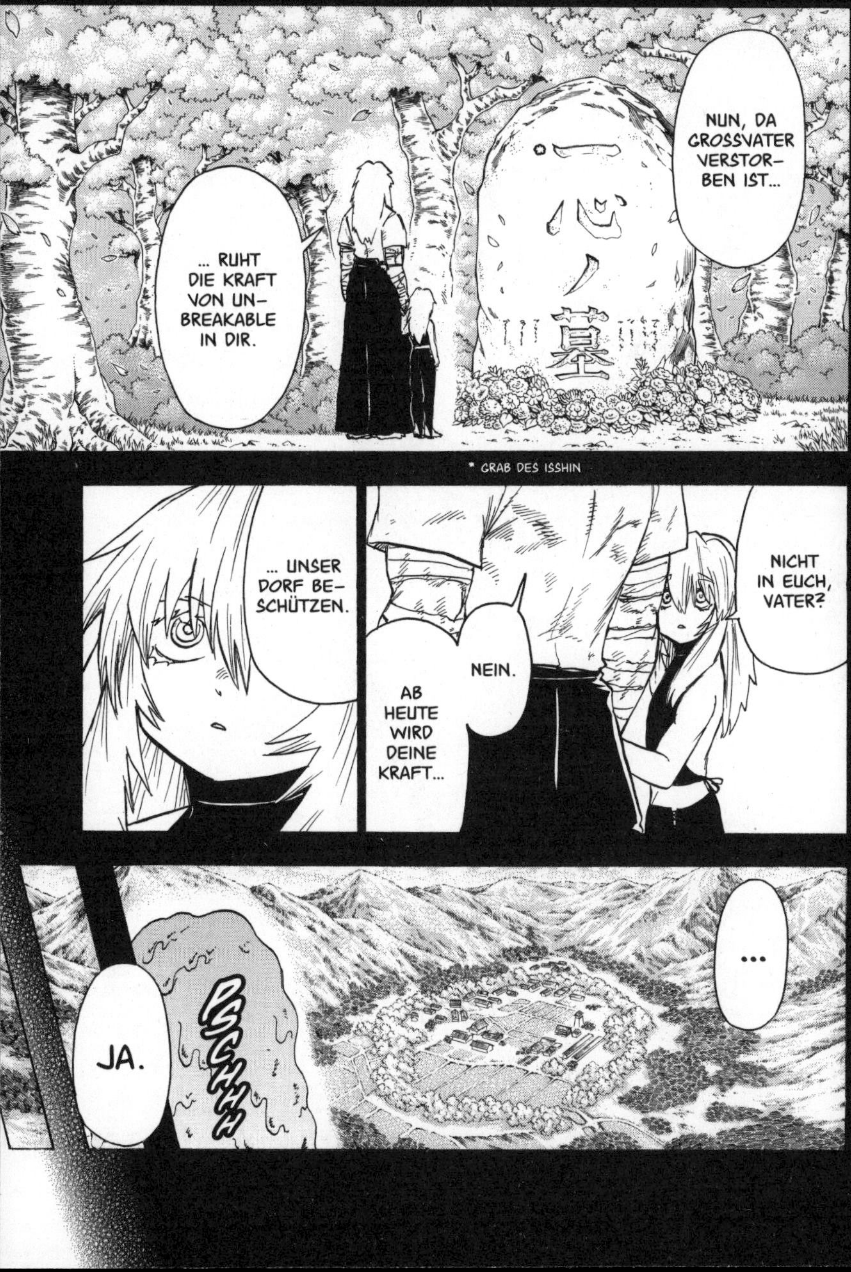

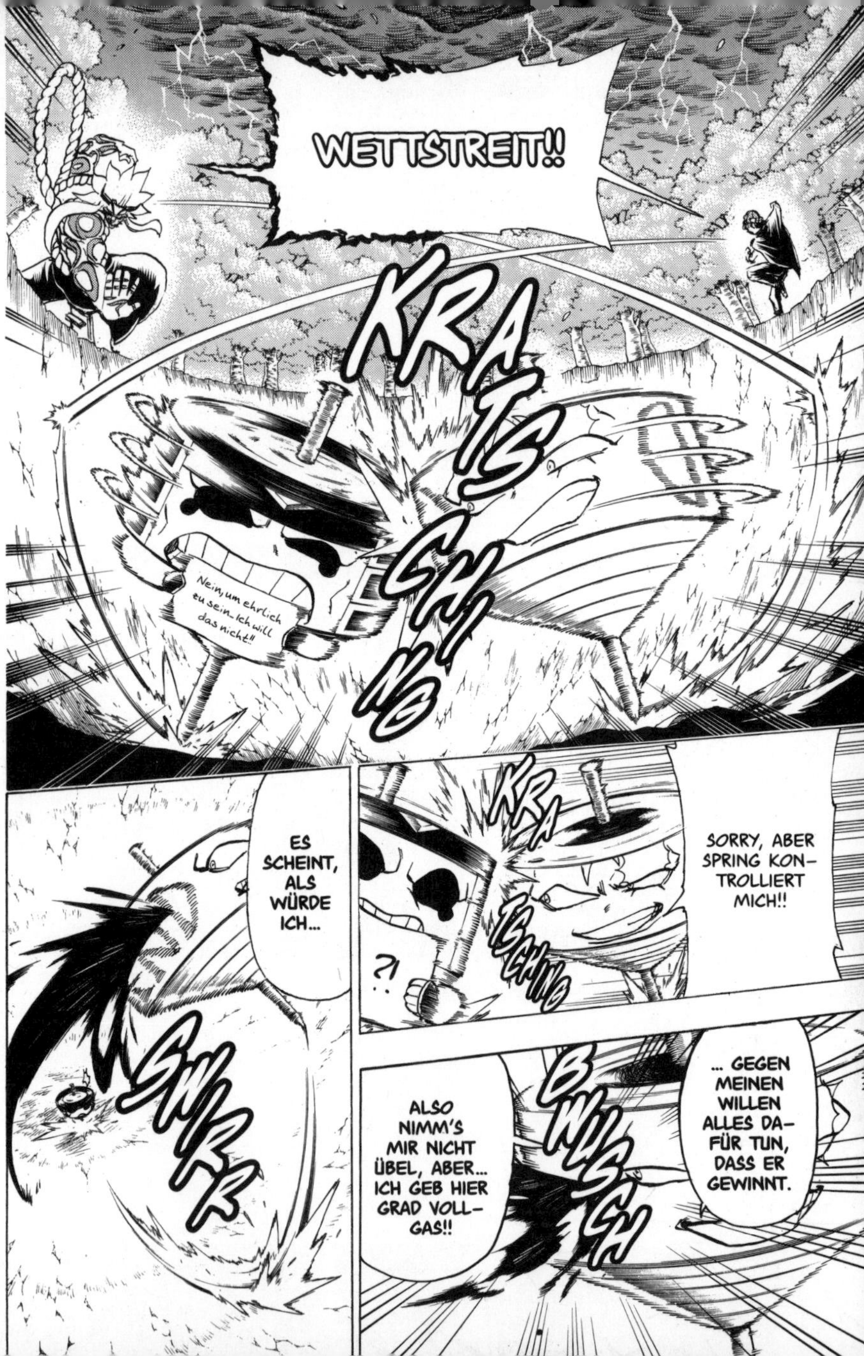
WETTSTREIT!!
KRATSCHING
Nein, um ehrlich zu sein, ich will das nicht!!
KRA
SORRY, ABER SPRING KONTROLLIERT MICH!!
TSCHING
?!
ES SCHEINT, ALS WÜRDE ICH...
... GEGEN MEINEN WILLEN ALLES DAFÜR TUN, DASS ER GEWINNT.
ALSO NIMM'S MIR NICHT ÜBEL, ABER... ICH GEB HIER GRAD VOLLGAS!!
BWUSCH
SWIRR

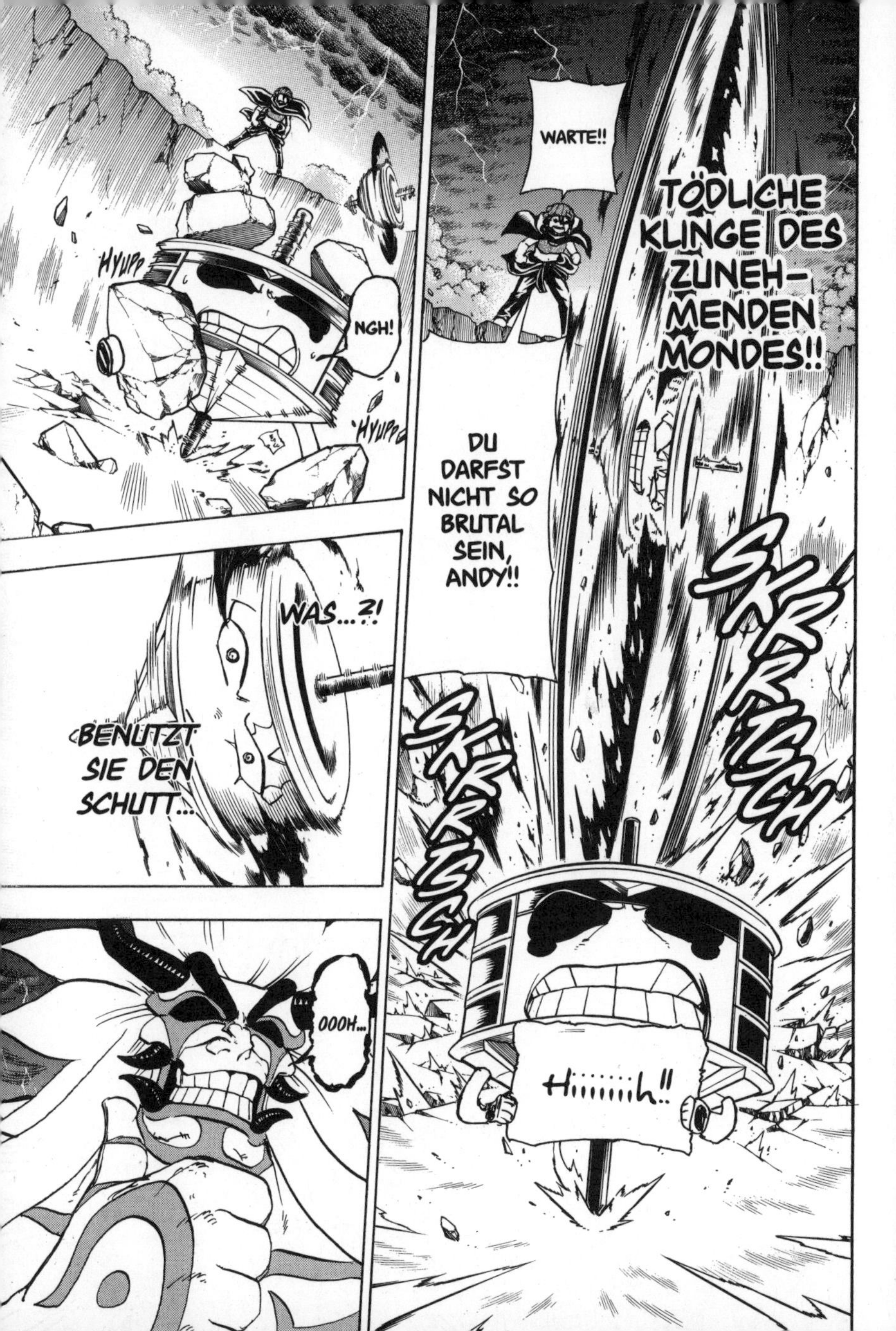
HYUPP
NGH!
HYUPP
WAS...?!
BENUTZT SIE DEN SCHUTT...
OOOH...
WARTE!!
DU DARFST NICHT SO BRUTAL SEIN, ANDY!!
TÖDLICHE KLINGE DES ZUNEH-MENDEN MONDES!!
SKRRRSCH
SKRRRSCH
Hiiiiiiih!!

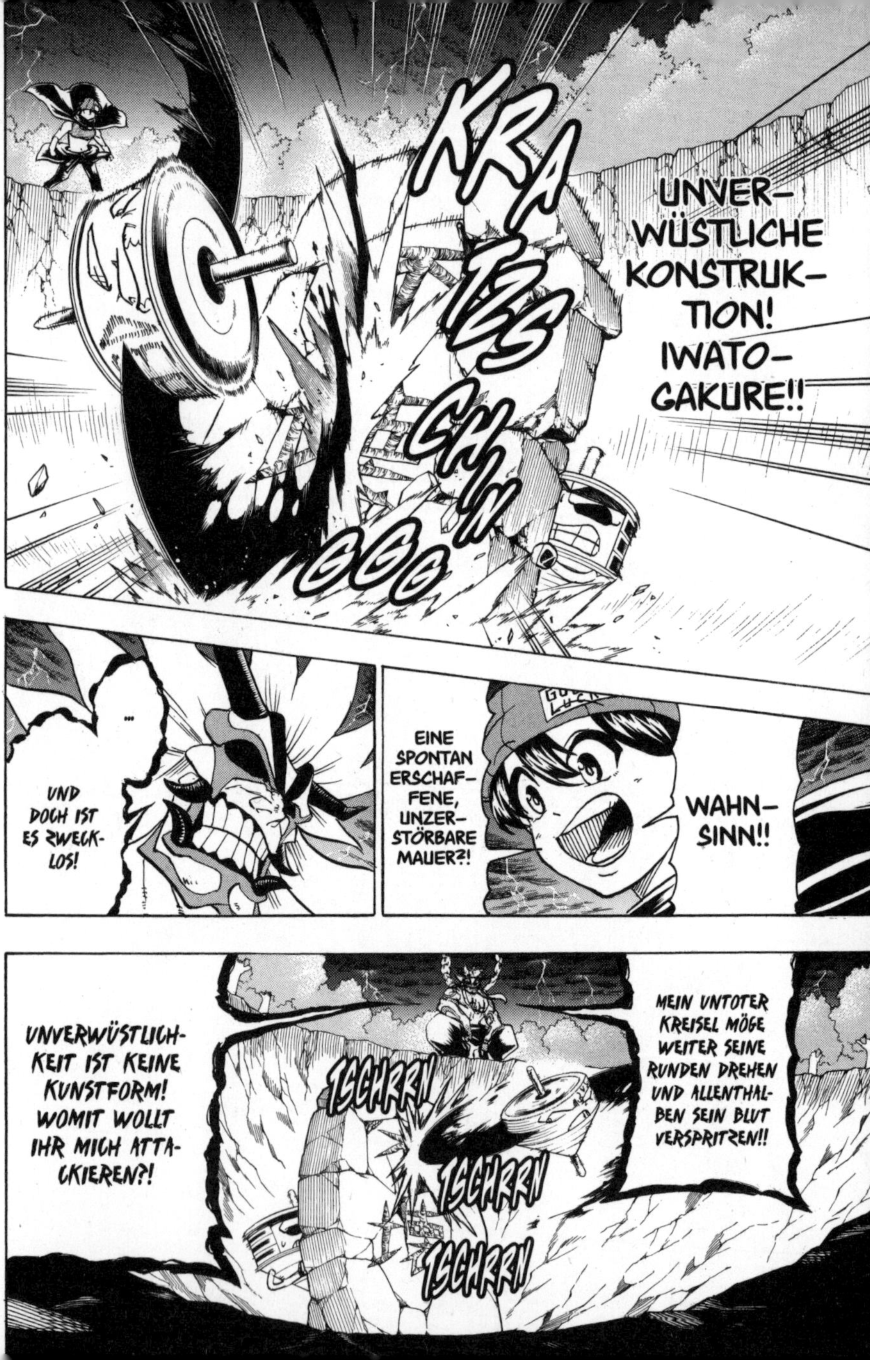
UNVER-
WÜSTLICHE
KONSTRUK-
TION!
IWATO-
GAKURE!!
WAHN-
SINN!!
EINE
SPONTAN
ERSCHAF-
FENE,
UNZER-
STÖRBARE
MAUER?!
...
UND
DOCH IST
ES ZWECK-
LOS!
MEIN UNTOTER
KREISEL MÖGE
WEITER SEINE
RUNDEN DREHEN
UND ALLENTHAL-
BEN SEIN BLUT
VERSPRITZEN!!
TSCHRRN
TSCHRRN
TSCHRRN
UNVERWÜSTLICH-
KEIT IST KEINE
KUNSTFORM!
WOMIT WOLLT
IHR MICH ATTA-
CKIEREN?!

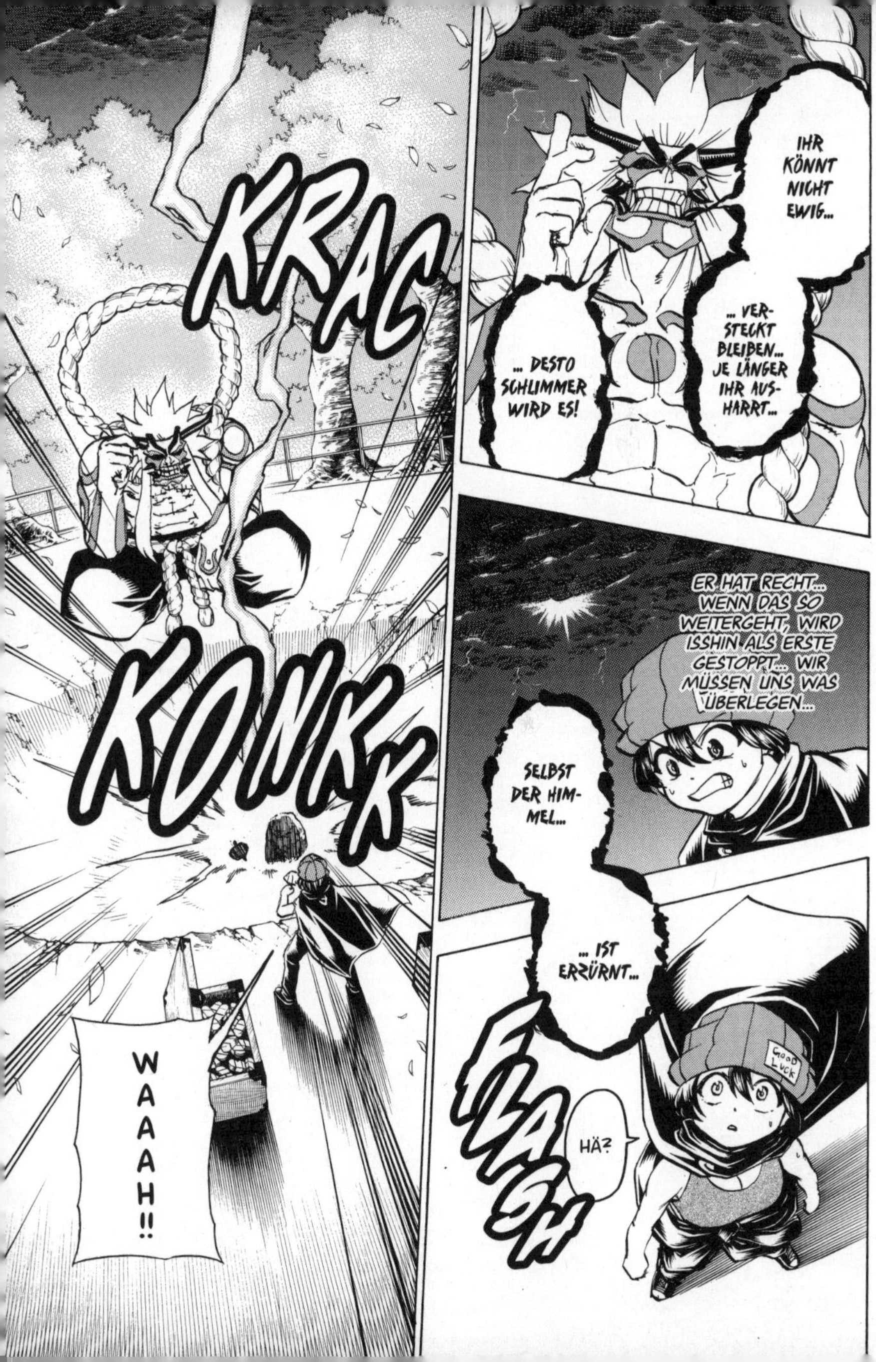
IHR KÖNNT NICHT EWIG...
... VER-STECKT BLEIBEN... JE LÄNGER IHR AUS-HARRT...
... DESTO SCHLIMMER WIRD ES!
KRAC
KONK
WAAAAH!!
ER HAT RECHT... WENN DAS SO WEITERGEHT, WIRD ISSHIN ALS ERSTE GESTOPPT... WIR MÜSSEN UNS WAS ÜBERLEGEN...
SELBST DER HIM-MEL...
... IST ERZÜRNT...
HÄ?

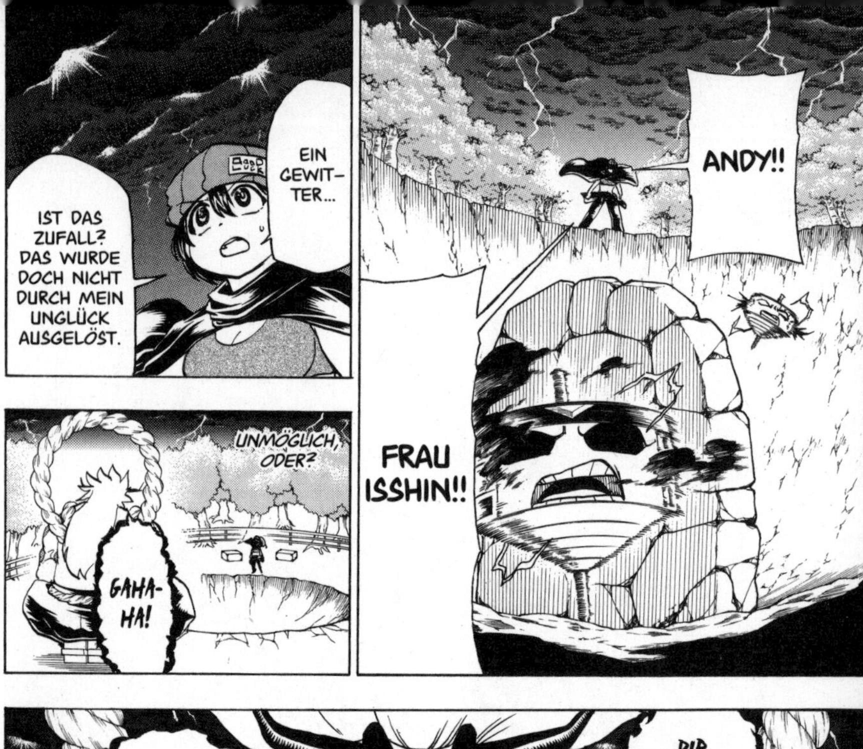

* SCHARFE KRITIK, VERPACKT IN SCHÖNEN WORTEN

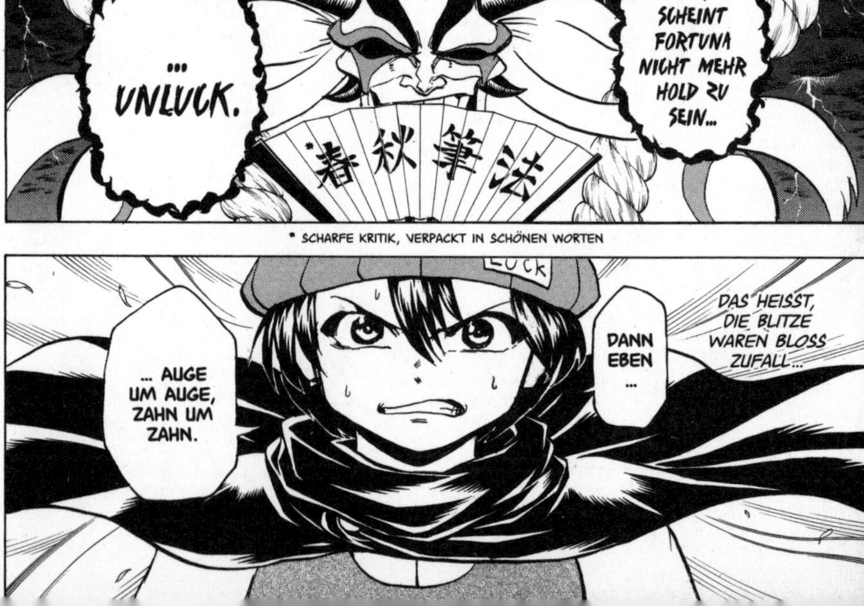

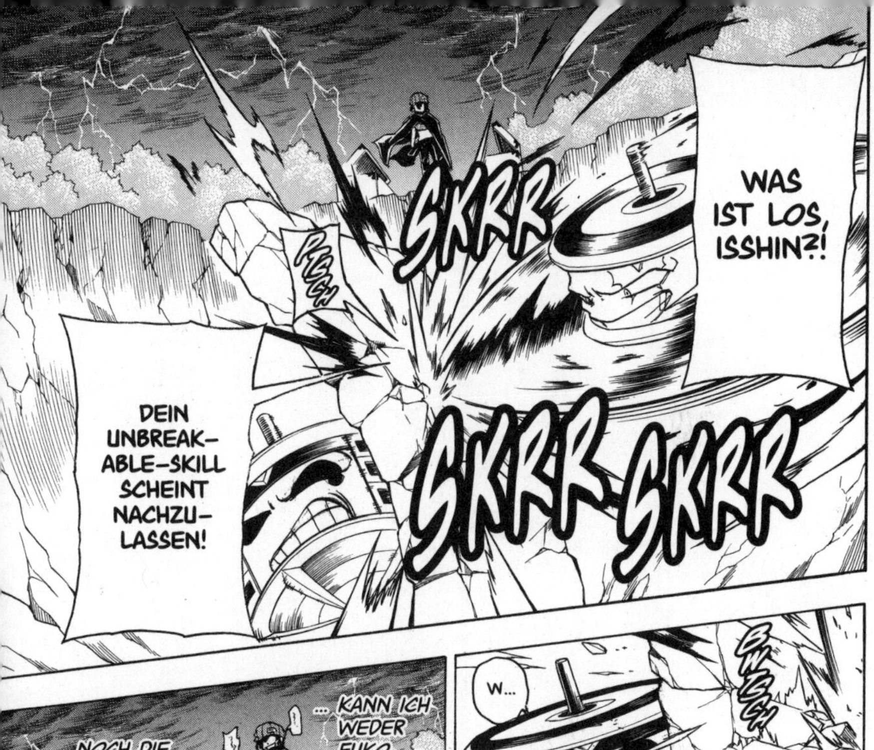

* MIT DÄMONEN VERGLEICHBARE FIGUREN DES JAP. VOLKSGLAUBENS

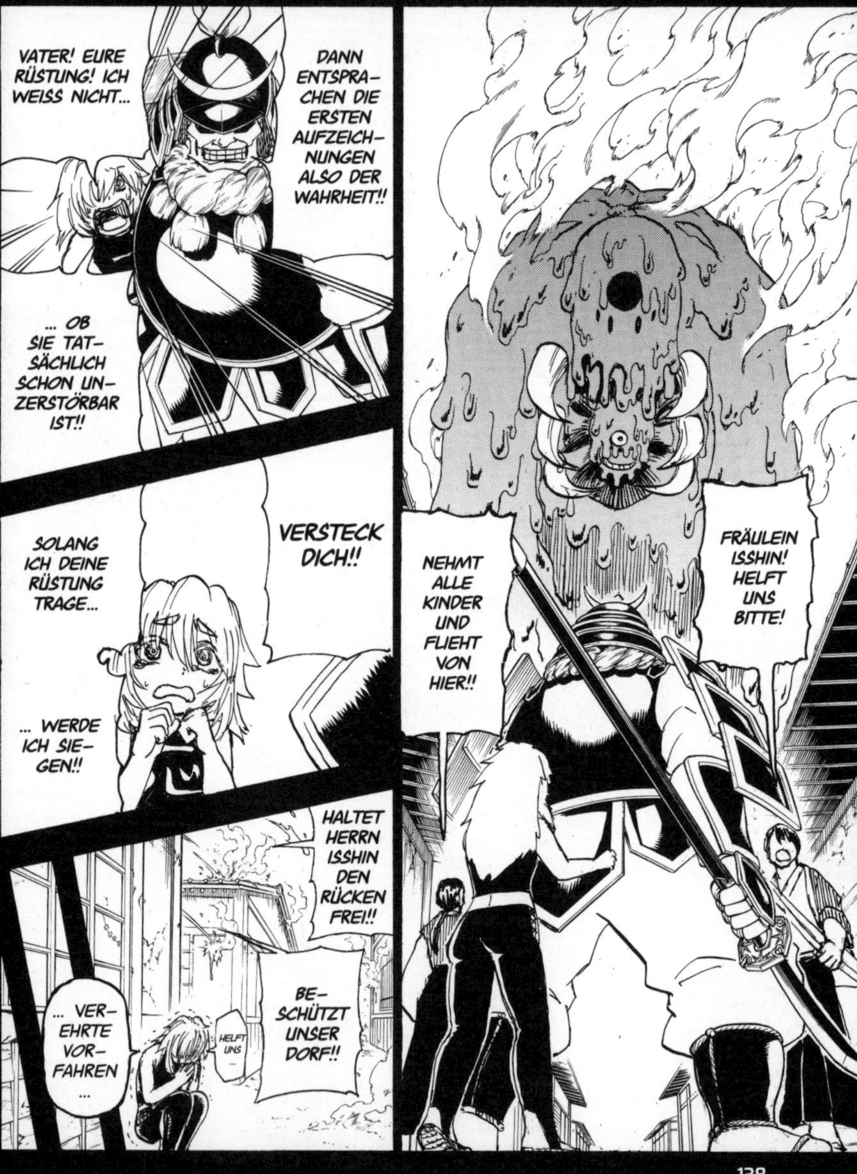
FRÄULEIN ISSHIN! HELFT UNS BITTE!
NEHMT ALLE KINDER UND FLIEHT VON HIER!!
VATER! EURE RÜSTUNG! ICH WEISS NICHT...
... OB SIE TAT-SÄCHLICH SCHON UN-ZERSTÖRBAR IST!!
DANN ENTSPRA-CHEN DIE ERSTEN AUFZEICH-NUNGEN ALSO DER WAHRHEIT!!
VERSTECK DICH!!
SOLANG ICH DEINE RÜSTUNG TRAGE...
... WERDE ICH SIE-GEN!!
HALTET HERRN ISSHIN DEN RÜCKEN FREI!!
BE-SCHÜTZT UNSER DORF!!
HELFT UNS ...
... VER-EHRTE VOR-FAHREN ...

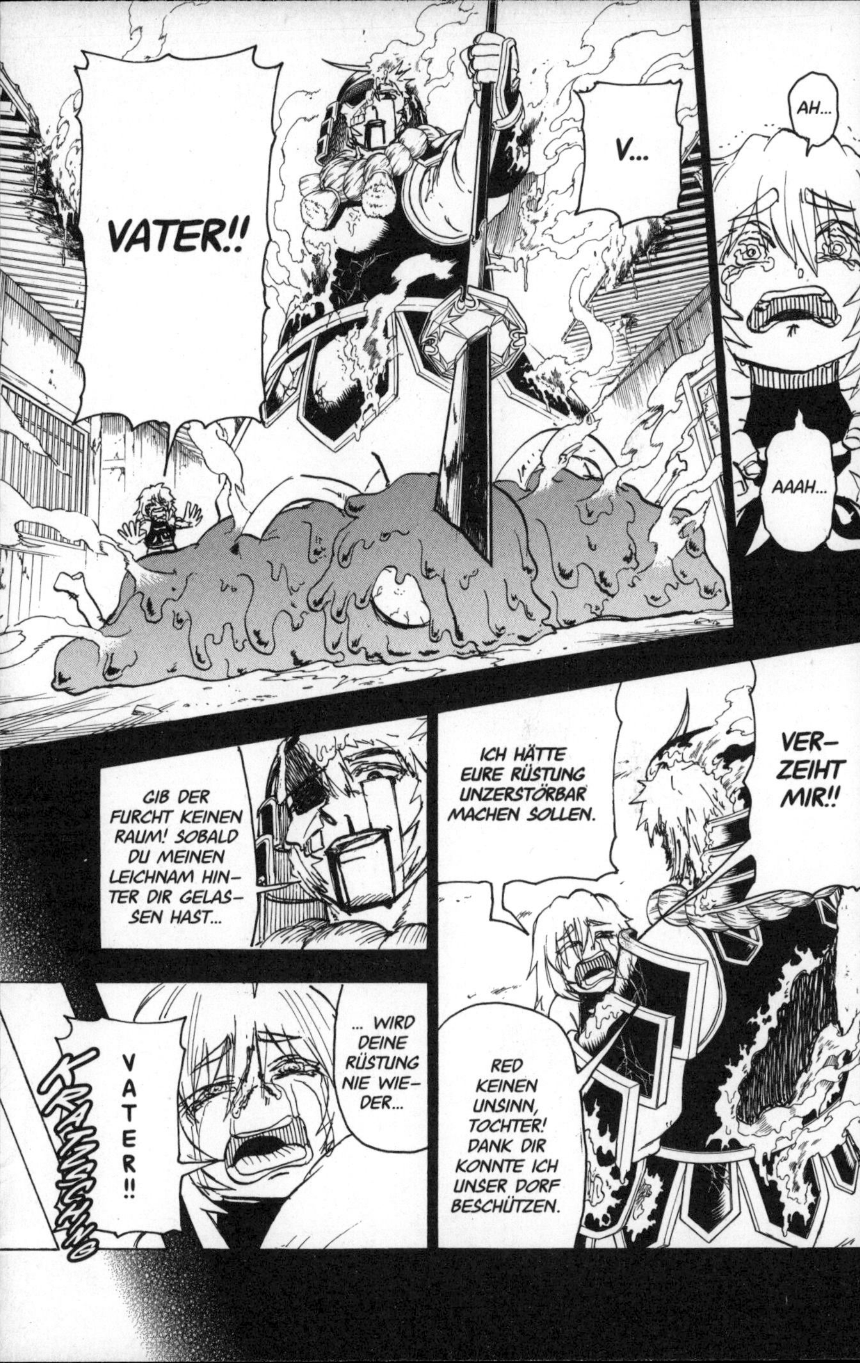

AH...
AAAH...
V...
VATER!!
VER-ZEIHT MIR!!
ICH HÄTTE EURE RÜSTUNG UNZERSTÖRBAR MACHEN SOLLEN.
RED KEINEN UNSINN, TOCHTER! DANK DIR KONNTE ICH UNSER DORF BESCHÜTZEN.
GIB DER FURCHT KEINEN RAUM! SOBALD DU MEINEN LEICHNAM HIN-TER DIR GELAS-SEN HAST...
... WIRD DEINE RÜSTUNG NIE WIE-DER...
VATER!!

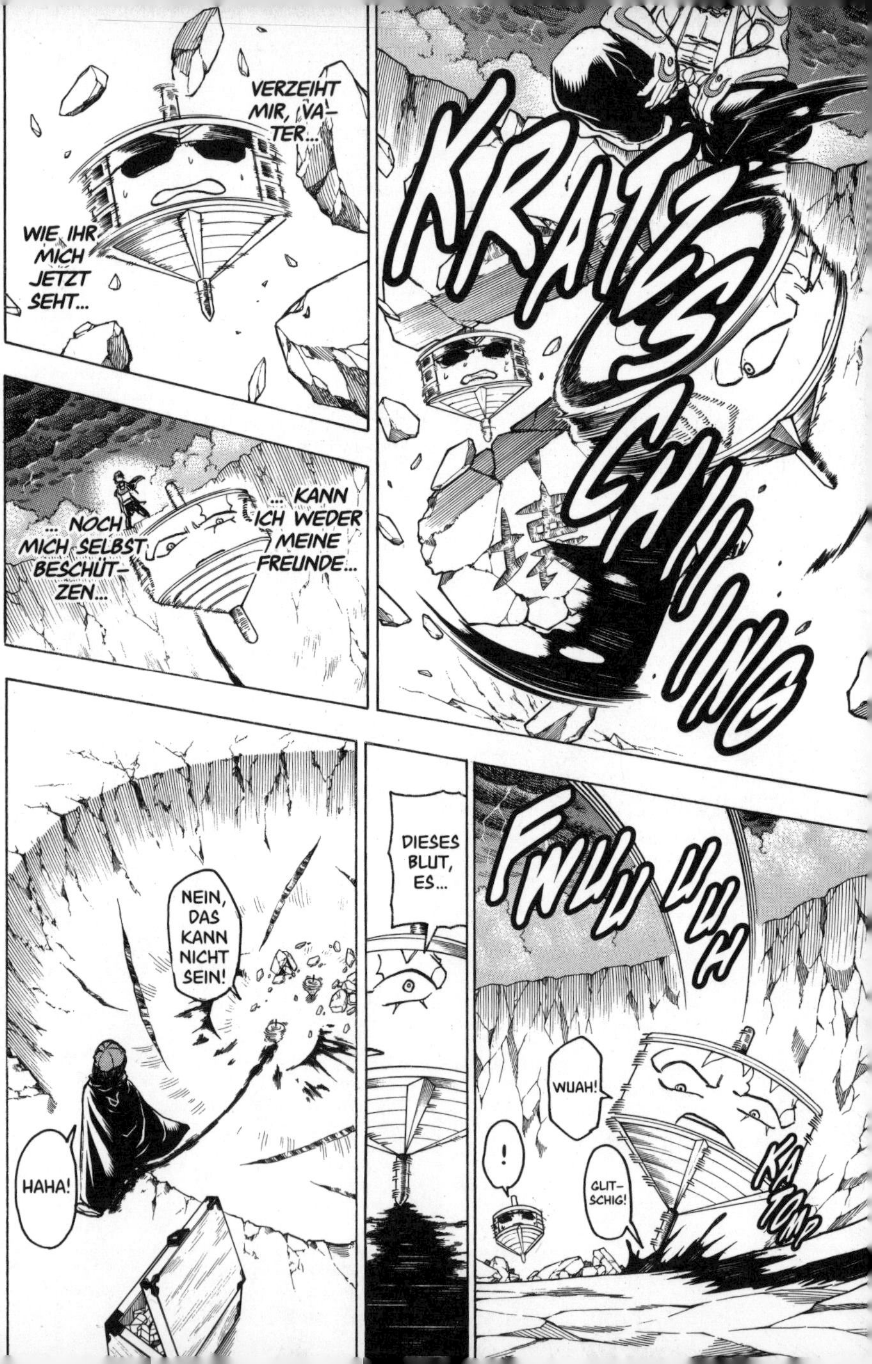
VERZEIHT MIR, VATER...
WIE IHR MICH JETZT SEHT...
... KANN ICH WEDER MEINE FREUNDE...
... NOCH MICH SELBST BESCHÜTZEN...
WUAH!
!
GLITSCHIG!
DIESES BLUT, ES...
NEIN, DAS KANN NICHT SEIN!
HAHA!

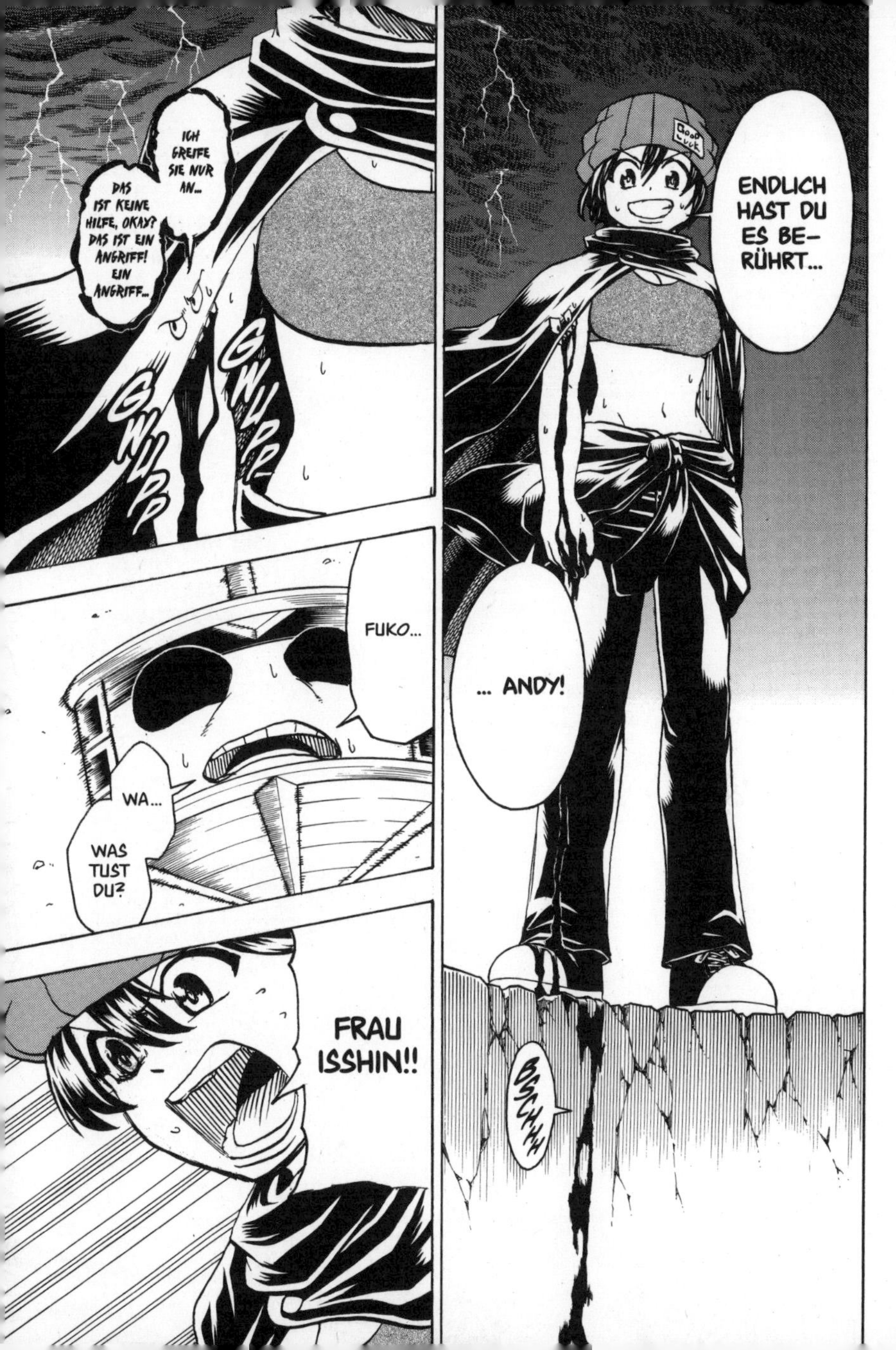
ENDLICH HAST DU ES BERÜHRT...
... ANDY!
BSCHHH
ICH GREIFE SIE NUR AN...
DAS IST KEINE HILFE, OKAY? DAS IST EIN ANGRIFF! EIN ANGRIFF...
GWUPP
GWUPP
FUKO...
WA...
WAS TUST DU?
FRAU ISSHIN!!

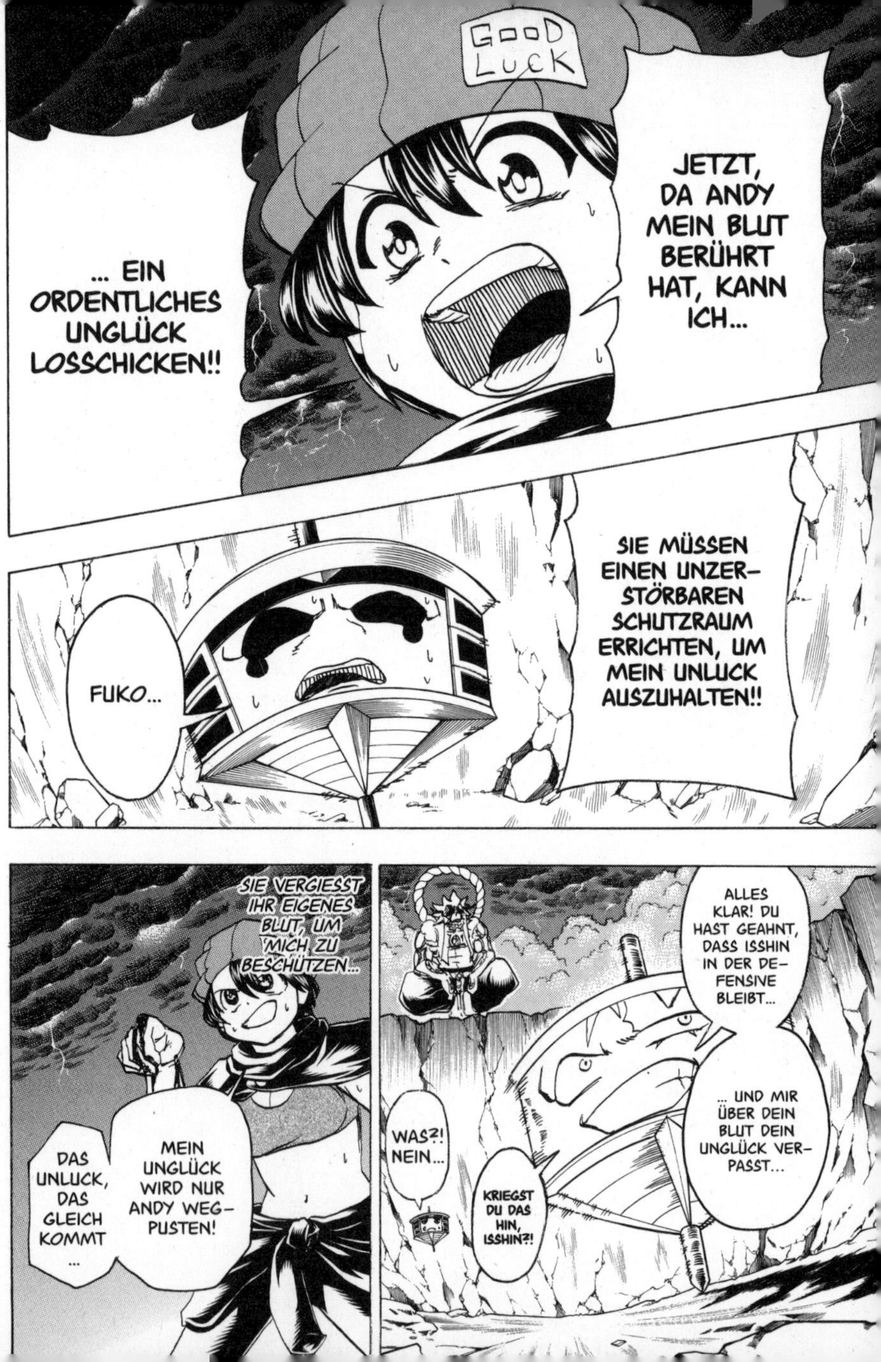
GOOD LUCK
JETZT, DA ANDY MEIN BLUT BERÜHRT HAT, KANN ICH...
... EIN ORDENTLICHES UNGLÜCK LOSSCHICKEN!!
SIE MÜSSEN EINEN UNZER-STÖRBAREN SCHUTZRAUM ERRICHTEN, UM MEIN UNLUCK AUSZUHALTEN!!
FUKO...
ALLES KLAR! DU HAST GEAHNT, DASS ISSHIN IN DER DE-FENSIVE BLEIBT...
... UND MIR ÜBER DEIN BLUT DEIN UNGLÜCK VER-PASST...
WAS?! NEIN...
KRIEGST DU DAS HIN, ISSHIN?!
SIE VERGIESST IHR EIGENES BLUT, UM MICH ZU BESCHÜTZEN...
MEIN UNGLÜCK WIRD NUR ANDY WEG-PUSTEN!
DAS UNLUCK, DAS GLEICH KOMMT ...

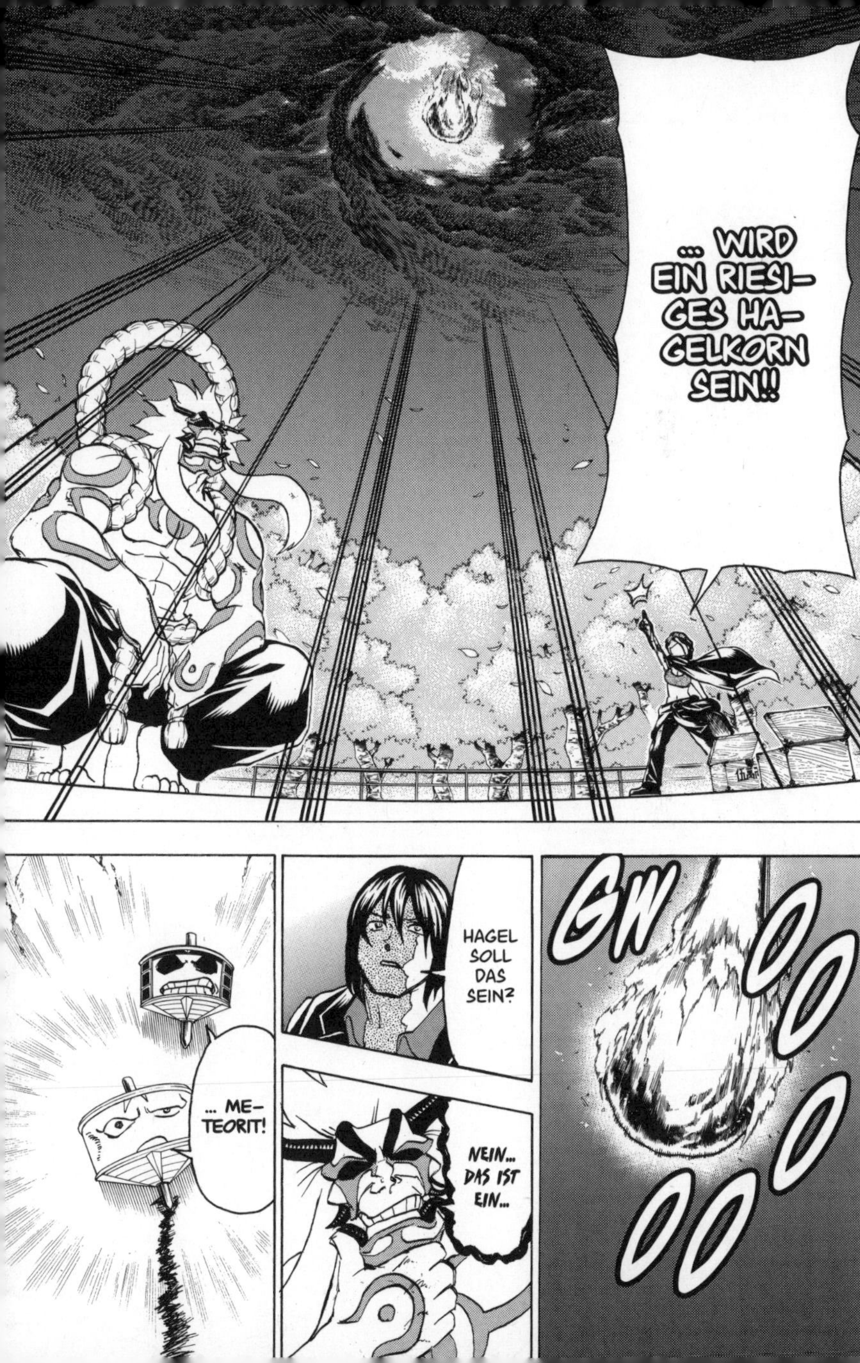
... WIRD EIN RIESI- GES HA- GELKORN SEIN!!
HAGEL SOLL DAS SEIN?
GWOOOOOOOOO
NEIN... DAS IST EIN...
... ME- TEORIT!

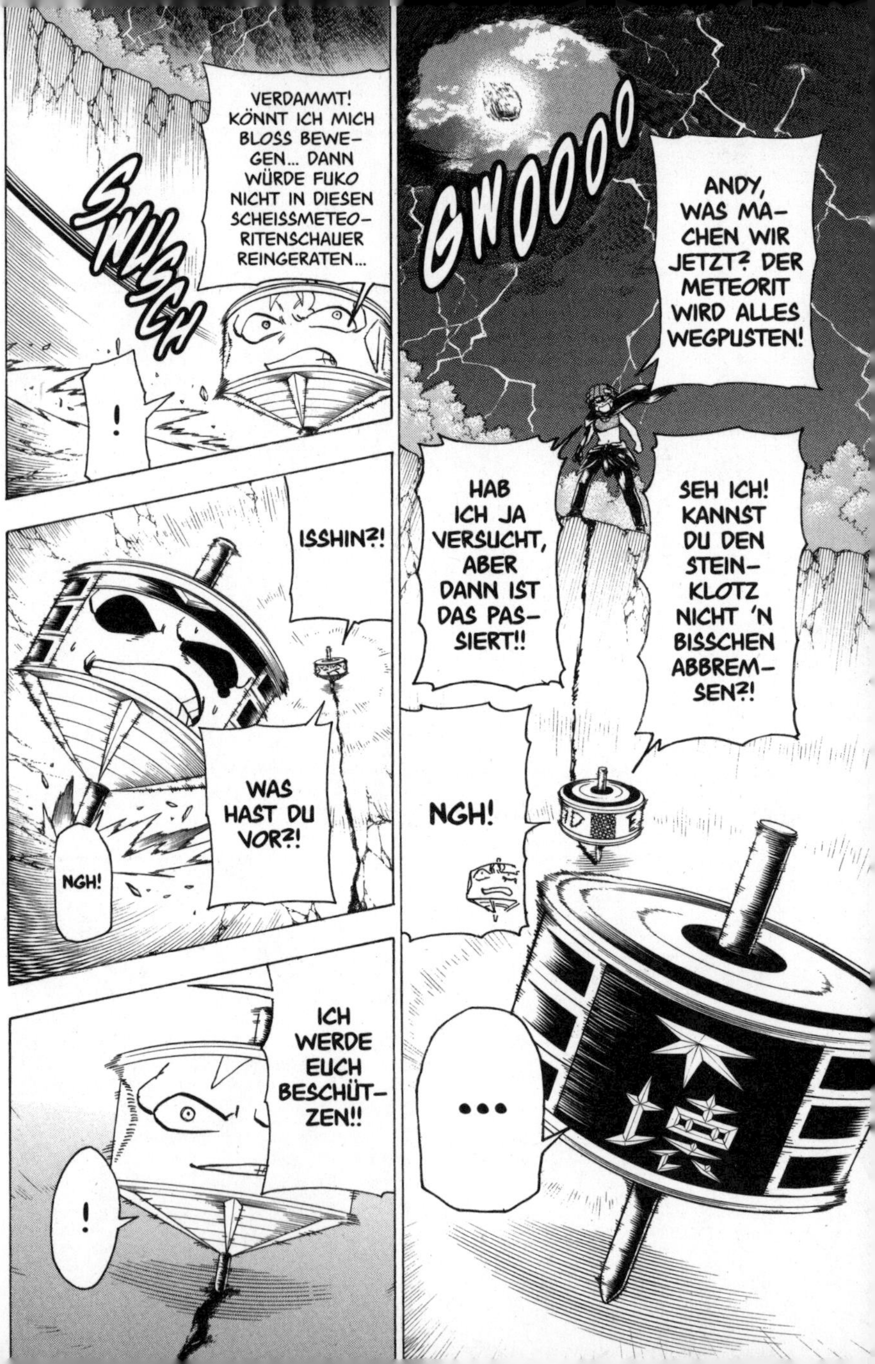
GWOOOO
ANDY, WAS MACHEN WIR JETZT?! DER METEORIT WIRD ALLES WEGPUSTEN!
SEH ICH! KANNST DU DEN STEINKLOTZ NICHT 'N BISSCHEN ABBREMSEN?!
HAB ICH JA VERSUCHT, ABER DANN IST DAS PASSIERT!!
NGH!
...
VERDAMMT! KÖNNT ICH MICH BLOSS BEWEGEN... DANN WÜRDE FUKO NICHT IN DIESEN SCHEISSMETEORITENSCHAUER REINGERATEN...
SWUSCH
!
ISSHIN?!
WAS HAST DU VOR?!
NGH!
ICH WERDE EUCH BESCHÜTZEN!!
!

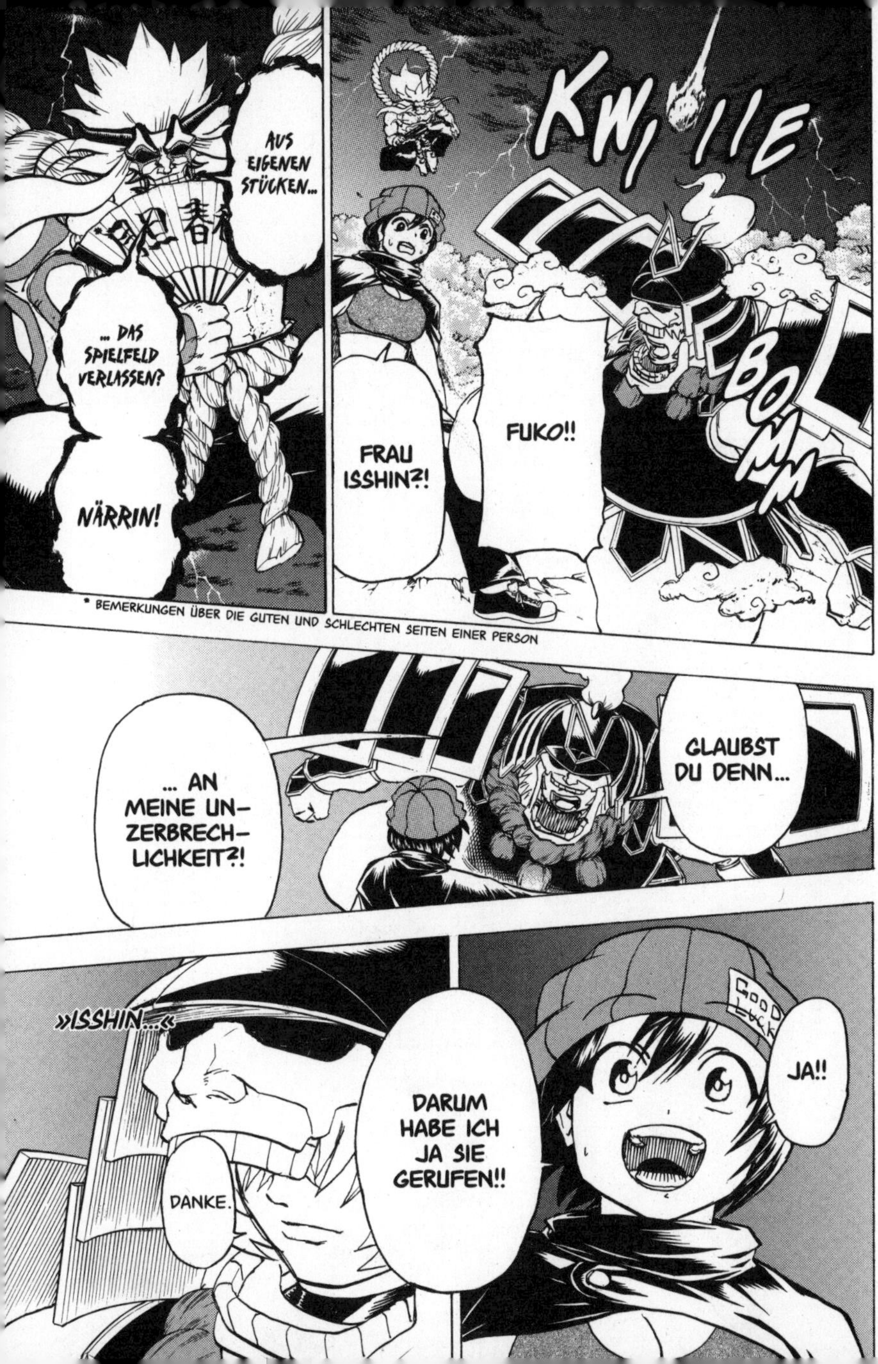
KWIIIE
BOMM
FUKO!!
FRAU ISSHIN?!
AUS EIGENEN STÜCKEN...
... DAS SPIELFELD VERLASSEN?
NÄRRIN!
* BEMERKUNGEN ÜBER DIE GUTEN UND SCHLECHTEN SEITEN EINER PERSON
GLAUBST DU DENN...
... AN MEINE UN-ZERBRECH-LICHKEIT?!
GOOD LUCK
JA!!
DARUM HABE ICH JA SIE GERUFEN!!
»ISSHIN...«
DANKE.

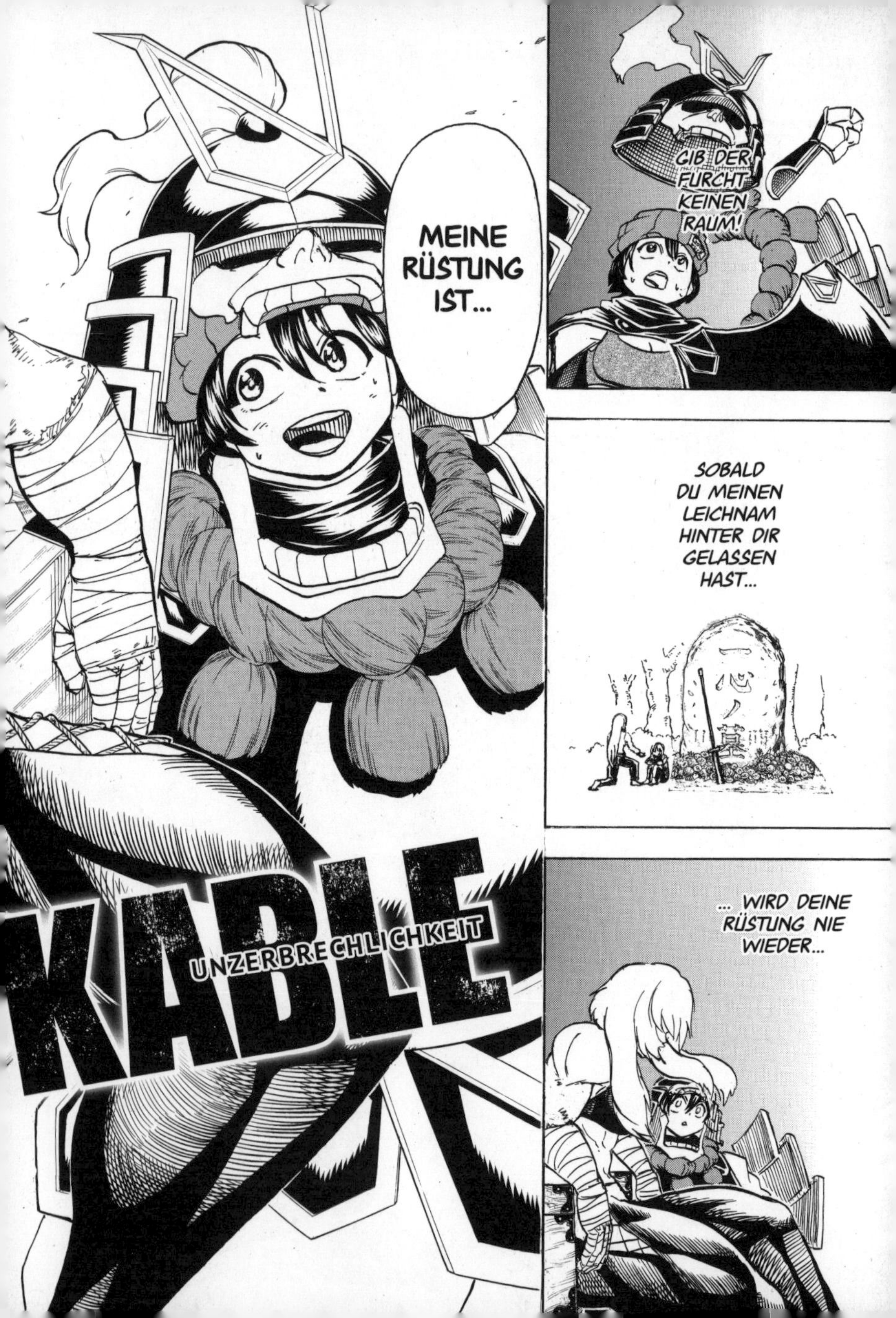
GIB DER FURCHT KEINEN RAUM!
SOBALD DU MEINEN LEICHNAM HINTER DIR GELASSEN HAST...
... WIRD DEINE RÜSTUNG NIE WIEDER...
MEINE RÜSTUNG IST...
KABLE
UNZERBRECHLICHKEIT

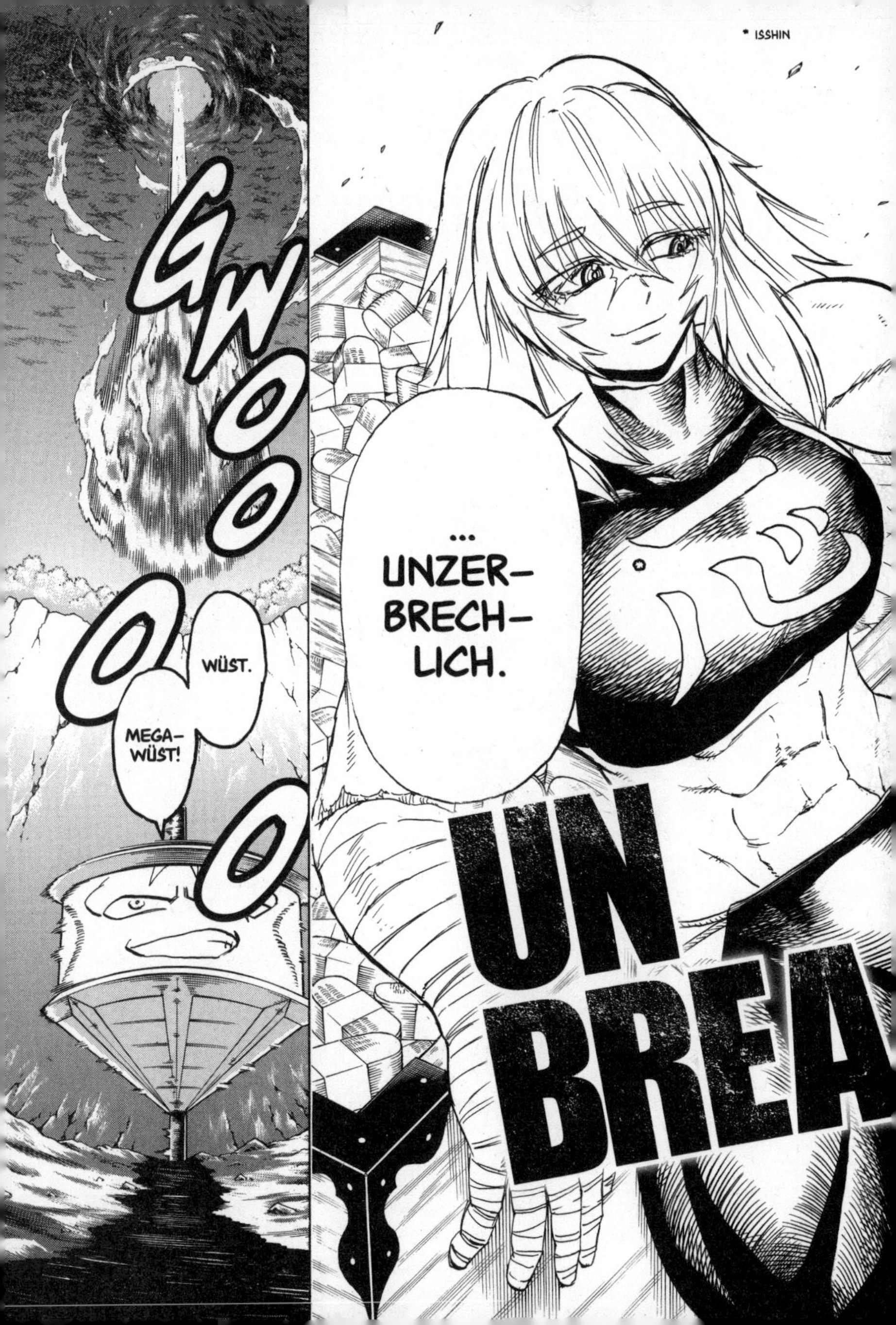
* ISSHIN
... UNZER-BRECH-LICH.
UN BREA
GWOOOOOO
WÜST.
MEGA-WÜST!

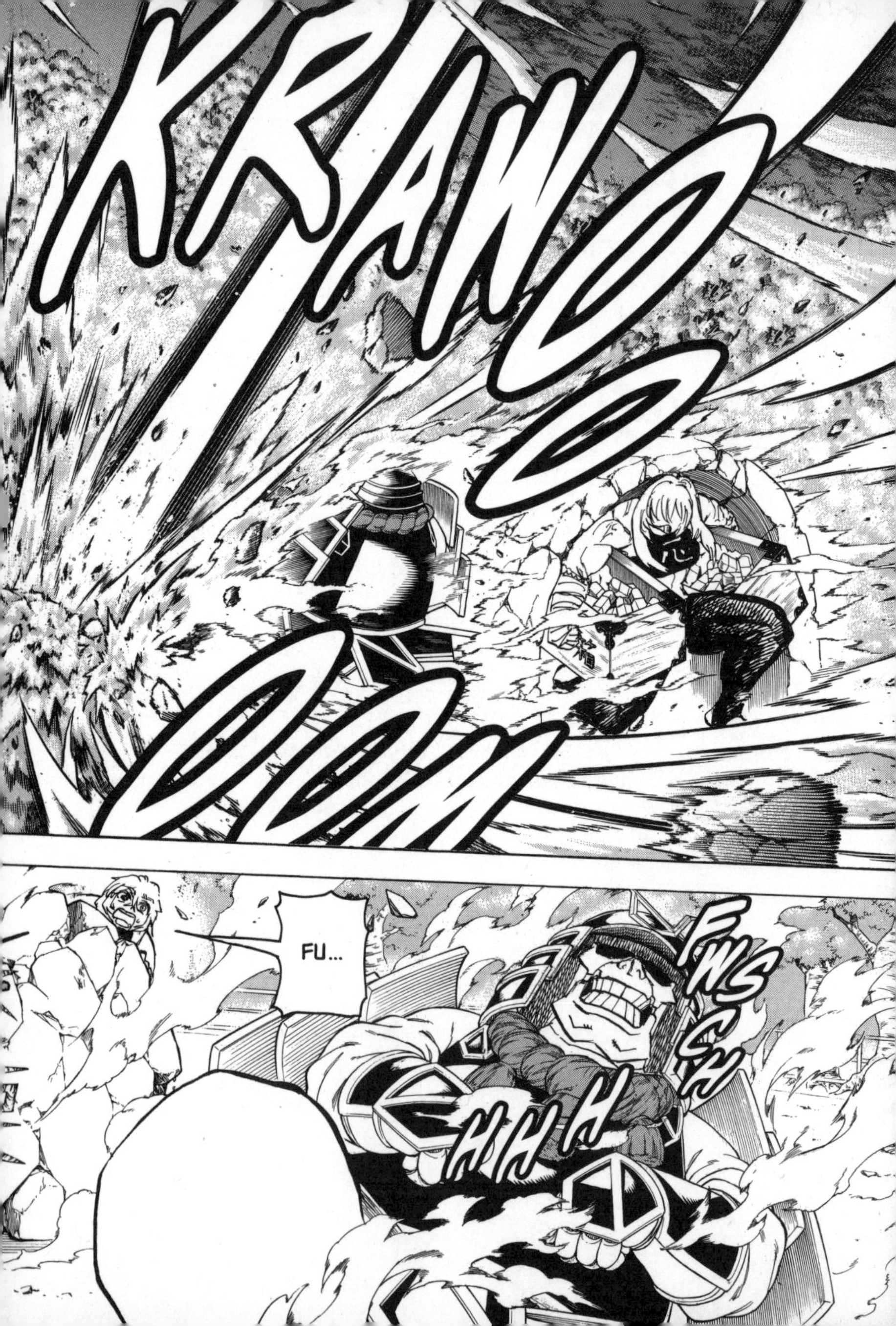
FU...

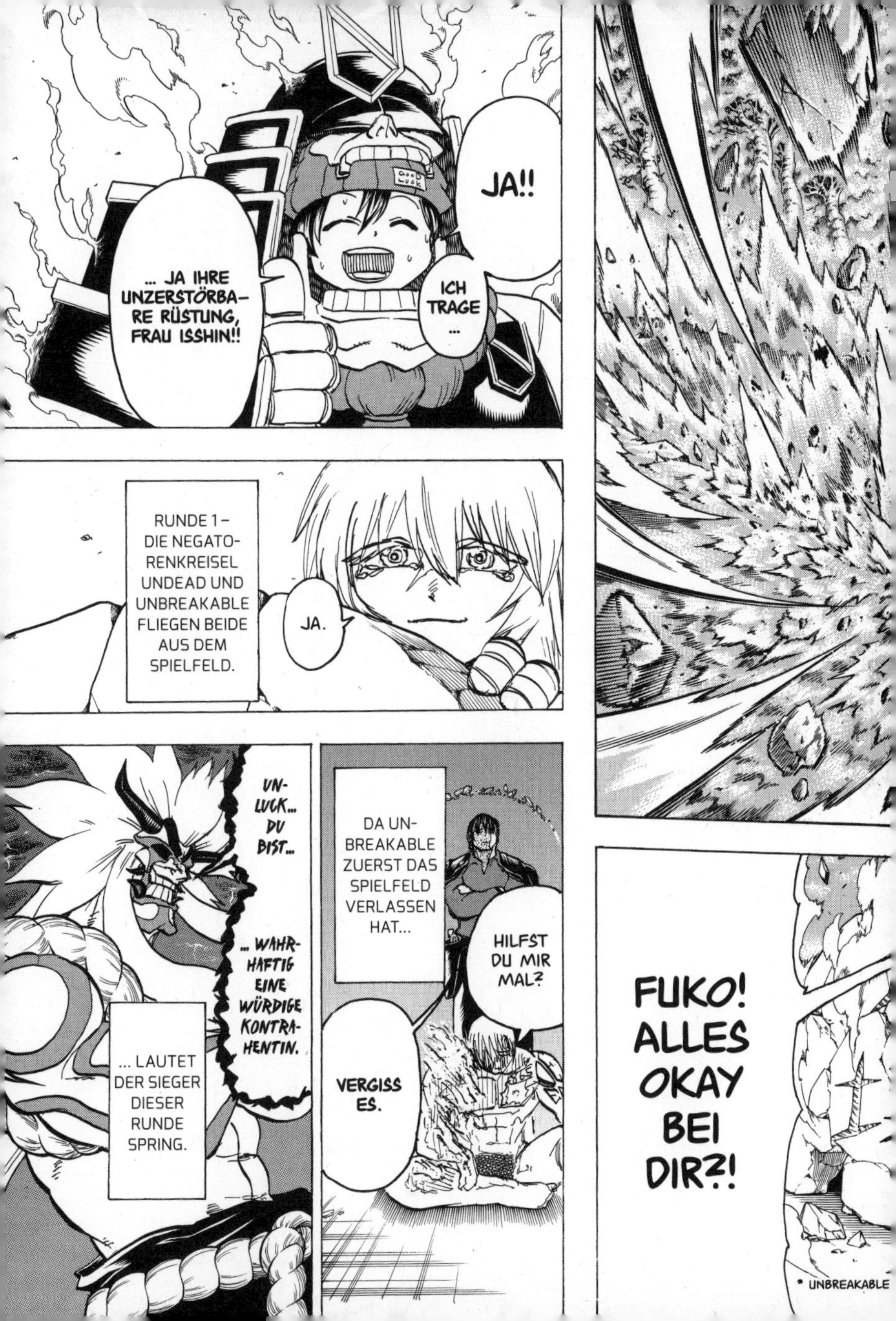
JA!!
ICH TRAGE ...
... JA IHRE UNZERSTÖRBARE RÜSTUNG, FRAU ISSHIN!!
JA.
RUNDE 1– DIE NEGATORENKREISEL UNDEAD UND UNBREAKABLE FLIEGEN BEIDE AUS DEM SPIELFELD.
FUKO! ALLES OKAY BEI DIR?!
* UNBREAKABLE
DA UNBREAKABLE ZUERST DAS SPIELFELD VERLASSEN HAT...
HILFST DU MIR MAL?
VERGISS ES.
UNLUCK... DU BIST...
... WAHRHAFTIG EINE WÜRDIGE KONTRAHENTIN.
... LAUTET DER SIEGER DIESER RUNDE SPRING.

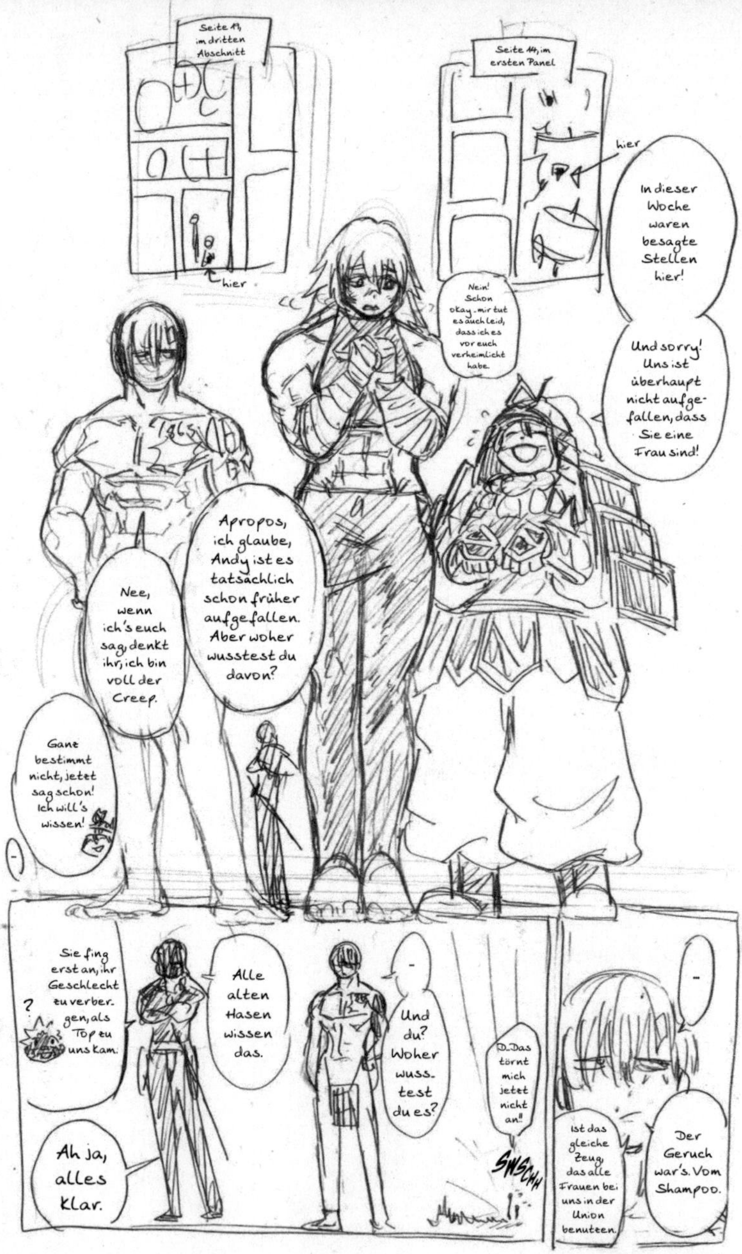

ALLE NEHMEN DASSELBE SHAMPOO WIE JUIZ.

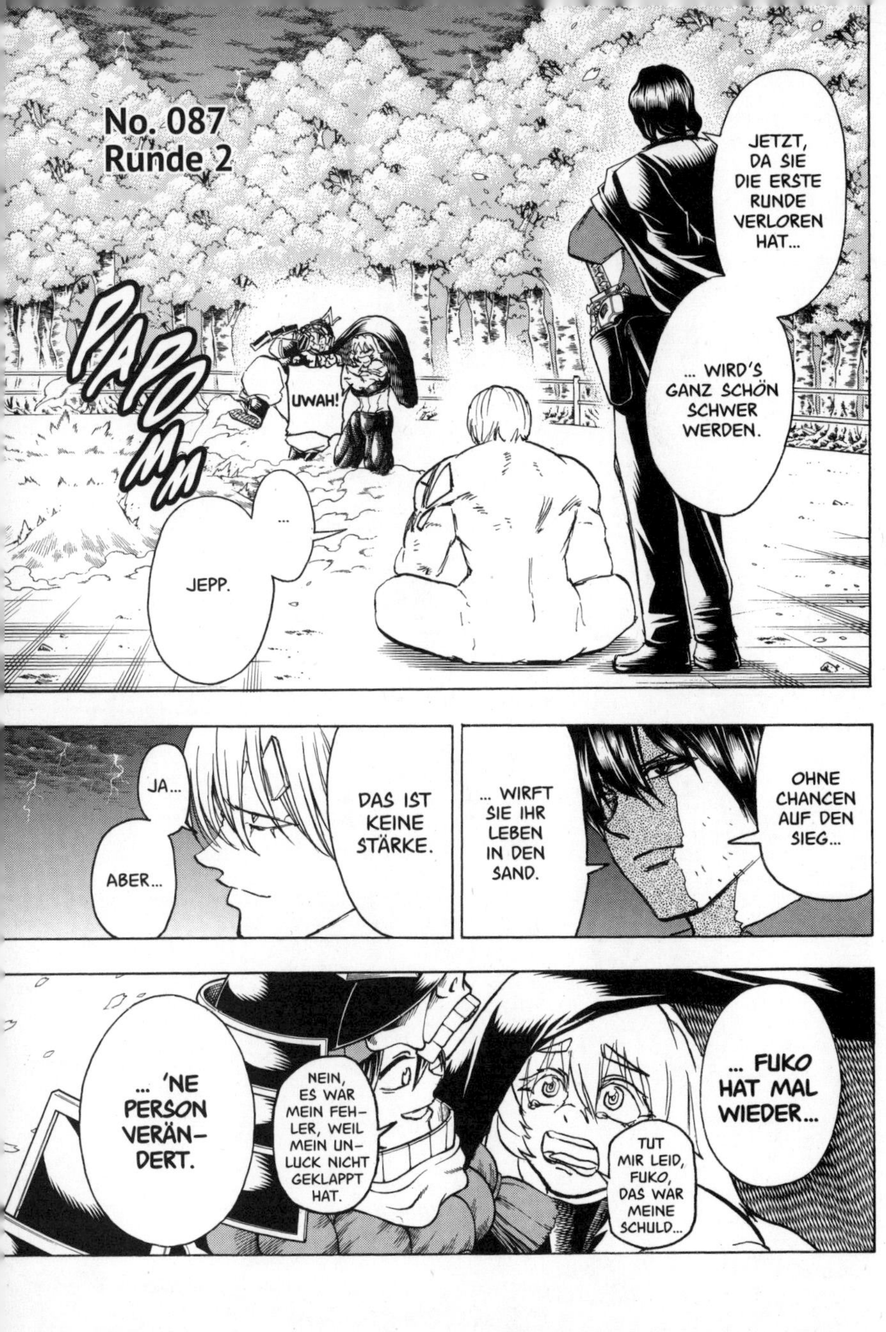
No. 087
Runde 2
JETZT, DA SIE DIE ERSTE RUNDE VERLOREN HAT...
... WIRD'S GANZ SCHÖN SCHWER WERDEN.
UWAH!
PAPOMM
...
JEPP.
OHNE CHANCEN AUF DEN SIEG...
... WIRFT SIE IHR LEBEN IN DEN SAND.
DAS IST KEINE STÄRKE.
JA...
ABER...
... FUKO HAT MAL WIEDER...
TUT MIR LEID, FUKO, DAS WAR MEINE SCHULD...
NEIN, ES WAR MEIN FEHLER, WEIL MEIN UNLUCK NICHT GEKLAPPT HAT.
... 'NE PERSON VERÄNDERT.

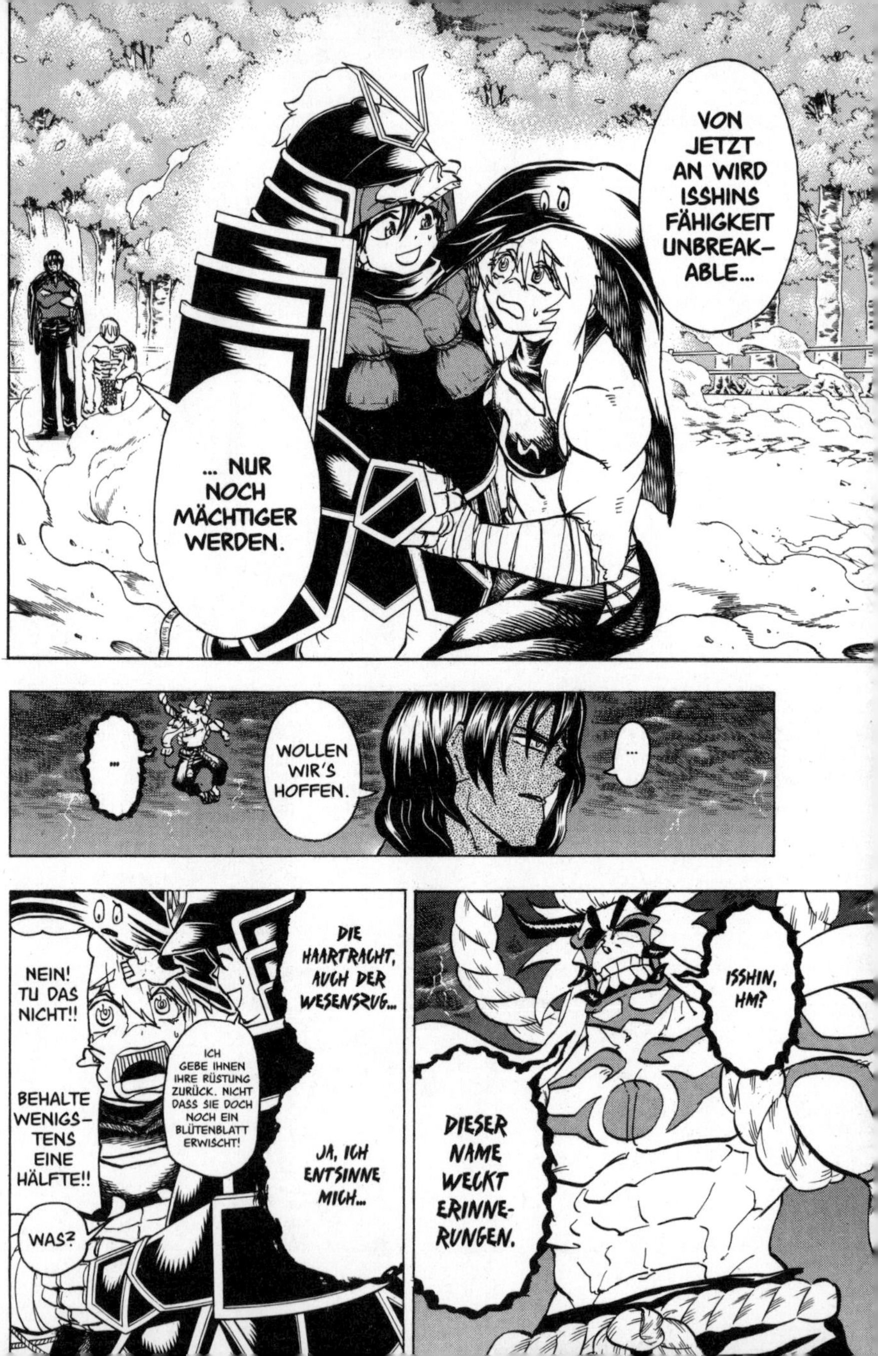
VON JETZT AN WIRD ISSHINS FÄHIGKEIT UNBREAKABLE...
... NUR NOCH MÄCHTIGER WERDEN.
...
WOLLEN WIR'S HOFFEN.
...
ISSHIN, HM?
DIESER NAME WECKT ERINNERUNGEN.
DIE HAARTRACHT, AUCH DER WESENSZUG...
JA, ICH ENTSINNE MICH...
ICH GEBE IHNEN IHRE RÜSTUNG ZURÜCK. NICHT DASS SIE DOCH NOCH EIN BLÜTENBLATT ERWISCHT!
NEIN! TU DAS NICHT!!
BEHALTE WENIGSTENS EINE HÄLFTE!!
WAS?

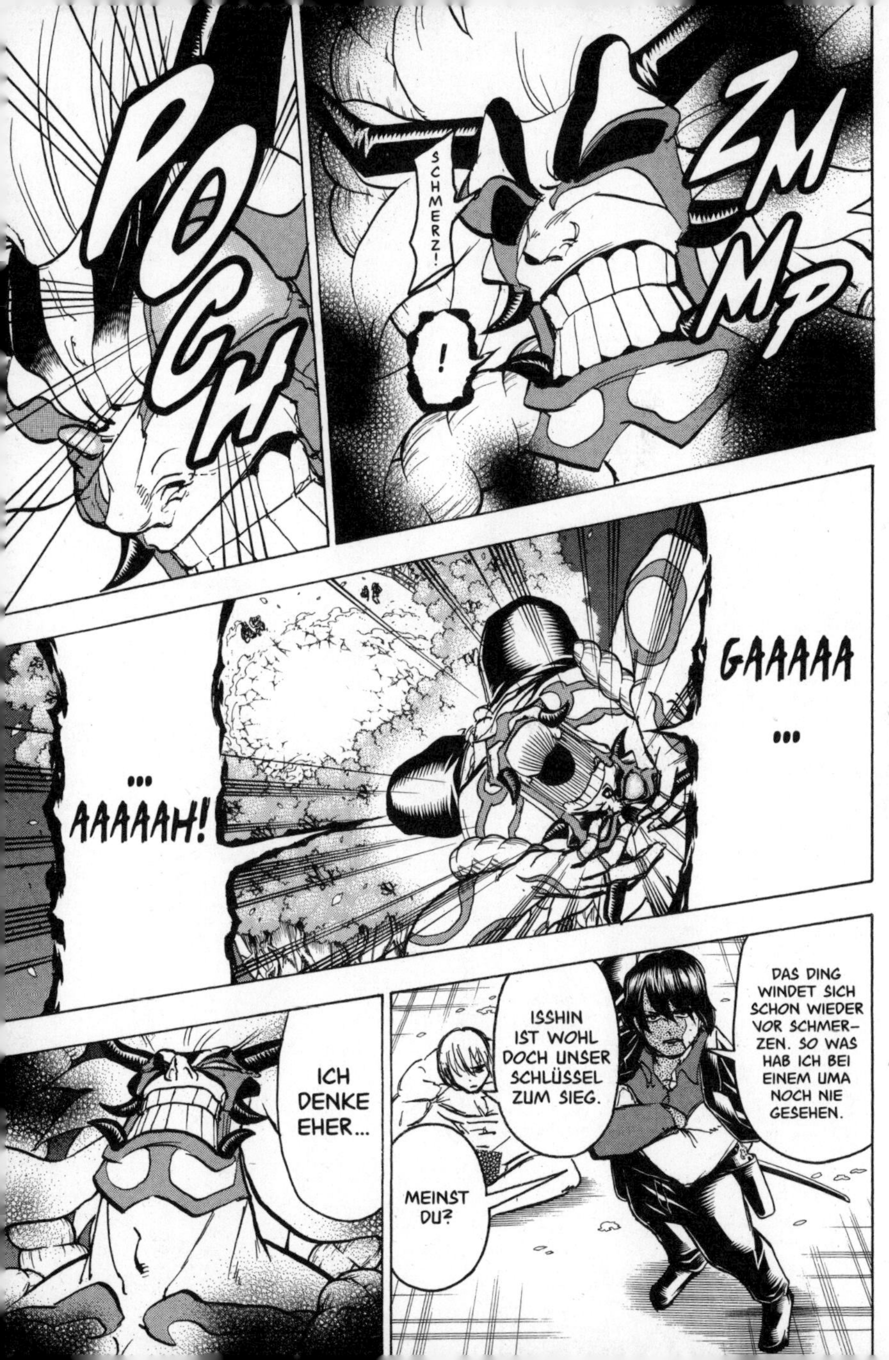
ZMMP
SCHMERZ!
!
POCH
GAAAAA...
...AAAAAH!
DAS DING WINDET SICH SCHON WIEDER VOR SCHMERZEN. SO WAS HAB ICH BEI EINEM UMA NOCH NIE GESEHEN.
ISSHIN IST WOHL DOCH UNSER SCHLÜSSEL ZUM SIEG.
MEINST DU?
ICH DENKE EHER...

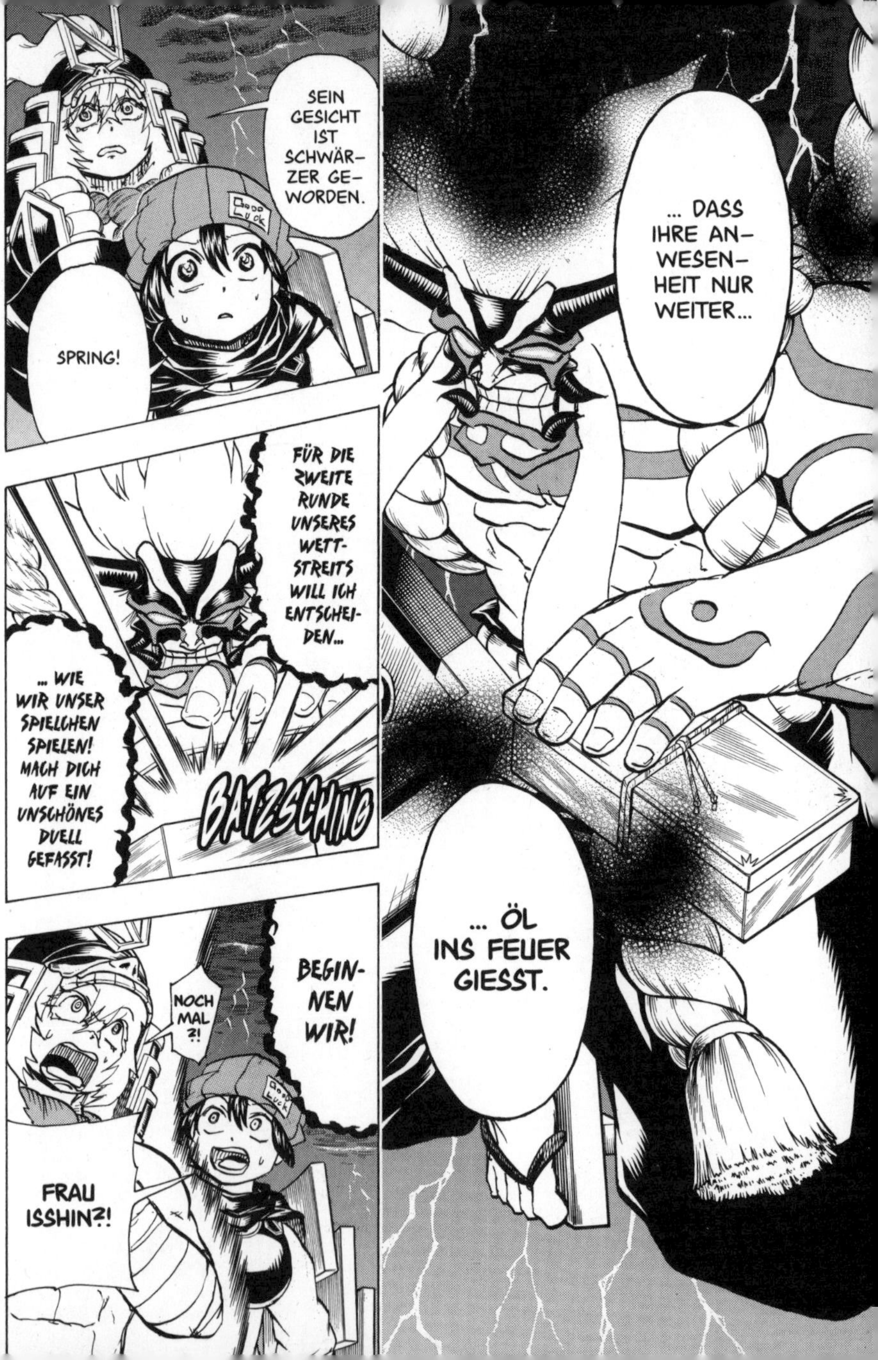
... DASS IHRE AN-WESEN-HEIT NUR WEITER...
... ÖL INS FEUER GIESST.
SEIN GESICHT IST SCHWÄR-ZER GE-WORDEN.
SPRING!
FÜR DIE ZWEITE RUNDE UNSERES WETT-STREITS WILL ICH ENTSCHEI-DEN...
... WIE WIR UNSER SPIELCHEN SPIELEN! MACH DICH AUF EIN UNSCHÖNES DUELL GEFASST!
BATZSCHING
BEGIN-NEN WIR!
NOCH MAL?!
FRAU ISSHIN?!

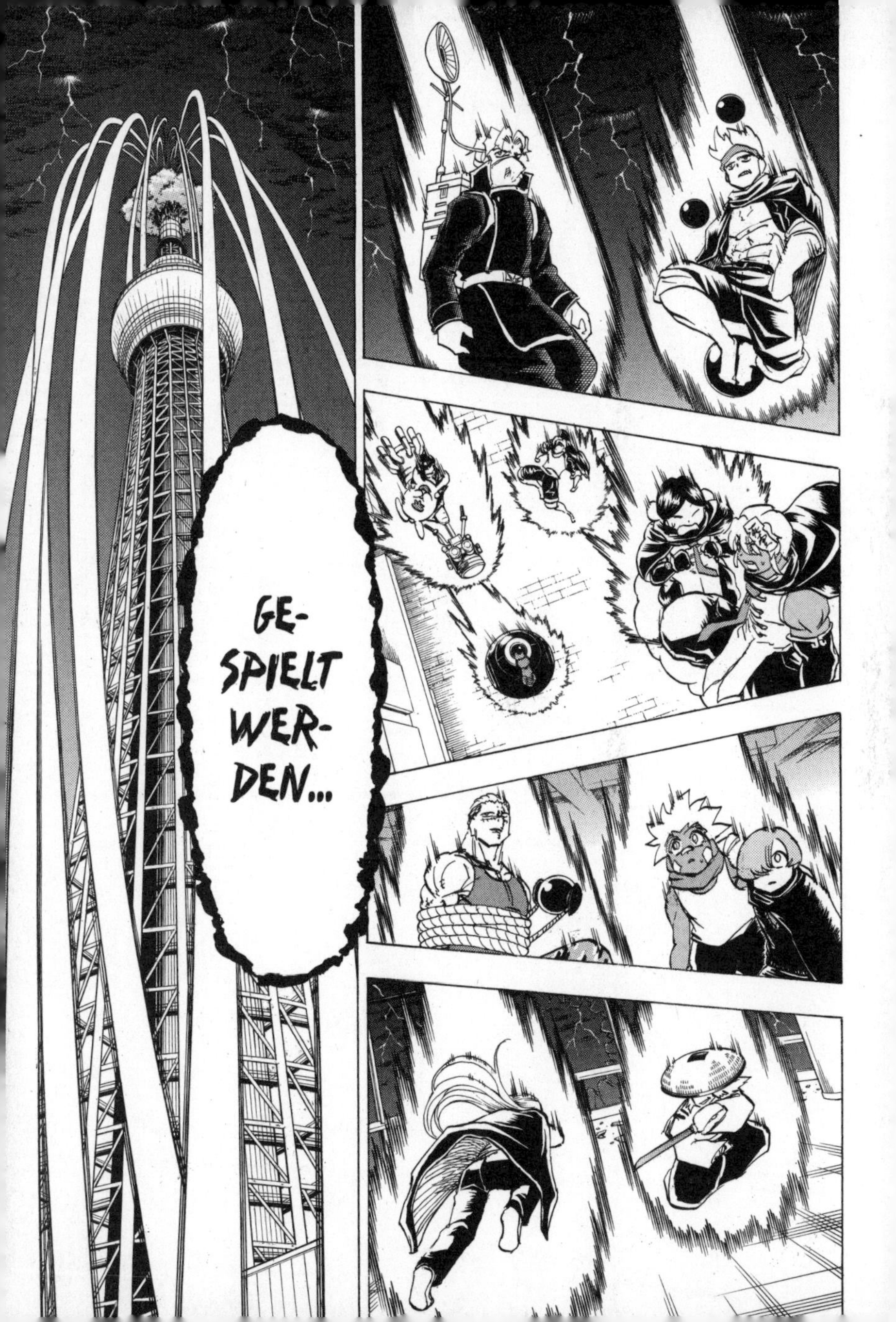
GE-
SPIELT
WER-
DEN...

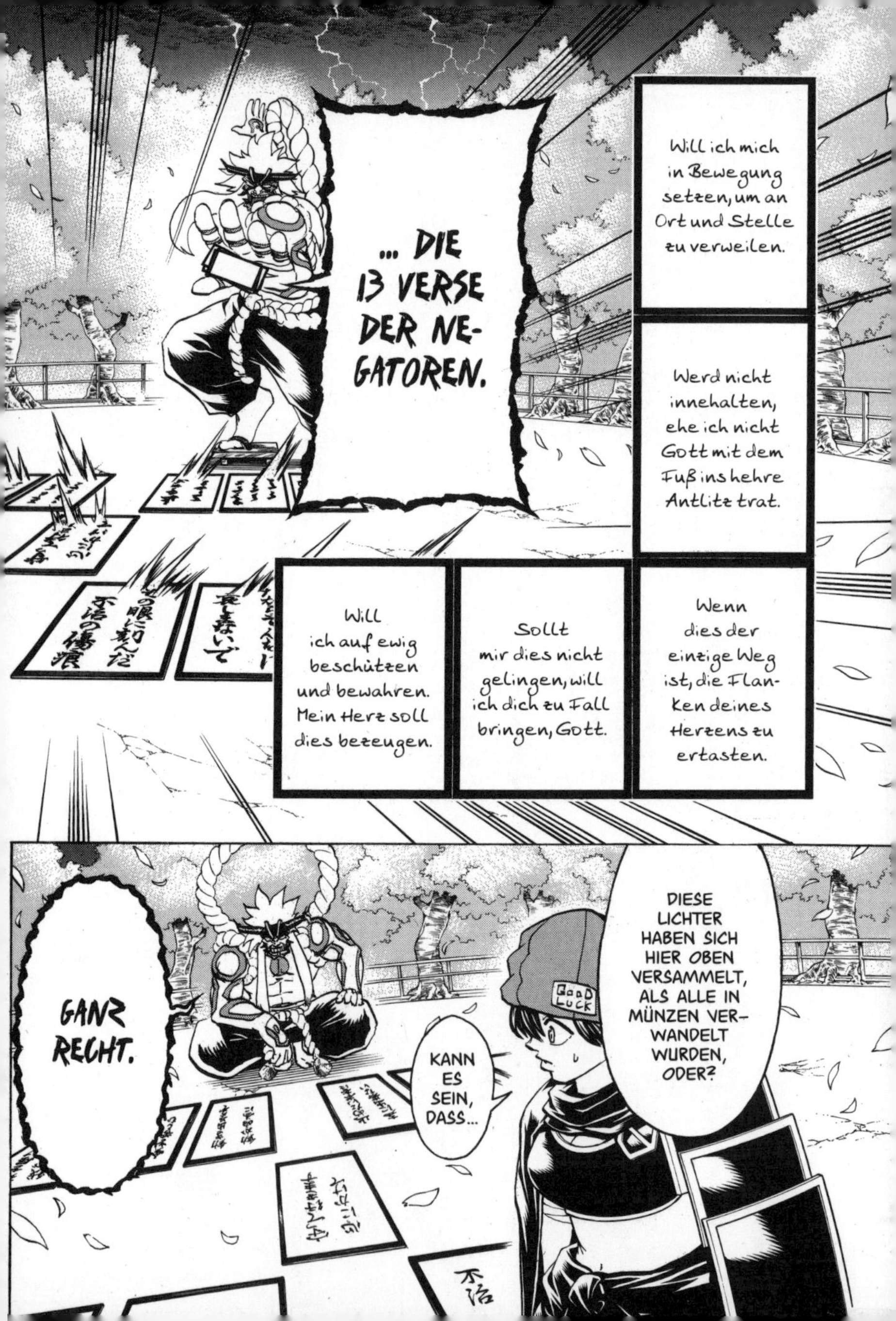

... DIE 13 VERSE DER NEGATOREN.
Will ich mich in Bewegung setzen, um an Ort und Stelle zu verweilen.
Werd nicht innehalten, ehe ich nicht Gott mit dem Fuß ins hehre Antlitz trat.
Wenn dies der einzige Weg ist, die Flanken deines Herzens zu ertasten.
Sollt mir dies nicht gelingen, will ich dich zu Fall bringen, Gott.
Will ich auf ewig beschützen und bewahren. Mein Herz soll dies bezeugen.
KANN ES SEIN, DASS...
DIESE LICHTER HABEN SICH HIER OBEN VERSAMMELT, ALS ALLE IN MÜNZEN VERWANDELT WURDEN, ODER?
GANZ RECHT.
GOOD LUCK

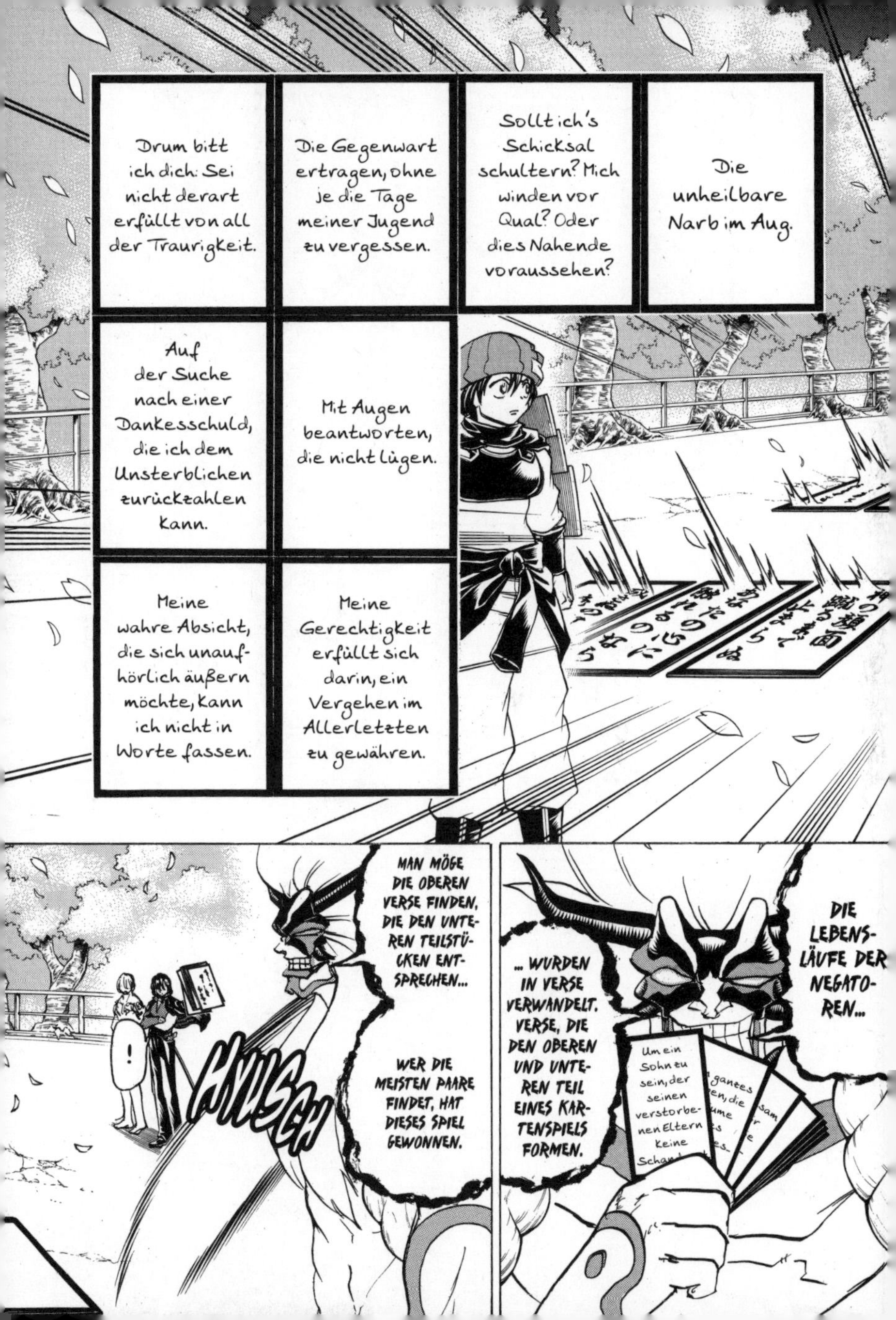
Die unheilbare Narb im Aug.
Sollt ich's Schicksal schultern? Mich winden vor Qual? Oder dies Nahende voraussehen?
Die Gegenwart ertragen, ohne je die Tage meiner Jugend zu vergessen.
Drum bitt ich dich: Sei nicht derart erfüllt von all der Traurigkeit.
Mit Augen beantworten, die nicht lügen.
Auf der Suche nach einer Dankesschuld, die ich dem Unsterblichen zurückzahlen kann.
Meine Gerechtigkeit erfüllt sich darin, ein Vergehen im Allerletzten zu gewähren.
Meine wahre Absicht, die sich unaufhörlich äußern möchte, kann ich nicht in Worte fassen.
DIE LEBENSLÄUFE DER NEGATOREN...
... WURDEN IN VERSE VERWANDELT. VERSE, DIE DEN OBEREN UND UNTEREN TEIL EINES KARTENSPIELS FORMEN.
Um ein Sohn zu sein, der seinen verstorbenen Eltern keine
MAN MÖGE DIE OBEREN VERSE FINDEN, DIE DEN UNTEREN TEILSTÜCKEN ENTSPRECHEN...
WER DIE MEISTEN PAARE FINDET, HAT DIESES SPIEL GEWONNEN.
HUSCH
!

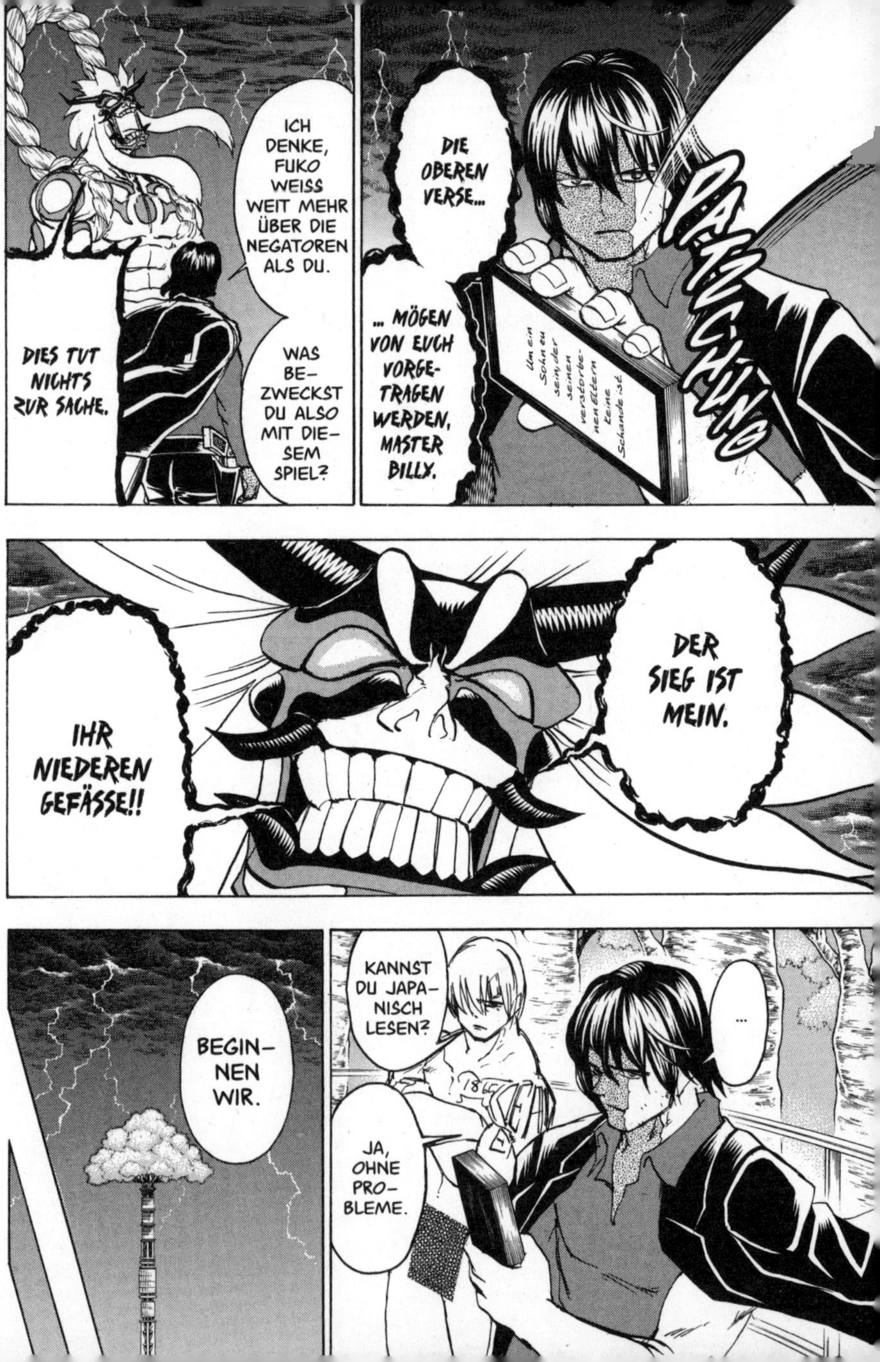
DIE OBEREN VERSE...
... MÖGEN VON EUCH VORGETRAGEN WERDEN, MASTER BILLY.
ICH DENKE, FUKO WEISS WEIT MEHR ÜBER DIE NEGATOREN ALS DU.
WAS BEZWECKST DU ALSO MIT DIESEM SPIEL?
DIES TUT NICHTS ZUR SACHE.
DER SIEG IST MEIN.
IHR NIEDEREN GEFÄSSE!!
...
KANNST DU JAPANISCH LESEN?
JA, OHNE PROBLEME.
BEGINNEN WIR.

RUNDE 2

DIE NEGATION DER VERSE DER 13 NEGATOREN

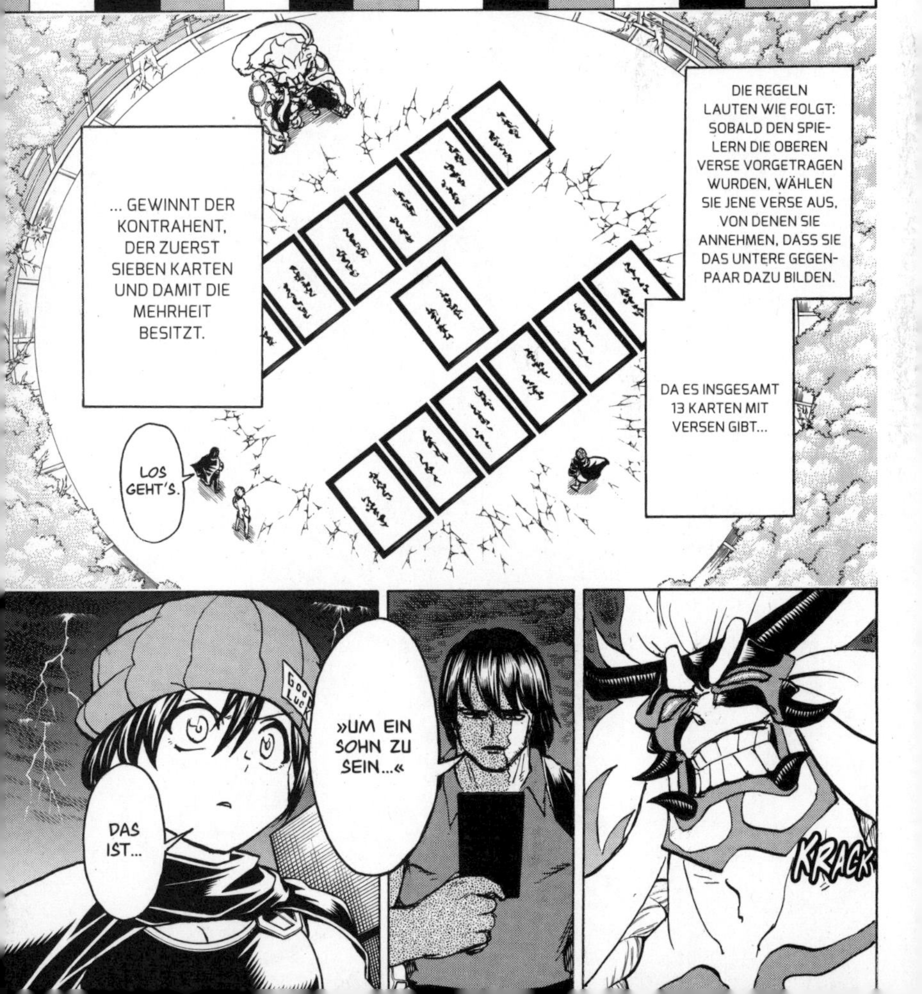

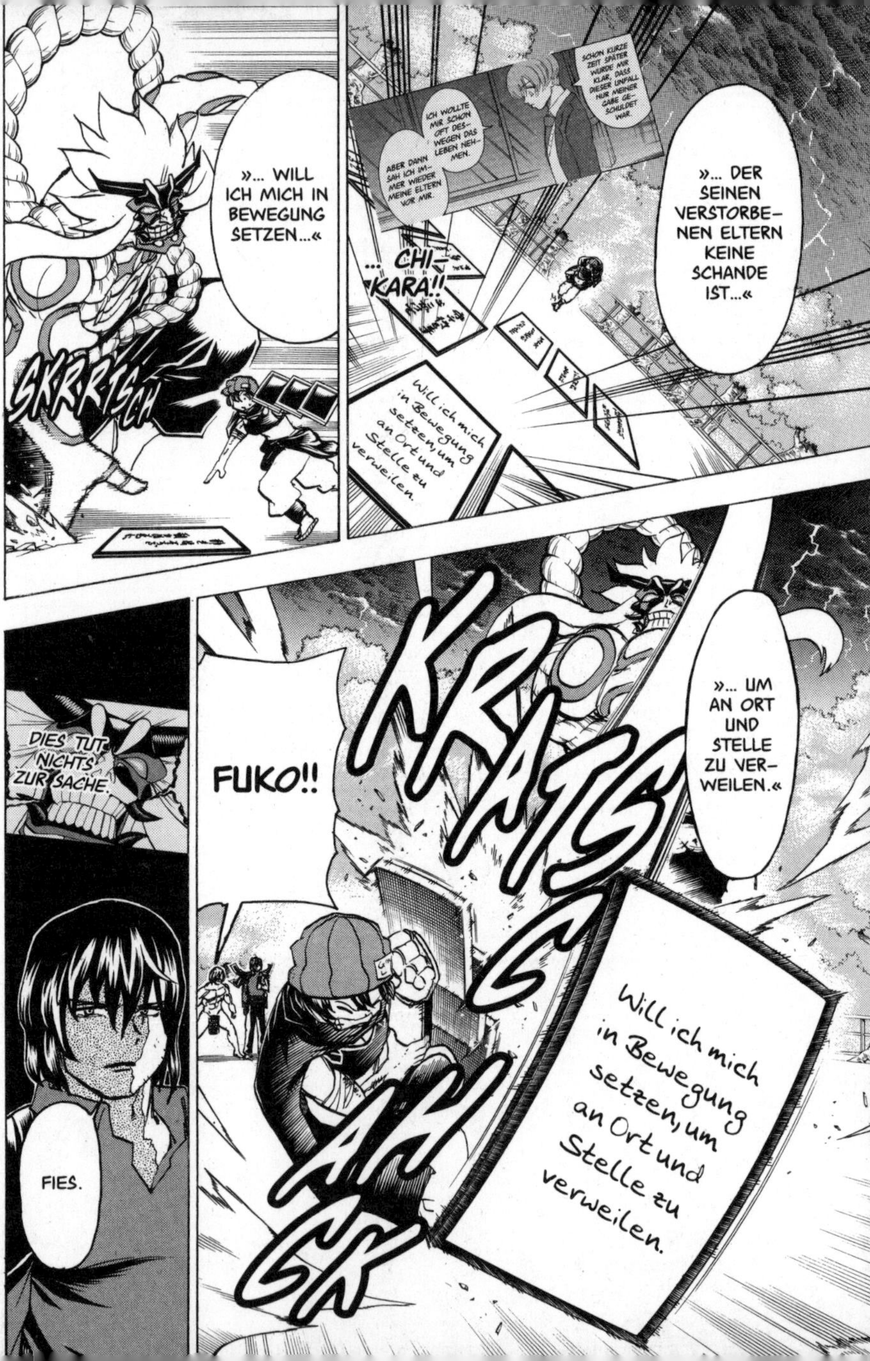
»... DER SEINEN VERSTORBENEN ELTERN KEINE SCHANDE IST...«
SCHON KURZE ZEIT SPÄTER WURDE MIR KLAR, DASS DIESER UNFALL NUR MEINER GABE GESCHULDET WAR.
ICH WOLLTE MIR SCHON OFT DESWEGEN DAS LEBEN NEHMEN.
ABER DANN SAH ICH IMMER WIEDER MEINE ELTERN VOR MIR.
... CHIKARA!!
Will ich mich in Bewegung setzen, um an Ort und Stelle zu verweilen.
»... WILL ICH MICH IN BEWEGUNG SETZEN...«
SKRRISCH
»... UM AN ORT UND STELLE ZU VERWEILEN.«
KRATSCH
Will ich mich in Bewegung setzen, um an Ort und Stelle zu verweilen.
FUKO!!
DIES TUT NICHTS ZUR SACHE.
FIES.

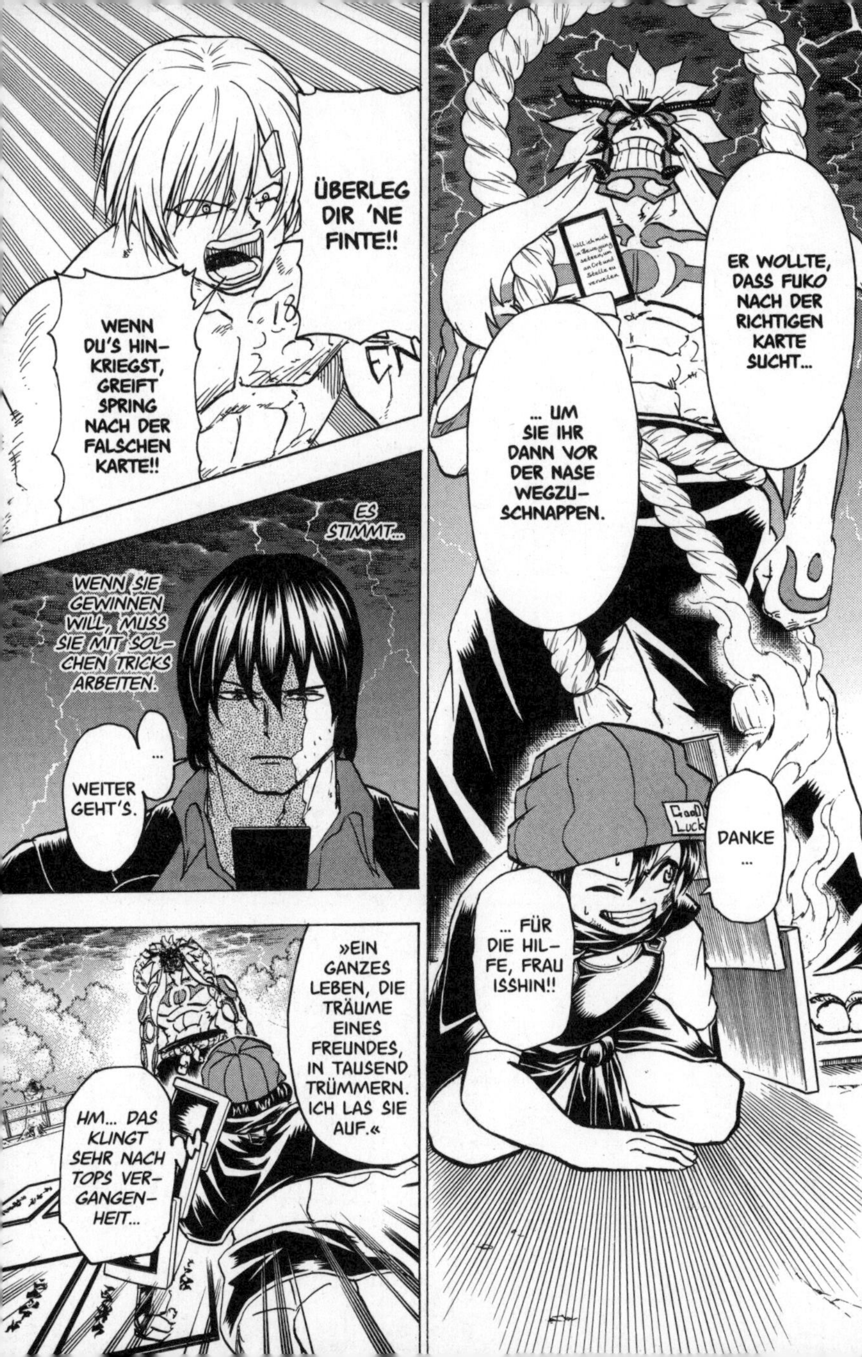
ER WOLLTE, DASS FUKO NACH DER RICHTIGEN KARTE SUCHT...
... UM SIE IHR DANN VOR DER NASE WEGZUSCHNAPPEN.
Will ich mich in Bewegung setzen, um an Ort und Stelle zu verweilen
Good Luck
DANKE ...
... FÜR DIE HILFE, FRAU ISSHIN!!
ÜBERLEG DIR 'NE FINTE!!
WENN DU'S HINKRIEGST, GREIFT SPRING NACH DER FALSCHEN KARTE!!
ES STIMMT...
WENN SIE GEWINNEN WILL, MUSS SIE MIT SOLCHEN TRICKS ARBEITEN.
... WEITER GEHT'S.
»EIN GANZES LEBEN, DIE TRÄUME EINES FREUNDES, IN TAUSEND TRÜMMERN. ICH LAS SIE AUF.«
HM... DAS KLINGT SEHR NACH TOPS VERGANGENHEIT...

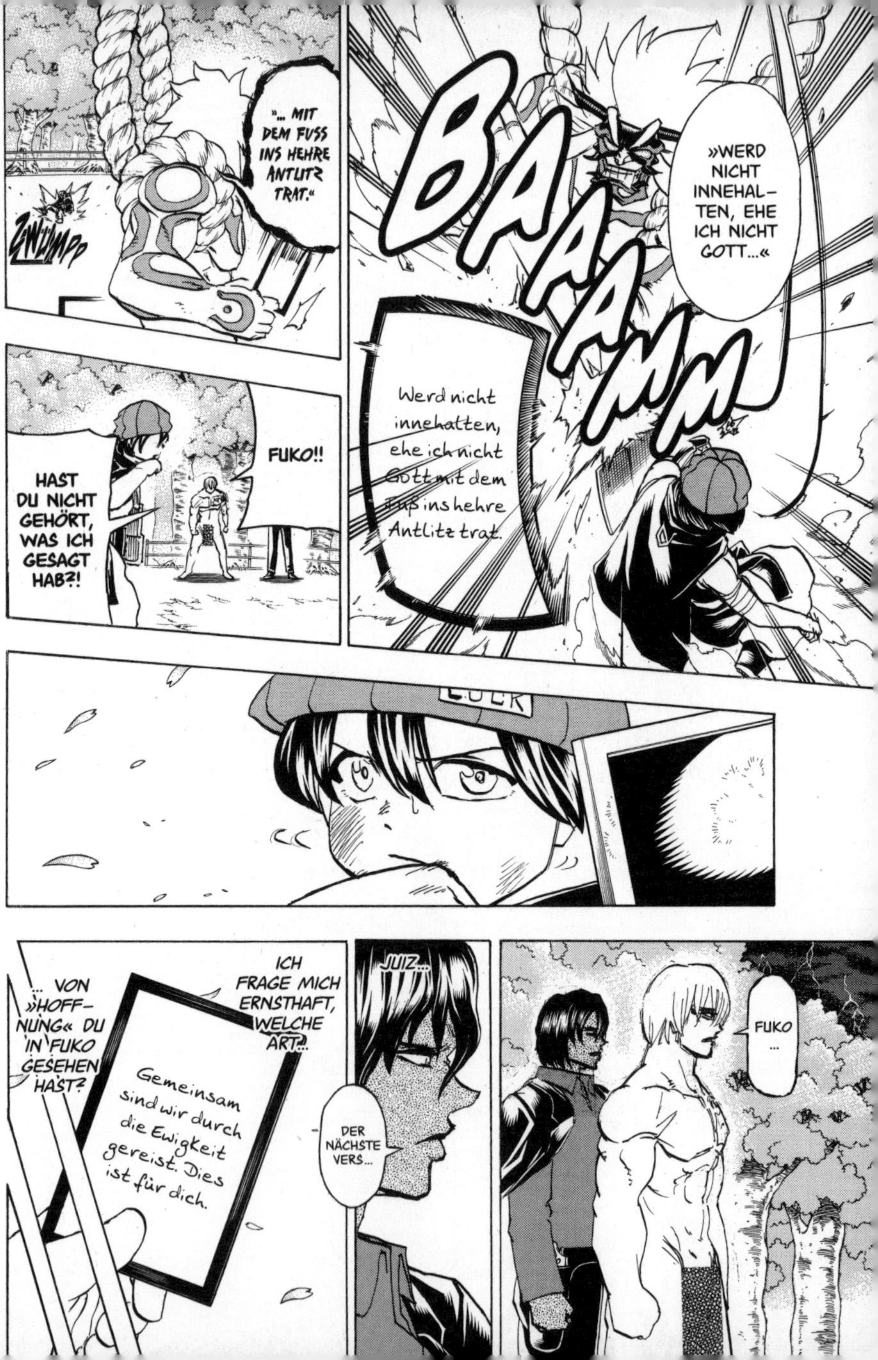
»WERD NICHT INNEHALTEN, EHE ICH NICHT GOTT...«
BAAAMM
Werd nicht innehalten, ehe ich nicht Gott mit dem Fuß ins hehre Antlitz trat.
»... MIT DEM FUSS INS HEHRE ANTLITZ TRAT.«
ZWUMPP
FUKO!!
HAST DU NICHT GEHÖRT, WAS ICH GESAGT HAB?!
LUCK
FUKO ...
JUIZ...
DER NÄCHSTE VERS...
ICH FRAGE MICH ERNSTHAFT, WELCHE ART...
... VON »HOFFNUNG« DU IN FUKO GESEHEN HAST?!
Gemeinsam sind wir durch die Ewigkeit gereist. Dies ist für dich.

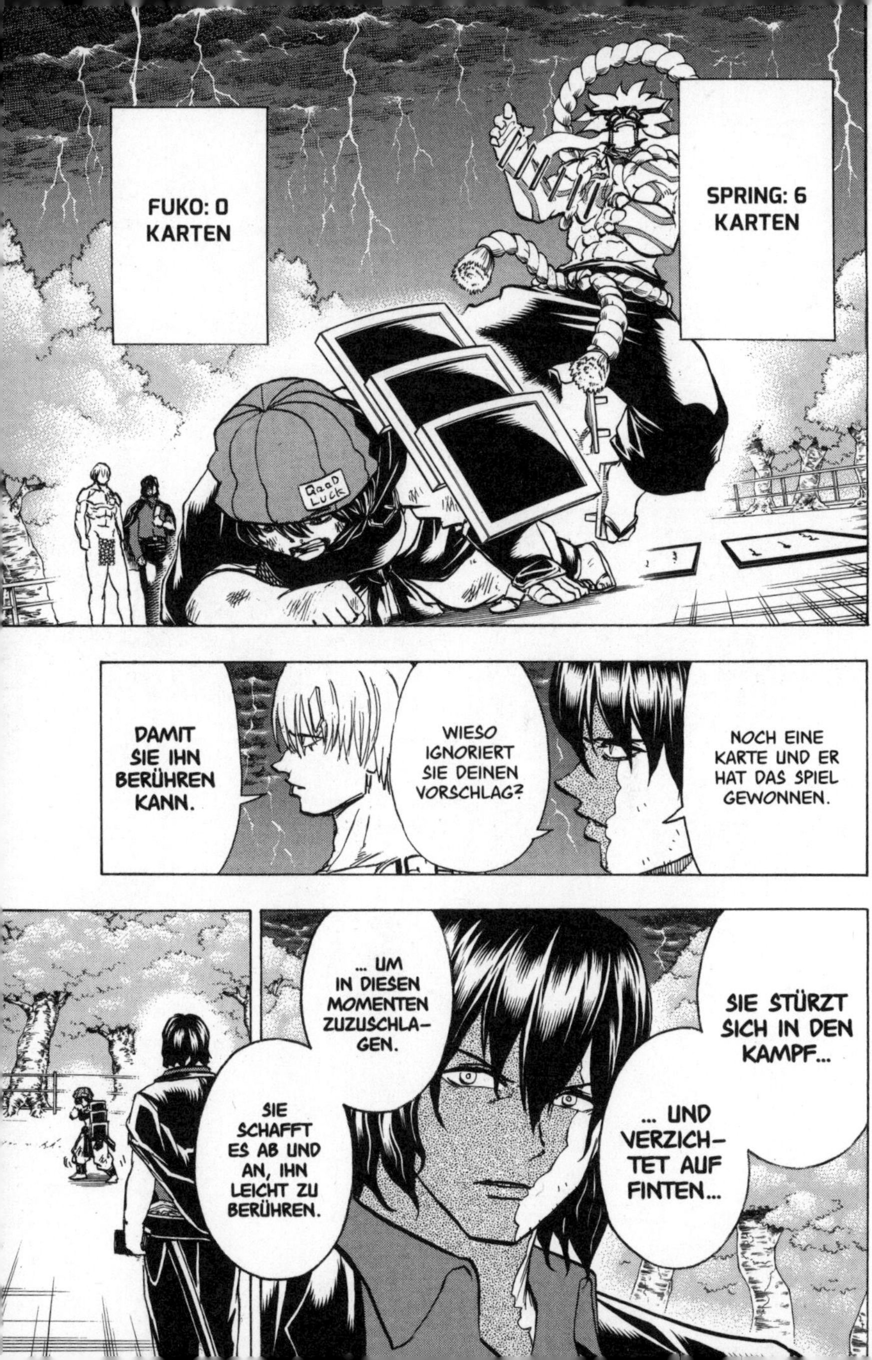
SPRING: 6 KARTEN
FUKO: 0 KARTEN
NOCH EINE KARTE UND ER HAT DAS SPIEL GEWONNEN.
WIESO IGNORIERT SIE DEINEN VORSCHLAG?
DAMIT SIE IHN BERÜHREN KANN.
SIE STÜRZT SICH IN DEN KAMPF...
... UND VERZICH-TET AUF FINTEN...
... UM IN DIESEN MOMENTEN ZUZUSCHLA-GEN.
SIE SCHAFFT ES AB UND AN, IHN LEICHT ZU BERÜHREN.

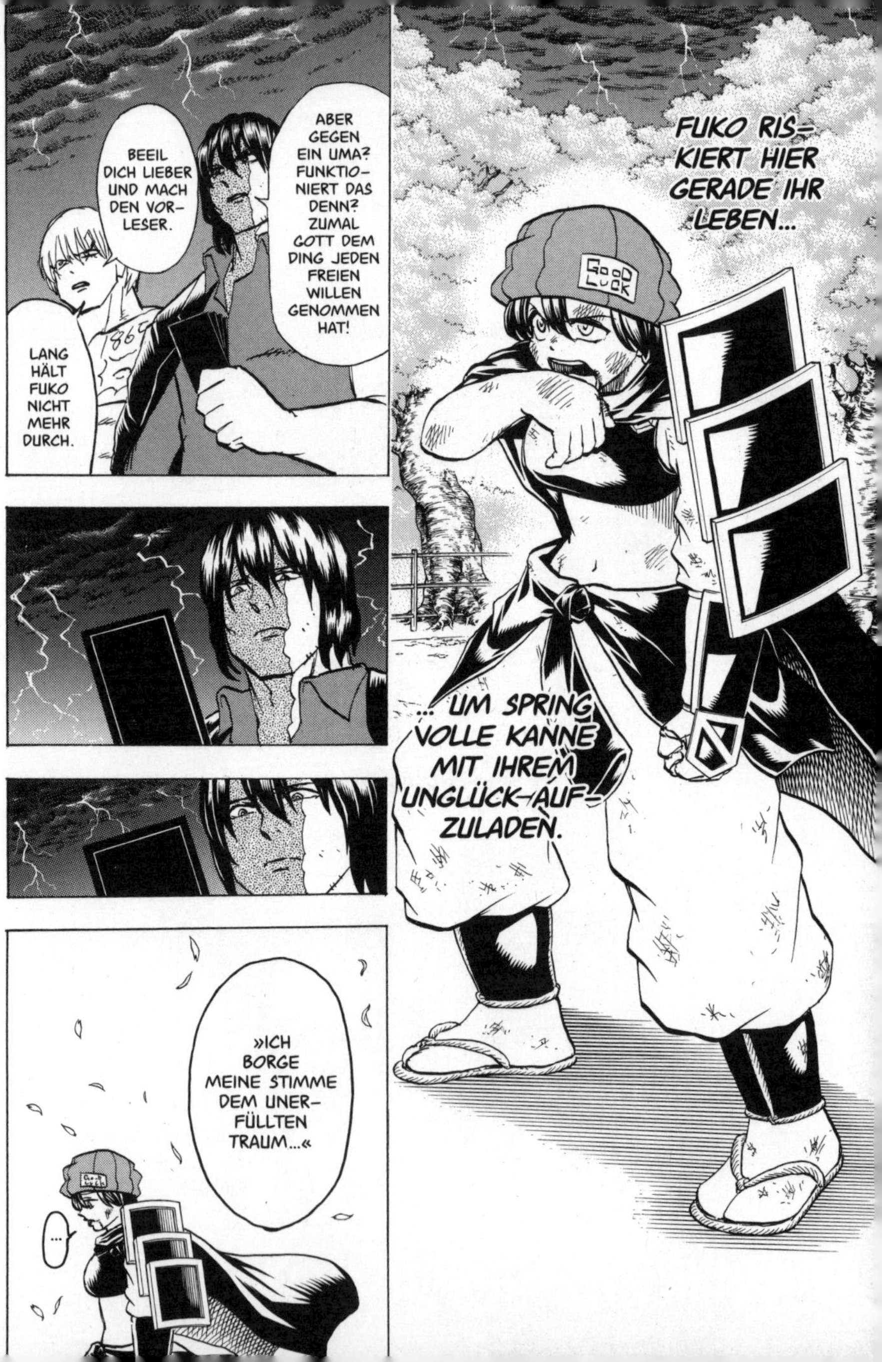
FUKO RISKIERT HIER GERADE IHR LEBEN...
... UM SPRING VOLLE KANNE MIT IHREM UNGLÜCK AUFZULADEN.
ABER GEGEN EIN UMA? FUNKTIONIERT DAS DENN? ZUMAL GOTT DEM DING JEDEN FREIEN WILLEN GENOMMEN HAT!
BEEIL DICH LIEBER UND MACH DEN VORLESER.
LANG HÄLT FUKO NICHT MEHR DURCH.
»ICH BORGE MEINE STIMME DEM UNERFÜLLTEN TRAUM...«
...

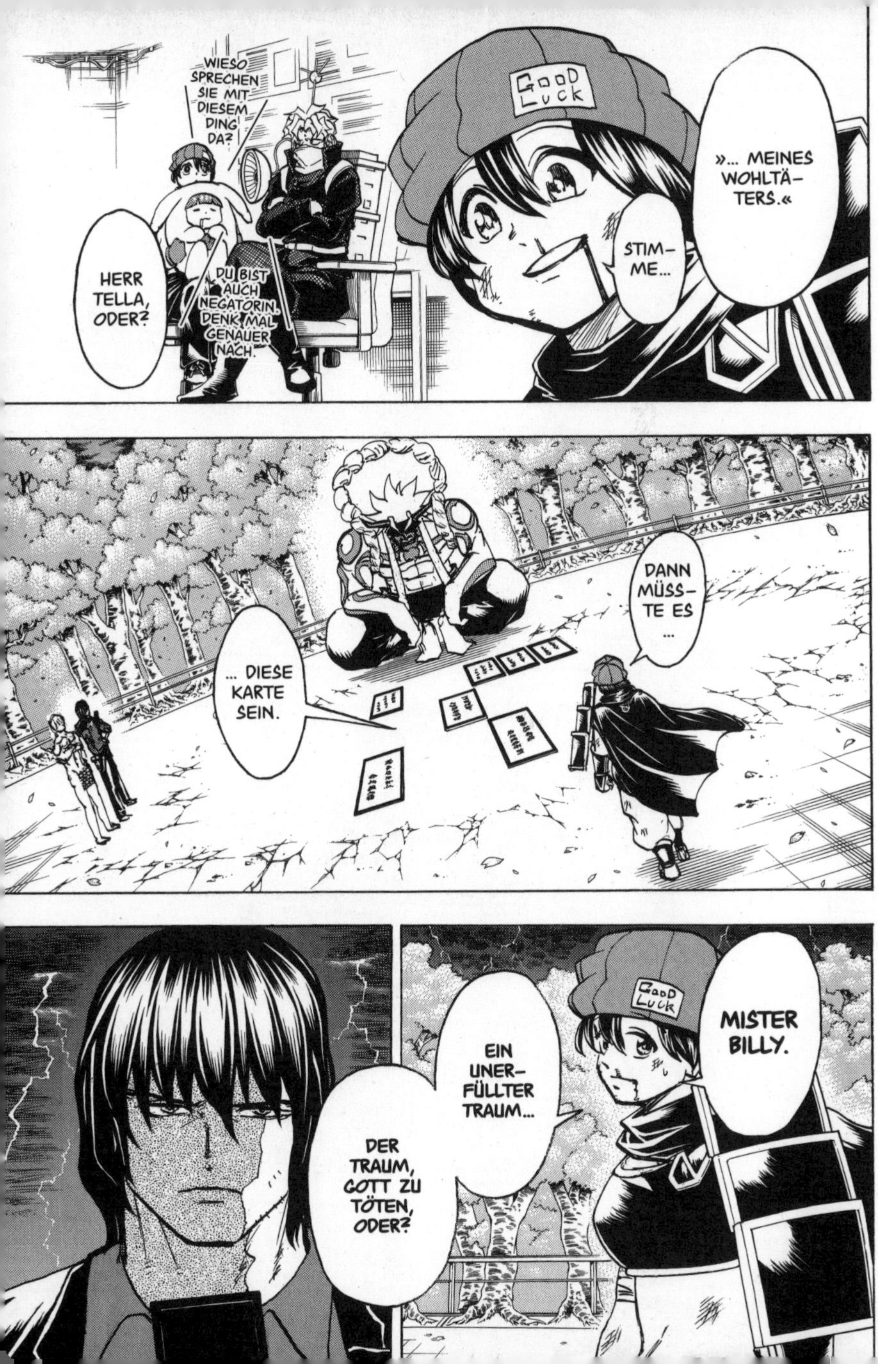
»... MEINES WOHLTÄTERS.«
STIMME...
WIESO SPRECHEN SIE MIT DIESEM DING DA?
HERR TELLA, ODER?
DU BIST AUCH NEGATORIN. DENK MAL GENAUER NACH.
DANN MÜSSTE ES ...
... DIESE KARTE SEIN.
MISTER BILLY.
EIN UNERFÜLLTER TRAUM...
DER TRAUM, GOTT ZU TÖTEN, ODER?

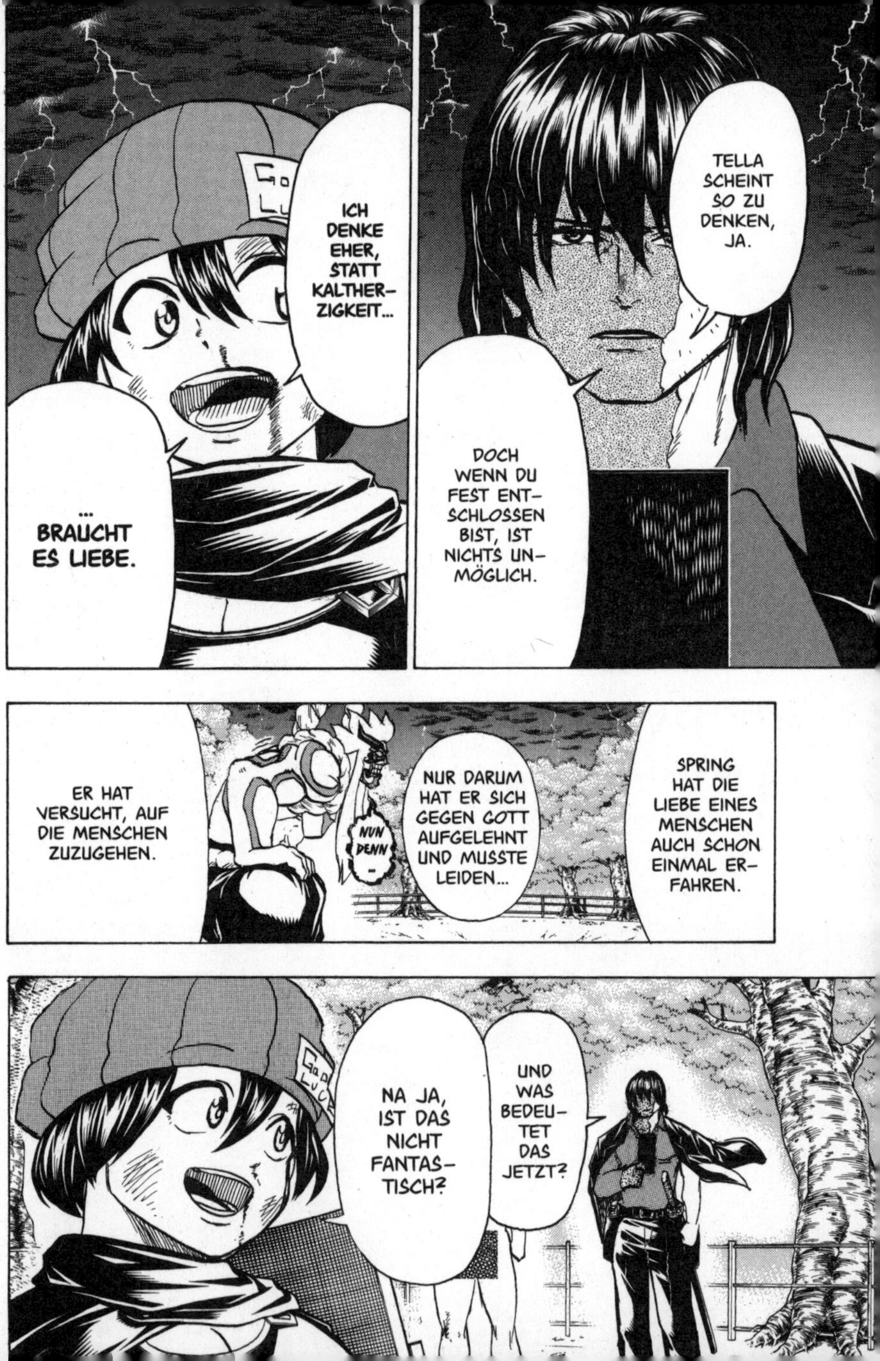
TELLA SCHEINT SO ZU DENKEN, JA.
DOCH WENN DU FEST ENT-SCHLOSSEN BIST, IST NICHTS UN-MÖGLICH.
ICH DENKE EHER, STATT KALTHER-ZIGKEIT...
... BRAUCHT ES LIEBE.
SPRING HAT DIE LIEBE EINES MENSCHEN AUCH SCHON EINMAL ER-FAHREN.
NUR DARUM HAT ER SICH GEGEN GOTT AUFGELEHNT UND MUSSTE LEIDEN...
NUN DENN ...
ER HAT VERSUCHT, AUF DIE MENSCHEN ZUZUGEHEN.
UND WAS BEDEU-TET DAS JETZT?
NA JA, IST DAS NICHT FANTAS-TISCH?

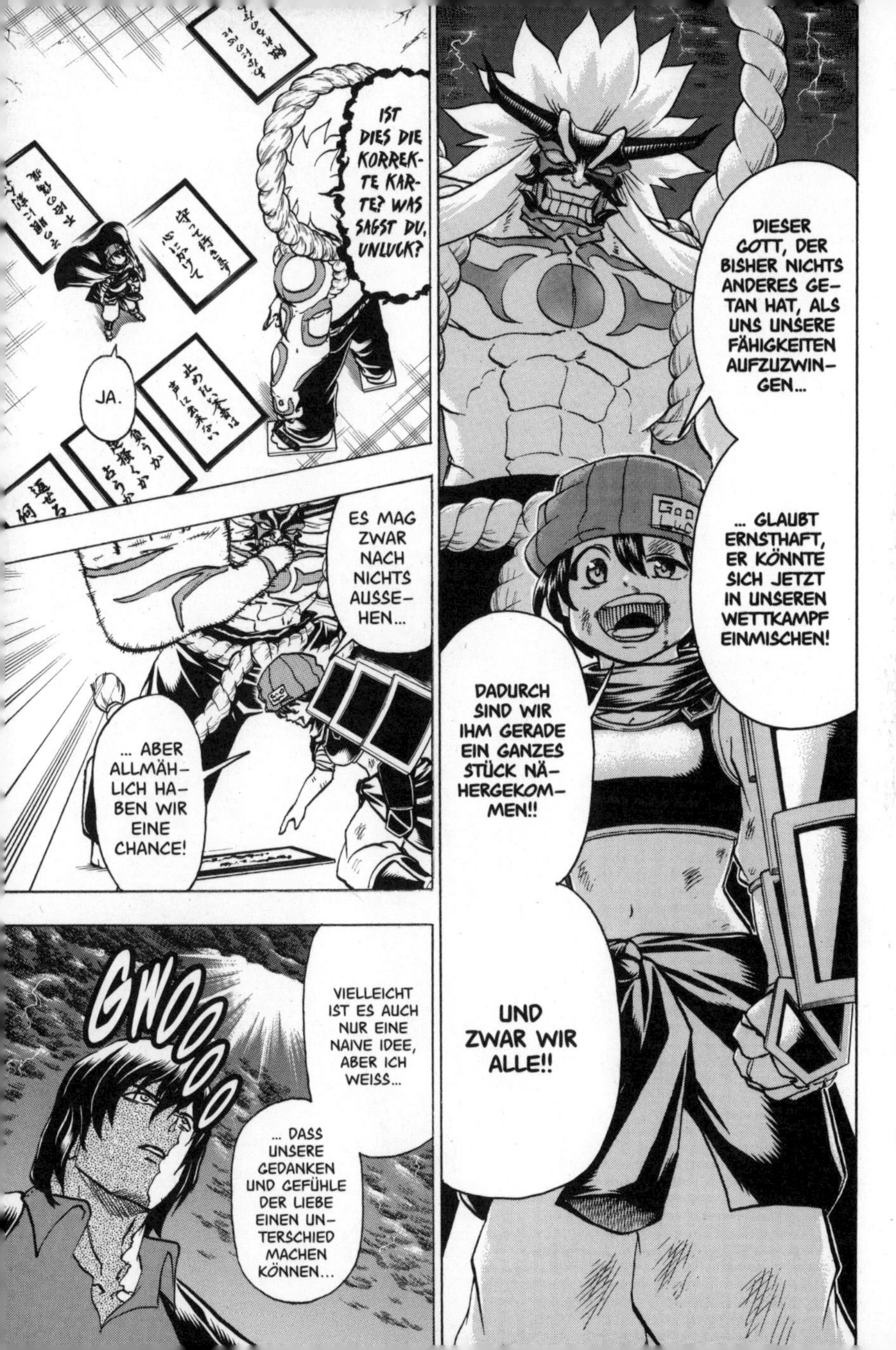
DIESER GOTT, DER BISHER NICHTS ANDERES GETAN HAT, ALS UNS UNSERE FÄHIGKEITEN AUFZUZWINGEN...
... GLAUBT ERNSTHAFT, ER KÖNNTE SICH JETZT IN UNSEREN WETTKAMPF EINMISCHEN!
DADURCH SIND WIR IHM GERADE EIN GANZES STÜCK NÄHERGEKOMMEN!!
UND ZWAR WIR ALLE!!
IST DIES DIE KORREKTE KARTE? WAS SAGST DU, UNLUCK?
JA.
ES MAG ZWAR NACH NICHTS AUSSEHEN...
... ABER ALLMÄHLICH HABEN WIR EINE CHANCE!
GWOOOOO
VIELLEICHT IST ES AUCH NUR EINE NAIVE IDEE, ABER ICH WEISS...
... DASS UNSERE GEDANKEN UND GEFÜHLE DER LIEBE EINEN UNTERSCHIED MACHEN KÖNNEN...

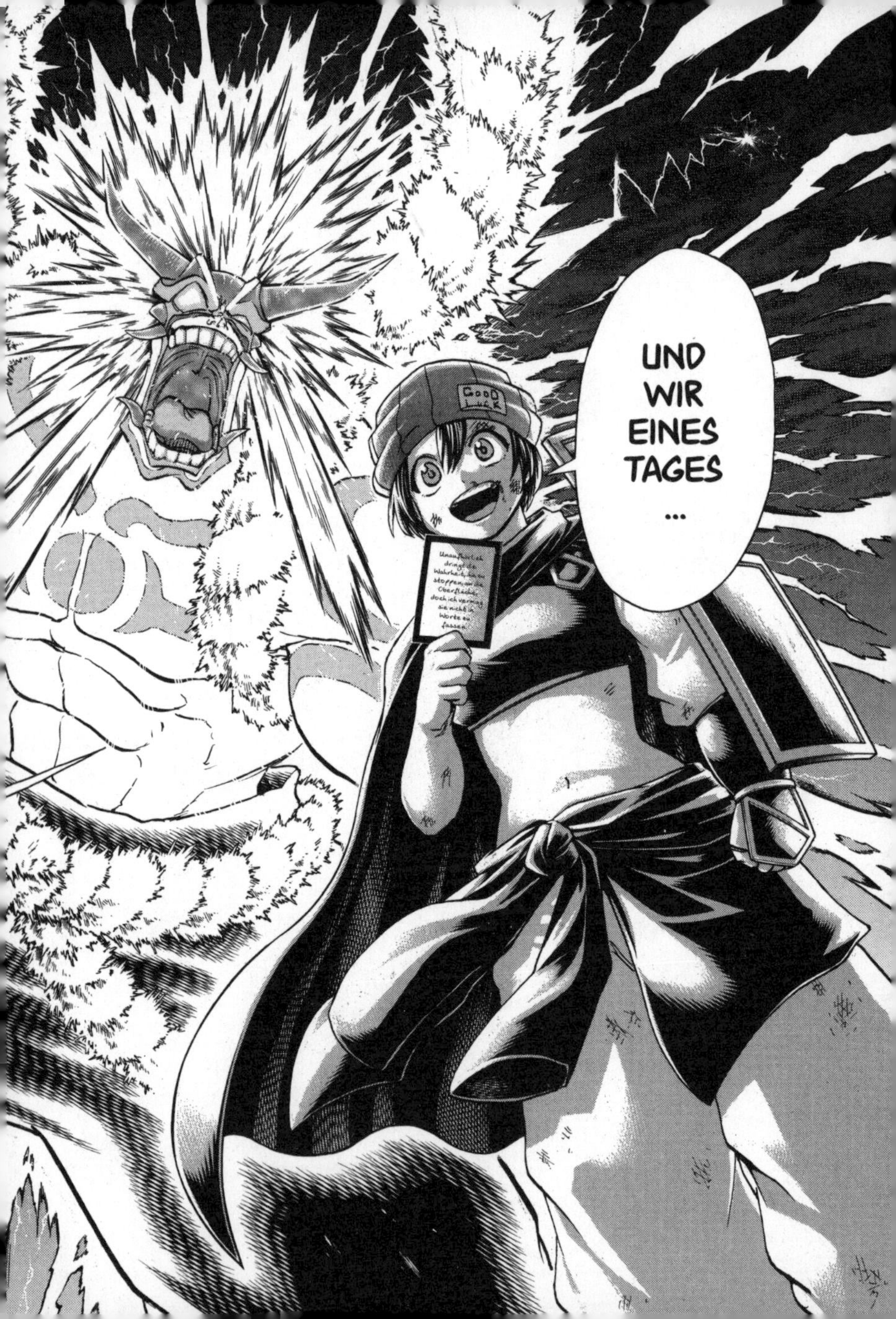
GOOD LUCK
UND WIR EINES TAGES ...

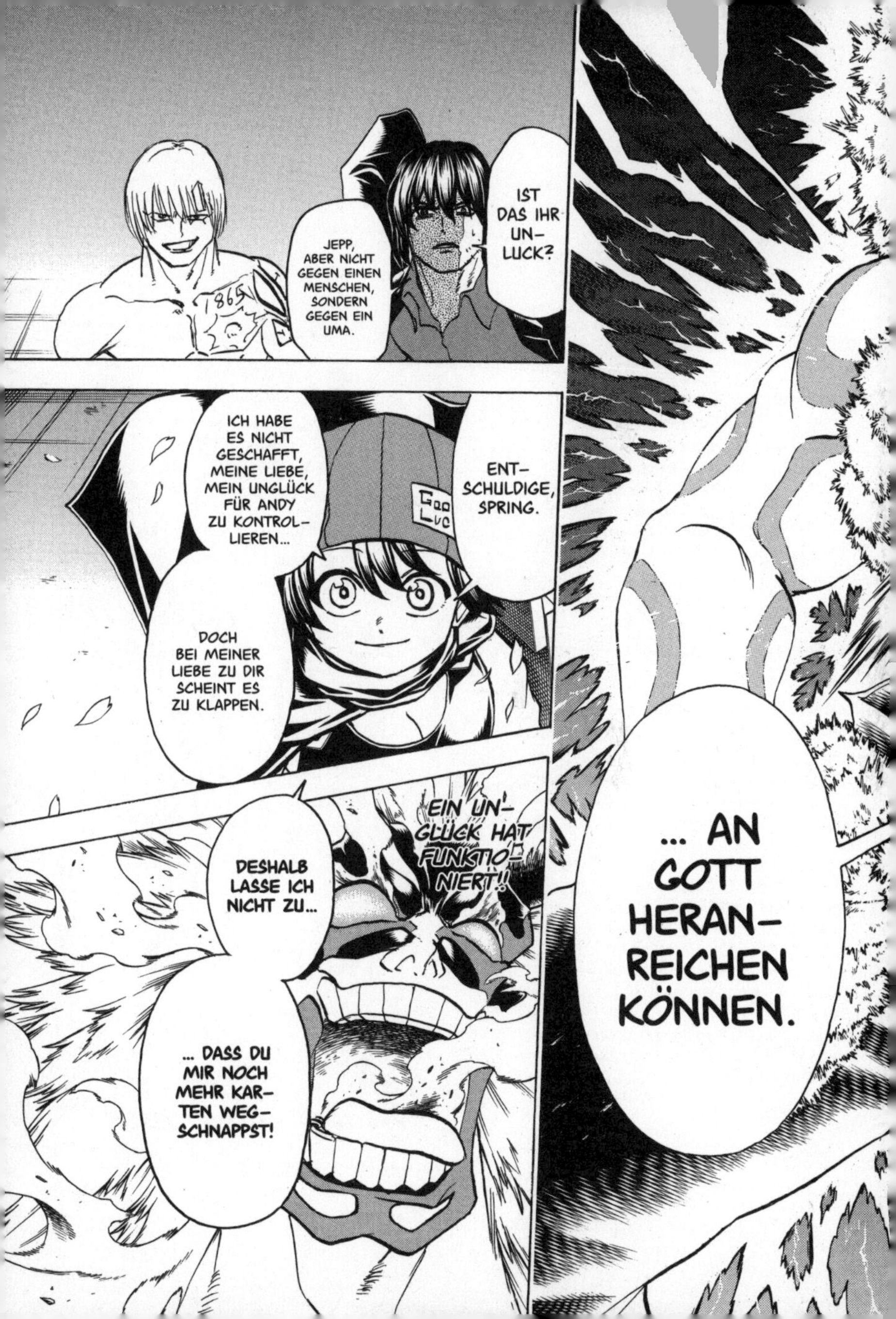
... AN GOTT HERAN-REICHEN KÖNNEN.
IST DAS IHR UN-LUCK?
JEPP, ABER NICHT GEGEN EINEN MENSCHEN, SONDERN GEGEN EIN UMA.
ENT-SCHULDIGE, SPRING.
ICH HABE ES NICHT GESCHAFFT, MEINE LIEBE, MEIN UNGLÜCK FÜR ANDY ZU KONTROL-LIEREN...
DOCH BEI MEINER LIEBE ZU DIR SCHEINT ES ZU KLAPPEN.
EIN UN-GLÜCK HAT FUNKTIO-NIERT!!
DESHALB LASSE ICH NICHT ZU...
... DASS DU MIR NOCH MEHR KAR-TEN WEG-SCHNAPPST!

ISSHIN

ALTER:	23 JAHRE
GRÖSSE:	…ZWEI METER ZEHN
GEWICHT:	WILL ICH AUF GAR KEINEN FALL VERRATEN
HOBBYS:	KALLIGRAFIE BLÄTTERT GERN IN KATALOGEN MIT SCHÖNEN KLEIDERN, DIE SIE SELBST NICHT TRAGEN KANN
BESONDERE FÄHIGKEIT:	ETWAS HERSTELLEN
WAS SIE MAG:	YOKAN (SÜSSIGKEIT AUS BOHNENMUS, ZUCKER, MEHL UND AGAR-AGAR), DORAYAKI (MIT SÜSSEM BOHNENMUS GEFÜLLTE PFANNKUCHEN)
WEN SIE MAG:	…WIESO STELLT IHR MIR EIGENTLICH NUR DIESE FRAGE?
GABE:	UNBREAKABLE

GEHÖRT ZUM TYPUS DER WAHLWEISEN ZIELEAKTIVIERUNG

VERLEIHT DER WAFFE, IN DEREN HERSTELLUNG SIE IHRE SEELE GESTECKT HAT, DIE KRAFT »UNBREAKABLE«, DIE FÄHIGKEIT, NICHT ZU ZERBRECHEN ODER KAPUTTZUGEHEN. WENN ES IHR AN VERTRAUEN ODER ENTSCHLOSSENHEIT MANGELT, LÖST IHRE KRAFT SICH RASCH WIEDER AUF. WEGEN EINES TRAUMAS IN DER VERGANGENHEIT WAR SIE AUSSERSTANDE, DINGEN ODER WAFFEN, DIE ANDERE BESCHÜTZEN, DIE VOLLSTÄNDIGE KRAFT VON UNBREAKABLE ZU VERLEIHEN. DURCH IHRE INTERAKTIONEN MIT FUKO UND DIE TOLLE ZUSAMMENARBEIT MIT TOP GEWINNT SIE JEDOCH LANGSAM WIEDER SELBSTVERTRAUEN UND NEUEN MUT, IHRE FÄHIGKEIT ZUM SCHUTZ DER ANDEREN EINZUSETZEN.

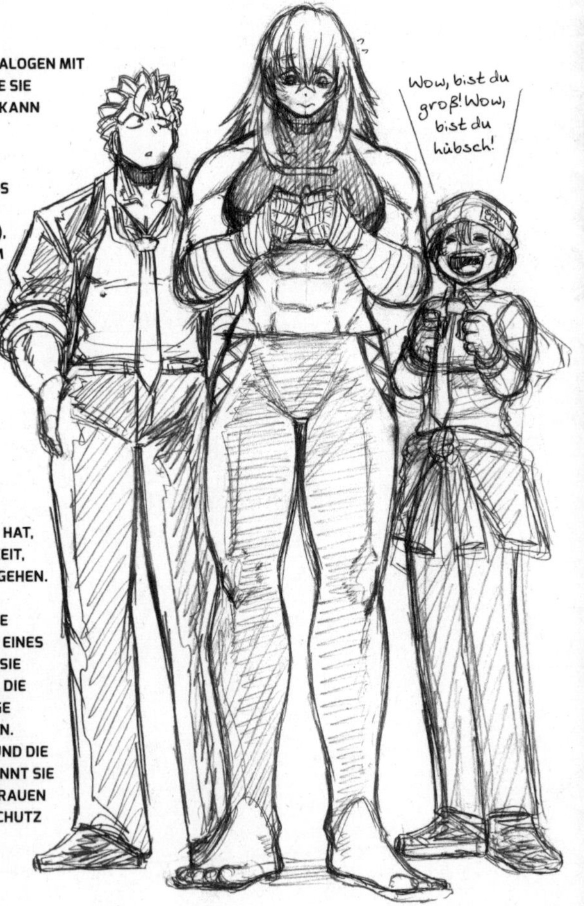

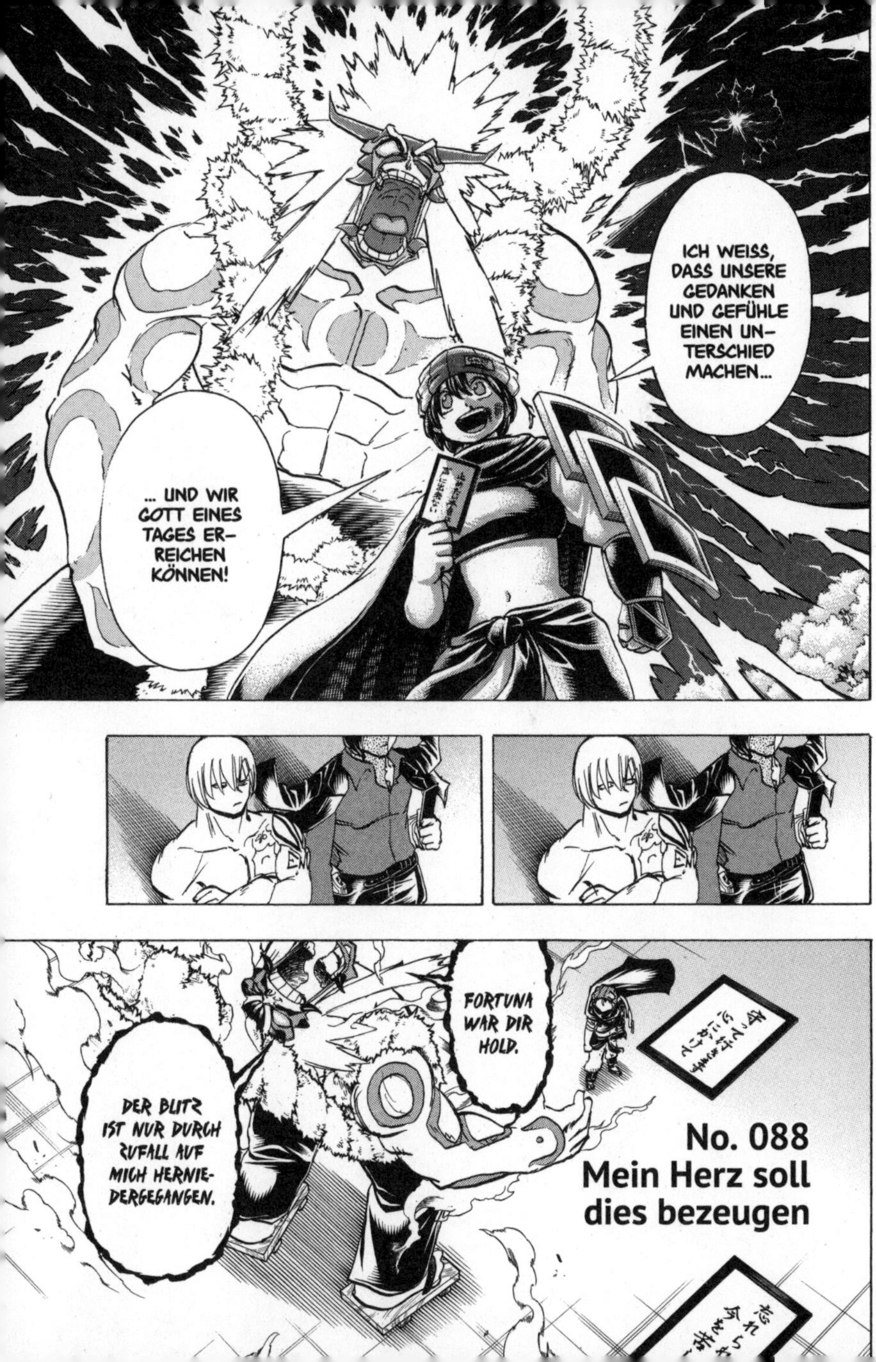
ICH WEISS, DASS UNSERE GEDANKEN UND GEFÜHLE EINEN UN- TERSCHIED MACHEN...
... UND WIR GOTT EINES TAGES ER- REICHEN KÖNNEN!
FORTUNA WAR DIR HOLD.
DER BLITZ IST NUR DURCH ZUFALL AUF MICH HERNIE- DERGEGANGEN.
No. 088
Mein Herz soll dies bezeugen

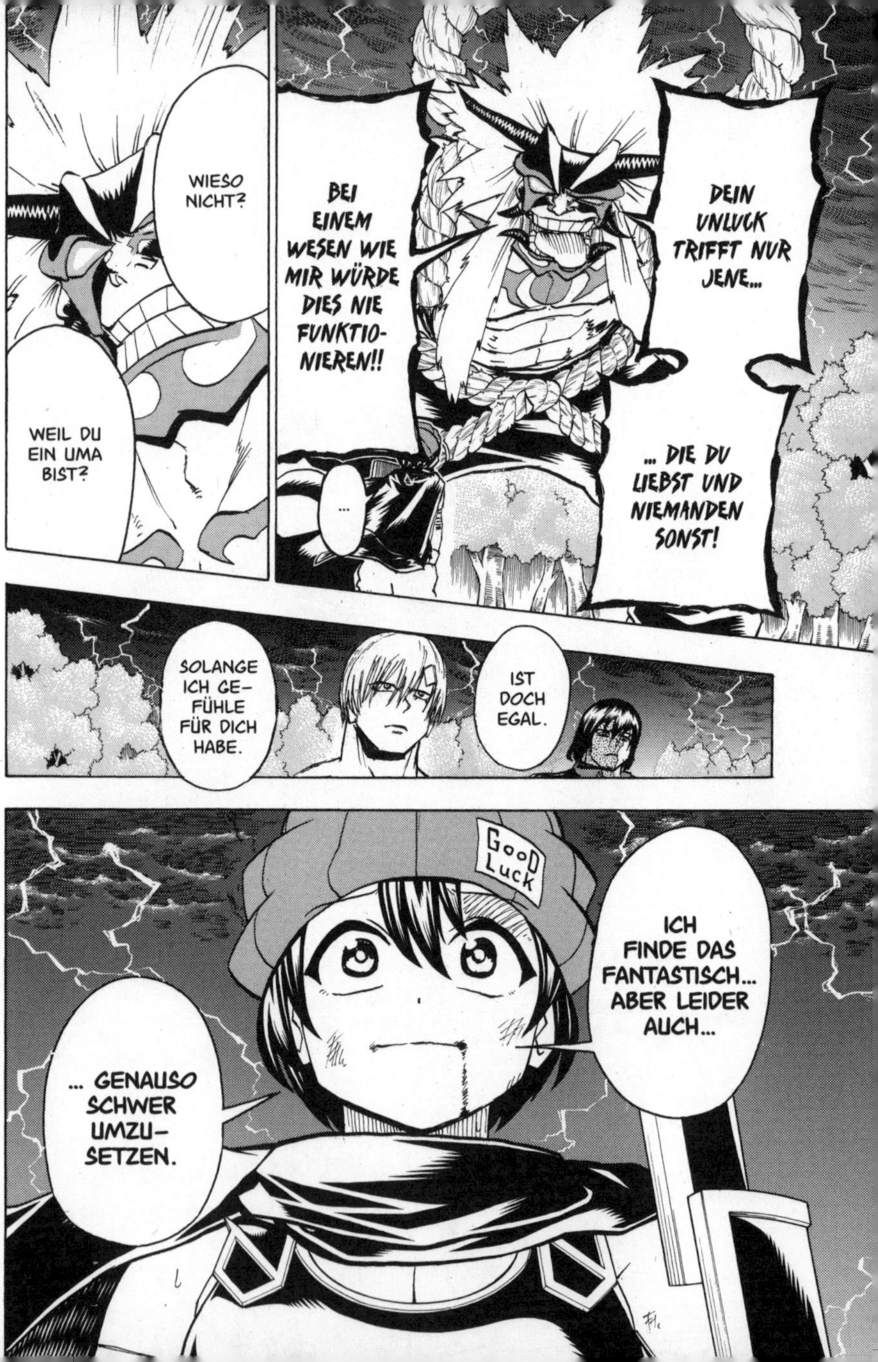
DEIN UNLUCK TRIFFT NUR JENE...
... DIE DU LIEBST UND NIEMANDEN SONST!
BEI EINEM WESEN WIE MIR WÜRDE DIES NIE FUNKTIONIEREN!!
...
WIESO NICHT?
WEIL DU EIN UMA BIST?
IST DOCH EGAL.
SOLANGE ICH GE-FÜHLE FÜR DICH HABE.
GOOD LUCK
ICH FINDE DAS FANTASTISCH... ABER LEIDER AUCH...
... GENAUSO SCHWER UMZU-SETZEN.

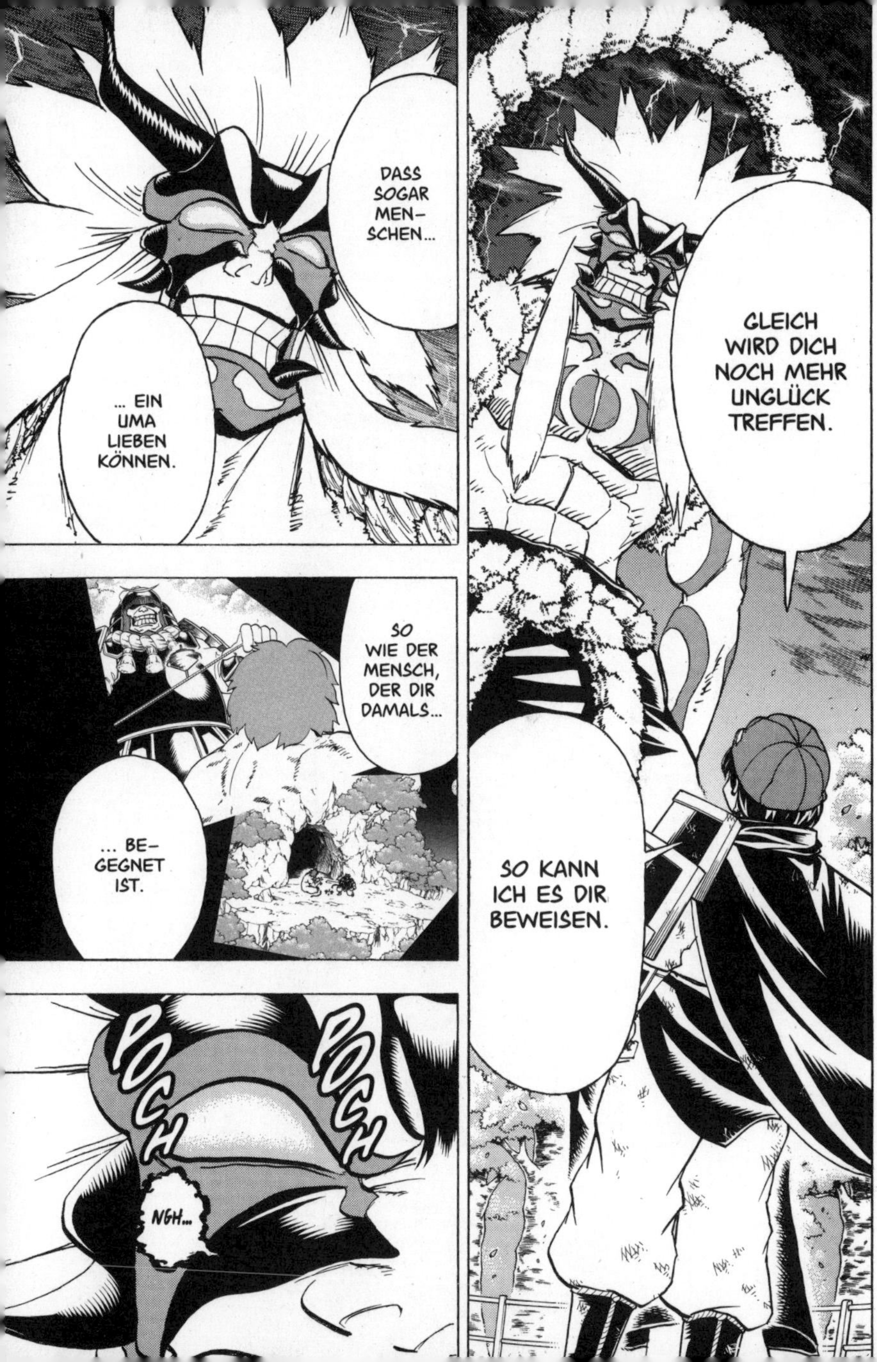
GLEICH WIRD DICH NOCH MEHR UNGLÜCK TREFFEN.
SO KANN ICH ES DIR BEWEISEN.
DASS SOGAR MEN-SCHEN...
... EIN UMA LIEBEN KÖNNEN.
SO WIE DER MENSCH, DER DIR DAMALS...
... BE-GEGNET IST.
POCH
POCH
NGH...

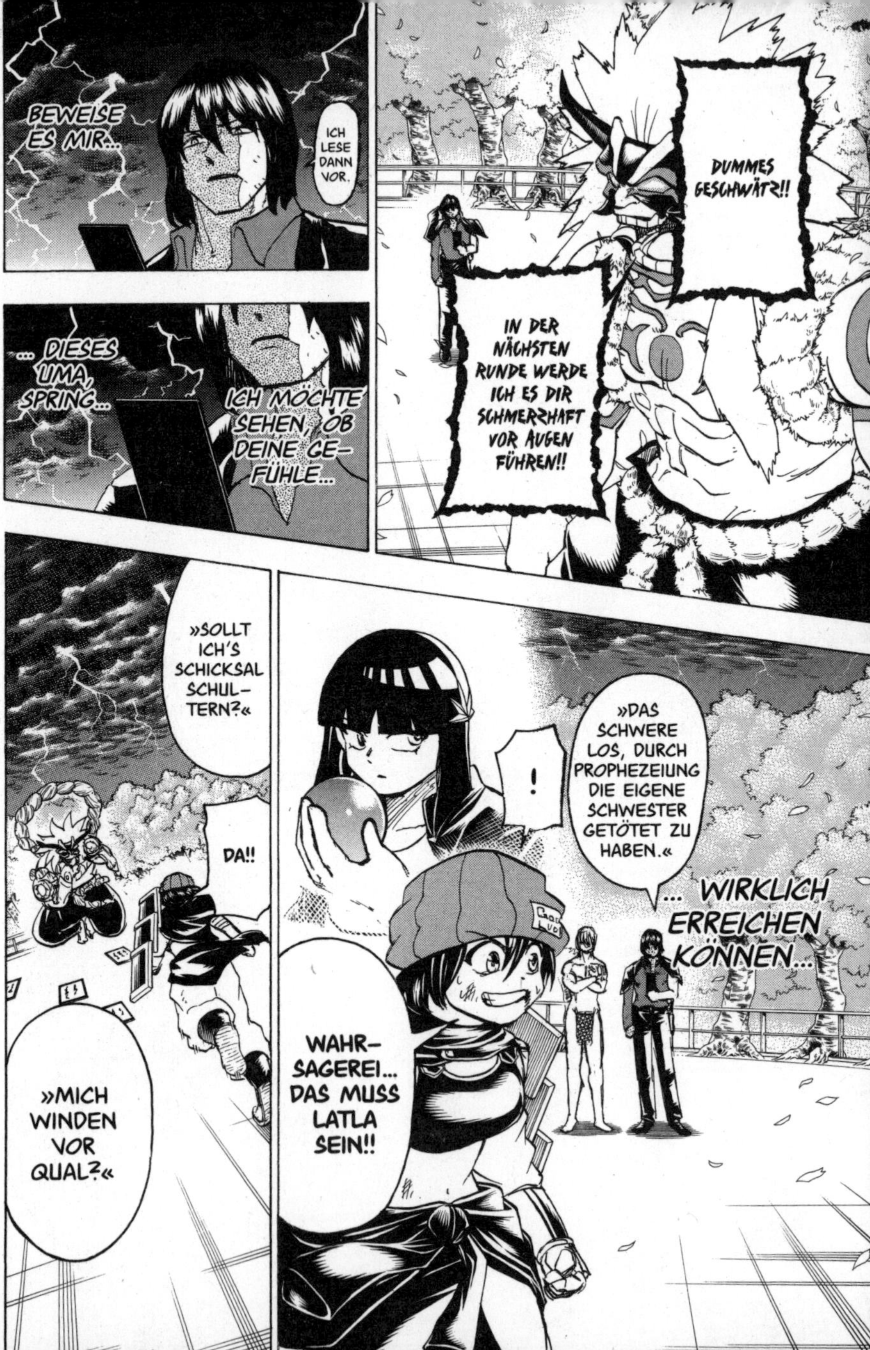
DUMMES GESCHWÄTZ!!
IN DER NÄCHSTEN RUNDE WERDE ICH ES DIR SCHMERZHAFT VOR AUGEN FÜHREN!!
ICH LESE DANN VOR.
BEWEISE ES MIR...
ICH MÖCHTE SEHEN, OB DEINE GE-FÜHLE...
... DIESES UMA, SPRING...
... WIRKLICH ERREICHEN KÖNNEN...
»DAS SCHWERE LOS, DURCH PROPHEZEIUNG DIE EIGENE SCHWESTER GETÖTET ZU HABEN.«
!
WAHR-SAGEREI... DAS MUSS LATLA SEIN!!
»SOLLT ICH'S SCHICKSAL SCHUL-TERN?«
DA!!
»MICH WINDEN VOR QUAL?«

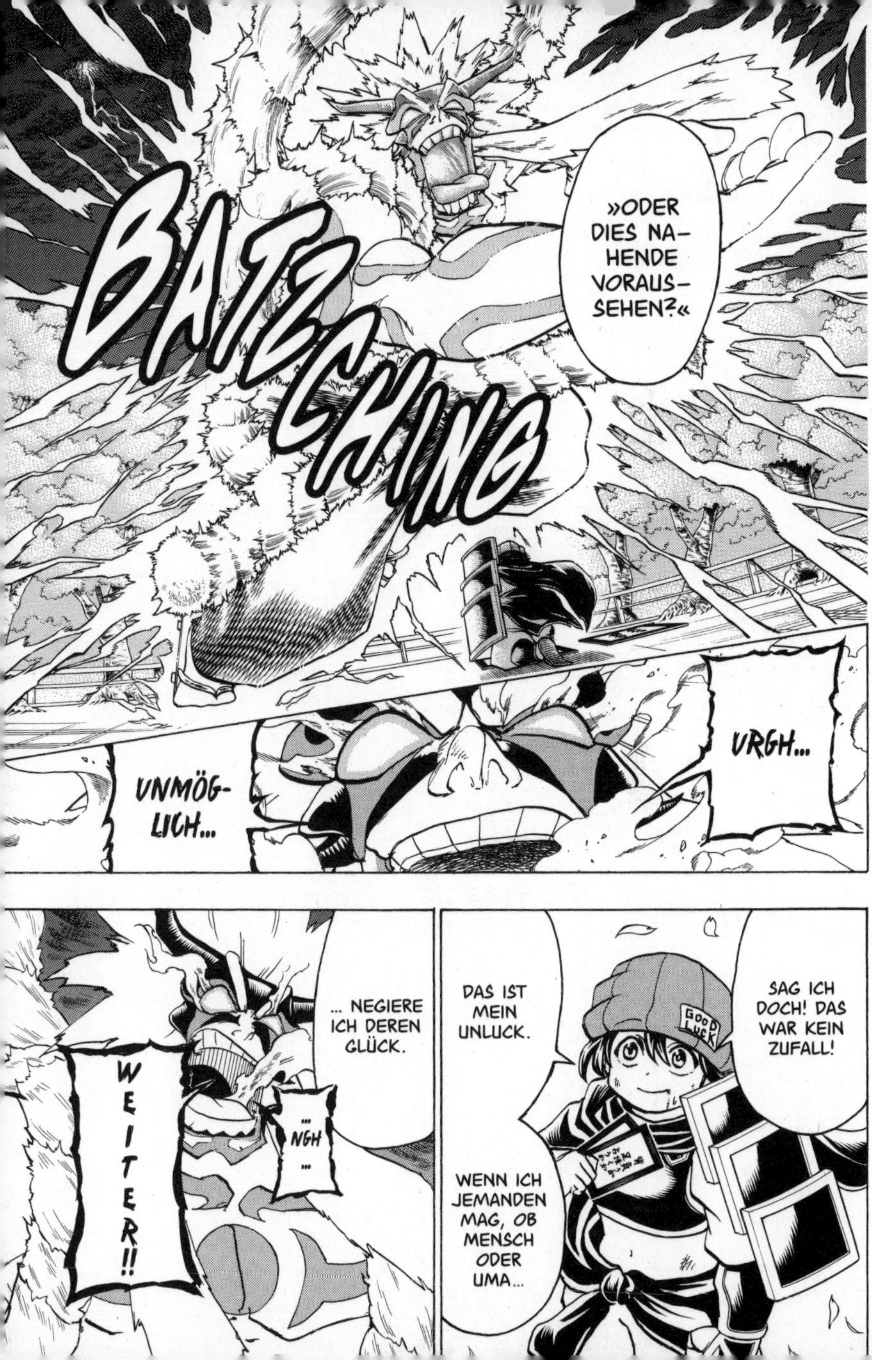
BATZCHING
»ODER DIES NAHENDE VORAUSSEHEN?«
URGH...
UNMÖGLICH...
SAG ICH DOCH! DAS WAR KEIN ZUFALL!
GOOD LUCK
DAS IST MEIN UNLUCK.
WENN ICH JEMANDEN MAG, OB MENSCH ODER UMA...
... NEGIERE ICH DEREN GLÜCK.
...NGH...
WEITER!!

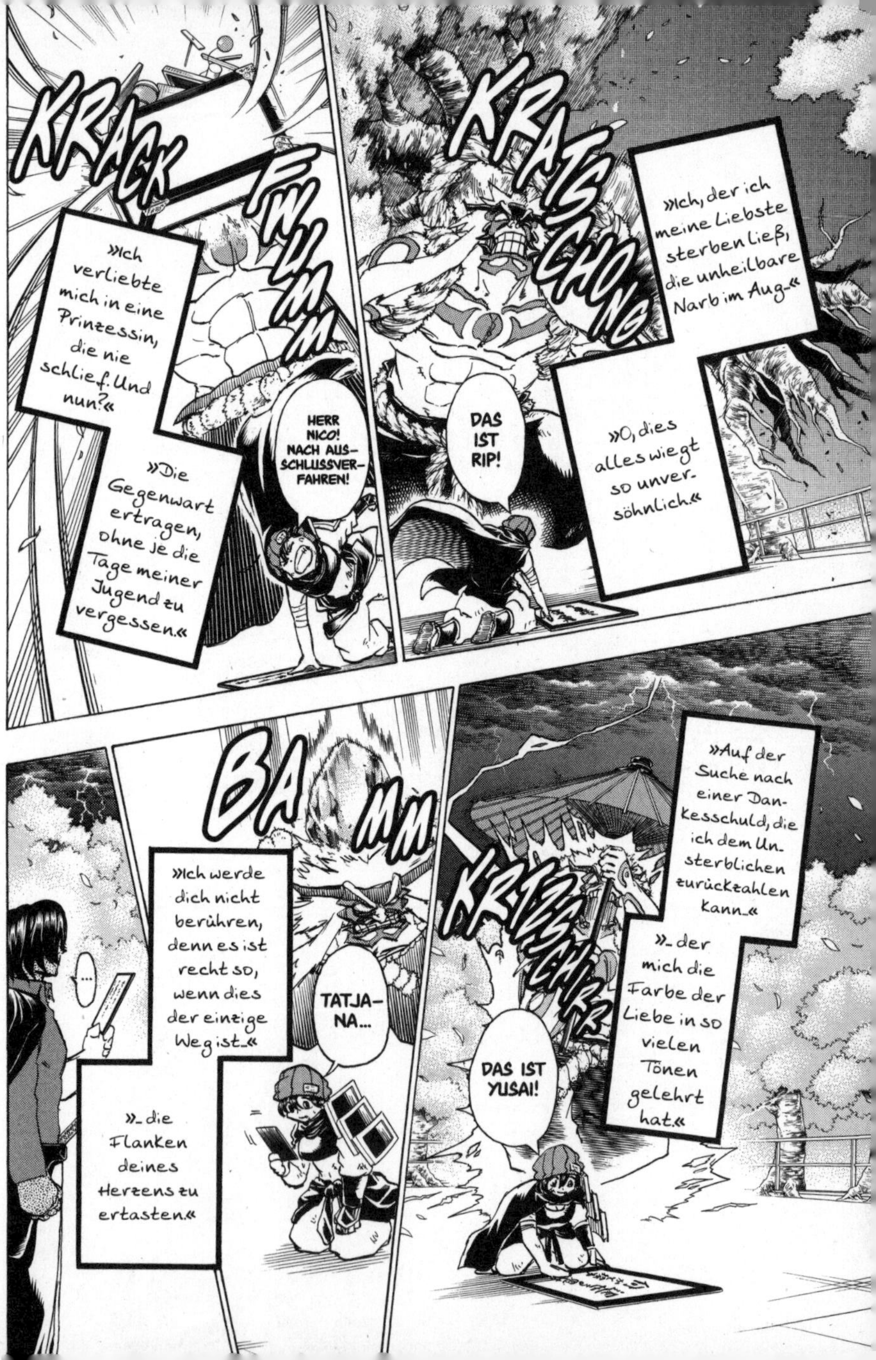
KRATSCHONG
»Ich, der ich meine Liebste sterben ließ, die unheilbare Narb im Aug-«
»O, dies alles wiegt so unversöhnlich.«
DAS IST RIP!
KRACK
FWUMM
»Ich verliebte mich in eine Prinzessin, die nie schlief. Und nun?«
HERR NICO! NACH AUSSCHLUSSVERFAHREN!
»Die Gegenwart ertragen, ohne je die Tage meiner Jugend zu vergessen.«
»Auf der Suche nach einer Dankesschuld, die ich dem Unsterblichen zurückzahlen kann-«
»-der mich die Farbe der Liebe in so vielen Tönen gelehrt hat.«
DAS IST YUSAI!
BAMM
»Ich werde dich nicht berühren, denn es ist recht so, wenn dies der einzige Weg ist-«
TATJANA...
...
»-die Flanken deines Herzens zu ertasten.«

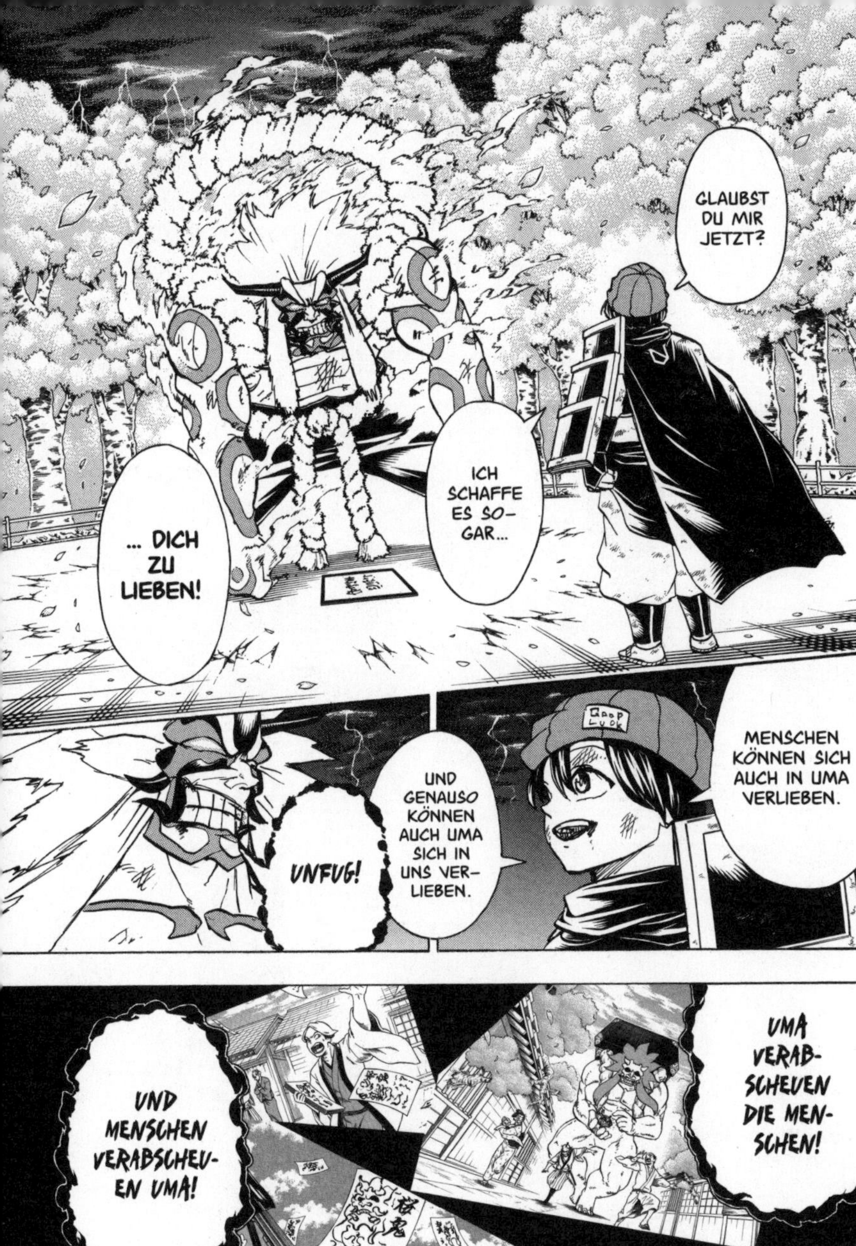
GLAUBST DU MIR JETZT?
ICH SCHAFFE ES SO-GAR...
... DICH ZU LIEBEN!
MENSCHEN KÖNNEN SICH AUCH IN UMA VERLIEBEN.
UND GENAUSO KÖNNEN AUCH UMA SICH IN UNS VER-LIEBEN.
UNFUG!
UMA VERAB-SCHEUEN DIE MEN-SCHEN!
UND MENSCHEN VERABSCHEU-EN UMA!

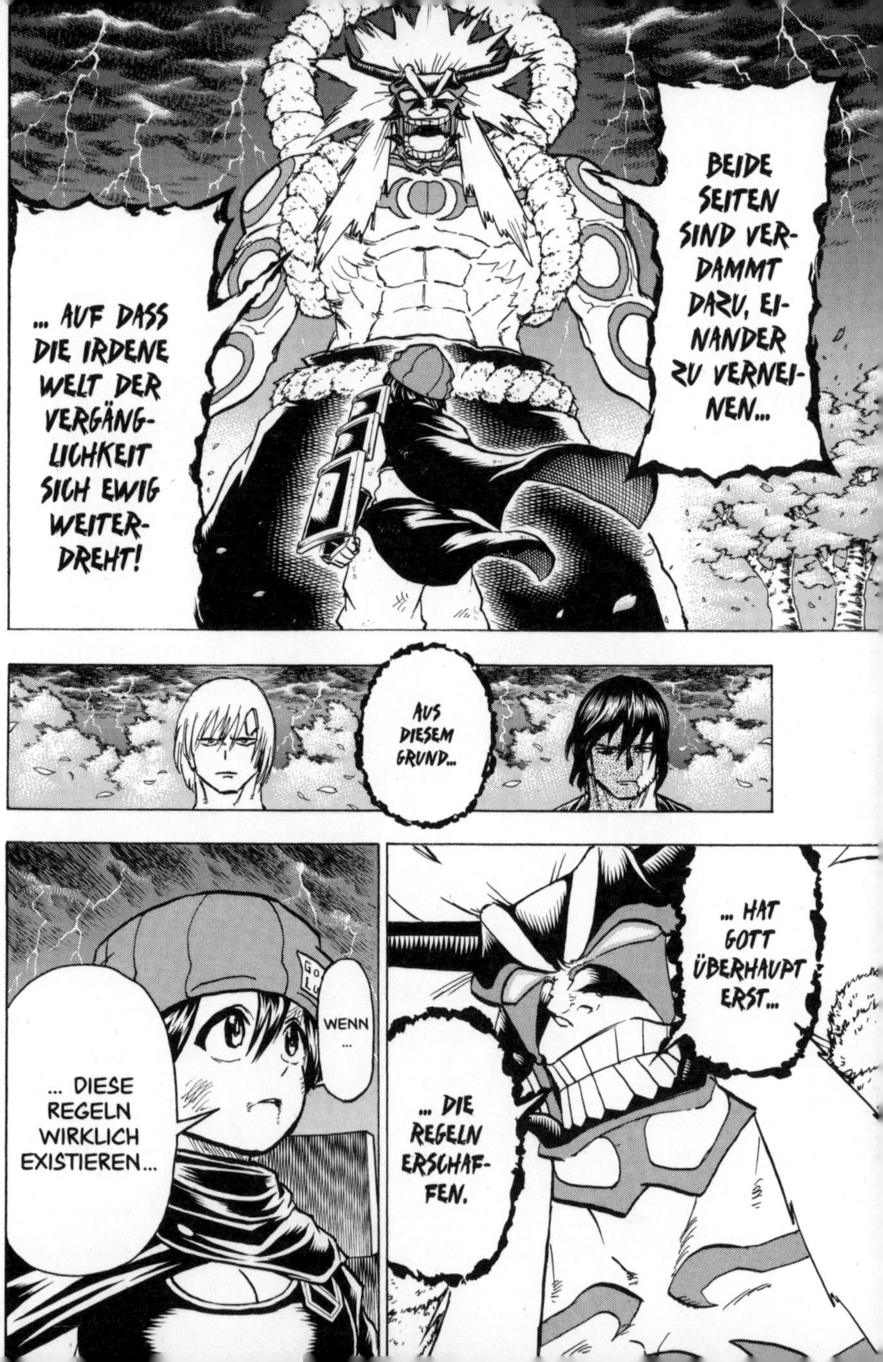
BEIDE SEITEN SIND VERDAMMT DAZU, EINANDER ZU VERNEINEN...
... AUF DASS DIE IRDENE WELT DER VERGÄNGLICHKEIT SICH EWIG WEITERDREHT!
AUS DIESEM GRUND...
... HAT GOTT ÜBERHAUPT ERST...
... DIE REGELN ERSCHAFFEN.
WENN ...
... DIESE REGELN WIRKLICH EXISTIEREN...

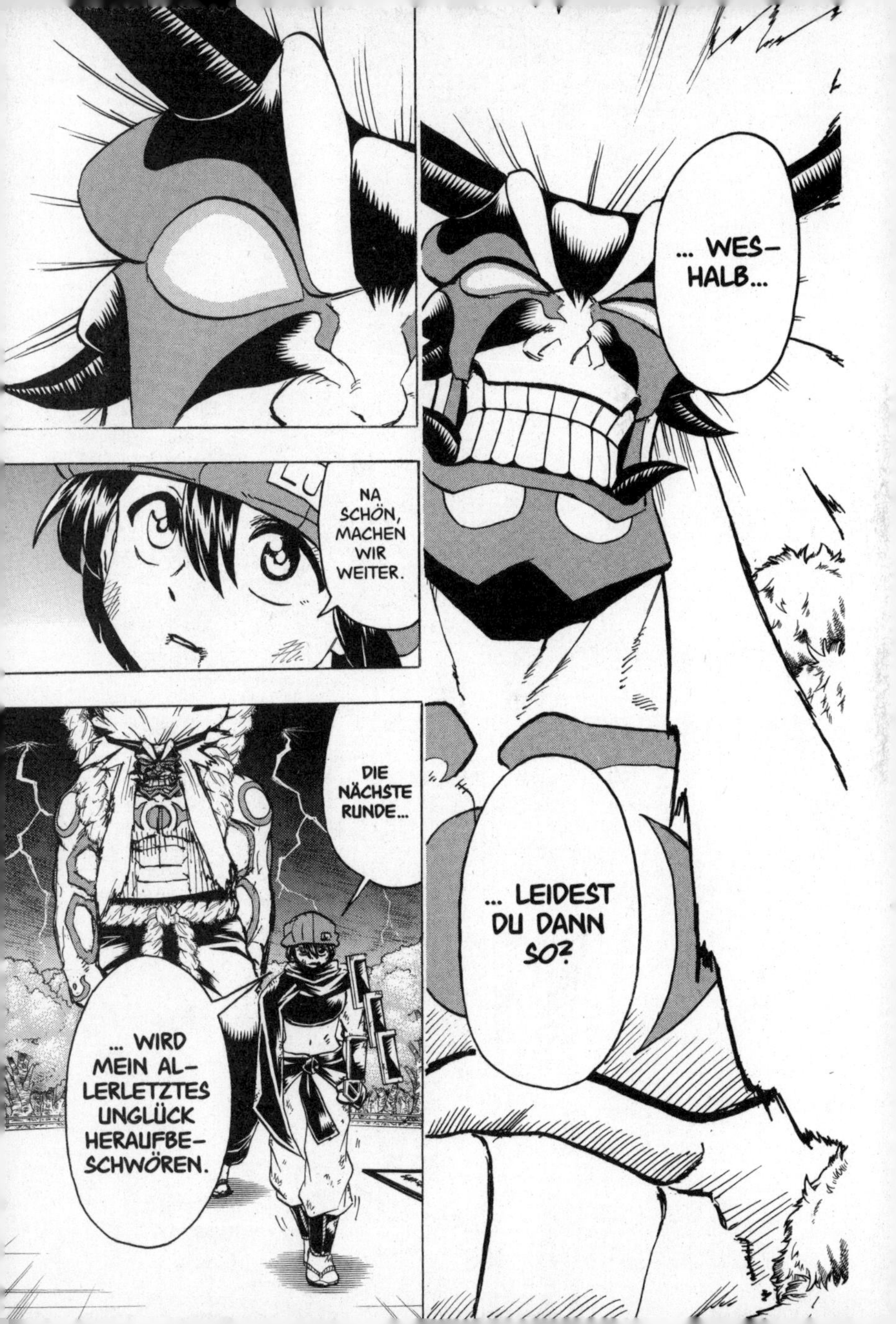
... WES-
HALB...
... LEIDEST DU DANN SO?
NA SCHÖN, MACHEN WIR WEITER.
DIE NÄCHSTE RUNDE...
... WIRD MEIN AL-
LERLETZTES UNGLÜCK HERAUFBE-
SCHWÖREN.

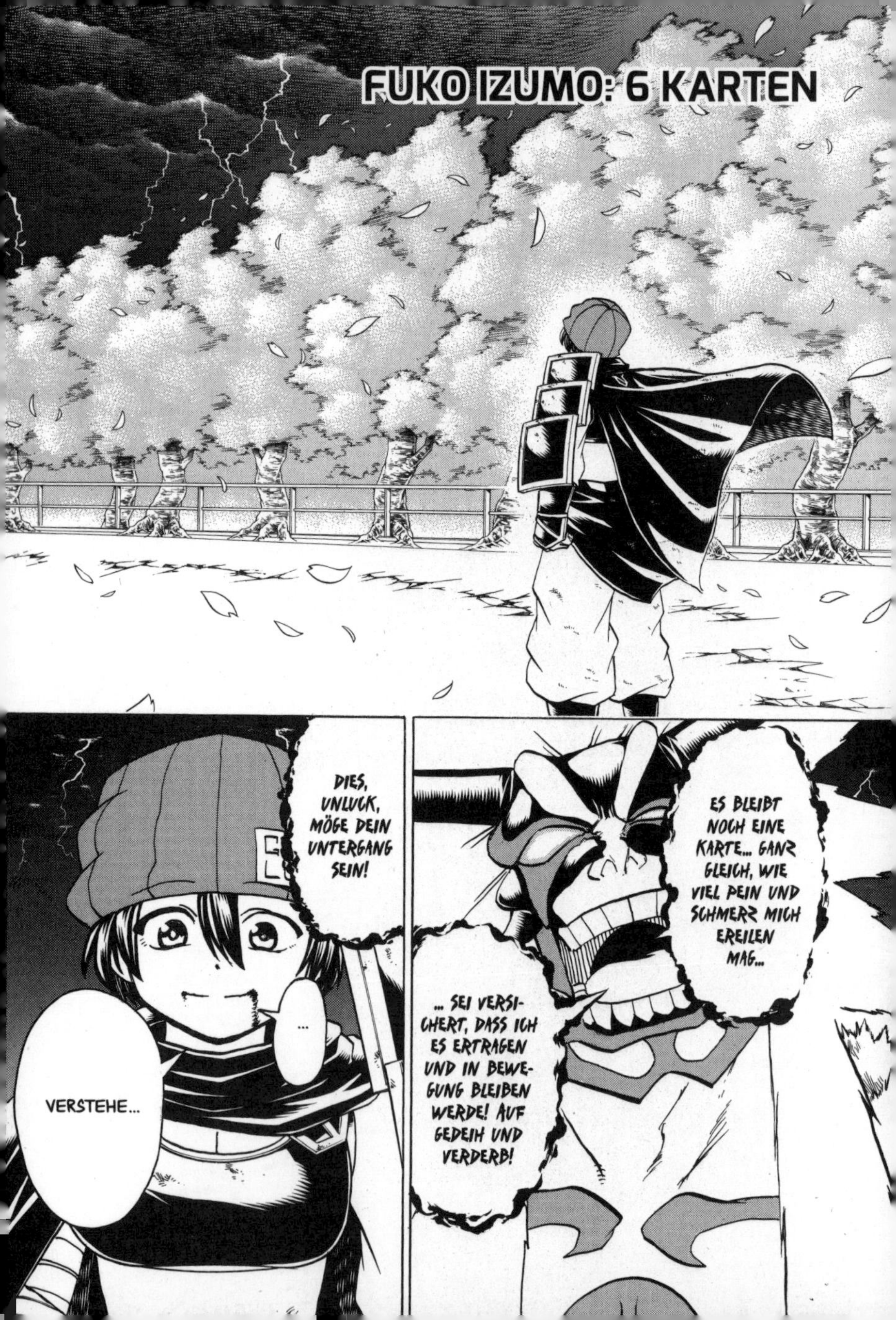
FUKO IZUMO: 6 KARTEN
ES BLEIBT NOCH EINE KARTE… GANZ GLEICH, WIE VIEL PEIN UND SCHMERZ MICH EREILEN MAG…
… SEI VERSICHERT, DASS ICH ES ERTRAGEN UND IN BEWEGUNG BLEIBEN WERDE! AUF GEDEIH UND VERDERB!
DIES, UNLUCK, MÖGE DEIN UNTERGANG SEIN!
…
VERSTEHE…

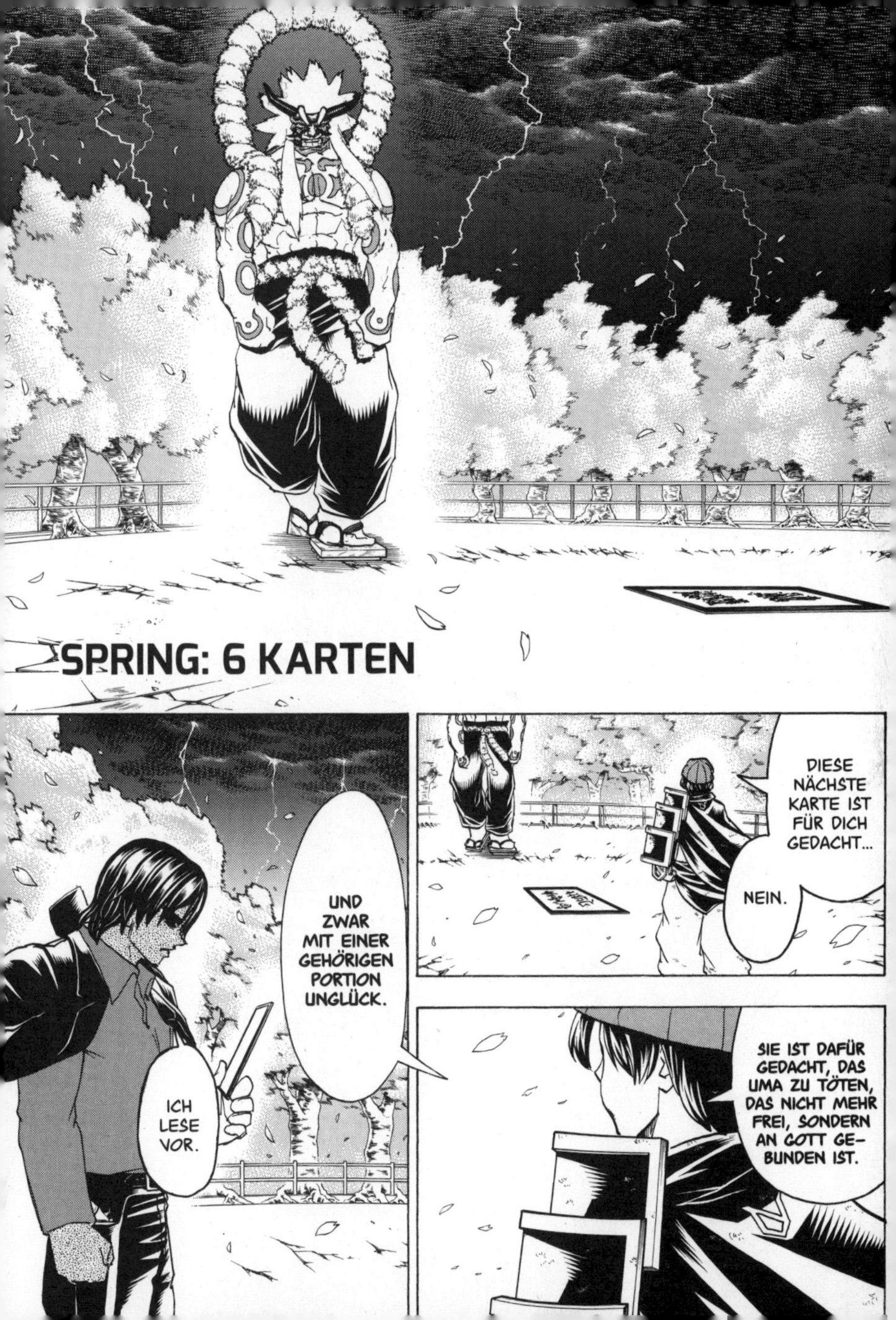
SPRING: 6 KARTEN
DIESE NÄCHSTE KARTE IST FÜR DICH GEDACHT...
NEIN.
SIE IST DAFÜR GEDACHT, DAS UMA ZU TÖTEN, DAS NICHT MEHR FREI, SONDERN AN GOTT GE-BUNDEN IST.
UND ZWAR MIT EINER GEHÖRIGEN PORTION UNGLÜCK.
ICH LESE VOR.

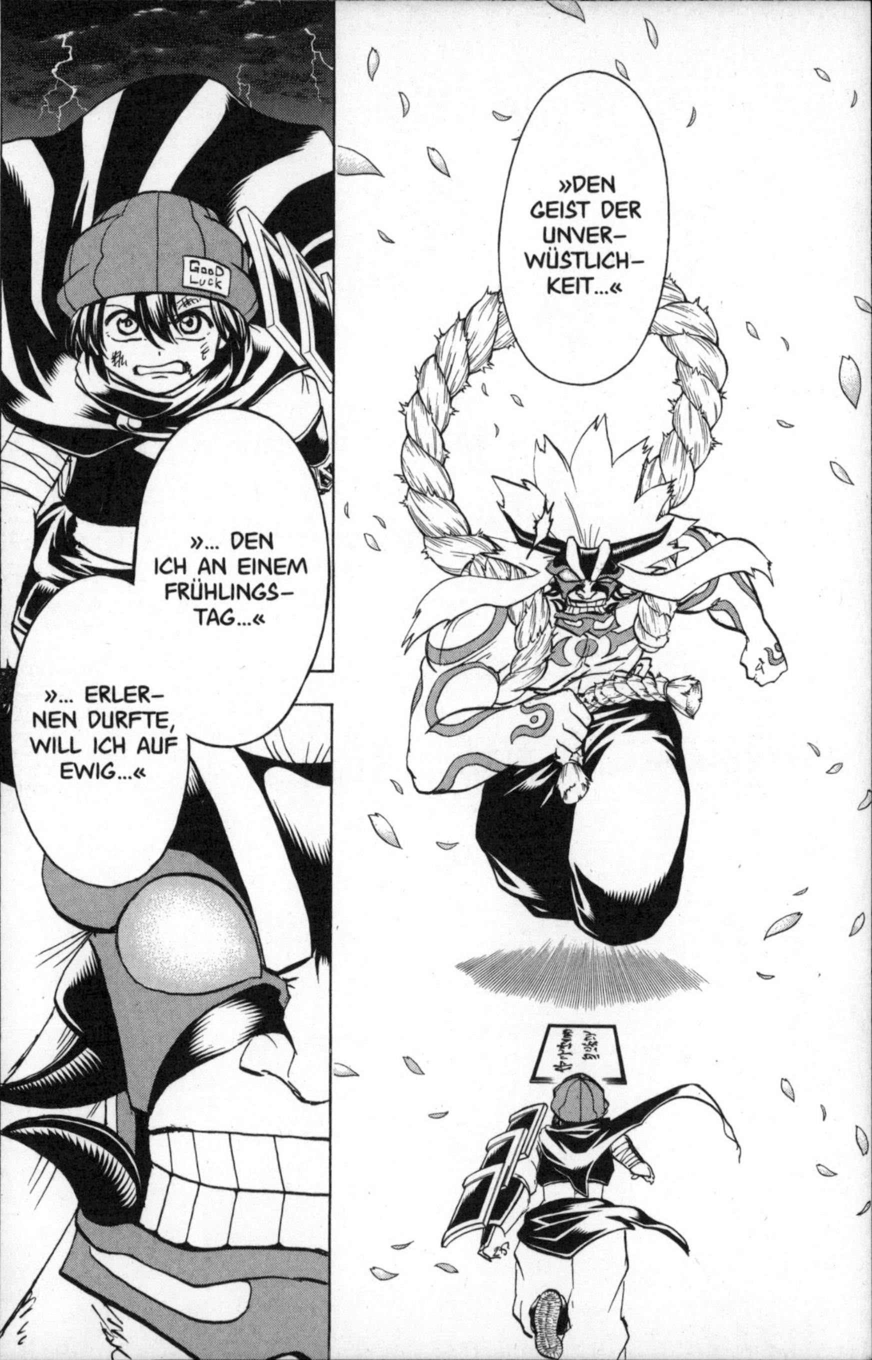
»DEN GEIST DER UNVER-WÜSTLICH-KEIT...«
»... DEN ICH AN EINEM FRÜHLINGS-TAG...«
»... ERLER-NEN DURFTE, WILL ICH AUF EWIG...«

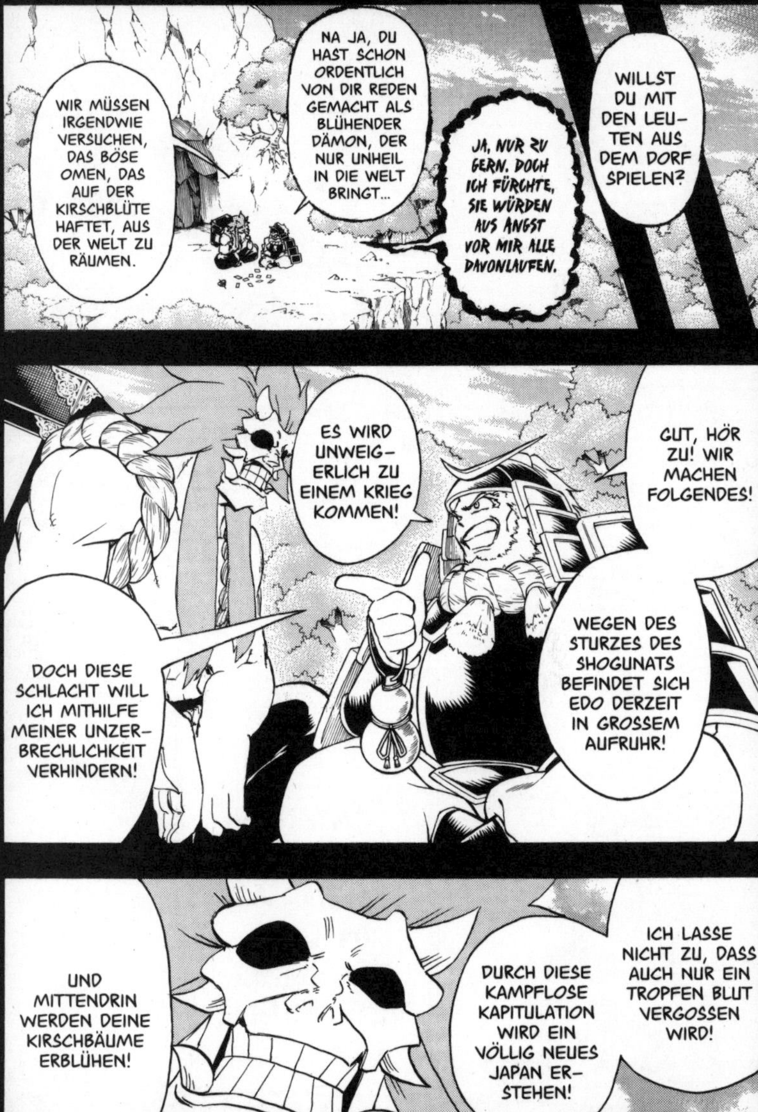
WILLST DU MIT DEN LEU-TEN AUS DEM DORF SPIELEN?
JA, NUR ZU GERN. DOCH ICH FÜRCHTE, SIE WÜRDEN AUS ANGST VOR MIR ALLE DAVONLAUFEN.
NA JA, DU HAST SCHON ORDENTLICH VON DIR REDEN GEMACHT ALS BLÜHENDER DÄMON, DER NUR UNHEIL IN DIE WELT BRINGT...
WIR MÜSSEN IRGENDWIE VERSUCHEN, DAS BÖSE OMEN, DAS AUF DER KIRSCHBLÜTE HAFTET, AUS DER WELT ZU RÄUMEN.
GUT, HÖR ZU! WIR MACHEN FOLGENDES!
WEGEN DES STURZES DES SHOGUNATS BEFINDET SICH EDO DERZEIT IN GROSSEM AUFRUHR!
ES WIRD UNWEIG-ERLICH ZU EINEM KRIEG KOMMEN!
DOCH DIESE SCHLACHT WILL ICH MITHILFE MEINER UNZER-BRECHLICHKEIT VERHINDERN!
ICH LASSE NICHT ZU, DASS AUCH NUR EIN TROPFEN BLUT VERGOSSEN WIRD!
DURCH DIESE KAMPFLOSE KAPITULATION WIRD EIN VÖLLIG NEUES JAPAN ER-STEHEN!
UND MITTENDRIN WERDEN DEINE KIRSCHBÄUME ERBLÜHEN!

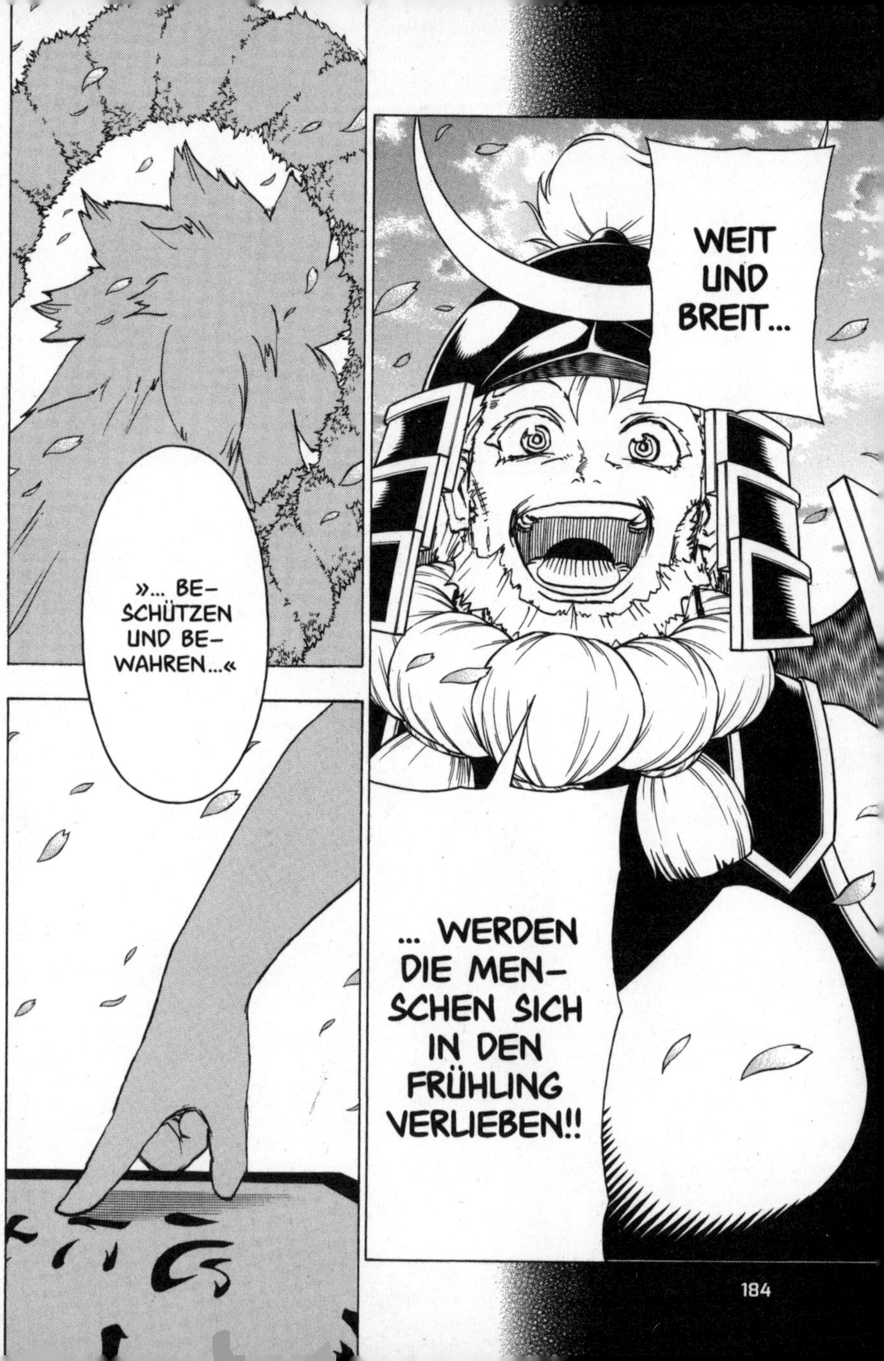
WEIT UND BREIT...
... WERDEN DIE MEN-SCHEN SICH IN DEN FRÜHLING VERLIEBEN!!
»... BE-SCHÜTZEN UND BE-WAHREN...«

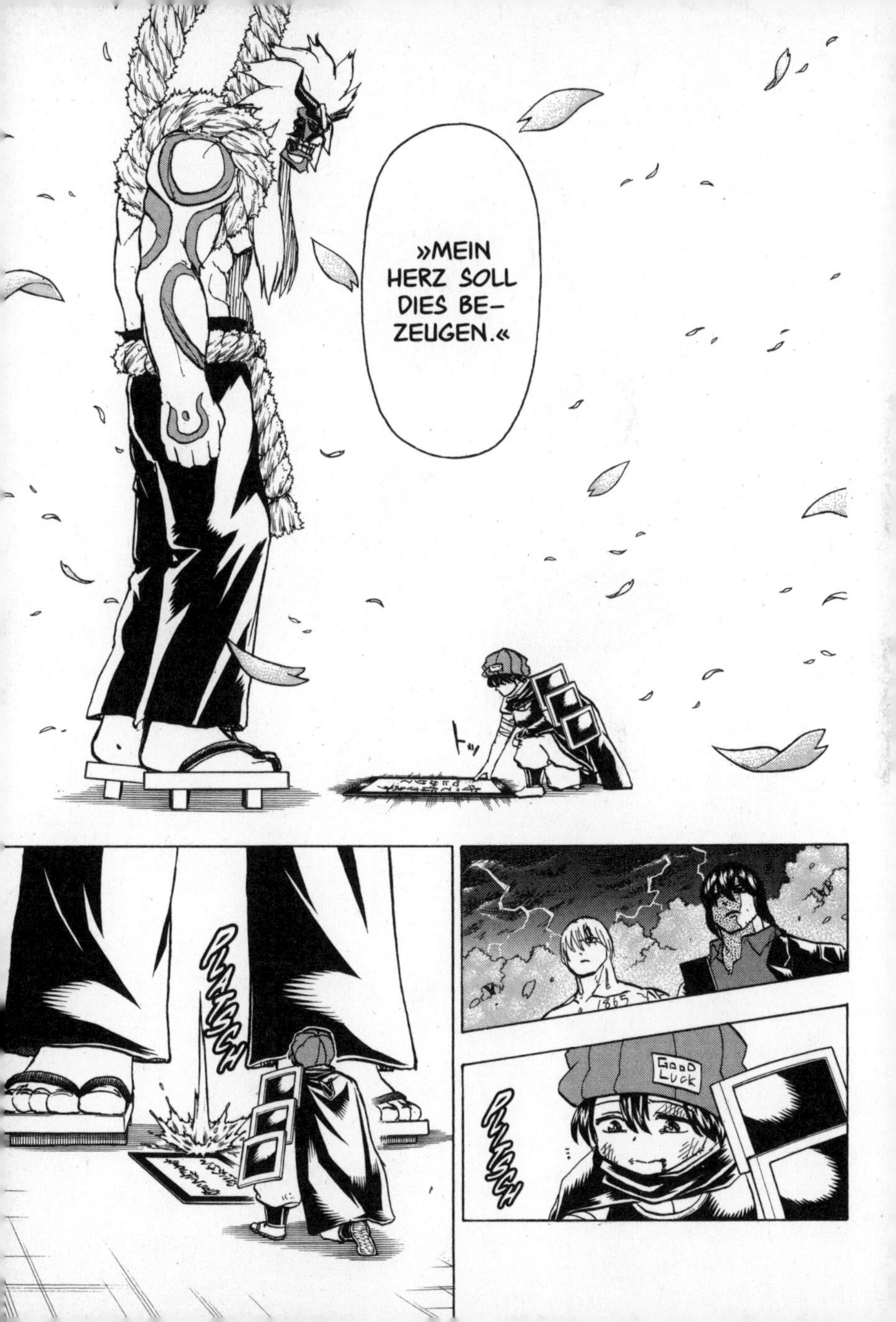
»MEIN HERZ SOLL DIES BE-ZEUGEN.«
GOOD LUCK

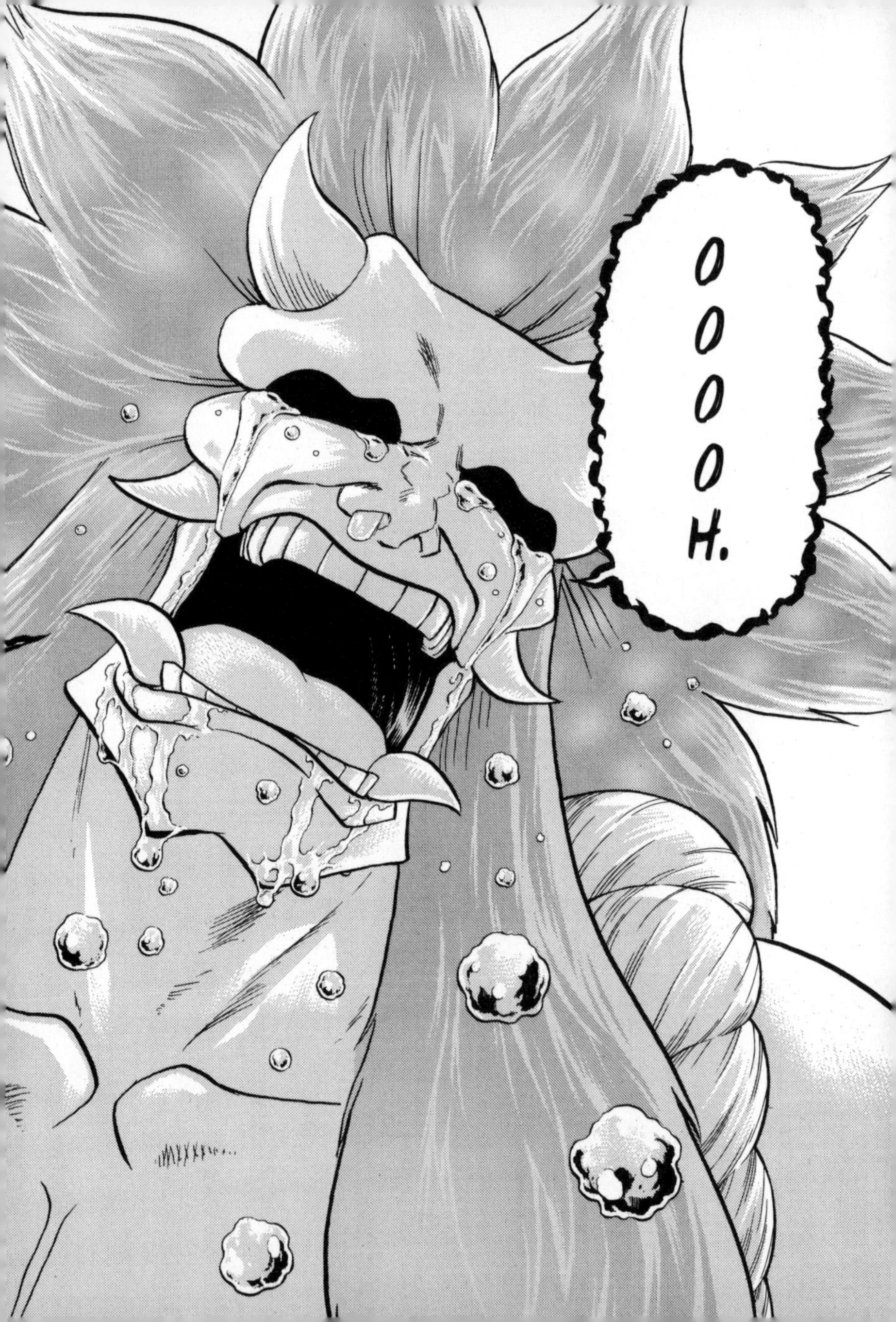
OOOOOH.

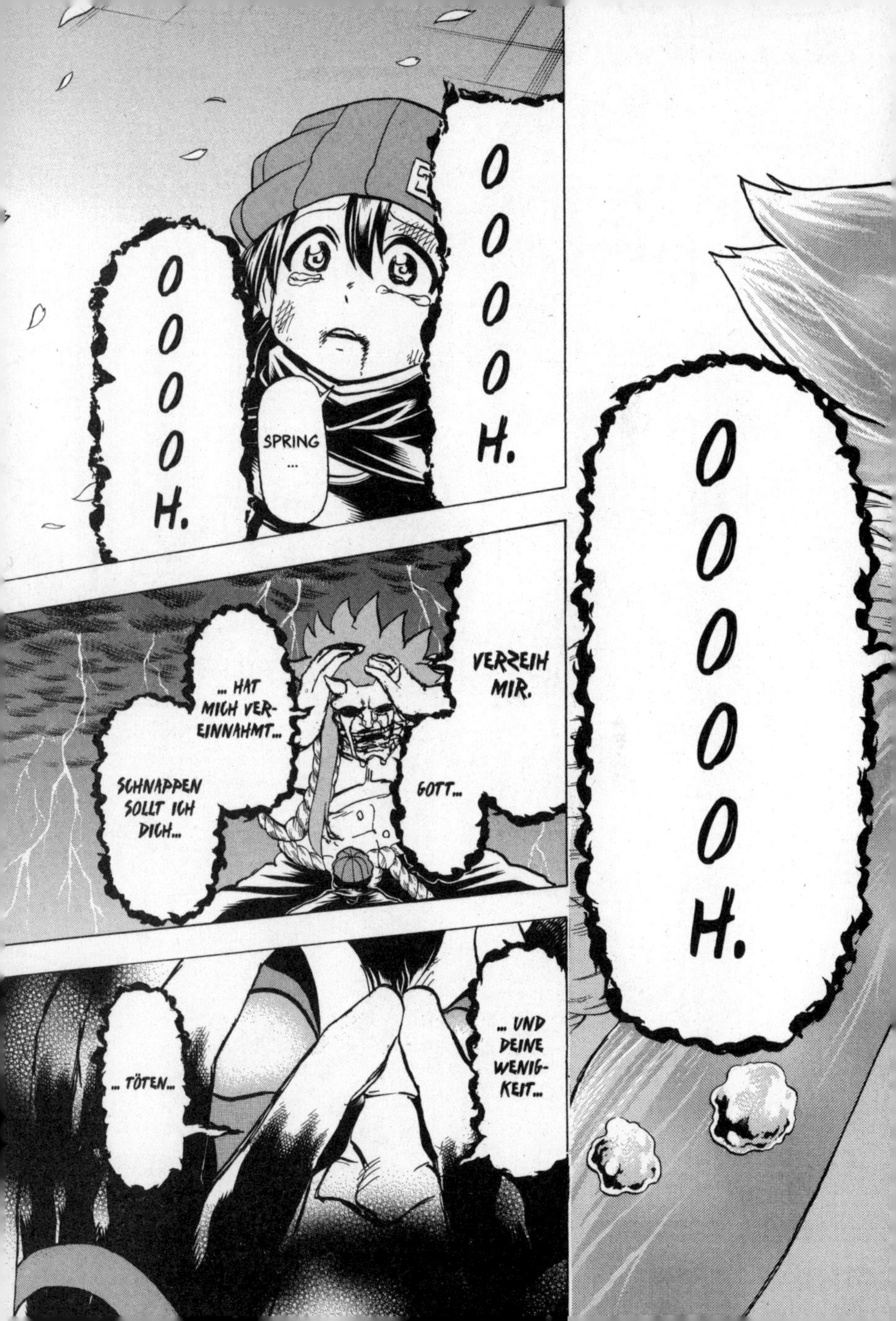
OOOOOOH.
OOOOOH.
SPRING ...
OOOOOH.
VERZEIH MIR.
GOTT...
... HAT MICH VER-EINNAHMT...
SCHNAPPEN SOLLT ICH DICH...
... UND DEINE WENIG-KEIT...
... TÖTEN...

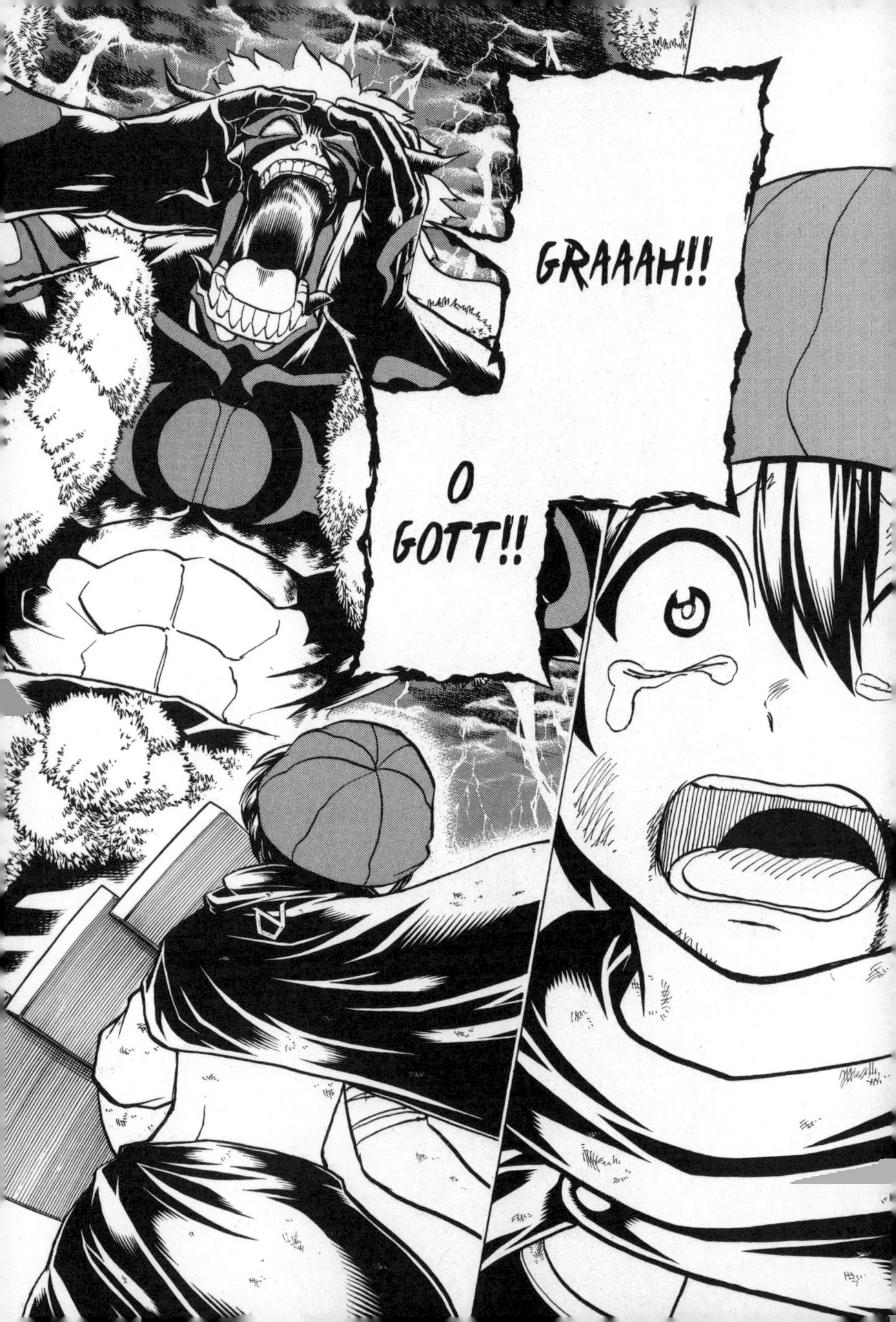
GRAAAH!!
O GOTT!!

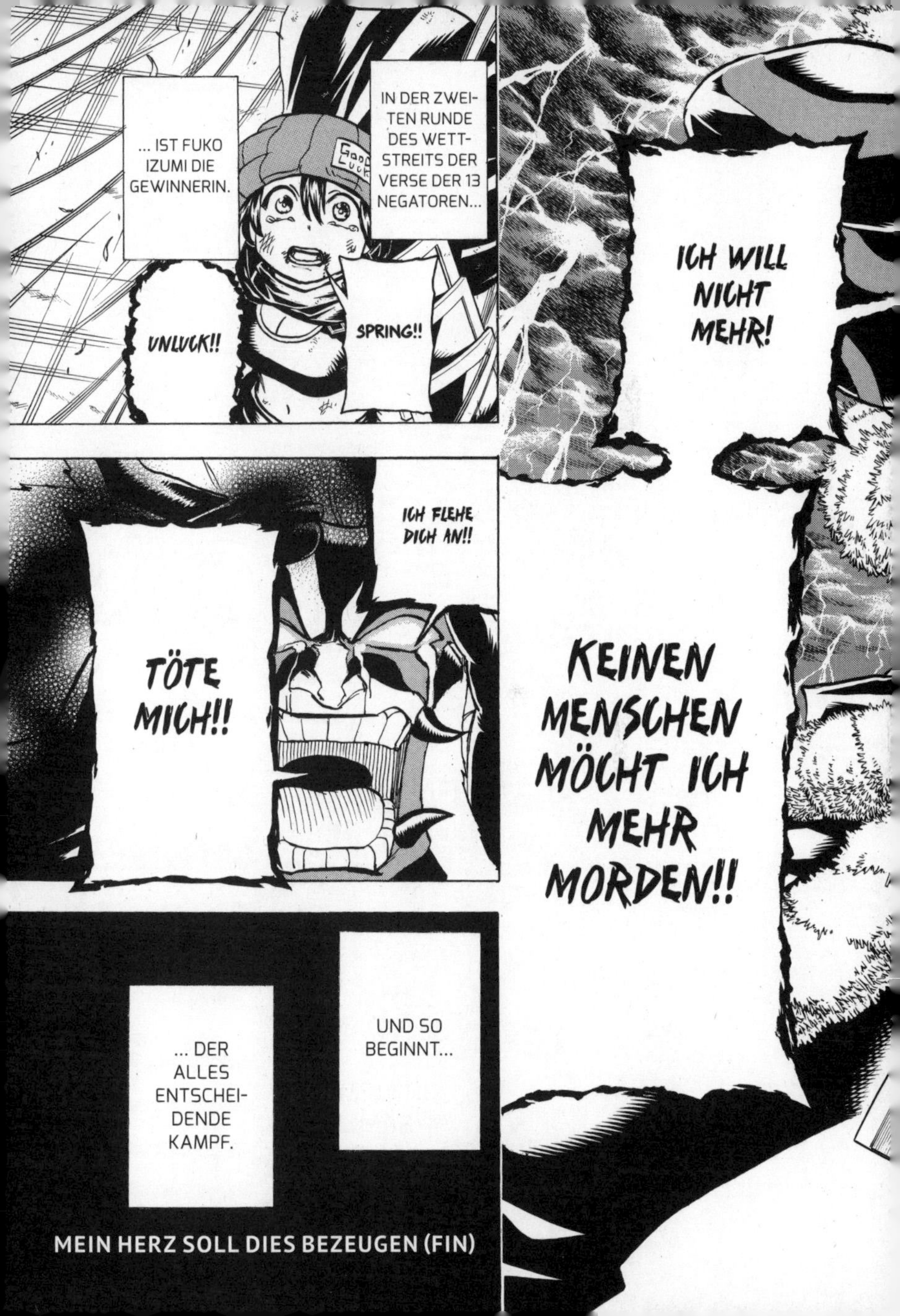
ICH WILL NICHT MEHR!
KEINEN MENSCHEN MÖCHT ICH MEHR MORDEN!!
IN DER ZWEITEN RUNDE DES WETTSTREITS DER VERSE DER 13 NEGATOREN…
… IST FUKO IZUMI DIE GEWINNERIN.
SPRING!!
UNLUCK!!
ICH FLEHE DICH AN!!
TÖTE MICH!!
UND SO BEGINNT…
… DER ALLES ENTSCHEIDENDE KAMPF.
MEIN HERZ SOLL DIES BEZEUGEN (FIN)

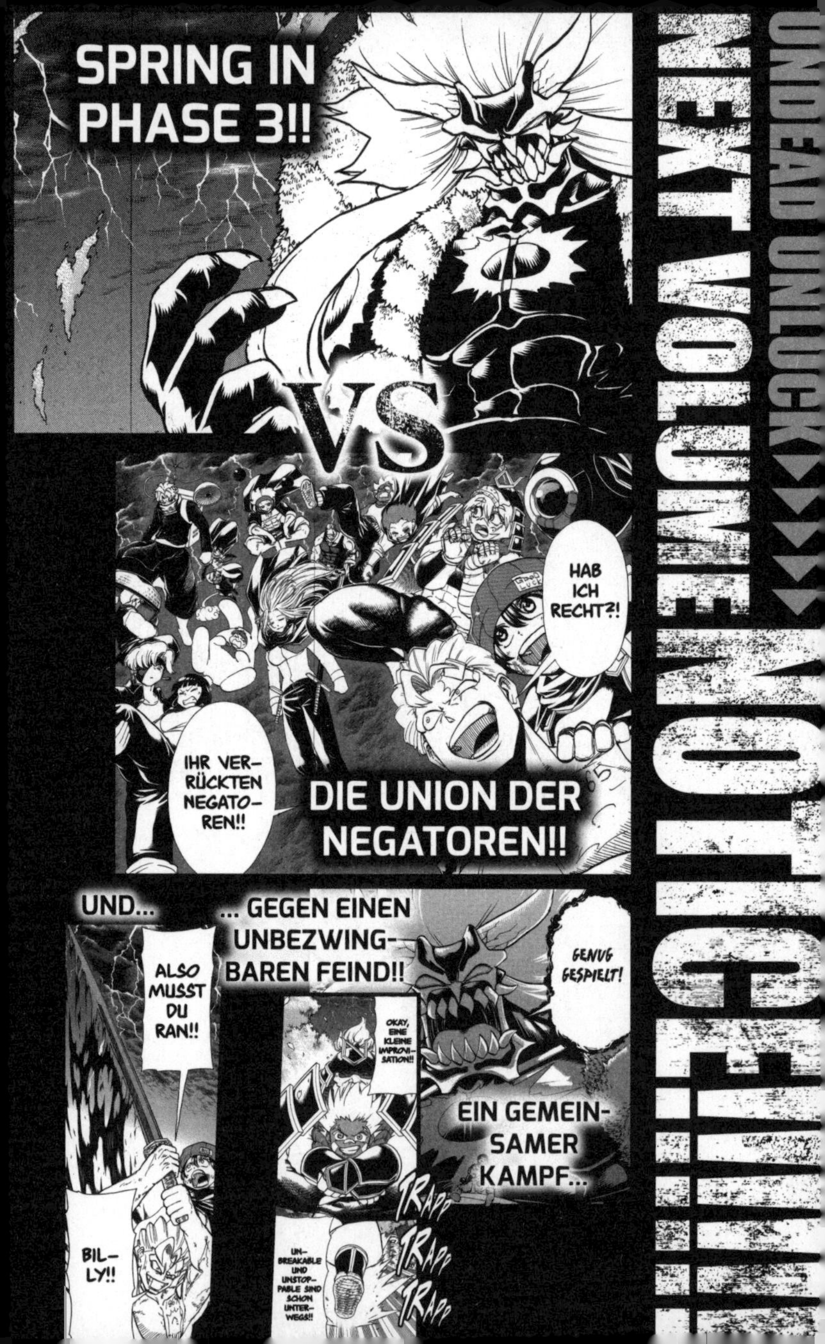

UNDEAD UNLUCK ▶▶▶
NEXT VOLUME NOTICE
SPRING IN PHASE 3!!
VS
HAB ICH RECHT?!
IHR VERRÜCKTEN NEGATOREN!!
DIE UNION DER NEGATOREN!!
UND…
… GEGEN EINEN UNBEZWINGBAREN FEIND!!
GENUG GESPIELT!
ALSO MUSST DU RAN!!
OKAY, EINE KLEINE IMPROVISATION!!
EIN GEMEINSAMER KAMPF…
TRAPP TRAPP TRAPP TRAPP
BILLY!!
UNBREAKABLE UND UNSTOPPABLE SIND SCHON UNTERWEGS!!

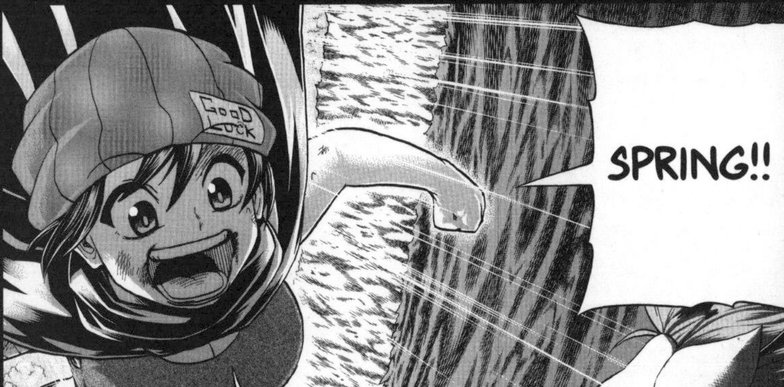

DER ARC ÜBER DIE UNTERWERFUNG VON UMA SPRING NÄHERT SICH DEM ENDE! EINE ERZÄHLUNG ÜBER MENSCHEN UND DÄMONEN, DIE EIN TRAURIGES SCHICKSAL EREILTE!!

11

ERSCHEINT IM OKTOBER 2023!

HALT!

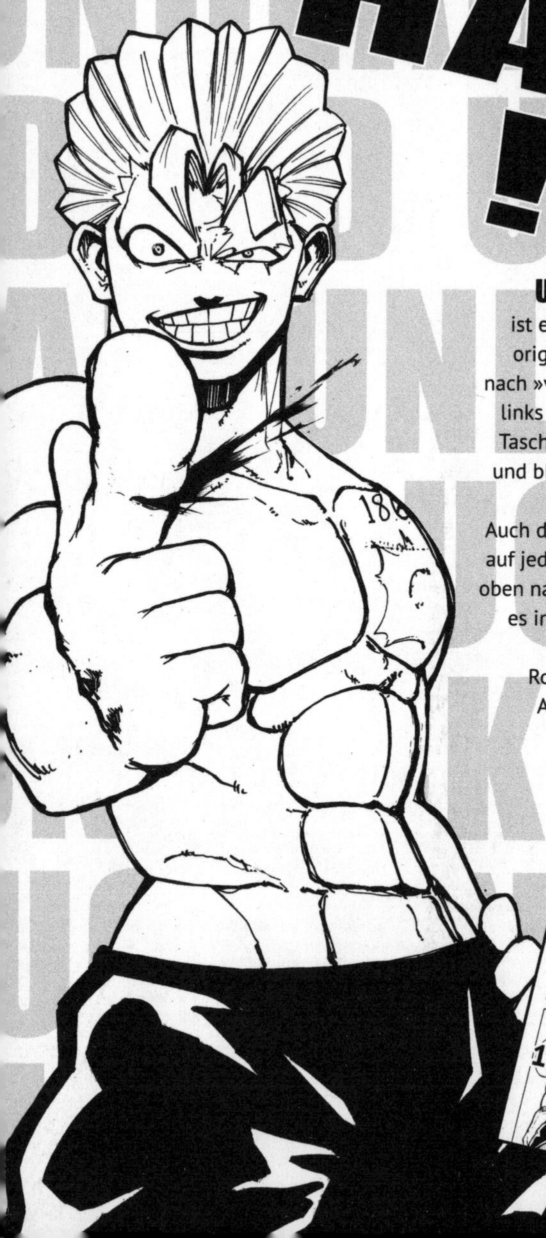

UNDEAD UNLUCK
ist eine japanische Serie, die originalgetreu von »hinten« nach »vorne« und von rechts nach links gelesen wird! Schlagt das Taschenbuch also »hinten« auf und blättert Seite für Seite nach »vorne« weiter!
Auch die Bilder und Sprechblasen auf jeder Seite werden von rechts oben nach links unten gelesen, wie es in der Grafik gezeigt wird!

Rotes Mützchen auf und Action auf Full Power!

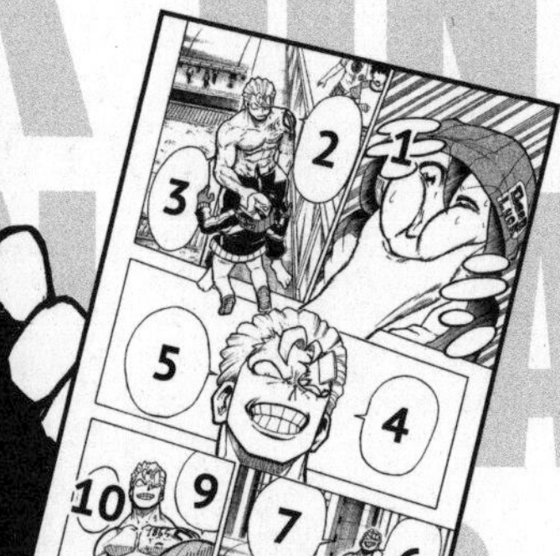